## おなかの赤ちゃんの大きさと成長を実感！

# 実物大シート

おなかの赤ちゃんが今どのくらいの大きさかリアルに実感できます。おなかに当ててみて、毎月の赤ちゃんの成長を目でも楽しみましょう。

（監修／横浜市立みなと赤十字病院 産婦人科 副部長 池谷美樹先生）

赤ちゃんの大きさにも個人差があるので、掲載の数値はあくまでも目安です。※赤ちゃんの大きさの表記は、その時期に合わせて計測できるところの数値になっています。2カ月（7週）～6カ月（21週）：頭殿長《とうでんちょう》（頭からおしりまでの長さ）　6カ月（22週）～10カ月：身長

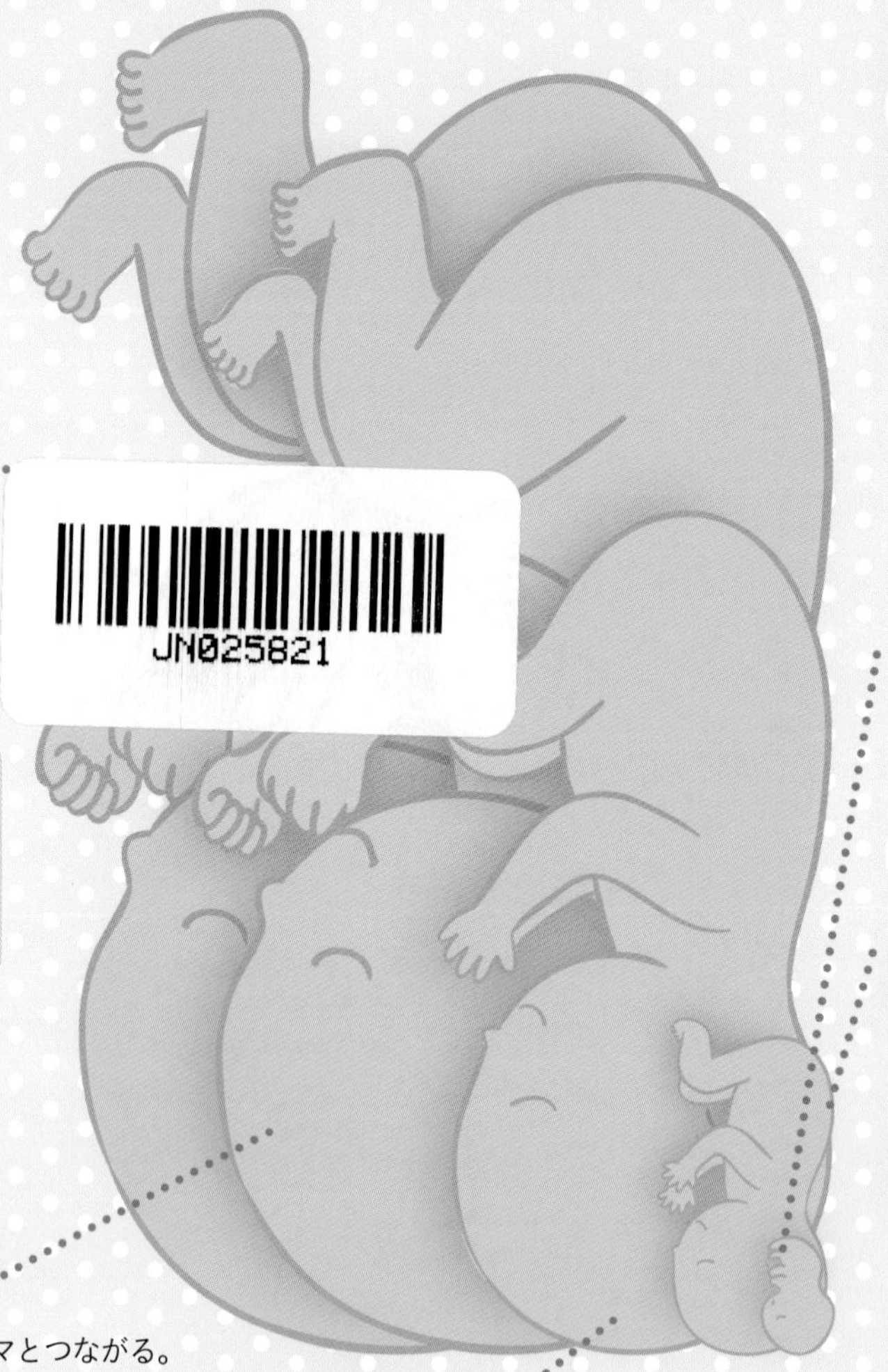

## 2カ月（妊娠4～7週）

**赤ちゃんの様子** 魚みたいな体から、人の形になる。

**ママの体** 妊娠に気づくころ。妊娠検査薬で陽性がでたら産院で受診を。

**妊娠7週末ごろは…**
頭殿長▶約1cm
体重▶約4g
重さの目安
▶サクランボ1個分

## 3カ月（妊娠8～11週）

**赤ちゃんの様子** 頭、胴体、足の3頭身の体になって、器官や臓器もだんだん動きだす。

**ママの体** つわりがつらい時期。無理しないで過ごして。

**妊娠11週末ごろは…**
頭殿長▶約4cm
体重▶約12g
重さの目安
▶いちご1個分

## 4カ月（妊娠12～15週）

**赤ちゃんの様子** 器官の形成は終わり、骨や筋肉も発達。手足を動かせるようになる。

**ママの体** つわりが落ち着く人も。子宮は乳児の頭ぐらいの大きさに。

**妊娠15週末ごろは…**
頭殿長▶約9cm
体重▶約75g
重さの目安▶レモン1個分

## 5カ月（妊娠16～19週）

**赤ちゃんの様子** 胎盤でママとつながる。足を伸ばしたり、手を握ったりすることもできるようになる。

**ママの体** 体は全体がふっくらし、おなかも少しずつ目立つように。

**妊娠19週末ごろは…**
頭殿長▶約15cm
体重▶約250g
重さの目安▶グレープフルーツ1個分

## 6カ月（妊娠20～23週）

**赤ちゃんの様子** 骨がしっかりして筋肉もついてくることで、だんだん動きが大きくなる。

**ママの体** 胎動を感じられる人が増えてくる。乳腺も発達し乳房が大きく。

**妊娠23週末ごろは…**
身長▶約29cm
体重▶約560g
重さの目安
▶メロン1個分



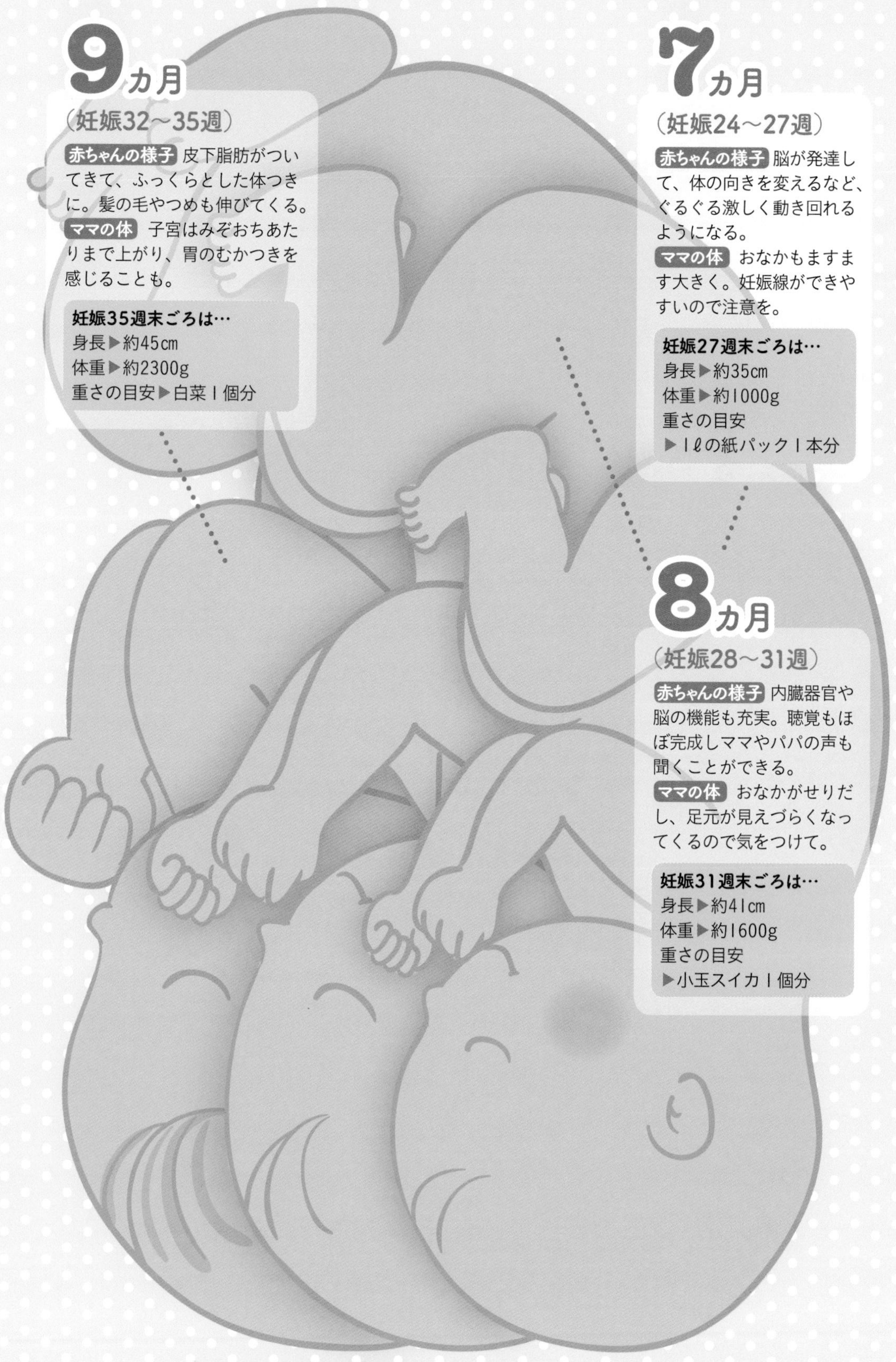

## 7カ月（妊娠24～27週）

**赤ちゃんの様子** 脳が発達して、体の向きを変えるなど、ぐるぐる激しく動き回れるようになる。

**ママの体** おなかもますます大きく。妊娠線ができやすいので注意を。

**妊娠27週末ごろは…**
身長▶約35cm
体重▶約1000g
重さの目安
▶1ℓの紙パック1本分

## 8カ月（妊娠28～31週）

**赤ちゃんの様子** 内臓器官や脳の機能も充実。聴覚もほぼ完成しママやパパの声も聞くことができる。

**ママの体** おなかがせりだし、足元が見えづらくなってくるので気をつけて。

**妊娠31週末ごろは…**
身長▶約41cm
体重▶約1600g
重さの目安
▶小玉スイカ1個分

## 9カ月（妊娠32～35週）

**赤ちゃんの様子** 皮下脂肪がついてきて、ふっくらとした体つきに。髪の毛やつめも伸びてくる。

**ママの体** 子宮はみぞおちあたりまで上がり、胃のむかつきを感じることも。

**妊娠35週末ごろは…**
身長▶約45cm
体重▶約2300g
重さの目安▶白菜1個分

キリトリ線

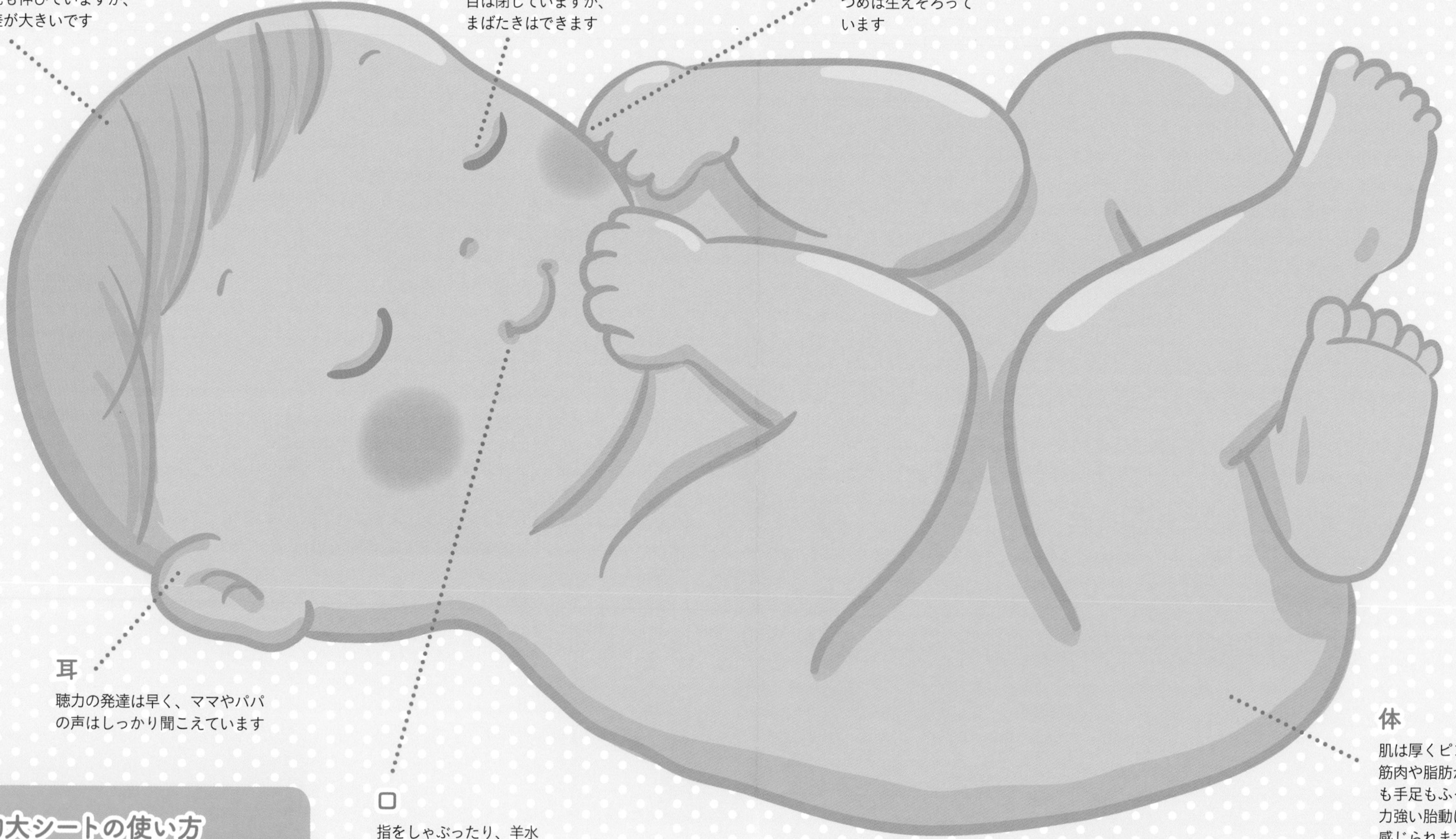
髪の毛
髪の毛も伸びていますが、
個人差が大きいです
目
目は閉じていますが、
まばたきはできます
つめ
つめは生えそろって
います
耳
聴力の発達は早く、ママやパパ
の声はしっかり聞こえています
口
指をしゃぶったり、羊水
を飲んだりしています
体
肌は厚くピンク色に。
筋肉や脂肪がついて体
も手足もふっくらし、
力強い胎動は出産まで
感じられます

キリトリ線

## 10カ月（妊娠36〜39週）

**赤ちゃんの様子** 頭も下がってきて、生まれる準備が整う。

**ママの体** 子宮底《しきゅうてい》が徐々に下がってくるので胃への圧迫感が軽減されていく。だんだんおなかが張りやすくなるが、よいことなので安静にする必要はない。

**妊娠39週末ごろは…**
身長▶約49㎝
体重▶約3000g
重さの目安▶1ℓの紙パック３本分

### 実物大シートの使い方

**赤ちゃんの頭を下にしておなかに当てる**
赤ちゃんの頭が下になるようにおなかに当ててみましょう。おなかの赤ちゃんが今どれくらいの大きさなのか、イメージしやすくなります。

**重さは目安のものでわかりやすく**
赤ちゃんの大きさはその月数の最終日ごろの大きさです。重さの目安を飲食物などであらわしました。参考に持ってみるとより実感できます。

※身長・体重等の情報は、あくまでも目安です。

ベビーカレンダー
Baby Calendar

# 最新 あんしん、やさしい 妊娠・出産 オールガイド

新星出版社

# はじめに

妊娠おめでとうございます。
赤ちゃんに会える日が待ち遠しくて
ウキウキしているのではないでしょうか？
でも、その一方で、ちゃんと出産できるか、
赤ちゃんのためにどう過ごしたらいいのか、
わからないことや不安も多いと思います。
たくさんの情報が錯綜《さくそう》する今の時代、
なにを信じたらよいのか、わからなくて
不安になるという声もよく耳にします。

本書は、ママたちが安心して妊娠生活を送れるように
最前線で活躍されている
医師・助産師などその道の専門家30名とともに、
最新の正しい情報をお届けすべく制作しました。
ママもパパも笑顔で赤ちゃんを迎えられるよう、
ぜひ手元に置いていただけるとうれしいです。

株式会社　ベビーカレンダー
ベビーカレンダー　編集部　編集長　二階堂美和

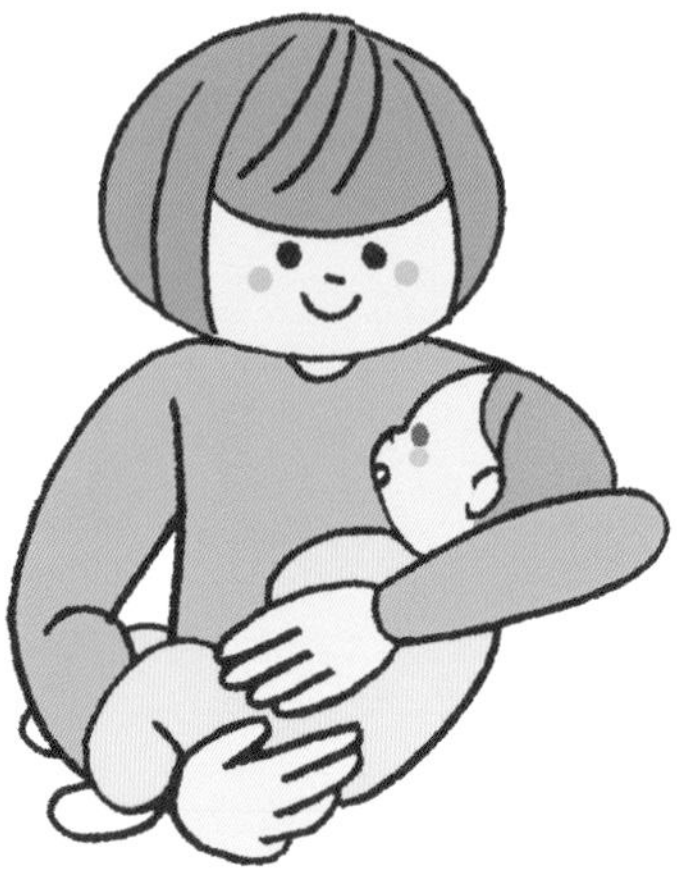

ベビーカレンダーだからこそ実現！

# この1冊で本当に知りたいことがすべてわかる理由！

ベビーカレンダーは、妊娠・出産・育児にかんする情報を
運営するサイトやアプリで発信しています。

## 1 産婦人科医・小児科医・助産師など現役プロ30名による最新情報が集結！

ベビーカレンダーのサイトで監修・執筆されている、
現場の第一線で活躍する先生30名がそれぞれの専門性に合わせて
本書を監修。信頼できる最新情報がギュッと詰まっています。

## 2 「専門家相談」コーナーに寄せられた8万件以上のリアルな悩みから厳選したQ＆Aが256個→さらに無料で専門家に相談もできる！

ベビーカレンダーのサイトで人気の、
「専門家相談」コーナーなどに寄せられた相談数は８万件以上！
その中からとくに多かった悩みをご紹介しています。
知りたいことが見つかります。さらにベビーカレンダーのサイトや
アプリから、自分の悩みを直接専門家に無料で相談できます。

公式サイト

アプリダウンロード

p218

## 3 専門家監修の動画で確認できるからイメージしやすい

文章だけでは伝わりにくい箇所には動画もつけました。
日本初の医師監修のドキュメンタリー出産動画は、
これから出産をひかえているママや家族の参考になるはず。

# もくじ



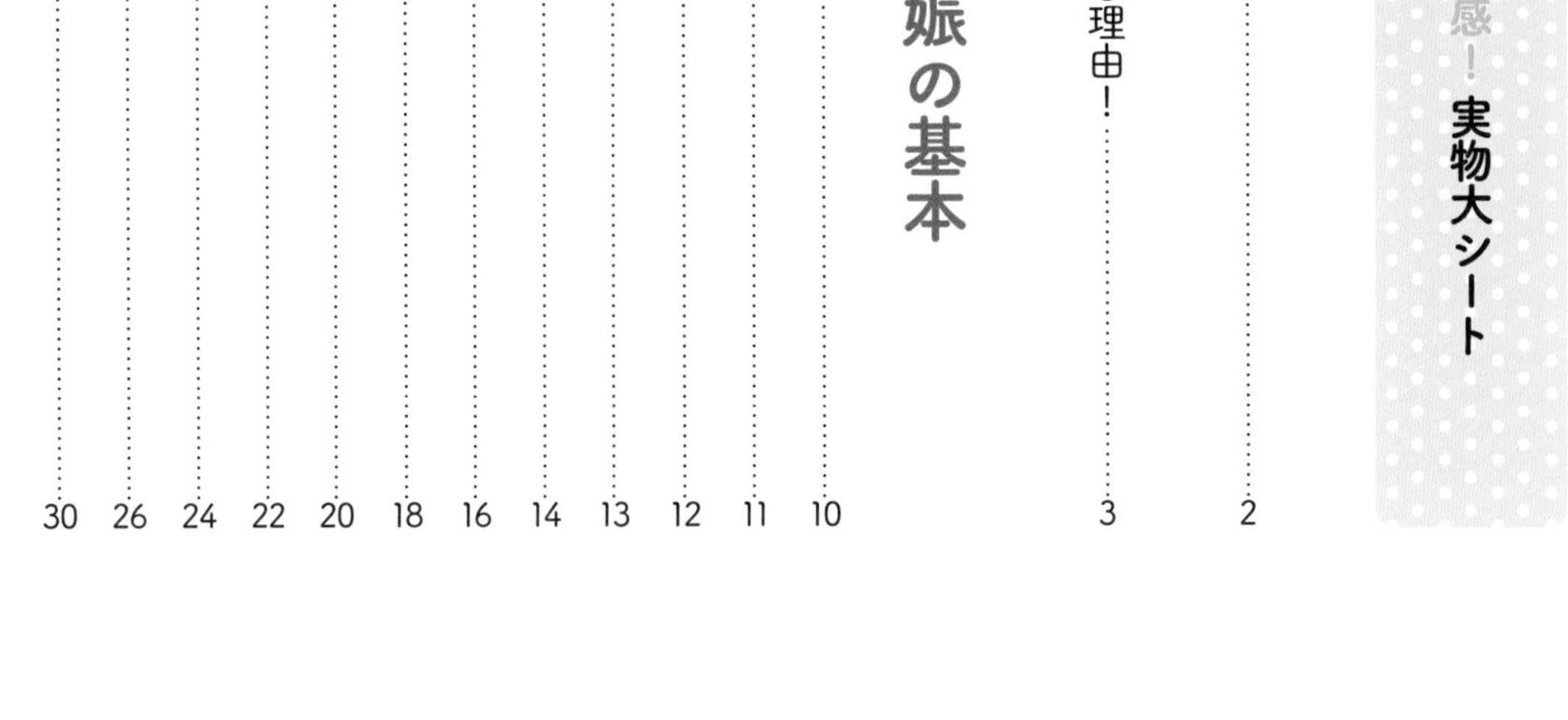

part2

## 週ごとにわかる！
# ママの体と赤ちゃんの様子

## part5 出産準備とお産の流れ

## part6 産後のママの体と赤ちゃんのお世話



コラム



悩み、不安を早く解決したいママへ。
本書と併せてご活用ください

専門家に無料で
相談できる!

**part3 のレシピについて**

- この本の材料とつくり方は２人分です。各メニューに表示されているカロリーと栄養素は１人分です。
- 材料の分量は、小さじ１＝５㎖、大さじ＝15㎖です。下ごしらえで使用する水の分量は、材料には明記していません。
- 表示の加熱時間は目安なので、加熱具合はご自身で十分確認してください。
- 電子レンジは600Wのものを使用しています。それ以外のワット数の場合、加熱時間はメーカーにお問い合わせください。
- 調理する際には、衛生面に十分気をつけましょう。

※掲載の情報は2021年１月現在のものです。
※本書では妊娠週数ごとに分けて、身長・体重等の情報を紹介していますが、あくまでも目安です。

part1

# 知っておきたい妊娠の基本

妊娠初期の体調のことや
これからの妊娠の流れ、病院選び、
出ていくお金やもらえるお金、
産休・育休制度など、
早めに知っておきたい妊娠の基本を
紹介します。

# もしかして妊娠？

（監修／よしかた産婦人科　院長　善方裕美先生）

## 体に変化を感じたら……

「妊娠かも？」と多くの人が思うのは、**規則正しい月経周期が１週間以上遅れている**と気づいたときでしょう。さらに通常なら月経が来ると基礎体温は低温期に移行しますが、**妊娠するとしばらく高温期が続きます。**そのため、だるさや熱っぽさを感じることもあります。そのほかにも妊娠によってさまざまなサインが体や心にあらわれます。体の声をよく聞いてみて。

## 妊娠初期のQ&A

### Q よくみられる妊娠の初期症状は？

### A 症状には個人差が。

人によって違いますが、下記のような症状が出ることが多いようです。**出る時期や感じ方も個人差があります。**

**だるい、眠い**

妊娠するとしばらく高温期が続くので眠さやだるさ、熱っぽさを感じることがあります。

**便秘になる**

腸の働きを抑制する黄体ホルモンの影響で、便秘がちになる人もいます。

**月経が来ない**

これはだれにでも起こります。ただし、月経予定日ごろに少量の出血（着床時出血）がみられることもあります。

**肌が荒れる**

ホルモンバランスが乱れ、肌荒れやニキビ、シミやそばかすができやすくなることがあります。

**おなかや腰が張る**

妊娠に伴う子宮の拡大やホルモンバランスの変化で、おなかや腰が張ることがあります。

**乳首がチクチクする**

母乳をだす準備が始まり、乳首が敏感になることが。洋服や下着が触れてチクチク痛んだりします。

**おりものの量が増える**

黄体ホルモンの影響で、おりものが増えます。細菌が子宮に侵入しないようにバリアの役割を果たします。

**食の好みがかわる**

起床後や空腹時に吐き気やむかつきをおぼえたり、食べものの好みがかわったりすることがあります。

**おっぱいが張る**

女性ホルモンが乳腺を刺激して乳房が張ることがあります。

**イライラする**

ホルモンバランスの乱れで、ちょっとしたことでイライラしたり、涙が出たりと不安定な精神状態になることがあります。

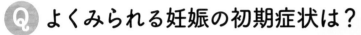

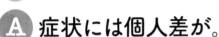

# 妊娠を確認しよう

## 月経予定日から2週間が目安

妊娠が疑われるとき、自宅で妊娠検査薬を使い確認する人が多いのですが、**妊娠検査薬では正常な妊娠*かどうかの判断はできません。陽性反応が出た場合は、早めに産科、または婦人科を受診しましょう。**

正常な妊娠であれば妊娠5週ごろには赤ちゃんを包む袋（胎嚢《たいのう》）を、妊娠6週ごろには赤ちゃん（胎芽《たいが》）を超音波検査で確認することができます。

### Q 妊娠はいつ、どこで確定するの？

### A 病院で確定診断を受けて確認を。

**受診は最寄りの病院の産科か婦人科で**大丈夫です。妊娠検査薬で陽性が出たら、間をあけずに受診するのが望ましいです。ただし、**早過ぎて胎嚢が確認できないときは、１～２週間後に再度受診し確認すること**になります。

### Q なにを持っていけばいいの？

### A 事前に病院に確認するのがベスト。

病院にかかるときに必要な**健康保険証と初診料はマスト**です。正常な妊娠には保険は適用されませんが、トラブルがあったときは適用されるので病院にだす必要があります。また妊娠の判断や排卵日を知るのに役立つ基礎体温表は、１カ月以上つけているなら持っていきましょう。

**初診時の持ちもの**

- □ 健康保険証
- □ 基礎体温表、
  または最終月経開始日がわかるもの
- □ 生理用ナプキン
  （内診で出血があった場合に使用）
- □ 筆記用具
- □ 現金（初診料など含め5000円程度が多い。
  費用が気になる場合は病院に問い合わせを）

### Q どんなことをするの？

### A 尿検査と経腟《けいちつ》超音波検査*をします。

初診では尿検査と経腟超音波検査を行って正常な妊娠かどうかを確認します。

＊経腟超音波検査：腟内に棒状の超音波発信装置を挿入して子宮内をみる検査。

### Q どんな服装でいけばいいの？

### A フレアスカートに靴下で。

検査ではショーツをぬいで内診台へ上がります。**フレアスカートと靴下の組み合わせ**がよいでしょう。

＊正常な妊娠：子宮内に着床している妊娠。正常でない妊娠には、子宮以外の場所への着床（異所性妊娠＝子宮外妊娠）や胞状奇胎（→p160）などの可能性があります。

# おおまかな妊娠の流れを知ろう

## 妊娠40週0日が出産予定日です

妊娠期間は十月十日《とつきとうか》といいますが実際は**280日。最終月経の開始日を妊娠0週0日と数え**、2週間後が排卵日で、受精すると7～10日で受精卵は子宮内膜に着床し妊娠が成立します(妊娠3週)。出産予定日は、妊娠9～10週の赤ちゃんの大きさで決定します。その後**4週ごとに妊娠月数がすすみ、妊娠40週0日が出産予定日**です。妊娠の流れを頭に入れておくと見通しが立てやすくなります。

| 妊娠初期 | | 妊娠中期 | | 妊娠後期 |
|---|---|---|---|---|
| 流産（P149） この時期に妊娠が終了することを流産という | | 早産（P158） この時期に出産となることを早産という | 正期産《せいきさん》*3 | 過期産《かきさん》*4 |

|  |  |
|---|---|
| 0w | 最終月経の開始日 |
| 2w | 排卵・受精 |
| 4w | 妊娠反応陽性　本来の月経予定日 |
| 5w | 経腟《けいちつ》超音波検査で胎嚢《たいのう》*1がみえ始める |
| 7w | 赤ちゃんの心拍がみえ始める |
| 10w | 赤ちゃんの頭殿長《とうでんちょう》*2で出産予定日が確定する |
| 16w | 胎盤が完成し始める／安定期に入る |
| 20w | 胎動がわかるようになる |
| 22w | この週以降、流産から早産と呼び名がかわる |
| 28w | おなかがせりだしてくる／張りやすくなる |
| 32w | 里帰り出産予定の場合は帰省する |
| 34w | 産休開始 |
| 36w | おしるし、前駆《ぜんく》陣痛などがみられることも |
| 37w | この週から正期産 |
| 40w | 出産予定日 |
| 42w | 過期産予防のため陣痛誘発を行うことが多い |

1カ月 …… 5カ月 …… 8カ月 …… 10カ月

＊1 胎嚢：胎児を包んでいる袋。
＊2 頭殿長：胎児の頭からおしりまでの長さ。個人差が少ないので妊娠週数や出産予定日の確定に使われる。
＊3 正期産：赤ちゃんが生まれるのに望ましい時期。
＊4 過期産：予定日を２週間過ぎた42週以降に出産になること。

## 妊娠初期のQ&A

**Q 職場への報告はいつごろすればいい？**

**A 12週ごろが無難。**

職場への報告は流産の可能性が低くなる**12週ごろが無難**です。ただし、すでにつわりなどで体調が悪い場合は早めに直属の上司だけには報告を。

**Q 妊娠がわかったらまず心がけることは？**

**A 禁酒と禁煙はすぐに実行。**

禁酒と禁煙はどちらも赤ちゃんへの影響（→p34）が報告されています。また、医師などの専門家がきちんと監修していないWEB情報を検索して、**心配や不安をかかえるのはよくありません。ささいなことでも医師や助産師に相談しましょう。**

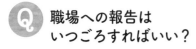

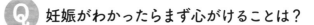

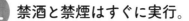

# 妊娠・出産計画を立てよう

（監修／杏林大学 保健学部 看護学科 准教授 加藤千晶先生）

## 出産のことや産後生活を考える

妊娠が確定したら妊娠中や出産・産後までの生活を想像して計画を立てましょう。具体的には、**出産する病院をどうするか、仕事はいつまで続けるか、妊娠・出産にかかるお金はどう準備するか、産後をどう過ごすのか**などです。その中でも早急に決めたいのは出産する病院。自分がどんな出産をしたいか（バースプラン）を考えながら決めましょう。

### Q バースプランってなに？

### A 自分の出産計画を立てることです。

バースプランとは、**なにを重視した出産をしたいのか、計画を立てること**です。下記の例を参考に、自分の出産をイメージしながら、パパや家族と一緒に考えてみましょう。病院によってできる、できないがあります。ゆずれないことがある場合、事前に病院に確認しておくことが大切です。

### バースプランを考えるときの内容例

- ☐ 医療体制の整っている病院がいい
- ☐ 陣痛室でお気に入りの音楽を流したい
- ☐ 無痛分娩（→p16）にしたい
- ☐ 自分の楽な姿勢（フリースタイル→p16）で出産したい
- ☐ 陣痛から出産まで同じ部屋で過ごしたい（LDR →p16）
- ☐ パパに立ち会ってもらいたい
- ☐ 産後すぐに抱っこしたい・母乳をあげたい
- ☐ 母乳指導をしている病院がいい
- ☐ 入院中は母子同室がいい
- ☐ 入院中の食事やサービスが充実
- ☐ 個室がいい
- ☐ 里帰り出産をしたい　　など

体験談

**LDRでリラックスして出産を**

私が希望したのはLDRと産後の母子同室。陣痛から出産までは移動しないで音楽をかけながらリラックスして過ごしたかったし、出産予定日が年末だったので、赤ちゃんと一緒に新年を迎えたかったからです。予定どおり年末の出産で赤ちゃんと新年を迎えました。（ゆうママ・よしのちゃん）

# 病院選び

## いちばん安心できる病院を選ぼう

妊娠中の定期健診（10回以上）、出産、産後の入院や健診など、病院とのつきあいは長く続きます。**通いやすさやスタッフとの相性、自分の体の状態や、どんな出産をしたいかなどのこだわりを整理**して、安心して通える病院を選びましょう。病院にはいくつか種類があり、出産に対する考え方や設備、技術、可能な出産スタイルもそれぞれ違います。まずはホームページなどで特徴を調べてみて。

### 妊娠初期のQ&A

## Q どんな病院があるの？

**A** 病院の種類は大まかに分けて下記の３タイプです。自分の体の状態と施設の特徴を知って選びましょう。

一般周産期医療施設
**診療所、助産院など**

- 地域の産婦人科診療所や、助産師が運営する助産院
- 妊娠から出産まで同じ医師や助産師にみてもらえることが多く、信頼関係を築きやすい
- 施設や食事が充実していることが多い
- 助産院の場合は、母子ともに体のリスクがないことが前提

地域周産期母子医療センター
**総合病院、産科専門病院など**

- 総合病院はほかの科もあるため、いざというときに対処してもらえる
- 産科専門病院は産婦人科医や助産師が充実し、母乳育児や助産師外来など独自のサービスを行っているところも多い
- リスクが高めの妊婦も受け入れられる

総合周産期母子医療センター
**設備の整った大学病院など**

- MFICU（母体胎児集中治療室）、NICU（新生児集中治療室）を備え、母体や胎児、赤ちゃんのトラブルに対処できる
- 持病があったり、多胎だったりなどハイリスクの妊娠・出産でも受け入れられる

## Q どうやって探せばいいの？

**A** **検索してみましょう。**

まずは**通いやすい範囲の病院を検索**します。今はほとんどの病院がホームページで妊娠生活や出産に対する考え方、先生、スタッフ、施設・設備、分娩料金などを紹介しています。それらを確認し、**口コミなども読んでみましょう。不明点があれば電話をして確認し受診します。**医師や助産師、スタッフとの相性をみて、安心して妊娠生活を送れそうであれば分娩予約*をします。

＊分娩予約：医師や助産師の人数によって１日に対応できるお産の数が決まっているので、お産の数を調整するためにも分娩には予約が必要。

# 病院選びのチェックポイント

**病院を選ぶときは、出産スタイルや施設の充実度など、ゆずれないポイントや優先順位を考えてみましょう。下記のチェック項目を参考にしてみてください。**

- □ 自宅から通いやすい
- □ 緊急時に搬送可能な病院が近くにある
- □ 健診費・分娩費が明確
- □ 出産スタイルが選べる（→ p16）
- □ 立ち会い出産が可能
- □ 個室・大部屋
- □ 母子同室（マイペースでお世話ができる）・母子別室（ママがゆっくり休める）
- □ 産後、家族も病室に泊まれるか（上の子がいる場合など安心）
- □ LDR（陣痛室兼分娩室）がある（→ p16）
- □ NICU（新生児集中治療室）がある（→ p14）
- □ 担当医が決まっている
- □ スタッフの対応や相性がよい
- □ 助産師外来がある
- □ 小児科医がいる（産後も赤ちゃんを引き続きみてもらえる）
- □ 自分のバースプランが実現できる
- □ 栄養士の栄養指導がある
- □ 母乳育児をすすめている
- □ 両親学級を実施している
- □ マタニティビクスやヨガができる
- □ 産後、マッサージやリラクゼーションなどのサービスがある
- □ 産後にお祝い膳がある

## Q 立ち会い出産って？

## A 家族が陣痛中から出産までをサポートすること。

一緒に赤ちゃんの誕生を迎えることで、**家族のきずなが生まれ、パパもその後の子育てにスムーズに入りやすいメリットが**あります。**両親学級への参加が条件になることもある**ので、夫婦で早めに決めて準備をすすめましょう。

※現在コロナ禍において、立ち会い出産を中止している病院もあります。（2021年1月現在）

# 出産方法やスタイルを確認しよう

（監修／なないろレディースクリニック　院長　黒田勇二先生）

## 病院によって可能な出産スタイルはかわる

出産方法は大きく分けて2つあります。**赤ちゃんが産道を通り膣《ちつ》から生まれる「経膣《けいちつ》分娩（自然分娩）」と、ママのおなかを切開し赤ちゃんを取り出す「帝王切開」**です。帝王切開は妊娠・出産中のトラブルや病気などにより、経膣分娩が難しい場合の出産方法です。

経膣分娩にはいくつかのスタイルがあり、病院によってできるものとできないものがあります。希望があるときは、事前に病院に確認しましょう。

## いろいろな経膣分娩のスタイル

**分娩台での出産が一般的ですが、経膣分娩には分娩姿勢や場所、医療の力を借りるものなど、さまざまなスタイルがあります。**

**（医療法人愛育会　愛育病院　院長　岡田恭芳先生）**

### ●リラックス法を取り入れた出産

出産時、妊婦の呼吸を整えながら、出産への恐怖心や陣痛を和らげて出産する方法。「ラマーズ法」「ソフロロジー式」として普及しました。現在では「リラックス法」としてまとめられています。

### ●フリースタイルの出産

うつぶせ、横向き、両手両ひざをついた姿勢、座位、立てひざなどママの楽な姿勢で出産する方法。助産院の多くはこのスタイル。「好きな姿勢で産みたい」という希望が強い人に向いています。

### ●自宅出産

陣痛が来たら助産師を呼んで自宅で出産する方法。生活している流れの中で出産に臨めます。ただし、トラブルが起きたときは緊急搬送になるときも。

### ●LDR（陣痛室兼分娩室）

陣痛（Labor）、分娩（Delivery）、産後の回復（Recovery）の略で、陣痛から産後まで同じ部屋で過ごします。陣痛からの移動がないため肉体的にも楽。家族も立ち会いしやすいのがメリット。

### ●無痛分娩

麻酔を使って痛みを軽減しながら出産する方法です。痛みへの恐怖心が強い、合併症がある人に向いています。産後体の回復が早いというメリットも。しかし、いきむ力がだしにくかったり、麻酔の効き方には個人差があったりします。

### ●計画（誘発）分娩

分娩予定日を決め、医療器具や薬を使って陣痛を誘発、促進して出産する方法。基本的にはママの体や赤ちゃんの状態によって選ばれる分娩法。遠方からの立ち会い出産などのニーズに対応できる場合もあります。

さまざまな出産方法による
ドキュメンタリー動画をチェック！

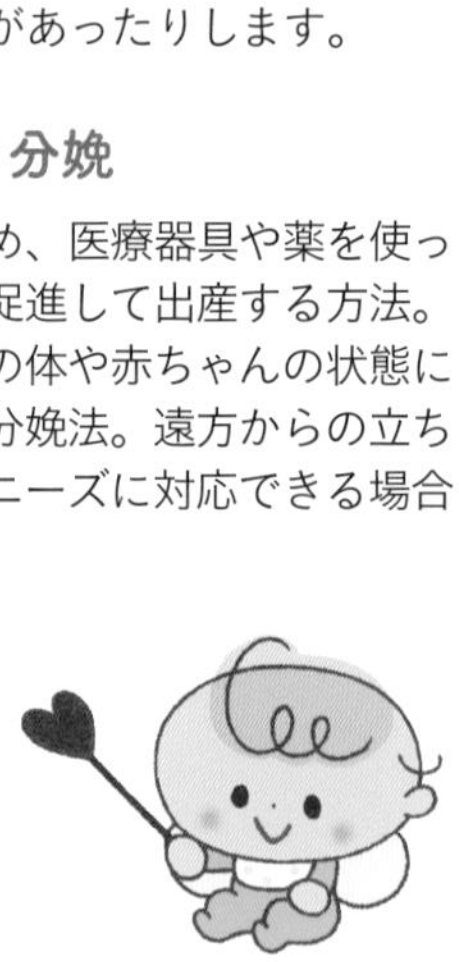

したほうがよい？ しないとどうなる？

# Column 里帰り出産

（監修／助産師 宮川めぐみさん）

## 里帰りのメリット・デメリット

出産前に実家に帰省し出産や産後を迎えることを里帰り出産といいます。実母や家族に、家事や上の子のお世話をサポートしてもらえるので、ママは**体を休めながら子育てに慣れていくことができます。**ただし、転院や移動が必要になることや、パパがなかなか赤ちゃんに会うことができないなどのデメリットも。パパや実家ともよく相談して決めましょう。

## 里帰り出産のQ&A

**Q 里帰りを決めるときに話し合うポイントは？**

**A ママやパパ、実家の状況を考え話し合う。**

ママやパパの希望や状況はもちろん、**お世話になる実家の状況も合わせて考える**ようにしましょう。

- □ 妊娠中、もしくは新生児を連れての移動が負担にならないか
- □ 里帰り先で心身ともリラックスできるか
- □ 里帰り先で育児のサポートを受けられるか
- □ 実母や家族との関係や過干渉がストレスにならないか
- □ 上の子が遊びに行ける場所はあるか
- □ 産前産後に離れて暮らすことにパパは賛成か

**Q 里帰りしない場合はどんな準備が必要？**

**A サポートの人を確保。**

産後のママは出産の疲れなどであまり動けないと考え、**妊娠中に準備をしっかりと**しておきます。

### 育児や家事をサポートしてくれる人を確保

パパが育休を取れるのか、実母や義母に来てもらえるのか、事前に確認を。または、自治体の産後のサポート(→p212)などの利用も考えます。上の子の一時保育なども探しておくとよいでしょう。

### 赤ちゃんのスペースを準備

ママの負担を軽くするためママの寝るスペースの近くに赤ちゃんスペースもつくっておきます。赤ちゃんの消耗品を購入できるお店なども探しておいて。

**Q 里帰りをする場合はなにから準備すればいい？**

**A 転院先は早めに決めて。**

下記の段取りですすめましょう。

### ❶転院先を決める

転院先が決まったら分娩予約をします。できれば妊娠初期、中期に1回ずつ受診を。

### ❷産後のアイテムは実家へ

ベビー用品やママが必要なものは早めに実家に送ります。里帰り先でベビー用品を購入できるお店も探しておきます。

### ❸パパとの連携体制をつくる

出生届や児童手当などの手続き関係、緊急時の連絡方法などを確認しておきます。

# 母子健康手帳をもらおう

（監修／助産師　榎本美紀さん）

## 母子健康手帳は常に持ち歩こう

　赤ちゃんの心拍が確認でき、医師や助産師から指示があったら、市区町村の役所か保健センターに「妊娠届」を提出して母子健康手帳（以下、母子手帳）を交付してもらいましょう。母子手帳には**妊娠や出産の経過、生まれた赤ちゃんの健康状態、発育・発達、予防接種の有無などを記録をしていきます。小学校入学ごろまで使います。**妊娠中、常に携帯していれば、外出中にトラブルが起きて、そのまま病院へ行くことになった場合も対応の参考になります。

## 妊娠初期のQ&A

**Q　母子手帳はどうやって受け取るの？**

**A　自治体に確認を。**

受け取る方法や必要なものは自治体によって違います。**事前にホームページなどで確認**しましょう。

### ❶病院から指示がある

妊娠７〜８週に心拍が確認できると、病院から母子手帳をもらうよう指示が出ます。

### ❷妊娠届を提出

市区町村の役所か保健センターに「妊娠届」を提出すると母子手帳が交付されます。自治体によっては医師が書いた妊娠証明書が必要な場合もあります。

### ❸保健師との面談

自治体によっては保健師と面談できるケースもあります。妊娠生活のことや一緒に渡される補助券、両親学級などの説明があるでしょう。不安なことがあれば相談もできます。

## 記録だけでなく育児情報も活用を

母子手帳をもらったら、まずは**自分の名前と出産予定日を書きましょう。**妊婦健診のたびに医師が妊娠経過を母子手帳に記入するので、忘れないように持っていきましょう。

自由に記入する欄にはそのときの体調や気持ちを書いたり、産後は赤ちゃんの成長などを記録したりできます。

**ママや赤ちゃんの栄養、予防接種などの情報も掲載されている**ので、ひと通り目を通すのがおすすめです。

**Q 記入しておくべきことを教えて？**

**A 妊娠経過や感想を。**

きちんと記入しておけば**次の妊娠・出産時に役立ちます。**

- ☐ ママの名前・出産予定日・赤ちゃんの名前（産後）
- ☐ 胎動を感じ始めた時期や感想。どんな胎動か
- ☐ 妊娠中の体の変化
- ☐ 赤ちゃんの身長、体重、成長曲線
- ☐ 赤ちゃんの成長（首が座った、寝返りなど、できるようになったこと）

**Q 母子手帳と一緒にもらえるものはなに？**

**A 妊婦健診の補助券やパパ向けハンドブックなど。**

自治体によって違いますが、下記のようなものが入っています。妊婦健診の補助券はすぐに使いますし、両親学級や保健指導など、活用できるものがあります。**もらったものは、すべて中身を確認しておきましょう。**

- ☐ 妊婦健診の補助券
- ☐ 両親学級の案内
- ☐ パパ向けハンドブック
- ☐ おじいちゃん、おばあちゃん向けハンドブック
- ☐ 妊婦保健指導、産後のマッサージなどの補助券
- ☐ マタニティマーク* など

体験談

**ひと言日記代わりに活用**

母子手帳をもらったときはとてもうれしかったのを覚えています。妊婦健診の健診結果を見つつ、ひと言日記のように感じたことを書きました。産後は赤ちゃんの成長を。意外と忘れちゃうので、記入しておいてよかったです。離乳食のことや予防接種の情報も参考になりました。（ゆきママ・ももちゃん）

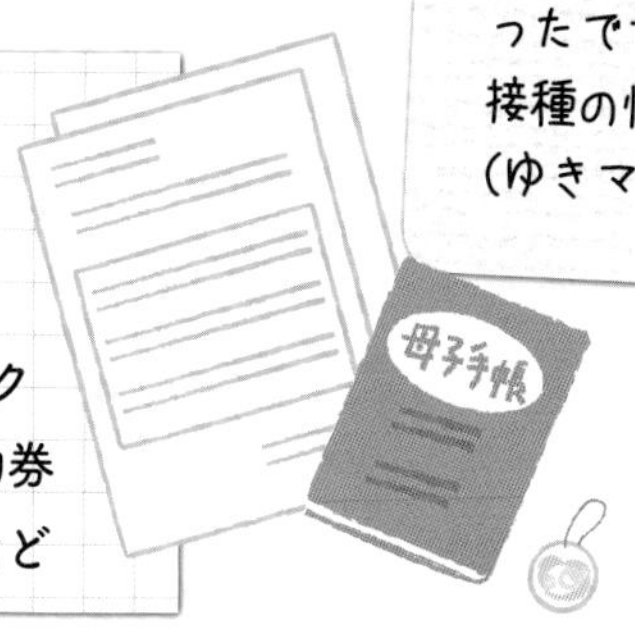


母子健康手帳の使い方を動画でチェック

＊マタニティマーク：妊婦が交通機関などを利用するときに身につけることで、周囲が妊婦への配慮をしやすくするもの。

# 妊婦健診を受けよう

（監修／おおたレディースクリニック　院長　太田篤之先生）

## 妊婦健診は定期的にきちんと

妊娠中はいつ、なにが起こるかわかりません。妊婦健診は定期的にきちんと受けるようにしましょう。**妊娠月数により健診の頻度はかわりますが、基本的な内容はママの体調と赤ちゃんの成長の確認**です。

妊娠・出産には健康保険は適用されませんが、合併症などに保険が適用されることがあります。健康保険証は毎回持参しましょう。健診は自費ですが、自治体の公費助成（→p27）などが使えます。

### 妊婦健診の内容とスケジュール例

| 時期 | 頻度 | 内容 |
|---|---|---|
| 初期（妊娠2～4カ月） | 2～3カ月 2週に1回 | 問診　内診　外診　体重測定　血圧検査　尿検査　経腟《けいちつ》超音波検査　血液検査 |
| 中期（妊娠5～7カ月） | 4～6カ月 おおよそ3～4週に1回 | 問診　外診　体重測定　血圧検査　尿検査　腹部超音波検査（腹囲・子宮底長測定）　経腟超音波検査　血液検査 |
| 後期（妊娠8～10カ月） | 7～9カ月 2週に1回<br>10カ月 1週に1回 | 問診　内診※　外診　体重測定　血圧検査　尿検査　腹部超音波検査（腹囲・子宮底長測定）　血液検査　ノンストレステスト（NST）※　浮腫《ふしゅ》検査、骨盤X線検査（必要に応じて）<br>※は妊娠10カ月時のみ |

**Q** 健診時の持ちものは？

**A** 母子手帳は必ず持参を。

**診察券、母子手帳、健康保険証**（トラブルの場合は保険適用となるため）はいつでも必要です。**健診で使える補助券**も持参して。補助券があっても差額で支払いが必要な場合もあるので現金も忘れずに。

#### 妊婦健診時の持ちもの

- □ 診察券
- □ 健康保険証
- □ 妊婦健診の補助券
- □ 母子健康手帳
- □ 生理用ナプキン（内診で出血があった場合に使用）
- □ 筆記用具
- □ 現金

# 妊婦健診・検査の内容

**定期的な妊婦健診で全期間を通して行われるのは、右側の❶〜❻の内容です。基本的に❶〜❻の順番で行われます。左側の検査は時期や必要に応じて行われる検査です。**

### ●内診（必要に応じて）

内診台で子宮の大きさやかたさ、子宮口の開き具合などをチェックします。毎回行うところもあれば、24〜36週まで行わない病院も。10カ月以降は健診の度に行います。

### ●血液検査

（妊娠全期間を通じて3〜4回）

貧血、感染症、肝臓や腎臓の機能など、母体全体の健康状態をチェックします。とくに妊娠初期の血液検査は多岐にわたります（→p22）。

### ●浮腫検査（必要に応じて）

むくみがないか、足のすねや甲を指で押してチェック。

### ●ノンストレステスト（NST）

妊娠後期に行う赤ちゃんの元気度を調べる検査。分娩監視装置という機器で、子宮の収縮や赤ちゃんの動きをチェック。予定日を過ぎた場合、1週間に2回行うことも。

## 妊娠全期を通して行われる検査

### ❶ 尿検査

尿たんぱくや尿糖が出ていないかを確認。

### ❷ 血圧検査

高血圧は自覚症状がないので妊娠高血圧症候群の兆候がないかを確認。

### ❸ 体重測定

急激な体重増加を予防するため、適切な体重増加を指導。

### ❹ 問診

検査の最後に医師から説明を受けます。気になることや不安なことは相談を。

### ❺ 外診

おなかに触れ子宮のかたさや、赤ちゃんの位置、大きさなどを確認。

### ❻ 超音波検査

超音波で子宮内の赤ちゃんなどの様子を確認。妊娠初期は膣《ちつ》から、中期以降はおなかの上から超音波を当てます。

# 妊娠中の検査項目

## 病気やリスクの検査は安産へのパスポート

ママと赤ちゃんが出産を無事に迎えられるように、病気やリスク要因がないかどうかの検査が行われます。**妊娠初期から中期にかけては母体全体の健康状態をみる**ため受診する項目が多く、費用もまとまった金額がかかります。**妊娠後期は出産にかかわる検査をします。**ただ、多くは妊婦健診の公費助成を使えます。すべての検査は安産へのパスポートと思ってきちんと受けるようにしましょう。

### 妊娠初期にする検査

**●貧血検査**

**妊娠中に2～3回検査**します。貧血があると妊娠中から出産後まで影響するため、診断されたら食事指導と鉄剤の投与が行われます。

**●HBs抗原検査（B型肝炎ウイルス）**

**B型肝炎ウイルス感染の有無を調べる検査**。症状がなくても感染している場合があり、出産時や産後の母子感染を予防するために行います。

**●HCV抗体検査（C型肝炎ウイルス検査）**

**C型肝炎ウイルス感染の有無を調べる検査**。症状が軽いため感染していても気がつきにくいことが多くあります。分娩時に赤ちゃんに感染する恐れがあるので検査は必須。

**●血液型・不規則抗体検査**

**緊急時の輸血に備え、ABO式とRh式で検査**。ママがRh(－）でパパがRh(＋）の場合は、リスクが高くなるためより詳しい検査をします。

**●血糖値検査**

**妊娠糖尿病のリスクを確認する検査**。ママの血糖値（血液中に含まれるブドウ糖の値）を調べます。妊娠糖尿病の場合は、食事療法などで血糖のコントロールを行います。

**●HIV抗体検査**

**エイズ（後天性免疫不全症候群）感染の有無を調べる検査**。HIVに感染していた場合、分娩時の出血で赤ちゃんに感染するリスクがあるため帝王切開になります。

### ●風疹ウイルス抗体検査

妊娠初期に風疹にかかると赤ちゃんが視力や聴力に障害をもつ「先天性風疹症候群」になるリスクがあるため、**風疹の抗体の有無を調べます**。

### ●トキソプラズマ検査（必要に応じて）

猫の便に触れたり、加熱が不十分な肉などを食べたりすることで**寄生虫トキソプラズマに感染**します。**その感染の有無を検査**します。

### ●梅毒血清反応検査

**梅毒は性感染症のひとつ**で、ママが感染していると流・早産の原因に。感染したまま出産すると赤ちゃんが先天性梅毒になることがあります。

### ●子宮頸《けい》がん検査

**子宮頸部の組織を採取して検査**します。がんがみつかった場合は、進行度に応じた治療を行います。

## 妊娠後期にする検査

### ●GBS（B群溶血性連鎖球菌《ようけつせいれんさきゅうきん》）検査

感染していると分娩時に赤ちゃんに感染し、肺炎や敗血症、髄膜炎を起こす心配が。**感染している場合は分娩時に抗生物質の点滴をします**。

### ●ノンストレステスト（NST）

分娩監視装置をつけ、赤ちゃんの心拍数や胎動、子宮収縮の状態をみながら**赤ちゃんの元気度をチェックする検査**。リクライニングできるいすやベッドに横になり、40～60分程度かけて行います。

### ●骨盤X線検査（必要に応じて）

赤ちゃんの頭がママの骨盤を通れない可能性がある場合、**X線検査で確認**します。

## 妊娠初期～中期の検査

### ●クラミジア検査

クラミジアは性感染症のひとつで、ママが感染していると早産などを引き起こすことも。また出産時に赤ちゃんに感染し肺炎やクラミジア結膜炎を発症する場合があるため、**感染がみつかったらすぐに治療**します。

### ●成人T細胞白血病（ATL）検査

**血液のがんのひとつで母乳を介して赤ちゃんに感染**します。万が一感染していた場合は、母乳をまったくあげない、冷凍母乳をあげる、生後3カ月までは母乳をあげるなどリスクを把握しながら相談します。

### ●サイトメガロウイルス検査（必要に応じて）

ヘルペスウイルスの仲間で、妊娠中に感染すると胎児に影響する可能性があるため、**免疫（抗体価）を調べます**。

# 産休・育休制度を活用しよう

（監修／医療法人つばさ会 上大岡こどもクリニック 看護師長・助産師 在本祐子さん）

## 産休・育休の希望は早めに伝えて

**働いている人は、体調が落ち着いてくる12週ごろまでには出産予定日、産休・育休を取るのか、退職するのかなど自分の希望を職場に伝えましょう。**

産休・育休を取るにしても退職するにしても、周囲へ配慮と感謝をもって仕事の調整や引き継ぎをするのが大切です。ただし、忘れてはいけないのは、この時期に無理は禁物ということ。自分の体をまず優先させることをおすすめします。

## 産休・育休のQ&A

**Q** 育児休業（育休）とは？

**A** 子どもが1歳になる誕生日の前日まで取れる休業です。

産後休業後、**子どもが1歳になる誕生日の前日まで、パパ、ママを問わず子どもの養育のため取れるのが育児休業**です。保育園が決まらない、健康上の理由で養育が難しい、離婚による環境の変化などで、休業が必要と認められると、**子どもが2歳になる誕生日の前日まで延長することもできます。**

労働基準法で決められていること

**育児休業後に復職した場合の権利**
- 生後1年未満は育児時間として（1日2回各30分）の請求できる
- 時短勤務の希望ができる
- 時間外労働や夜勤が制限される

**Q** 産前・産後休業（産休）とは？

**A** 産前6週間、産後は8週間の休業です。

産前休業：**ママが請求した場合6週間休めます（多胎は14週間）。**

産後休業：**8週間は就業させることはできません。**ただし、**産後6週間を過ぎママが就業を希望し、医師の許可が下りれば復帰できます。**

労働基準法で決められていること

**妊娠中の権利**
- 通勤緩和（時差通勤、勤務時間の短縮）ができる
- 危険な業務や体への負担が重い仕事が制限される
- 休憩時間の延長や回数が増加できる
- 時間外労働、休日出勤、夜勤が制限される

**Q** 職場に「配慮してほしい」と伝えにくいときは？

**A** 「母性健康管理指導事項連絡カード」を使って。

「母性健康管理指導事項連絡カード」とは、働く妊婦や産後の女性の健康状態を守るために、医師などから指示事項（通勤緩和や休憩など）を会社へ的確に伝えるために利用できる書類です。これを職場に提出し希望を伝えましょう。

# 産休に入るまでの仕事のしかた

**妊娠の時期別に注意すべきことを紹介します。スムーズに産休に入れるように、計画的にやるべきことを行いましょう。**

## 妊娠初期

### 無理せず休息を

妊娠初期こそ**無理をせず必要なときに休息を取ることが理想的。そのため直属の上司には早めの妊娠報告をしておきましょう。希望すれば通勤緩和や休憩時間、回数への配慮、作業の変更などが可能**です。「母性健康管理指導事項連絡カード」を医師に記載してもらうことで、診断書と同じように希望が伝えやすくなります。産休や育休、出産育児一時金などの申請方法や必要な書類などの情報も集め、確認しておくことも忘れずに。

## 妊娠中期

### 引き継ぎや産後のビジョンも考えて

体調が安定し無理をしがちな時期ですが、初期と同様、**周囲の人への配慮と感謝をしながら、仕事と妊娠生活を両立させましょう。**産休・育休やさまざまな手当金・給付金の手続きの準備、産後の生活、地域の子育て支援、予防接種と小児科選び、復職と保育園探しなど、産前から産後1～2年までのビジョンも考え始めて。後任へのマニュアル作成や引き継ぎなどもしておくとよいですね。

## 妊娠後期

### 産休や退職の準備は計画的に

おなかも大きくなり通勤や同じ姿勢での業務による疲れ、体の冷え、マイナートラブルなどが起こりやすい時期。さらに順調な経過であっても切迫早産や急な入院という可能性もあります。**早めに、仕事の引き継ぎをしておくと安心です。**

会社を辞めた場合、再就職希望なら雇用保険被保険者離職票をもらい、**失業給付の延長（→p28）を忘れずに**行って。

# 出ていくお金・もらえるお金

（監修／ファイナンシャルプランナー 大野高志さん）

## もらえるお金は手続きを確実に

妊娠・出産・育児は思っていた以上にお金がかかるもの。経済的にサポートしてくれる制度がたくさんあります。

申請しないともらえないものもあり、また出産後に仕事先に復帰する、退職する、専業主婦、自営業など、ママの**立場や状況によっても申請できる制度がかわります。**自分がもらえるお金は早めに確認し、忘れずに手続きしましょう。

### ママのタイプ別もらえるお金チェック表

| | 専業主婦<br>仕事を辞める | 仕事先に<br>復帰する | 自営業<br>フリーランス |
|---|---|---|---|
| 妊婦健診の公費助成 | ○ | ○ | ○ |
| 出産育児一時金 | ○ | ○ | ○ |
| 児童手当 | ○ | ○ | ○ |
| 乳幼児医療費助成 | ○ | ○ | ○ |
| 医療費控除 | ○ | ○ | ○ |
| 出産手当金 | | ○ | |
| 育児休業給付金 | | ○ | |

**それぞれの条件に合えばもらえるお金**

- 傷病手当金（→p28）
- 高額療養費（→p28）
- 未熟児養育医療制度（→p29）
- 児童扶養手当（→p29）

## 妊娠～産後までにかかるお金の目安

**妊娠中から産後４カ月ぐらいまでにかかるお金の目安です。早めに計画を。**

**●妊婦健診費（一部助成あり）**
妊婦健診は出産までに15～16回、**1回あたり平均3000～5000円**かかります。健診内容によっては、1万円を超えるものもありますが、自治体からの補助で負担額が緩和されます。

**●分娩・入院費（出産育児一時金の差額を準備）**
医療機関や地域によって差がかなりありますが、**通常分娩の場合は50万円前後**です。出産育児一時金を引いた額を負担することになります。

**●万が一のトラブルのための費用**
**貧血や切迫早産、妊娠高血圧症候群などの治療でかかる医療費の準備**も忘れずに。**医療保険や共済などに加入しておくと安心**です。自治体によっては妊娠高血圧症候群などに医療費助成が行われている場合もあります。

**●マタニティ＆ベビー用品費**
あらかじめ予算を決めて**計画的に購入を。レンタルやおさがりで節約も可。**

**●里帰り出産費**
**ママの交通費、パパが通う交通費、実家での生活費**などの費用。

**●出産内祝い費**
いただいた**出産祝いのお返しの費用。**

**●行事費**
**お七夜、お宮参り、お食い初め**など、赤ちゃんの行事の費用。

※各制度は2021年1月現在の内容です。最新の情報は市区町村や健康保険組合、ハローワーク等のホームページや窓口にて確認をしてください。

# 妊娠・出産・育児でもらえるお金と手続き

## 全員がもらえる！

**対象者や申請の時期、手続き方法もさまざまです。早めに確認し、もらいそびれがないようにしましょう。**

### 出産育児一時金

出産費用のサポート

健康保険に加入している人（本人か扶養家族）が、妊娠４カ月（85日）以上で出産した場合、その**出産費用の一部をサポートす**る制度。手続き方法は３パターンあり、病院等によって異なる。

**支給額**

子ども１人につき原則42万円
（このうち産科医療補償制度*の掛金が１万6000円）

**手続き**

**① 直接支払制度**
事前に医療機関に合意文書を提出する▶医療機関に出産育児一時金が直接支払われる。

**② 受取代理制度**
出産予定日２カ月以内に医療機関の承認を受け、申請書類を健康保険組合等に提出する▶医療機関に出産育児一時金が直接支払われる。
※①を導入していない医療機関でも同じように支払われる。

**③ 産後申請制度**
退院時に出産費用を全額自分で支払う▶後日、健康保険組合に申請する▶出産育児一時金が振り込まれる。

### 乳幼児医療費助成

子どもの医療費を自治体が助成

**子どもの医療費の一部、または全額を自治体が助成してくれる制度。**対象年齢や助成金額は自治体によって異なる。

**手続き**

出生届を提出▶パパかママの入っている健康保険に加入する▶市区町村の役所で手続きをし、乳幼児医療証（こども医療証）を受け取る。
※自治体によっては医療証を発行しないで、後日、診療費用を役所に申請し返還されるケースもある。

### 妊婦健診の公費助成

健診費の負担を軽減

**自治体が妊婦健診の費用の一部を負担**してくれる制度。助成内容は自治体によって異なる。

**手続き**

市区町村の役所や保健所に「妊娠届」を提出する▶母子健康手帳と併せて妊婦健診の補助券（受診票）などがもらえる。

### 児童手当

子育て費用をサポートする手当

出生後から中学校卒業までの期間、**子育て費用をサポート**する制度。

**支給額**

３歳未満が月額１万5000円
３歳～小学校修了までの期間が月額１万円（第３子以降は1万5000円）
中学生（15歳の誕生日後の最初の３月31日まで）が月額１万円
※所得制限を超える場合はいずれの期間も月額5000円

**手続き**

お住まいの市区町村の役所（公務員の場合は勤務先）に申請する。
※申請の翌月から支給対象になる。
※毎年６月に現況届の提出が必要。

＊産科医療補償制度：出産に関連して発症した重度脳性麻痺の赤ちゃんとその家族の経済的負担を補償する制度。

## かかった医療費によってもらえる

### 傷病手当金

**病気やケガによる休みで、**
**給与が出なかった場合に支給**

妊娠・出産にかかわらず病気やケガなどで医師に安静・入院が必要と診断され、**給与が出ずに連続して３日以上休んだ場合の４日目以降から支給**される。

**支給額**

【支給開始日以前の12カ月間の標準報酬月額*の平均額】÷30日×３分の２×欠勤日数
（連続３日休業後、４日目を初日として計算）
※上限・下限額あり。

**手続き**

勤務先の総務や人事担当、もしくは健康保険組合に申請。

### 医療費控除の還付申告

**かかった医療費によって、所得税が戻ってくる**

家族全員の１年間（１〜12月）の医療費（出産関連費用だけでなく、そのほかの医療費も含める）の合計が10万円（所得200万円以下の場合は所得の５％）を超えた場合、確定申告をすることによって**所得税の還付と住民税の減額ができる。**

**手続き**

該当年の翌年の１月１日以降に、必要書類をそろえて住所管轄の税務署に申請する。
※過去５年分さかのぼって申請できる。
※実務は１月４日以降になります。

### 高額療養費

**医療費の自己負担限度額を**
**超えた場合の払戻金**

１カ月の医療費が自己負担限度額（収入によりかわる。勤務先の総務や人事担当、もしくは健康保険組合等に確認）を超えた場合、**超過金が健康保険から払い戻しされる。**

**手続き**

勤務先や加入している健康保険組合等に申請。
**※切迫早産や帝王切開など、妊娠・出産・産後の健康上のトラブルなどで通院や入院が長引き、医療費が高額になった場合は申請を。**
※「事前認定」を受けておくと、医療機関の窓口では限度額内のみの支払いになる。

## 産後、再就職したい人は申請を

### 失業給付の延長

**いずれ仕事を探すときのために行う**

雇用保険に加入していて退職し、産後に再就職を考えている人が対象。求職活動を再開するまで、**給付金の受給を受給期間１年間にプラスして３年間延長できる。**

**手続き**

退職翌日から30日経過後、なるべく早い段階で（受給期間満了後まで）ハローワークに申請する。

＊上記の標準報酬月額には基本給のほか役付、通勤、残業など各種の手当を含む。

## 働くママはもらえる

### 育児休業給付金

育休中に支給

育児休業を取得した期間に応じて、**雇用保険から支給**される。

**支給額**

【育児休業開始前6カ月間の総支給額（保険料などが控除される前の額。賞与は除く）】÷180×67%（180日以降は50%）が休んだ日数分支給される。

※支給期間は子どもが1歳になるまで。特例の場合は2歳まで延長可能。

※上限・下限額あり。

**手続き**

勤務先を通じてハローワークに書類を提出▶原則2カ月おきに追加申請をする。

### 出産手当金

産休中に給与が出なかった場合に支給

産前産後休業を取得し、**給与の支払いがない期間、勤務先の健康保険から支給**される。

**支給額**

出産日を含めて産前休業42日（双子以上の場合は98日）から産後休業56日の範囲内で勤務先を休み、給与の支払いがなかった日数分に対して支給される。

1日あたり、【支給開始日以前の12カ月間の標準報酬月額*の平均額】÷30日×3分の2が支給される。

※上限・下限額あり。

**手続き**

申請書に医療機関と勤務先から必要事項を記入してもらう▶勤務先の健康保険組合に提出する。

## 条件が合えばもらえる

### 児童扶養手当

1人親家庭への子育て費用のサポート

要件に該当する1人親家庭に対し、**子育て費用をサポート**。

**支給額**

所得や子どもの人数によってかわる。子どもが1人の場合は、所得に応じて月1万180円〜4万3160円が支給される。

**手続き**

お住まいの市区町村の役所に申請する。

※毎年8月に現況届の提出が必要。

※奇数月の年6回に分けて支給される。

### 未熟児養育医療制度

身体の発達が未熟な赤ちゃんの入院・治療費のサポート

赤ちゃんの出生体重が2000g以下など、特定の要件を満たし、医師が入院して養育する必要があると認めた場合、**入院・治療費をサポート**。

**支給額**

原則、指定の養育医療機関の入院・治療費が公費負担に（窓口での支払いが無料）。

※所得などによっては一部自己負担となるケースも。おむつ代、差額ベッド代は対象外。

**手続き**

お住まいの市区町村の役所に申請する。

# つわり対策

（監修／助産師　高杉絵理さん）

## 時期も症状も程度も個人差が大きい

つわりの症状が出るのはホルモンバランスの変化のほか、さまざまな要因が関係しているといわれます。時期や程度には個人差があり、妊娠4週ごろから始まる人もいれば、まったくない人も。

一般的には**妊娠8～9週がピークで15週前後には落ち着いてくる人が多い**ようです。妊娠16週ごろには胎盤が完成しホルモンバランスが整うので、症状が治まってきます。

### つわりのQ&A

**Q　つわりはどんな症状が出るの？**

**A　吐き気、胃もたれなど、人によっていろいろです。**

ホルモンバランスの影響や体のさまざまな変化により、下記のような症状が出ます。すべてが出るわけではなく、**どのような症状が出るのかも、その程度も個人差があります。**

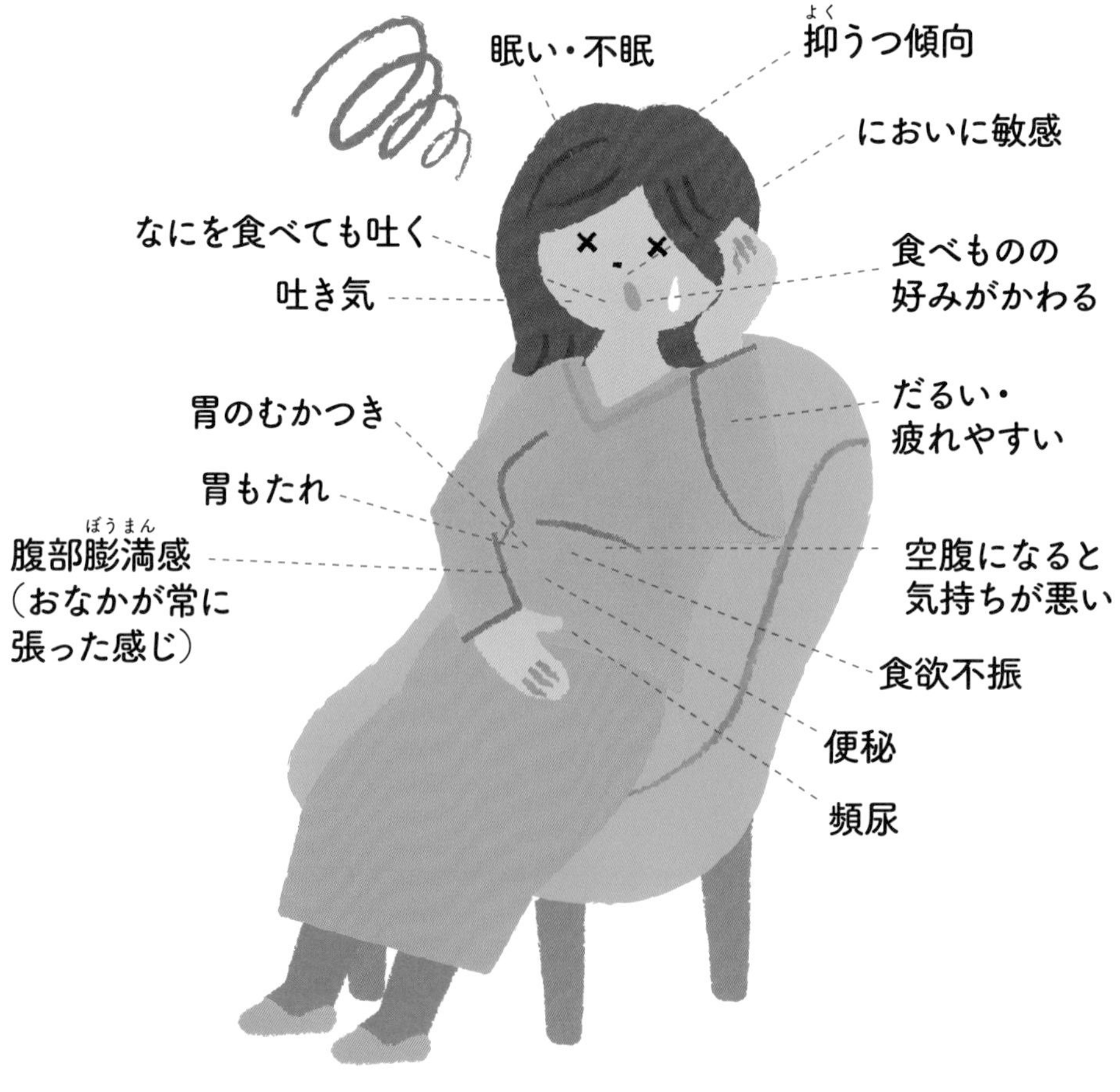

## Q 過ごし方のポイントは？

### A 自分の体と相談しながら、周りにも頼って。

満員電車のにおいが気になる、夕方になると落ち込むなど、**自分のつわりのパターンがわかってくると、事前に対策ができるようになり体も心も楽に**なります。つらいときは、家族や医師や助産師、上司などに相談を。

**ゆったりとした服装で過ごす**
ちょっとした締めつけでも不快に感じることが。ゆったりした服やインナーに変更を（→p32）。

**仕事や家事は適度に**
つらいときは自分の体を優先して、無理をしないのが基本です。

**パパや家族にも頼って**
体調が悪いときは、家事や上の子のお世話などをパパや家族に頼りましょう。

**直属の上司に相談**
つわりがひどいときは上司に相談し、通勤時間や仕事内容の配慮をお願いしましょう。

**つらさを1人で抱え込まない**
家族や医師、助産師に話をして気分転換を。

## Q 食事のポイントは？

### A 自分が受けつけるものを口にして。

この時期は、赤ちゃんがまだとても小さいので、あまり食べられなくても大丈夫。時間や量なども気にしないで、**食べられるときに食べられるものを口にするだけでもよい**でしょう。

**飲めるものや食べられるもの、飲食できそうな時間をみつける**
この時期は体が欲するものを口にするだけでもＯＫです。

**簡単に口に入れられるものを持ち歩く**
空腹時に気分が悪くなる人は、つまめるものをいつも持ち歩いて。

**この時期は、無理して食べなくて大丈夫**
ママに備わっている栄養で十分に赤ちゃんは育ちます。

**温かいものより冷たくてさっぱりしたものを**
個人差もありますが、冷たいもの、のど越しがよいものが食べやすいようです。

**水分もまったくとれないときにはかかりつけの医師に相談**
水分がとれず、５kg以上体重が減ってしまったら早めに医師に相談を。

ママの負担にならない
# Column マタニティインナー&ウエアの選び方

（監修／助産師　高杉絵理さん）

## 早めに締めつけがない衣類へシフトして

　妊娠初期のつわりが始まるころを目安に、ゆったりしたインナーやウエアを着用し始めましょう。マタニティ専用でなくてもよいので、**ゆったりとした着心地がよいものを選んで**ください。産後の授乳期にも重宝します。妊娠20週ごろからはおなかが出てくるので、ウエストの調整ができて下半身が冷えない**マタニティ用パンツの着用がおすすめ**です。

### マタニティウエアを選ぶポイント

**Point1 締めつけない**

いちばんは体への締めつけがなく、
ゆったりしたものを。ワンピースもよいのですが、
おなかが大きくなってくると足元が見えづらいので
パンツのほうが歩きやすいです。

**Point2 体を冷やさない**

夏でも冬でも体を
冷やすのはよくありません。
夏に無理して厚着をする
必要はありませんが、
薄手の腹巻や
首や足首を覆うものを
身につけましょう。
冬はしっかり防寒を。

### マタニティインナーを選ぶポイント

**Point1 素材**

妊娠中は肌が敏感になります。
肌トラブルも起こりやすいので、
刺激の少ない綿や絹などの自然素材や、
ゴムなどの装飾が肌に当たらないようなもの、
保湿力や吸収力があるものがおすすめ。

**Point2 締めつけない**

つわりがある時期は下着の締めつけで
症状が悪化することもあります。
妊娠初期から乳房の変化があるので
ブラジャーはきゅうくつに感じないもの、
ワイヤレスがおすすめです。

**Point3 自分に合うものを**

必ずしもマタニティ用でなくてもOK。
スポーツブラやブラトップなど
着心地がよいと思えるものを選びましょう。

part2

# 週ごとにわかる！ ママの体と赤ちゃんの様子

妊娠4週から39週まで、
週ごとのママの体の変化や
赤ちゃんの成長、
その週に気をつけたいことなどを
チェックしましょう。

# 妊娠初期の生活

（監修／三鷹レディースクリニック 院長 天神尚子先生）

**妊娠4～15週**

## 体の声をよく聞き無理をしない

妊娠8～9週には**つわりがピークになります。**体がつらいと感じたら、家事はパパや家族にまかせましょう。仕事がある人も、こまめに休憩を入れたり、周りに頼ったりして自分の体をいたわることが大切です。

**つらい日が続く場合は「母性健康管理指導事項連絡カード」（→p24）を職場に提出することを検討**します。「おなかの赤ちゃんを守れるのは自分だけ」という自覚のもとで行動するのが大切です。

## Q 妊娠初期の生活のポイントは？

## A 体調が不安定なので、自分の体を優先させて。

妊娠初期はホルモンバランスが大きくかわり、つわりが出ることで、体調が不安定になります。無理をしないで過ごしましょう。

### 食べたいものを食べられるときに

つわりで食生活に影響が出る時期です。**食べられるものを食べたいときにとる**ようにしましょう。食欲がないときは氷をなめる、冷たいスープをとるなど脱水にも気をつけます。

### 余裕をもって行動する

急いだり、あせったりすると、転んだりトラブルに巻き込まれることも。早めに起きて早めに出かけるなど、日々の生活を**余裕をもって行動できるように心がけましょう。**

### お酒やたばこはやめる

お酒やたばこは胎児に影響が出ることがわかっています。

**●お酒**

お酒は少量でも胎児に対して**低出生体重児[*1]や脳障害などを引き起こす可能性**があるため、すぐにやめましょう。

**●たばこ**

たばこに含まれるニコチンによって血管が収縮し血流が悪くなり、**発育・発達の遅れ、早産、低出生体重児のリスク**、生まれてからも**乳幼児突然死症候群[*2]やADHD（注意欠陥・多動性障害）の発症率が高くなります。**喫煙でも副流煙でも同様の影響があるので注意しましょう。

### 無理をしない

体調が不安定な時期なので、無理は禁物。**優先順位を間違えない**生活を送ることが大切です。おなかの赤ちゃんとママの体が最優先です。

＊1 低出生体重児：生まれたときの体重が2500g未満の赤ちゃんのこと。
＊2 乳幼児突然死症候群（SIDS）：なんの予兆や病歴もなく、寝ている間に乳幼児が突然死亡してしまう病気。

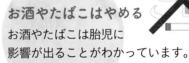

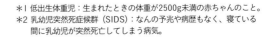

## Q 今までの生活をかえたほうがいい？

## A 自分だけの体ではなくなるのでかえましょう。

妊娠すると、自分だけの体ではなく、赤ちゃんをはぐくむ体になります。赤ちゃんは、ママのとった栄養で育つため、２人分の命を支えるママの体は、体調の変化も大きくなります。それに合わせた**日常生活の見直しが必要**なのです。

### 仕事
**ストレスと感じることがあれば相談を**

ラッシュ時間の通勤、ずっと同じ姿勢での作業、長時間の立ち仕事など**体に負担を感じる場合**、また対人関係や仕事内容で**精神的にストレスがかかる場合は、早めに職場に相談しましょう。**

### 家事
**ほかの人を頼って**

つわりなどで家事ができないときは、**パパや家族にやってもらうようにしましょう。**現在の体調とできないことを伝え、これからのことも含め**具体的に話し合うことが大切**です。

### 性生活
**体調が不安定なので控えて**

妊娠初期のセックスは**ママの体調が安定するまで控えましょう。**スキンシップはセックスだけではありません。抱きしめ合ったり、手をつないだり、一緒にお風呂に入るのもおすすめです。

### 睡眠
**早寝を心がけて**

体調に変化が出始めている人もまだの人も、妊娠がわかったら**早寝を心がけて。**十分な睡眠は**赤ちゃんが育ちやすい体内環境づくりにつながります。**

### 情報収集
**むやみな情報検索はしない**

初めての妊娠生活は、未知の世界へ歩きだすようなもの。すぐにパソコンやスマートフォンで情報検索してしまうことも多いでしょう。ただし、医師など専門家の監修がないネット記事を信じ過ぎるのも禁物。**情報に踊らされないよう情報検索は控え、不安なことは医師や助産師に直接聞きましょう。**

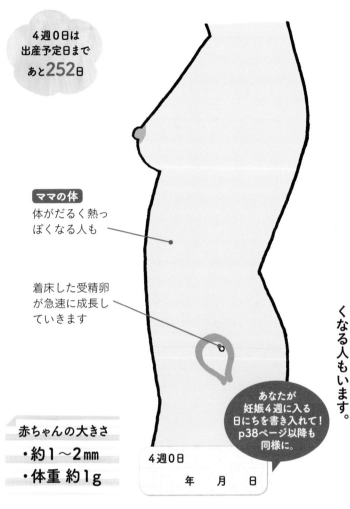

# 妊娠2カ月 1週

# 4週

**生理予定日前後で、体調の変化が出てくる人もいます。「もしかしたら妊娠？」と考え始める人もいる時期です。**

4週0日は出産予定日まであと**252**日

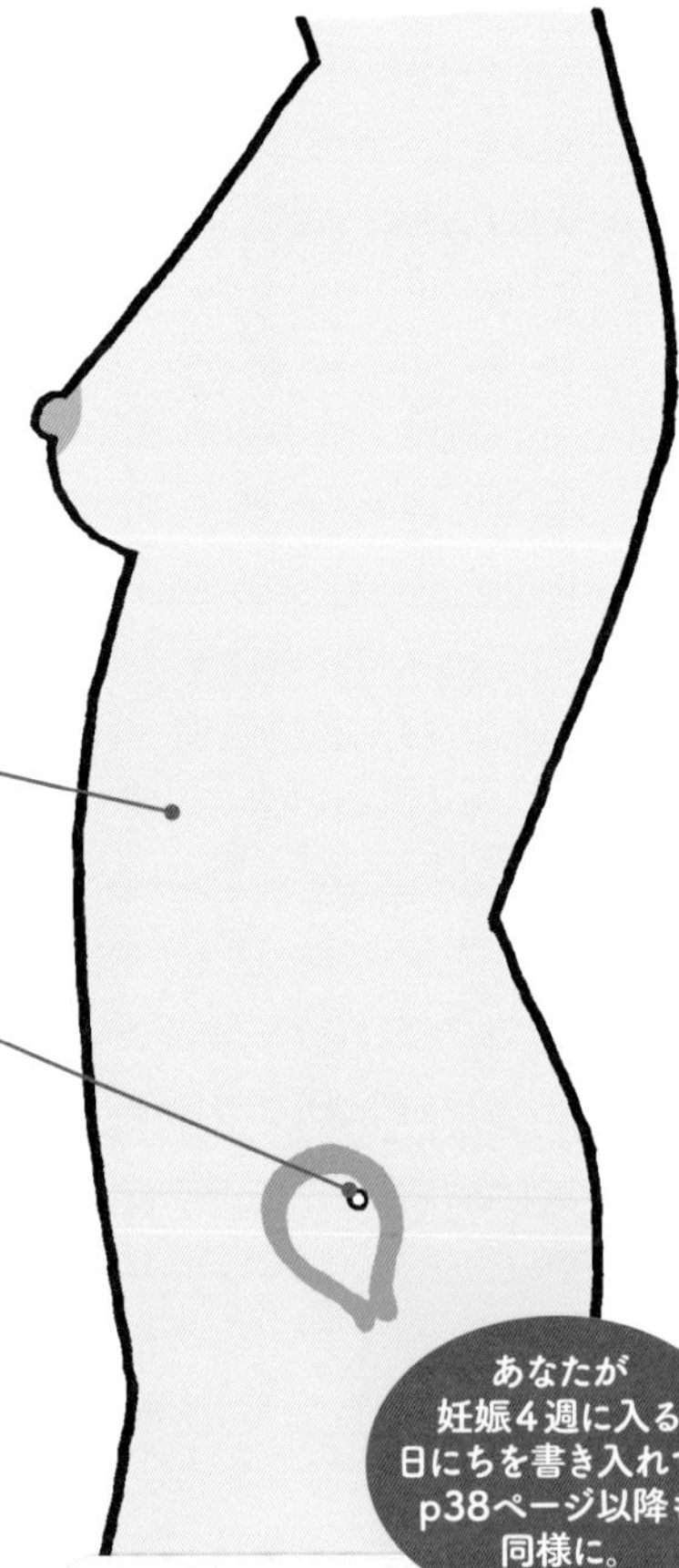


あなたが妊娠4週に入る日にちを書き入れて！ p38ページ以降も同様に。

4週0日
年　月　日

**赤ちゃんの大きさ**
- **約1～2㎜**
- **体重 約1g**

## ママの体の変化と症状

### 体に違和感が出る人も

まだ**自覚症状がない人が多い**です。受精卵が着床すると、その刺激で少量の出血があるため、生理と間違えることも。また女性ホルモンが多く分泌されるため、**体がだるく熱っぽくなる人もいます。**

## 赤ちゃんの成長

### 赤ちゃんはまだ細胞の状態 ゴマ粒程度の大きさ

着床が完了した受精卵は急速に成長していきます。**脳や脊髄、血液細胞や血管、心臓、中枢神経系などが形成され始めます。**着床時の受精卵は0.1㎜で、**この1週間で赤ちゃんは10～20倍の大きさに**なります。

## 超音波写真の見方

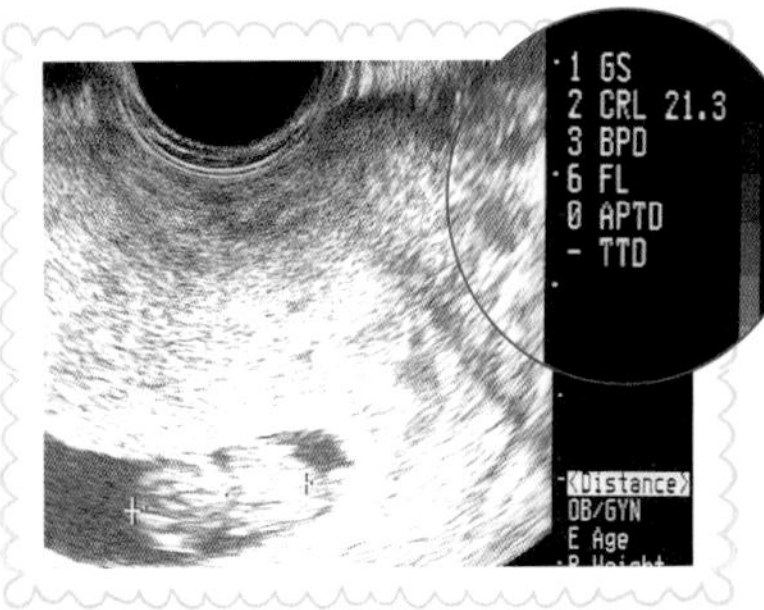

GS＝胎嚢《たいのう》の大きさ…胎児（胎芽《たいが》）が入っている袋（胎嚢）の大きさ
CRL＝頭殿長…赤ちゃんの頭からおしりまでの長さ
BPD＝児頭大横径…頭の左右のいちばん長い部分の直径
FL＝大腿骨長…太もものつけ根からひざまでの大腿骨の長さ
APTD＝腹部前後径…おなかの前後の長さ
TTD＝腹部横径…おなかの横幅の長さ
AGE＝妊娠週数…胎児の大きさから割り出した妊娠週数

**生活メモ**

## 基礎体温は測り続けて

妊娠すると黄体ホルモンの働きにより、**基礎体温が下がらずそのまま高温期が続きます。**万一、少量の出血があっても、高温期が続いていれば妊娠が継続していることが多いです。基礎体温は妊娠初期の状態を把握するための大切な情報のひとつなので、**受診するまで記録を続けます。**

## TODOリスト

- □ アルコールやたばこはやめる
- □ 薬の服用に注意
- □ 産婦人科を調べる

妊娠検査薬で陽性が出たら、早めに産婦人科を受診する必要があります。まずは受診する病院（→p11）を探しましょう。

**これに気をつけて**

## 薬の服用には要注意

赤ちゃんの器官形成期で主な器官の基礎がつくられる大切な時期。妊娠8週までは「臨界期」とも呼ばれ、**薬の影響をもっとも受けやすい**といわれているので、薬の服用は控えましょう。継続して服用している薬は主治医に相談を。

## 飲酒、喫煙は控える

アルコールは胎児への影響が大きく、たばこに含まれる**ニコチンは血管の収縮作用がある**ため控えます。

**体験談**

### 夏バテだと思っていたら妊娠

まだ妊娠初期ともいえない時期に、ちょっと動悸が激しくなり、食欲もなくなりました。夏バテかなと思ったのですが妊娠していました。（マユママ・サクラちゃん）

**体験談**

### 微熱程度なら薬は控えて

微熱があったのですが、妊娠すると熱っぽくなると聞いていたので薬の服用は控えました。その後、妊娠が判明。微熱は要注意です。（ユキママ・カイトくん）

**8万件のママの声**

## 悩み不安Q&A

**Q インフルエンザにかかりました。**

**A 母体が心配なのですぐに受診を。**

インフルエンザウイルス感染による**胎児への影響は報告されていません**。ただし、**妊娠中に感染すると合併症が発生することがある**ので、かかりつけの病院で診察を受けましょう。
（産婦人科医　太田篤之先生）

**Q コーヒーを毎日3杯ほど飲んでいました。**

**A 1日2杯程度に。**

コーヒーカップ1杯を140mlとした場合、**1日2杯程度なら影響はないといわれています。**
（産婦人科医　天神尚子先生）

**Q 妊娠に気づかずCT検査を受けました。影響は？**

**A CT検査のX線量は微量なので影響はありません。**

**胎児に影響があるほどのX線量ではない**ので、心配ないでしょう。また**受けた時期的にも問題ない**でしょう。（産婦人科医　天神尚子先生）

5週0日は
出産予定日まで
あと245日

医師監修
妊娠5週の
過ごし方

# 妊娠2カ月2週
# 5週

**生理予定日から1週間が過ぎ、
妊娠に気がつく人が
多くなります。
まずは妊娠検査薬を
使ってみましょう。**

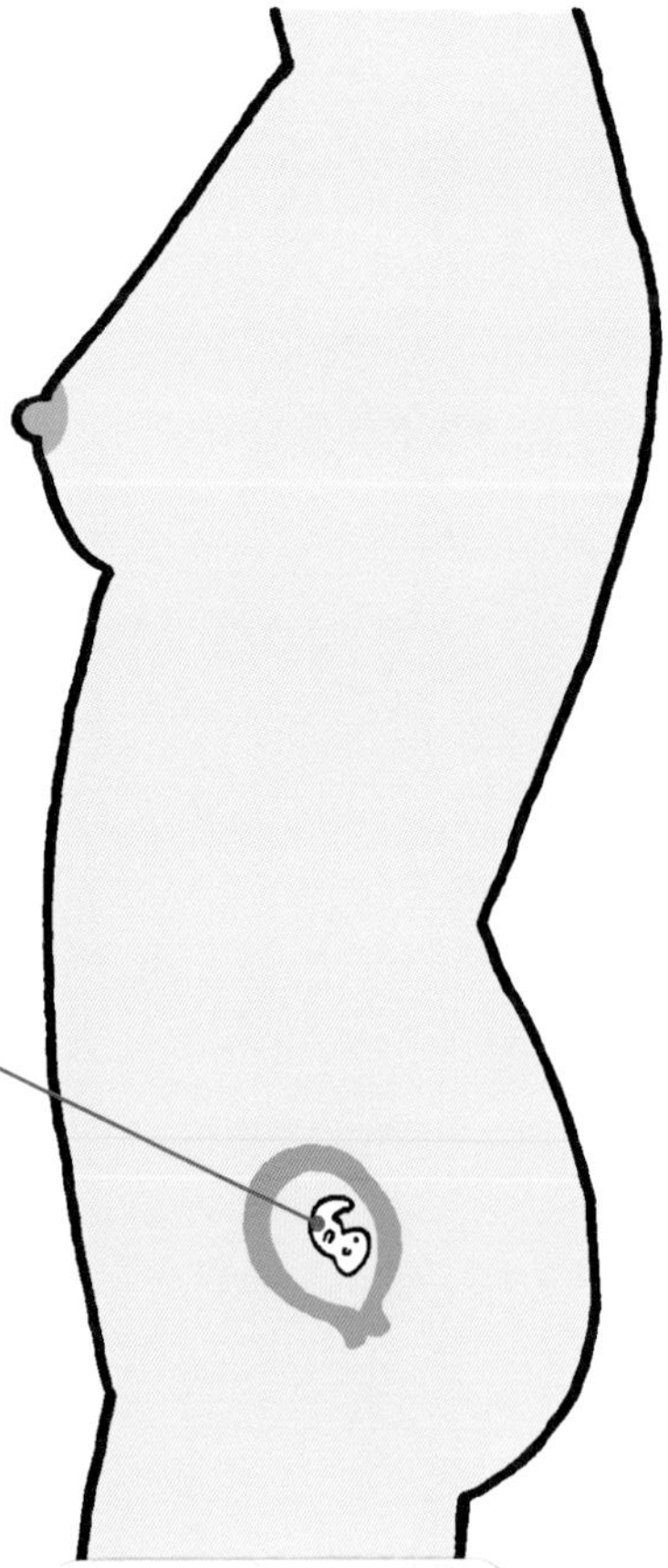

実際には4～5mmの豆粒ぐらいですが、頭、体、心臓がつくられ始めています

**赤ちゃんの大きさ**
- **約4～5mm**
- **体重 約2g**

5週0日
年　月　日

### ママの体の変化と症状

## つわりの症状が出てくることも

黄体ホルモンの分泌が増え、**眠気やだるさが続く**場合があります。**吐き気や胃のむかつき、食欲不振**のようなつわりの症状が出ることも。**おなかにガスがたまりやすく、張りや圧迫感**を感じることもあります。

### 赤ちゃんの成長

## 心臓や顔の形成がスタート 胎《たい》嚢《のう》が見えるように

赤ちゃんの心臓の細胞と胎盤との間で**血液の循環がスタート。**赤ちゃんはまだ人の形はしておらず**「胎《たい》芽《が》」と呼ばれます。**頭となる部分には**顔のパーツの形成も開始。**超音波検査では赤ちゃんを包む胎嚢がみえるように。

### ＼このころの超音波写真／

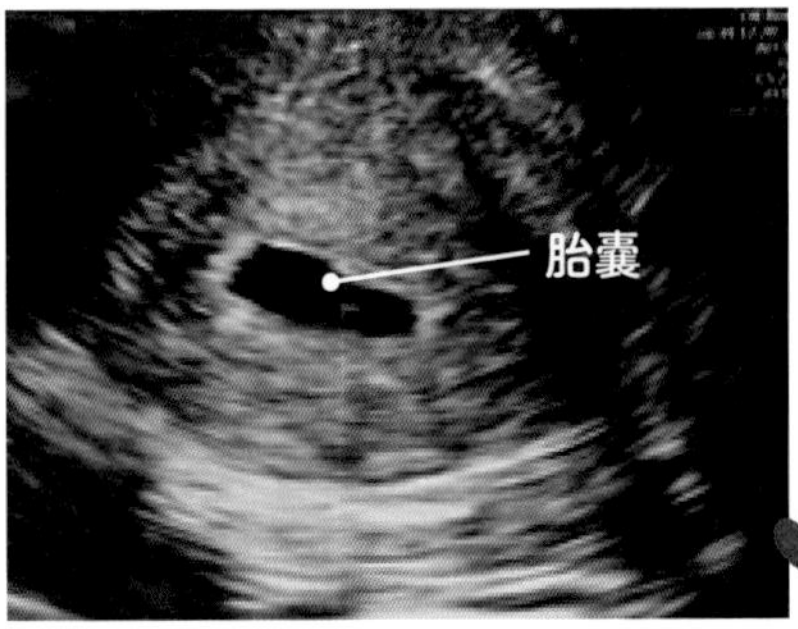


真ん中にある黒いだ円状のものが胎嚢です。

生活メモ

## においに敏感に

つわりの症状のひとつとして、多くの人がにおいに敏感になります。キッチンや冷蔵庫、スーパーの総菜売り場などが苦痛に感じることも。**外出時には、マスクを着用**するようにしましょう。感染予防にも効果的です。

パパへのお願い

## 喜びを分かち合おう

妊娠がわかると、ママはおなかに別の命がきてくれたことに大きな喜びを感じているはずです。ぜ**ひママとその喜びを分かち合いましょう。**パパにとっては、なかなか実感がわきにくいかもしれませんが、**一緒に親になっていく気持ちをもって。**

これに気をつけて

## 妊娠検査薬の陽性で安心しないで

**妊娠検査薬で陽性反応がみられたら、必ず産婦人科を受診**しましょう。妊娠検査薬では異所性妊娠*（子宮外妊娠）などでも陽性反応が出るため、正常な妊娠であるかどうかの確認が重要です。

## 他科では妊娠の可能性を伝えて

産婦人科以外で診察を受けるときは、**医師に妊娠の可能性があることを伝えましょう。**妊娠によって検査や治療法がかわる場合があります。

8万件のママの声

## 悩み不安Q&A

**Q 今まで続けていたヨガはしてもいい？**

**A 運動は安定期から。**

妊娠中の運動は、ストレス解消、腰痛や肩こりの予防、体力づくりなど、たくさんのメリットが。**妊娠16週過ぎの安定期に入ってからマタニティヨガの再開を。**（産婦人科医　天神尚子先生）

**Q 目薬をさしていましたが大丈夫ですか？**

**A 用法、用量を守れば大丈夫。**

薬局・薬店で購入した目薬は、**用法・用量を守っている限り妊娠中にさしても問題はありません。**念のため健診のときに医師にどんな目薬をさしたのか報告を。（産婦人科医　天神尚子先生）

**Q 肥満体形で妊娠が判明。無事に産めるか心配。**

**A 医師の指導のもと体重管理を。**

確かに妊娠高血圧症候群（→p161）、妊娠糖尿病(→p162)などが起こりやすく、脂肪で産道が狭まるため、帝王切開や難産の確率が高いです。今から医師の指導のもと**体重管理を行いましょう。**（産婦人科医　天神尚子先生）

体験談

### 赤ちゃんを守れるのは自分だけ

ちょっとでも疲れや、つらさを感じたら無理をしないですぐに休みましょう。おなかの赤ちゃんを守れるのは自分だけですから。（みなみママ・ミサキちゃん）

体験談

### 妊娠の兆しはさまざまです

いつもはおいしいと感じる食べもののにおいが気持ち悪く感じたり、車酔いが起こったり……。いつもと違うと思うことが多かったら、妊娠していました。（ゆうママ・かずとくん）

＊異所性妊娠：受精卵が子宮の中以外のところに着床した状態。

# 妊娠2カ月 3週
# 6週

**ムカムカや吐き気、おなかの張りやだるさなど、つわりの症状がみられる時期。つらいときは体を休めてください。**

6週0日は出産予定日まで あと238日

医師監修
妊娠6週の過ごし方

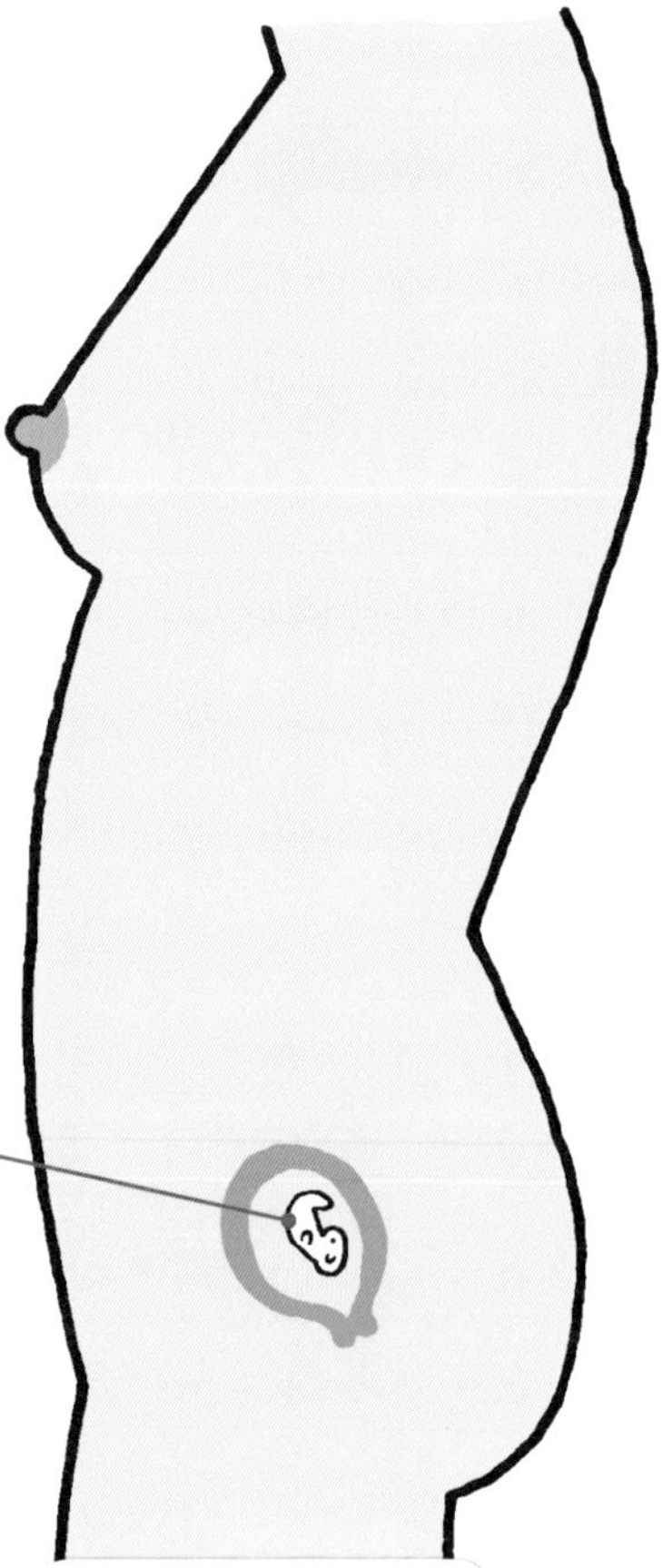
ママの体
つわりが始まる人も
さまざまな臓器や神経が発達していきます


**赤ちゃんの大きさ**
- **約5～7㎜**
- **体重 約3g**

6週0日
年 月 日

## ママの体の変化と症状

### 子宮がひと回り大きくなる

つわりが始まり、胃のむかつきや吐き気があらわれたり、食事があまりとれない人も出てきます。体形にはまだほとんど変化がありませんが、子宮が少し大きくなってくることから、**トイレが近くなる**ことも。

## 赤ちゃんの成長

### 胎《たい》芽《が》として成長し心拍が確認できることも

脳や脊髄、目や耳の神経などが急速に発達し、口の原型も出現。**手足や生殖器の形成もスタート。**早ければ心拍を確認できることもありますが、まだ微弱です。**胎盤のもとになる組織や、へその緒になる組織も発達**します。

＼このころの超音波写真／

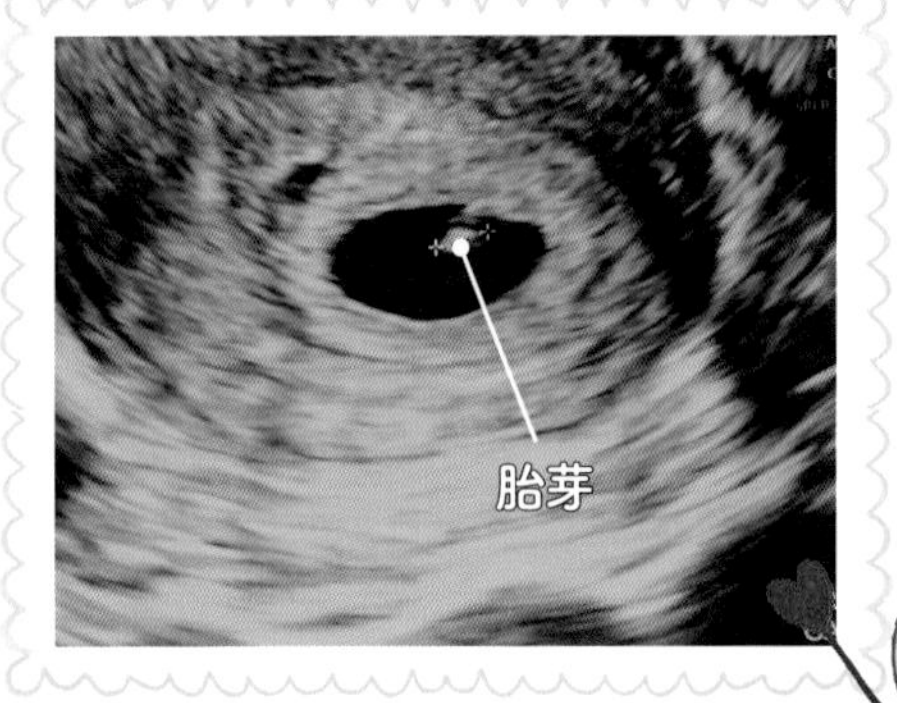


胎嚢《たいのう》の中に豆粒状の赤ちゃん（胎芽《たいが》）が見えてきました。

## 生活メモ

### 食事は少量ずつこまめに

つわりで食事がとりにくいときは、口当たりがよいものを**少量ずつこまめに食べる**のがおすすめ。食べられるものだけで大丈夫です。

### 水分補給は十分に

妊娠するとママの**血液量が増え、羊水もつくられる**ことから、たくさんの水分が必要になります。意識的に水分をとるようにして。

## リフレッシュ法

### マタニティダイアリーをつけてみる

妊娠がわかったら、マタニティダイアリーをつけ始めるのがおすすめです。そのときの喜びの気持ちをつづったり、超音波写真などを貼ったりしておけば、**気分が落ち込んでいるときに見返すこともでき、人生の思い出にもなります。**超音波写真は感熱紙なので長期保存するならスキャンを。

## これに気をつけて

### 身体的にハードな仕事は早めに相談を

仕事が身体的にハードな人は、早めに上司に妊娠を報告し相談するのをおすすめします。体調がよく、体に負担の少ない仕事であれば、**妊娠継続の可能性が高くなった12週前後に伝える**のでもよいでしょう。

### 出産までの流れを夫婦で共有

妊娠の経過やリスク、出産までのスケジュール、出産・育児にかかる費用、今後の仕事についてなど**早めにパパと話し合いを。**

## 8万件のママの声 悩み不安Q&A

**Q 心拍が確認できず、出血もあり心配です。**

**A 心配し過ぎず様子をみて。**

出血があっても問題なく妊娠継続ができる人もいます。**妊娠7〜8週目で、ほぼ胎児心拍が確認できる**ので、それまでは心配し過ぎないようにしましょう。（産婦人科医　太田篤之先生）

**Q せきがひどく、おなかに力が入ります。**

**A 薬が必要なことも。**

せきの症状が長引いている、また強くなってきているようなら、おなかの赤ちゃんを守るために**薬が必要なこともあります**。医師に相談し適切な治療法の選択を。（産婦人科医　天神尚子先生）

**Q 二卵性の双子を妊娠。双子だとつわりが重い？**

**A ホルモンの変化が大きいのでつわりが重いことも。**

多胎妊娠は、単胎妊娠と比べて妊娠中に分泌される**ホルモンの変化が大きいので、つわりも強い**といわれています。妊娠20週ごろには改善してくるでしょう。（産婦人科医　天神尚子先生）

## 体験談

### 体の欲求を聞いてあげよう

妊娠初期は、いくら寝てもまったくスッキリしませんでした。仕事中も眠くなるので休憩時間はほぼ睡眠に使っていました。とにかく体の欲求を優先で。（さやかママ・はるちゃん）

## 体験談

### つわりのときは心のままに

食べられるものはジャンクフードばかりで、栄養がとれるようなものはまったく受けつけず。でも赤ちゃんは順調でした。（ようこママ・ケントくん）

# 妊娠2カ月 4週
# 7週

産婦人科を受診すると、
おなかの赤ちゃんの心拍を
確認できる時期です。
まだ産婦人科に行っていない人は
早めに受診する必要が。

7週0日は
出産予定日まで
あと231日

医師監修
妊娠7週の
過ごし方

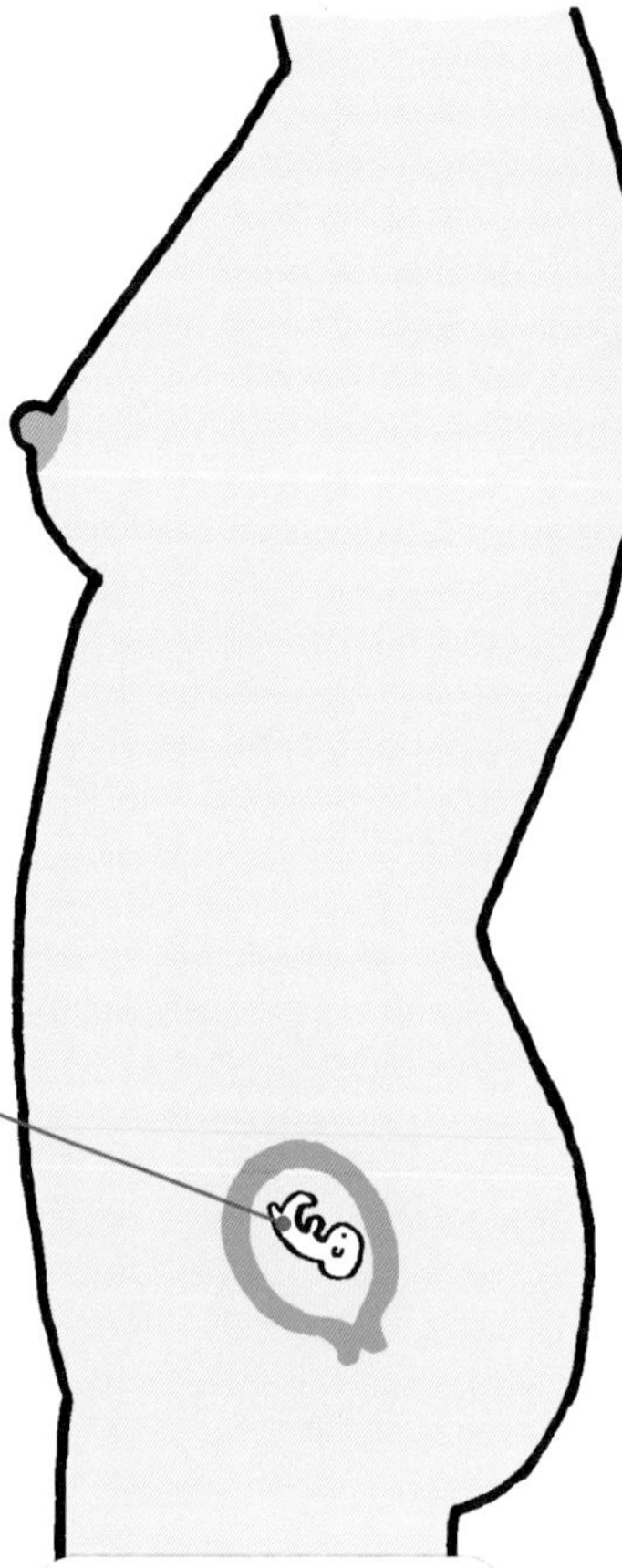


赤ちゃんの大きさ

- **頭殿長《とうでんちょう》 約1cm**
- **体重 約4g**

7週0日
年　月　日

## ママの体の変化と症状

### 心や体の変化が出始めて妊娠を自覚できる時期

妊娠初期はホルモンバランスの変化などで**情緒が不安定になる**ことがあります。ニキビができる、乾燥肌になるなど**肌質の変化や、おりものの増加、少量の出血がある**場合もあります。心配なときは受診を。

## 赤ちゃんの成長

### 心拍が確認でき体も認識できるくらいに

頭と胴は分かれ、手と足も分かれて**2頭身の人間らしい形に。**筋肉の動きをつかさどる小脳も発達し始め、脊髄の神経細胞の約8割が完成し、**心臓も動き始めます。**胎盤のもとになる組織が形成され、へその緒も発達。

＼このころの超音波写真／

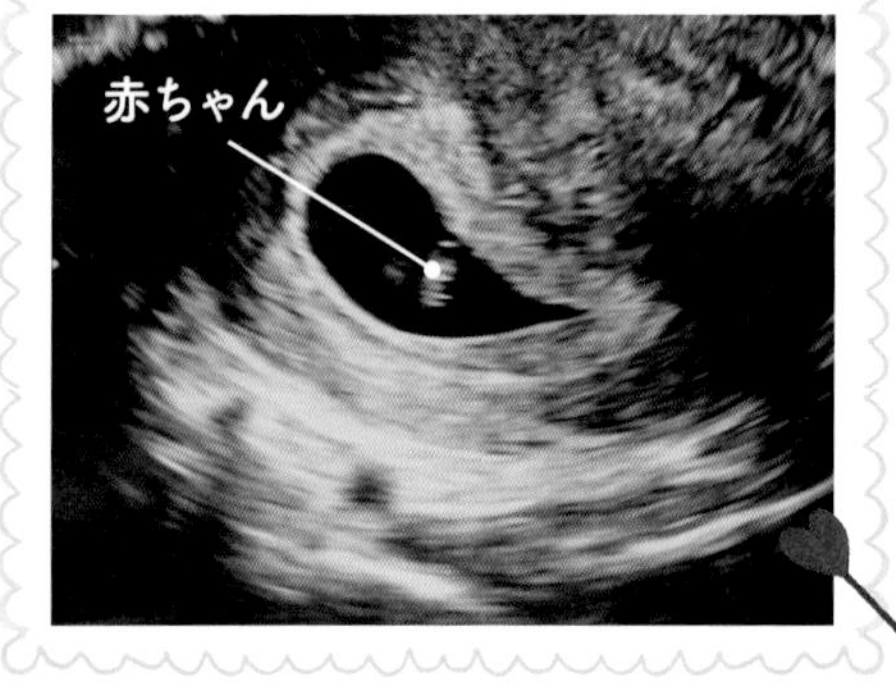


胎嚢《たいのう》の中の赤ちゃんは細長くなり、なんとなく2頭身くらいになってきました。

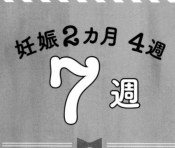

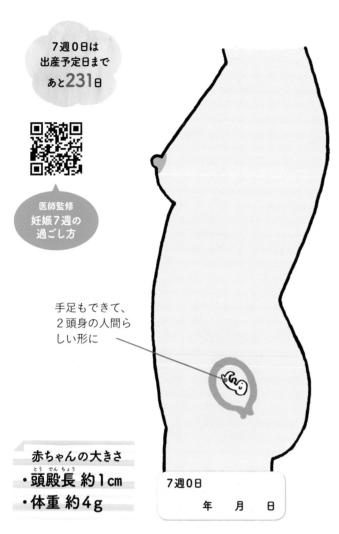

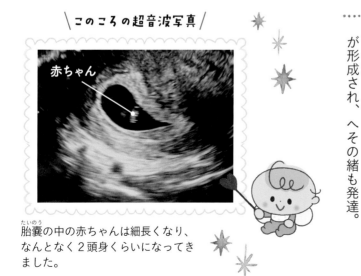

## 生活メモ

### 病院を決め、分娩予約を

病院によっても違いますが、早いところでは**分娩の予約を6～7週までにしてほしいといわれることがあります。**妊娠確認で受診した病院で分娩をするのか、それともほかのところにするのか、里帰り出産を希望しているのか、パパと一緒に早めに検討して決めましょう。決まったら速やかに分娩予約をするのがおすすめです。

### 高年妊娠(→p154)のママへ

**体調の変化を見逃さず 自分の体を優先に**

35歳以上で初めて妊娠・出産する場合、流・早産、妊娠高血圧症候群、妊娠糖尿病、出産時のトラブルなどが起こる確率が、少し高くなります。そのことを頭に入れながら、**ちょっとした体調の変化も見逃さないで過ごすことが大切**です。

## これに気をつけて

### 生ものの摂取に気をつけて

妊娠中は感染症にかかりやすくなります。とくに初期は**リステリア菌（→p136）とトキソプラズマ原虫（→p166）に注意**を。リステリア菌は、生乳や未殺菌の乳でつくられたチーズや生ハムなど、トキソプラズマ原虫は生肉や生ハムなどを食べると感染の可能性があります。

### 持病がある場合

持病によっては妊娠経過に影響が出ることがあります。**早めに主治医と相談を。**

## 8万件のママの声 悩み不安Q&A

**Q 夜トイレに何回も行きたくなる。**

**A 妊娠がすすむと落ち着いてきます。**

妊娠初期は、大きくなった子宮が前方にある膀胱を圧迫し、頻尿になりやすくなります。**妊娠がすすむと子宮の位置がずれ頻尿は落ち着きます。**（産婦人科医 天神尚子先生）

**Q 介助の仕事で、おなかに力が入ります。**

**A 避けるのがおすすめ。**

おなかに力が入ると子宮に圧力がかかったり、充血しやすくなったりし、**流・早産の原因に。**職場に相談を。（産婦人科医 天神尚子先生）

**Q 急に目が疲れやすくなりました。妊娠のせい？**

**A ホルモンの影響で目が疲れやすくなることも。**

妊娠中はホルモンの影響により、**目のピントを調節する筋肉がゆるみ機能が落ちるため**、普段より疲れやすくなります。ひどいようなら眼科を受診しましょう。（産婦人科医 天神尚子先生）

## 体験談

### 2件目の病院で分娩予約

1件目はなんとなく先生と合わず、2件目の先生は診察や説明がていねいで安心できました。出産まで長期間通うので相性も大切です。（もえママ・りきくん）

## 体験談

### 好きなことだけをして

妊娠してから理由もなく心がもやもやして落ち込むことが多かったです。好きなテレビを見る、好きなものだけ食べるなど、好きなことだけをして過ごしました。（さとみママ・りんちゃん）

8週0日は
出産予定日まで
あと224日

医師監修
妊娠8週の
過ごし方

# 妊娠3カ月 1週
# 8週

**心拍もはっきりしてきます。つわりがピークとなる人も多いので、無理をしないで過ごしましょう。**

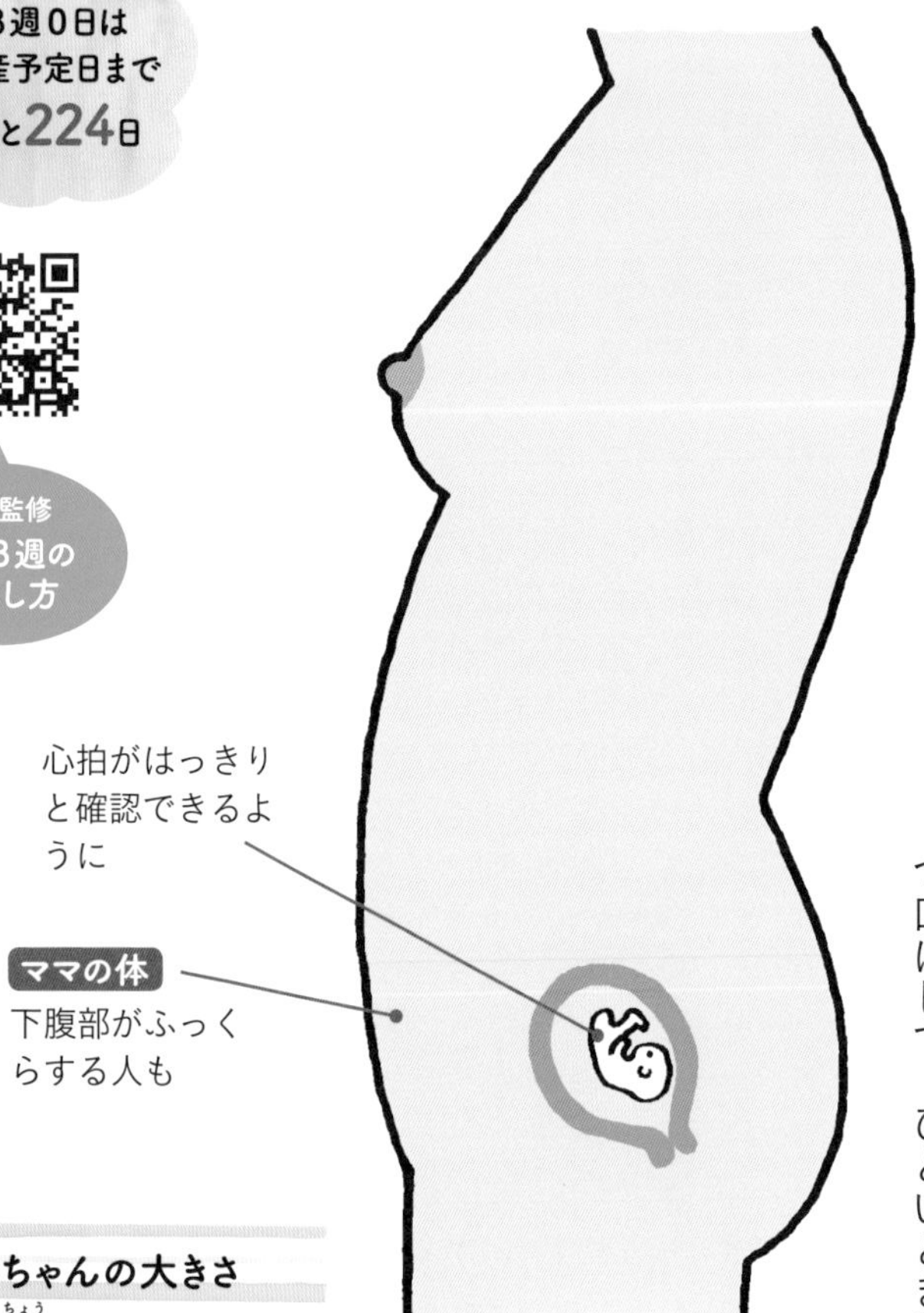

心拍がはっきりと確認できるように
ママの体
下腹部がふっくらする人も

8週0日
年　月　日

**赤ちゃんの大きさ**
- **頭殿長《とう でん ちょう》 約1.2〜1.5cm**
- **体重 約7g**

## ママの体の変化と症状

### 下腹部がややふっくら つわりが重くなるママも

妊娠前、鶏卵くらいの大きさだった子宮がレモンくらいの大きさになり、**なんとなく下腹部がふっくらする人も。**つわりがひどくなる人も出てきます。食べられるものを少しずつ口にして。ひどいときは受診を。

## 赤ちゃんの成長

### 心拍がはっきりして体が動くように

健診時に超音波で**心拍がはっきり確認**できます。脳や筋肉、神経系が発達してくるので、**頭、胴体、手や足が自発的に動く**ようになってきます。ただし、赤ちゃんはまだ約1.2〜1.5cm程度でママが感じることはできません。

＼このころの超音波写真／

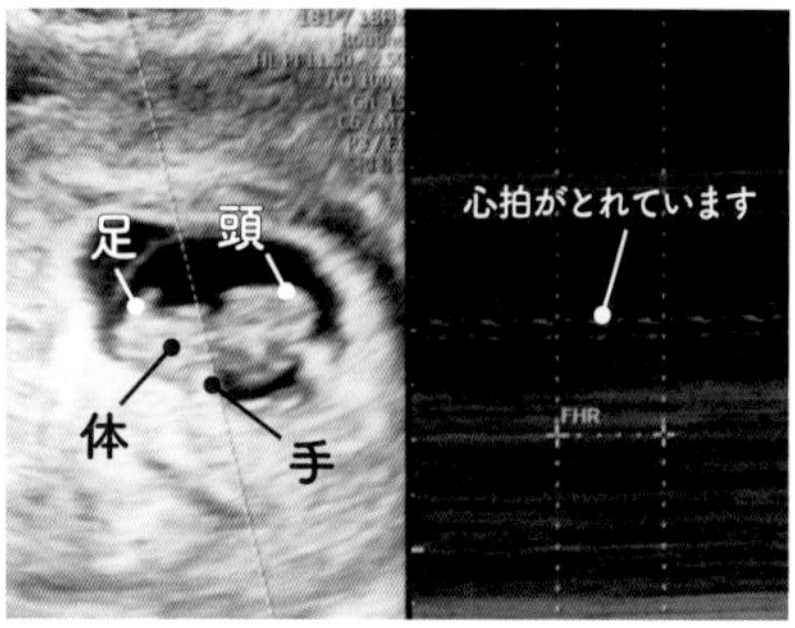

足
頭
体
手
心拍がとれています

まるい頭と体、手足の区別がつくようになってきました。

## 生活メモ

### 便秘予防には食物繊維が多めの食事を

妊娠すると黄体ホルモンの影響で腸のぜん動運動が鈍くなり便秘になることが。食物繊維や腸内環境を整える乳酸菌を多く含む食材をとるのが◎。

### 妊娠悪阻《おそ》に注意

水分さえも口にできなくなり、**数日間で自分の体重の5%以上減少した状態を妊娠悪阻**といいます。脱水症の心配もあるので早めに受診を。

### TODOリスト

- □ 母子健康手帳を受け取る
- □ 里帰りをするかしないか検討
- □ 出産する産婦人科を決める

産婦人科で正常妊娠を確認できたら、医師から母子健康手帳をもらうようにいわれます。市区町村の役所で「妊娠届」を提出し交付してもらいましょう（→p18）。

## これに気をつけて

### 風疹の抗体はある？

妊娠初期に風疹に感染すると**胎児の目や耳、心臓などに影響が出る可能性があります。**妊娠がわかったあとに、抗体が低いといわれた場合、人が多い場所への外出はできるだけ避けましょう。

### 感染症対策をしっかりと

妊娠すると**免疫力が低下する**ので、風邪やインフルエンザ、新型コロナウイルスなど感染症には十分気をつけて。**外出時のマスクや帰宅後の手洗いはマスト**です。

## 8万件のママの声 悩み不安Q&A

**Q インフルエンザのワクチン接種を受けたほうがいい？**

**A 受けるメリットのほうが大きいです。**

ワクチンは、副作用が皆無とはいえませんが**メリットのほうが上回ります。**受けたほうがよいでしょう。（産婦人科医　天神尚子先生）

**Q おなかにガスがたまり苦しいです。**

**A 水溶性の食物繊維をとって。**

海藻、きのこ類、野菜、果物、こんにゃくなど**水溶性の食物繊維をしっかりとる**のがおすすめ。発酵食品に含まれる**善玉菌も腸内環境を整えます。**（管理栄養士　久野多恵さん）

**Q 海鮮丼を食べて、下痢をしました。大丈夫？**

**A 下痢が落ち着きおなかも張らないなら大丈夫。**

下痢が落ち着きおなかの張りもないなら問題ありません。ただし、妊娠中は消化器系の動きが低下するため、**生ものや消化の悪い食べものは控えたほうが安心**です。

（産婦人科医　天神尚子先生）

### 体験談

#### 便秘がちに

妊娠してから便秘がちに。食事の工夫もしましたが、どうしてもでないときに薬を飲みました。つらいときは早めに受診するのがおすすめです。（まきママ、レンくん）

### 体験談

#### つわりのピークは寝たきりに

つわりのピーク時は仕事も休み1日中寝ていました。家事もできず、情緒不安定で泣くことも。でも甘えてしまうのがよかったみたいです。（あやママ、ユキちゃん）

9週0日は
出産予定日まで
あと217日

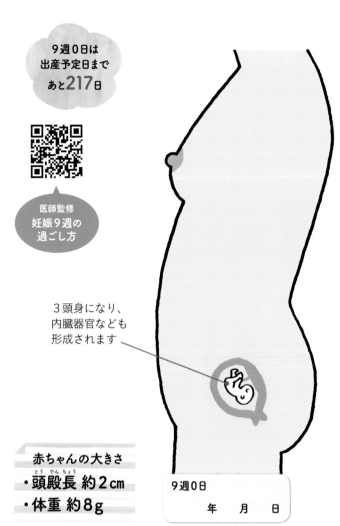

医師監修
妊娠9週の
過ごし方

# 妊娠3カ月 2週
# 9週

**へその緒や、脳や肺など
内臓器官が
形成されてきます。
ママのつわりは
まだしばらく続きます。**

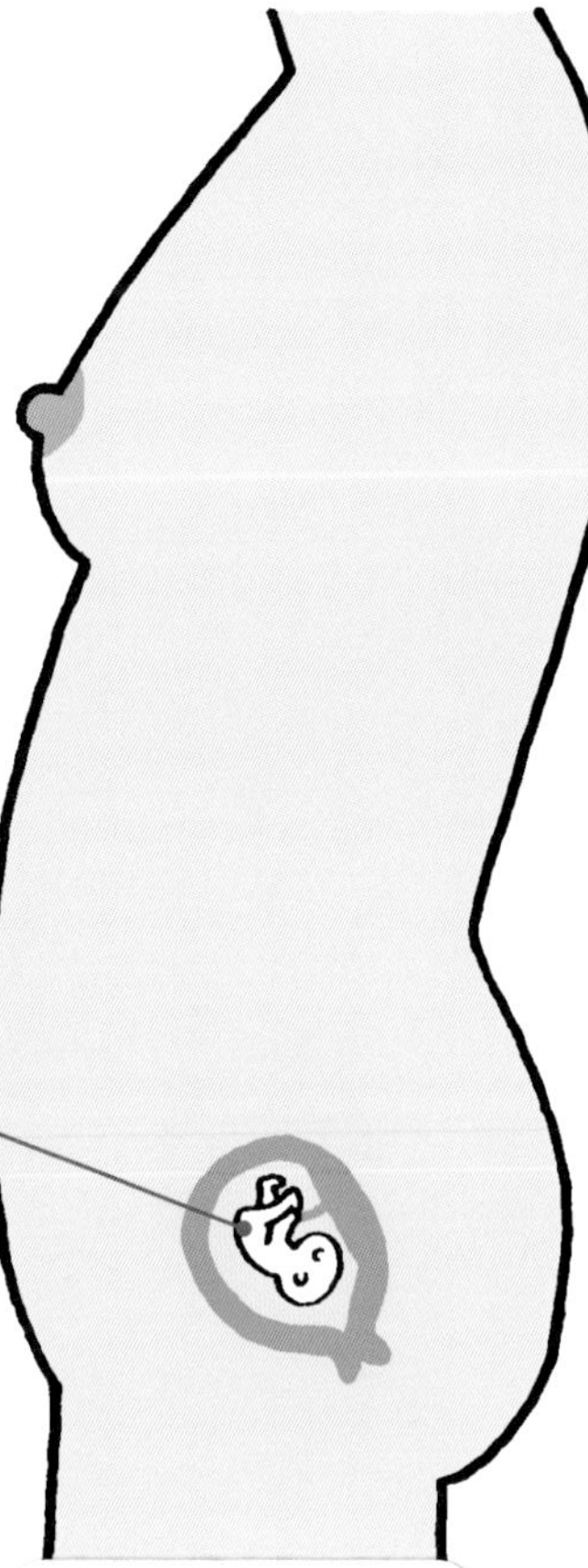
3頭身になり、
内臓器官なども
形成されます

9週0日
年　月　日

**赤ちゃんの大きさ**
- **頭殿長《とうでんちょう》 約2cm**
- **体重 約8g**

## ママの体の変化と症状

### 子宮の変化で下腹部に痛みが

子宮はアボカドぐらいの大きさに。**下腹部にチクチクした痛みを感じたり、足のつけ根に違和感を感じたりする人も。**つわりもまだ続いている人が多いでしょう。水も飲みにくい場合は氷をなめて水分補給を。

## 赤ちゃんの成長

### 1日1㎜のスピードで成長 へその緒もでき始める

3頭身に変化し始め、人らしくなってきます。心臓の次に、脳や肺などの**内臓器官、へその緒も形成**されていきます。**手足や指もできてきます。**赤ちゃんはこの4週間で4倍ほどの大きさに成長します。

\ このころの超音波写真 /

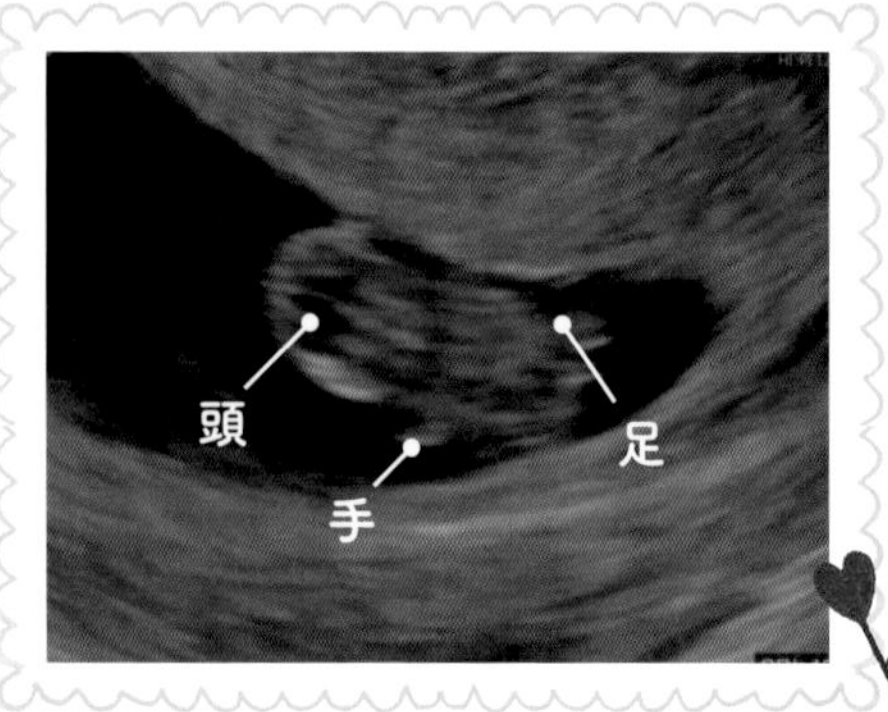
頭
足
手

頭、手、足になる部分がわかるようになってきました。

## 生活メモ

### 車や自転車の運転（→p124）は気をつけて

妊娠すると、**注意力が散漫になる**ことがあるので、車や自転車の運転中に思わぬ事故や転倒を起こす心配があります。できるだけ控えましょう。車の助手席に乗るときはシートベルトを忘れずに。

## パパへのお願い

### 急な変化にもやさしく対応

妊娠すると、つわりなど急激に体調の変化が出ることがあります。だるさが取れなかったり、眠気が常にあったり、家事が難しくなることも。**パパは体調を気づかい、やさしい言葉かけや家事を行うようにしましょう。**

## これに気をつけて

### 転倒などに注意を

出かけるときなどは**余裕をもったスケジュールで行動**しましょう。仕事をしている人は、会社に相談し、**時差通勤などの工夫を。**靴はフラットなものが安心です。

### かゆみや、おりものもチェック

**白っぽいものや、濃いクリーム色のおりものなら心配はいりません。**一方、カッテージチーズのようなおりものがみられたり、外陰部が赤くヒリヒリしたりかゆみがあるときは、早めに医師に相談しましょう。

## 8万件のママの声　悩み不安Q&A

**Q　下腹部がチクチク、ズキズキと痛みます。**

**A　診察を受けましょう。**

子宮が大きくなっていくときに**子宮を支えている靭帯《じんたい》が伸びるときの痛み**か、**子宮筋層の伸展によるものの痛み**かもしれません。

（産婦人科医　太田篤之先生）

**Q　おなかが張るとは？**

**A　かたくなって違和感のある症状です。**

張りとは、**下腹部が膨らんで重く感じたり、かたくなって違和感を覚えたりする症状**のことです。月経痛のような下腹部痛が生じることもあります。（産婦人科医　天神尚子先生）

**Q　階段で足をすべらせてしりもちをついてしまいました。**

**A　腹痛や出血がないなら問題はないでしょう。**

しりもちのあと、**腹痛や出血がないなら問題はない**でしょう。心配なら念のために受診をして、胎児の状態の確認を。（産婦人科医　天神尚子先生）

## 体験談

### 車の運転はやめました

通勤には車を使っていましたが徒歩通勤に変えました。少しでも危険要素があるものはやめておいたほうが気持ち的にも安定しますね。（まゆみママ・まもるくん）

## 体験談

### 不安なときは相談を

つわりがひどく、我慢していましたが母にいわれて病院へ。点滴をしてもらったらビックリするほど改善されました。我慢し過ぎも禁物です。（さらママ・ゆうちゃん）

# 妊娠3カ月 3週
# 10週

赤ちゃんは人の体に近くなり
胎芽《たいが》から胎児と呼ばれるように。
小さな手足が見え、
動かしている様子が
わかることも。

10週0日は
出産予定日まで
あと210日

医師監修
妊娠10週の
過ごし方

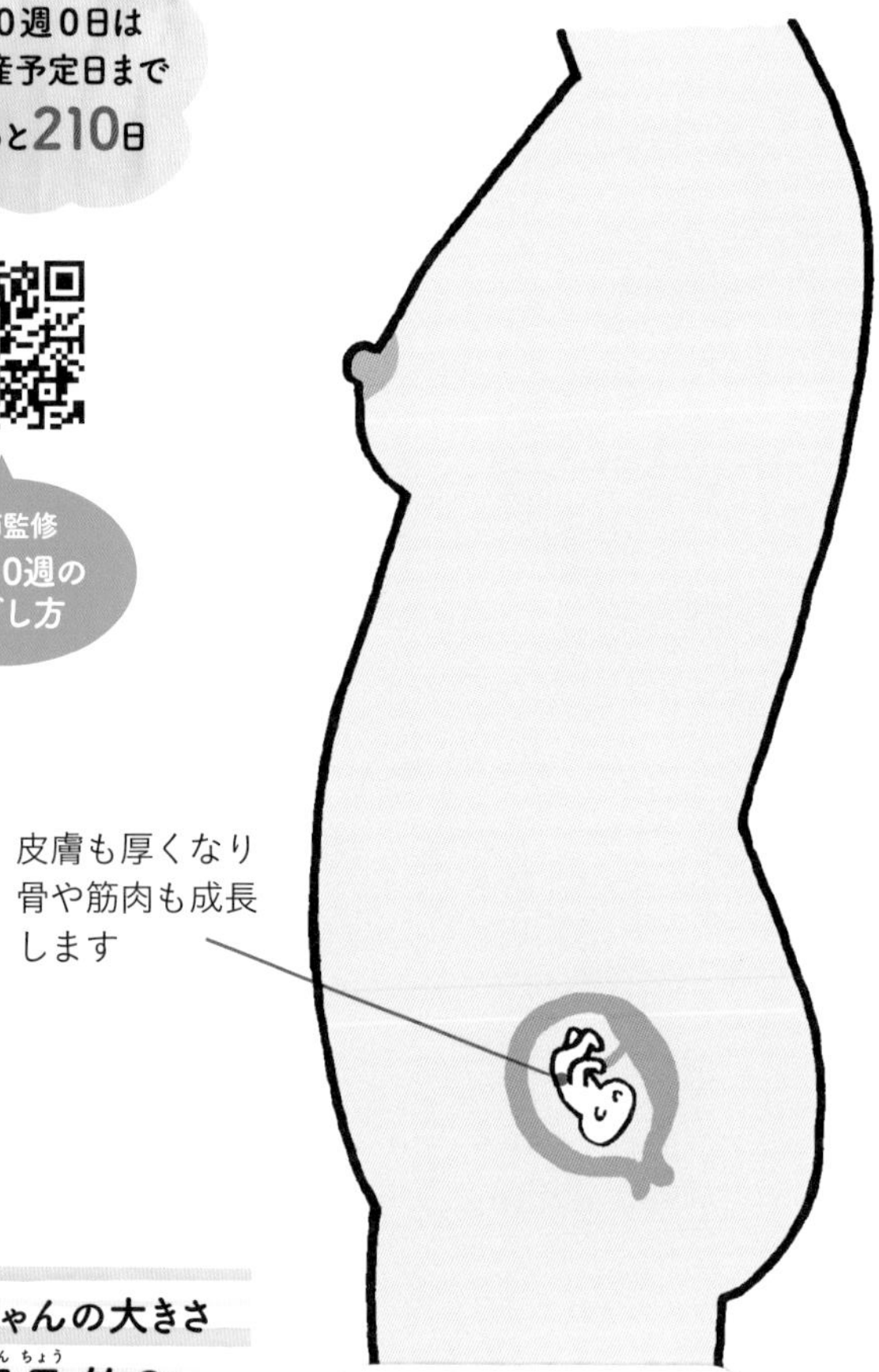


赤ちゃんの大きさ
- 頭殿長《とうでんちょう》 約3㎝
- 体重 約10g

10週0日
年　月　日

### ママの体の変化と症状

## つわりのある人は食べられるものを

子宮がオレンジくらいの大きさになってきます。下腹部の強い痛みや鮮血の出血があったら、早めに受診してください。**つわりの症状が続く人は無理をしないで**、食べられるものを食べましょう。

### 赤ちゃんの成長

## 赤ちゃんらしい体つきに

**胴体が少しずつ長くなり、姿勢がまっすぐに**なってきます。体の部位や器官ができてくると、動くようになってきます。とくに手足を活発に動かす赤ちゃんもいます。皮膚も厚くなり、**骨と筋肉も成長**していきます。

このころの超音波写真

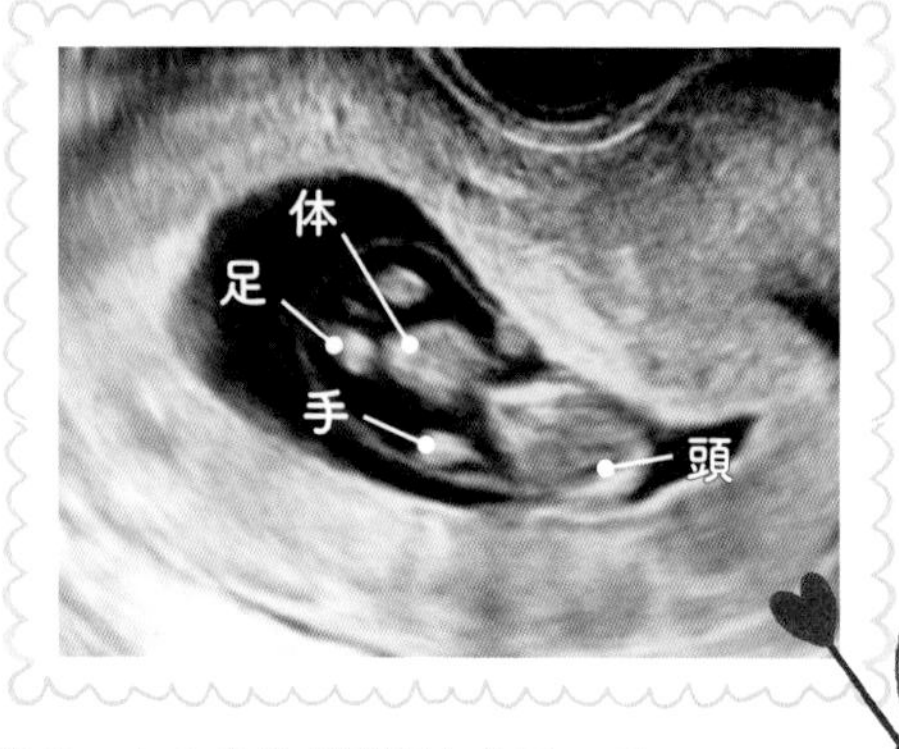


赤ちゃんの全身が正面から写っています。この時期は、手足を活発に動かす様子が見られることも。

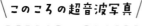

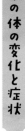

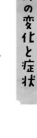

## 生活メモ

### 性生活は控えて

妊娠初期はつわりで体調や気分がすぐれなかったり、おなかや乳房が張ったりなど**体も心も不安定になるので、性生活は控えたほうがいい**でしょう。妊娠5カ月以降で体が安定するまでは、お互いの体にやさしく触れたり、抱きしめたりするなどのスキンシップを増やして。

## リフレッシュ法

### 好きなことをして気分転換

つわりなどの体調の変化がつらく感じることもあるかもしれません。ただし、それはおなかの中で赤ちゃんを育んでいる証拠。無理はしないで**こまめに休み、自分の好きなことをする時間を増やして、気分転換しましょう。**

## これに気をつけて

### 出血を伴うおなかの痛み

**強いおなかの痛みを伴った出血がみられたら早めに病院へ連絡を。**おりものに混じる程度の出血や、下着に付着する程度の出血であれば、しばらく経過をみるのでも大丈夫です。

### 仕事中の眠気や吐き気対策を

空腹時の眠気や吐き気に備えて、ガムやキャンディーなど**すぐに口に入れられる食べものの準備を。**休憩時間は楽な姿勢で、少しでも睡眠が取れるとよいですね。

## 8万件のママの声 悩み不安Q&A

**Q 食べつわりでおにぎりを食べ続け体重増加。**

**A たんぱく質をとるように。**

食べるものをおにぎりではなく**たんぱく質に変えてみては**。冷たいゆで卵、サラダチキン、豆腐などがおすすめです。（管理栄養士　矢部まり子さん）

**Q 足のむくみがつらいです。**

**A 弾性ストッキングがおすすめ。**

長時間の立ち仕事や、塩分のとり過ぎ、たんぱく質やビタミンの不足などで起こりやすくなります。**フットマッサージや弾性ストッキングの利用は有効**です。（産婦人科医　天神尚子先生）

**Q 酒精（アルコール）が含まれる麺を食べました。影響は？**

**A 微量なので大丈夫。**

含まれている量も微量で、つくる段階の加熱でアルコール分が飛んでいることもあります。その程度なら**赤ちゃんに影響を及ぼす可能性はほぼない**でしょう。（管理栄養士　一藁暁子さん）

## 体験談

### つわりは必ず終わる

食べても食べなくても気持ち悪く、体もだるい、頭も痛い、食べられるものは、ヨーグルトとみかんゼリーだけでした。必ず終わりがあると耐えました。（いくママ・とわくん）

## 体験談

### 赤ちゃんのことを思い浮かべて

つわりは、食べたいものが変化し、感情や体のコントロールもきかなくて大変でした。赤ちゃんが元気な証拠と思い乗り切りました。（さとみママ・あいちゃん）

# 妊娠3カ月 4週
# 11週

**背骨がしっかりと発達し、赤ちゃんの姿が3頭身に。ママはゆったりめの服装にして血行をよくしましょう。**

11週0日は
出産予定日まで
あと203日

医師監修
妊娠11週の
過ごし方

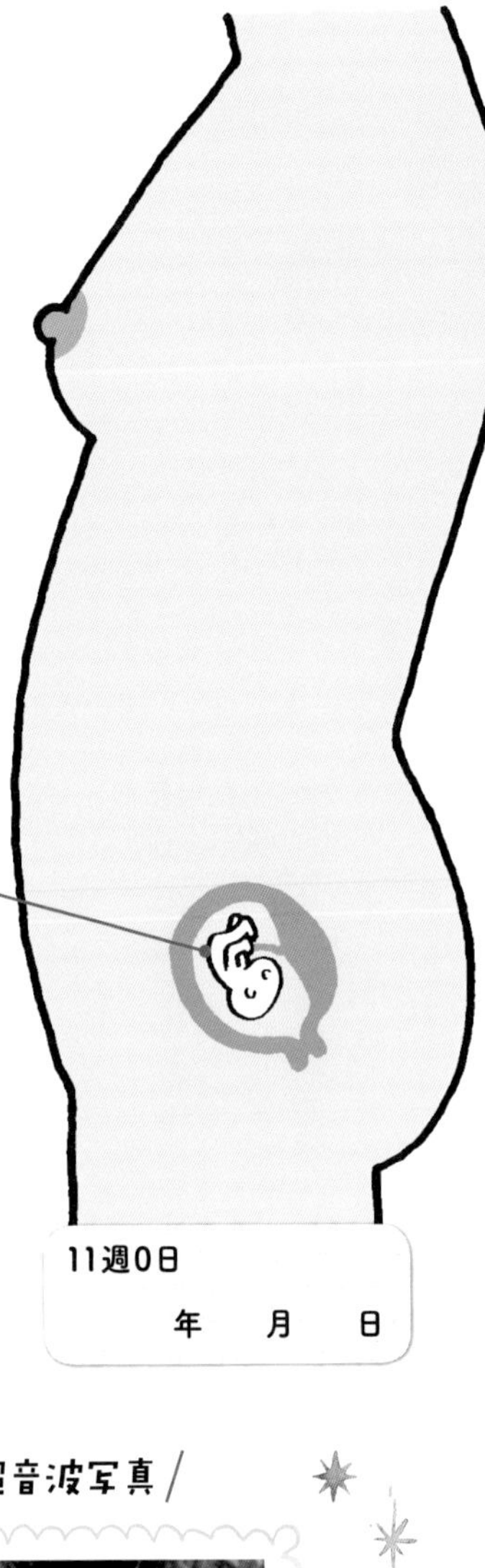


11週0日
年　月　日

**赤ちゃんの大きさ**
- **頭《とう》殿《でん》長《ちょう》 約4cm**
- **体重 約12g**

## ママの体の変化と症状

### 脳貧血になりやすいので注意

子宮はこぶし大くらいの大きさになりますが、**おなかの大きさには変化がない人がほとんど**です。ただし、**脳貧血になりやすいとき**でもあるので、妊娠前と同じような締めつける洋服は避けましょう。

## 赤ちゃんの成長

### 肝臓、胃、腎臓などが働き始める

**3頭身になり、やわらかい背骨も見えてきます。**口と鼻に通り道ができて息ができ、**口から飲みものが飲めるよう**に。肝臓、胃、腎臓などの臓器が完成します。**羊水を飲み、おしっことして排出**するようになります。

＼このころの超音波写真／

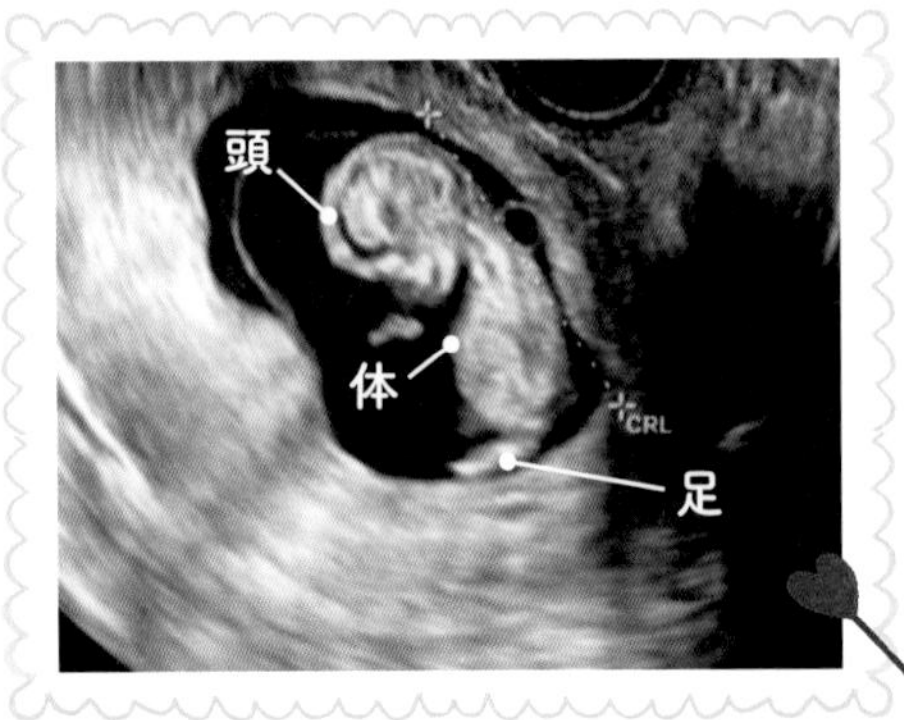


横から見た赤ちゃんです。頭と体の区別がはっきりつきます。

### 生活メモ

## こまめな水分補給を

**羊水が増える時期**です。赤ちゃんに酸素や栄養を届けるため血液も多くつくられているので、水分補給を忘れないようにしましょう。水やほうじ茶などお気に入りのノンカフェインドリンクを見つけ、普段よりも多めに水分をとることを心がけて。

## 高年妊娠のママへ

### 「無理をしない」を肝にめいじて

今まで自分のペースでバリバリ働いていたママは、少しぐらい体調がすぐれなくても無理をしがちです。でも**今は1人の体ではありません。**少しでも体調が悪かったら、休憩を取るなど無理をしないように過ごしましょう。

### これに気をつけて

## 脳貧血に注意して

妊娠初期の脳貧血は、**胎盤や子宮に血液を送るために、一時的に脳に血液が届きにくくなって起こります。**できるだけゆっくり動き、立ちくらみを感じたら、しゃがむか横になり少し休んで。

## 早期の流産（→p149）

**妊娠12週までの流産は胎児側の原因によるものがほとんど**です。強い生理痛のような痛みや子宮が収縮するような痛み、鮮血が出た場合は病院へ連絡をしましょう。

## 8万件のママの声 悩み不安Q&A

**Q 妊婦用のDHAサプリメントは飲んでもいい？**

**A 魚を食べない日にとり入れて。**

DHAサプリメントは食事で足りないときに補うものとして、**魚を食べない日にとり入れるとよいでしょう。**（管理栄養士　久野多恵さん）

**Q 下腹部が痛くなることがあり心配です。**

**A 異常がなくても張りや痛みを感じることも。**

妊娠中は異常がなくても多少の子宮収縮が生じ、おなかの張りや痛みを感じることがあります。**すぐに横になり、改善するようなら心配はありません。**（産婦人科医　天神尚子先生）

**Q 持病のぜんそくが出るように。**

**A 適切な治療で改善を。**

ぜんそくの妊婦がステロイドの吸入剤を使うことは問題ありません。むしろ使用せず発作が起こると低酸素状態をつくり赤ちゃんに影響が出ることが。**治療は続けましょう。**
（産婦人科医　太田篤之先生）

### 体験談

**散歩で気分転換**

つわりや不快症状が続きましたが、家にとじこもったままだと気分も落ちてしまうので、天気のよい日は散歩をしていました。（ゆうこママ・りなちゃん）

### 体験談

**情緒不安定が続く**

妊娠はうれしかったのに、つわりや出産への不安から、仕事も外出もイヤに。かなり情緒不安定になりましたが、安定期に入ったら落ち着きました。（のりこママ・コウくん）

# 妊娠4カ月 1週
# 12週

妊娠12週を過ぎると
流産の確率がかなり減り、
体調が安定してくる人も。
胎児は器官の形成が
ほぼ終わります。

### ママの体の変化と症状

## 子宮がますます大きくなり体調は安定してくる

子宮が上へ向かって大きくなってきます。プロゲステロンというホルモンにより、つわりとはちがう感覚の胃のむかむかが起こる人もいますが、**体調は安定してきて、健診も3〜4週に1度に**なります。

### 赤ちゃんの成長

## 皮膚が成長して不透明になってくる

妊娠4カ月の赤ちゃんは**週に約1〜2㎝、10〜20gずつ成長**していきます。骨が成長してきて超音波写真で白くはっきり見えるようになり、皮膚も透明だったのが、不透明になり厚くなっていきます。

12週0日は
出産予定日まで
あと196日

医師監修
妊娠12週の
過ごし方

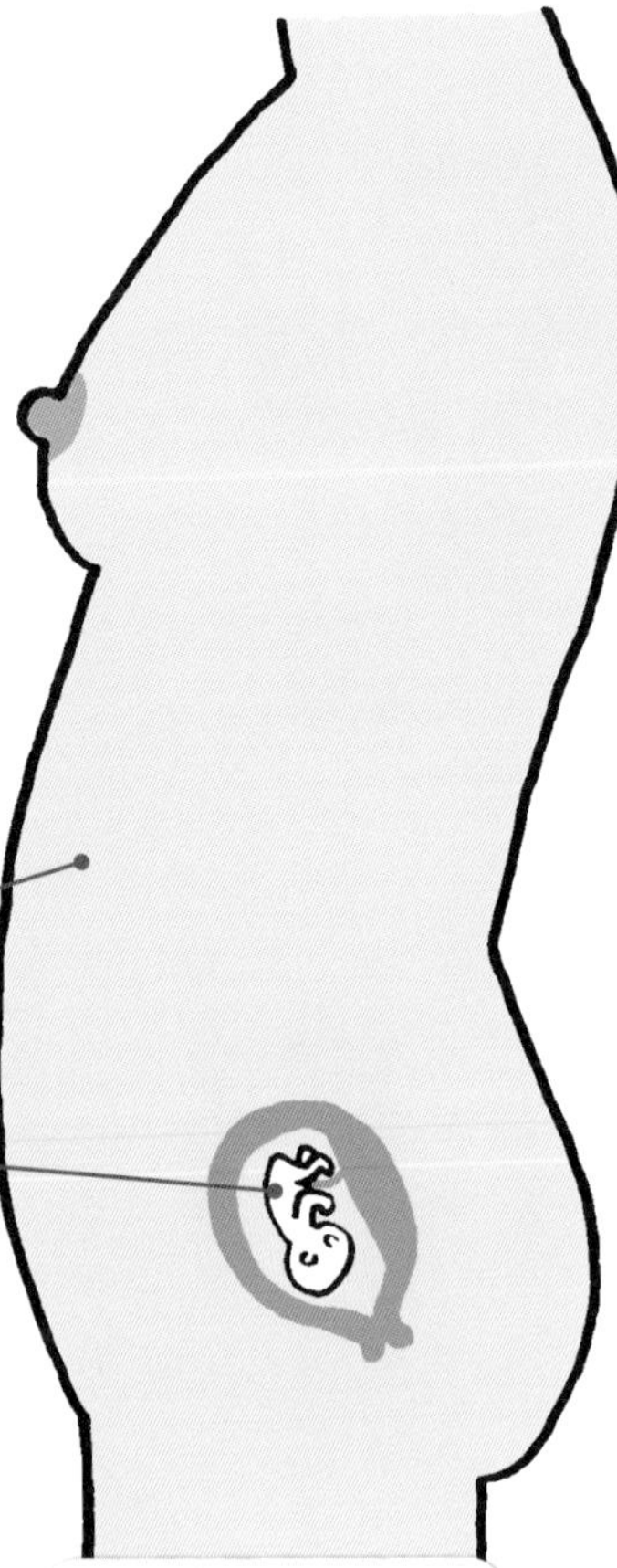

**ママの体**
胃のむかむかが
起こる人も

体重もどんどん
増え、骨もしっ
かりしてきます

**赤ちゃんの大きさ**
- **頭《とう》殿《でん》長《ちょう》 約5㎝**
- **体重 約25g**

12週0日
年　月　日

**＼このころの超音波写真／**

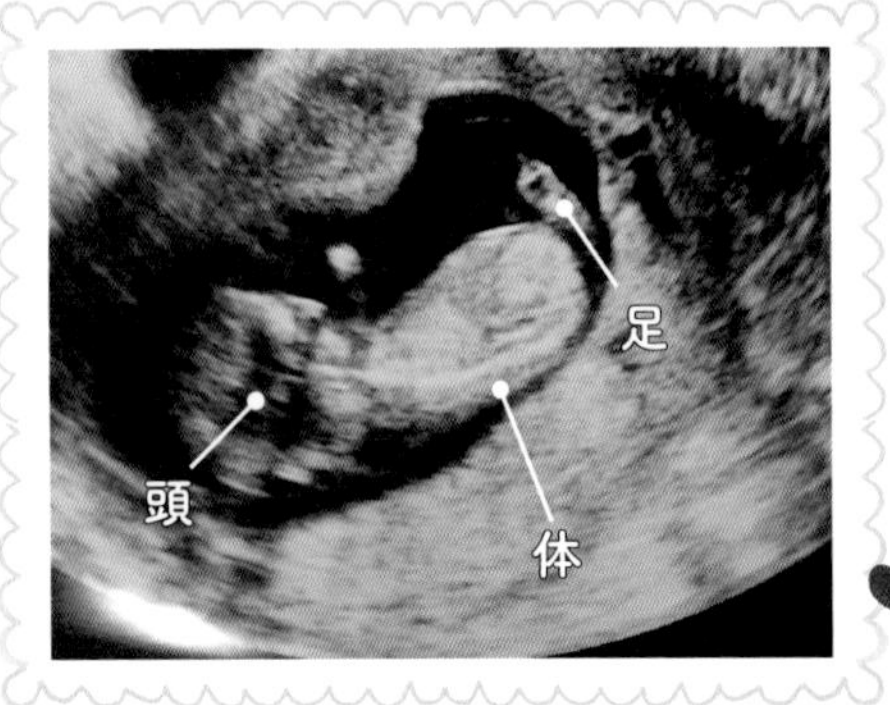


頭と体、手足がわかるようになってきました。

## 生活メモ

### つわりが落ち着いてくる

個人差もありますが12週を過ぎたころから、だんだんつわりが治まってきます。食欲が出ることもありますが**暴飲暴食は禁物。**バランスのよい食生活を送りましょう。

### スキンシップで心の安定を

妊娠中は、**心が不安定になりがち。そんなときはパートナーとのスキンシップがおすすめです。**体を寄せ合うなどして人肌を感じると、リラックスできるかも。

## TODOリスト

- □ バランスのよい食事に
- □ 職場への報告
- □ マタニティインナーを準備する

少し体調が落ち着いてくるので、職場へ妊娠の報告を。産休や育休を取るのか、退職するのか、今後の考えを伝えましょう。

## これに気をつけて

### 後期流産

**妊娠12〜22週未満に流産**してしまうことです。早い段階で対応ができれば、流産を防げることも。強い生理痛のような痛みや子宮が収縮する痛み、鮮血が伴う場合はすぐに病院へ連絡をしましょう。

### 貧血に注意

貧血といわれていない人も、血液がたくさん必要な妊娠中は、**鉄分が多い食事を。タンニンを含むコーヒーや緑茶は、鉄分の吸収を阻害するので食事前後は控えて。**

## 8万件のママの声 悩み不安Q&A

**Q 流産しにくくなるのは、いつごろ？**

**A 妊娠４カ月以降は減少します。**

妊娠４カ月に入ると比較的流産はしにくくなります。ただし、少し疲れたら横になるなどして**体をいたわり、無理しないように。**
（産婦人科医　天神尚子先生）

**Q 口の中が不快です。**

**A うがいと歯磨きで乗り切って。**

妊娠中は唾液分泌が増え、口腔粘膜の充血、歯肉浮腫などもあらわれ、**歯茎から出血することもあります。**食後のうがいや歯磨きで対応を。
（産婦人科医　天神尚子先生）

**Q 口に入れるものすべてが不安。**

**A 注意したい食品(→p136)は頭に入れて。**

無農薬や有機栽培の食べものは体によいですが、こまかく気にし始めると食事がとれなくなります。**注意したい食品のみ頭に入れて、あまり神経質にならないように。**（産婦人科医　天神尚子先生）

### 体験談 パパが態度をかえてくれて

妊娠して情緒不安定になってから、パパが家事を引き受け、やさしい言葉をかけてくれるようになりました。それだけで肩の力がぬけました。（みきママ・ゆなちゃん）

### 体験談 温かい飲みものを

ノンカフェインのタンポポ茶とルイボスティーが体が温まっておすすめ。体重管理にも気を遣いましたが、たまに好きなもの食べてストレスを解消しました。（ゆいママ・そうくん）

妊娠4カ月 2週

# 13週

つわりが治まってくる人も出てきます。続いている人もあと少しです。気分転換をしながら乗り切りましょう。

13週0日は出産予定日まであと189日

医師監修 妊娠13週の過ごし方

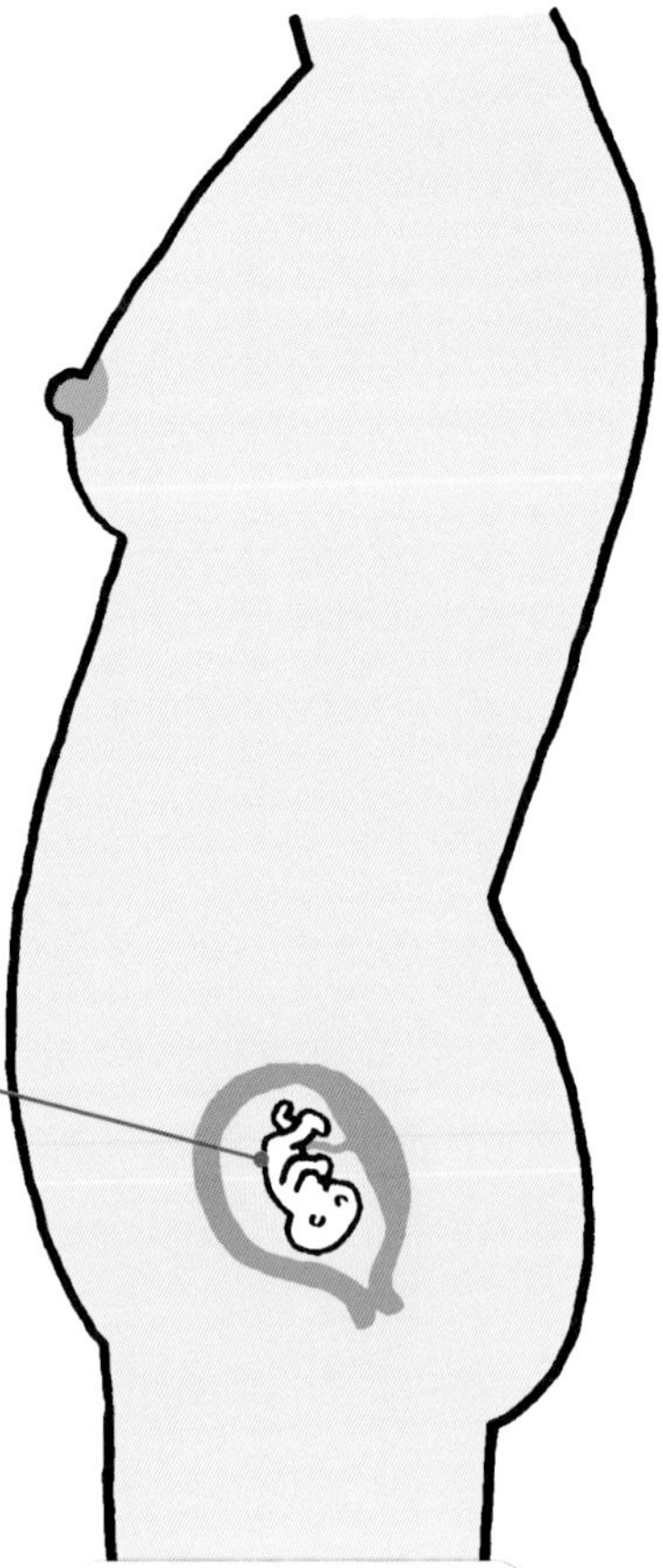


13週0日
年　月　日

赤ちゃんの大きさ
- 頭殿長《とうでんちょう》 約6㎝
- 体重 約35g

## ママの体の変化と症状

### つわりが治まってきて熱っぽさやだるさも解消

**多くの人がつわりから解放**されてきます。まだ続く人もいますが、気分はだんだんとよくなってくるでしょう。胎盤の完成が近づくと基礎体温が徐々に下がってきて、体も楽になってきます。

## 赤ちゃんの成長

### 胎盤に厚みが出て指もできてくる

赤ちゃんとママの体をつなぐ**胎盤が成長**し、超音波検査で確認できるようになります。指が形成され「掌握反射《しょうあくはんしゃ》」という、**ものをつかむ動作ができるようになります**。生殖器も見え、**男女の区別ができることも**。

\このころの超音波写真/

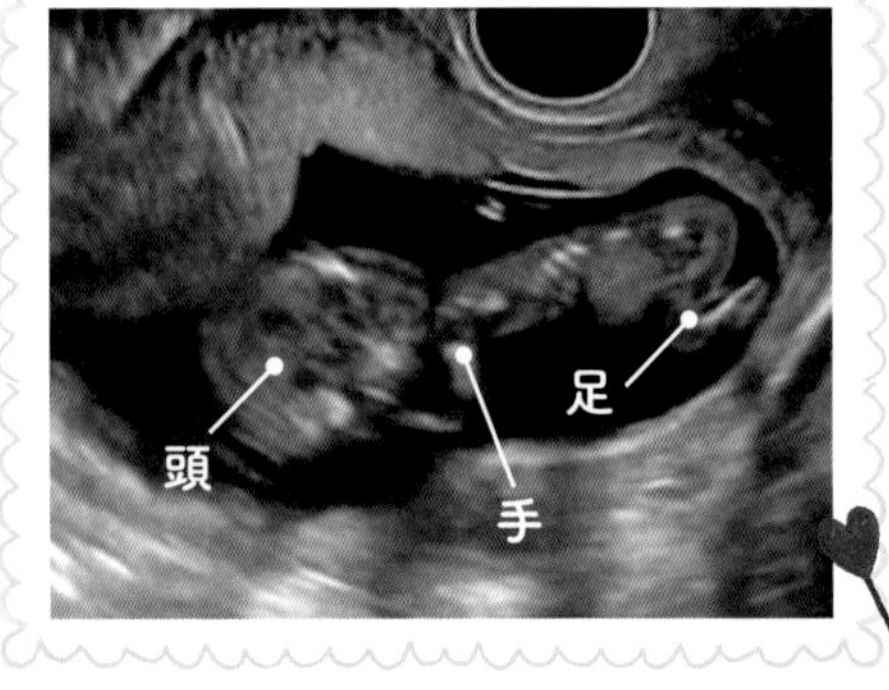


頭や体、手足もしっかり見えて全身の体つきがわかります。

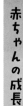

## 生活メモ

### 妊娠中の運動

つわりが治まってくると体を動かしたくなる人もいるでしょう。ただし、妊娠中の激しい運動はおなかへの衝撃や、流産の可能性があるため控えます。**専門の施設でのマタニティヨガ、マタニティスイミングなどなら安心**です。また**ウォーキング程度なら一人で行っても大丈夫**です。

### パパへのお願い

#### 話を聞いてあげて

妊娠中のママはホルモンバランスの乱れから不安やイライラしがちに。**一緒にイライラすることのないように、落ち着いて話を聞いてあげて**。仕事の合間にもこまめに連絡するなど、**つらさを理解しようという態度を示すことが大事**です。

## これに気をつけて

### 塩分を控える

妊娠中の**塩分のとり過ぎは、高血圧やむくみを引き起こします。**1日の塩分摂取目安は6.5g未満。妊娠高血圧症候群の予防のためにも、味つけに工夫を。

### 血圧が低い場合

妊娠してから血圧が低くなる人がいます。これは血管を拡張するプロゲステロンという**ホルモンの影響で、一時的なもの**といわれています。あまり心配しなくても大丈夫です。

## 8万件のママの声 悩み不安Q&A

**Q おしりの右側だけがズキッと痛みます。**

**A 子宮が大きくなることによって起きる痛みです。**

多くは子宮を支える**靭帯が伸びるときの痛みや子宮筋層の伸展による痛み**です。しばらく続くかもしれないので、つらいようなら受診を。
（産婦人科医　太田篤之先生）

**Q 立ちくらみやめまいが頻繁に。**

**A ホルモンの影響です。**

ホルモン環境がかわるため**自律神経系がやや不安定になり、立ちくらみやめまいが頻繁にあらわれることがあります。**（産婦人科医　天神尚子先生）

**Q 風邪をひきました。胎児に影響は？**

**A 胎児に影響はありません。**

**風邪のウイルスではとくに胎児に異常が出ることはありません。**産婦人科で処方された薬なら内服も問題ないでしょう。
（産婦人科医　太田篤之先生）

### 体験談

#### 妊娠4カ月に入ってからつわりが

妊娠13週ぐらいから、つわりの症状が出ました。空腹時に気持ちが悪くなったので、飴をなめたりして、空腹を避けるようにしていました。（かえママ・ひなちゃん）

### 体験談

#### 外出先でめまい

仕事中に、吐き気やめまいがひどくなることがあったため、同僚に断って、その場をそっと離れて休憩を取りました。妊娠を伝えておいてよかったです。（ユキママ・りきくん）

妊娠4カ月 3週

# 14週

おなかが少しずつ
せりだしてくるので、
腰に負担をかけないよう、
背筋をまっすぐにして
歩きましょう。

14週0日は
出産予定日まで
あと182日

医師監修
妊娠14週の
過ごし方

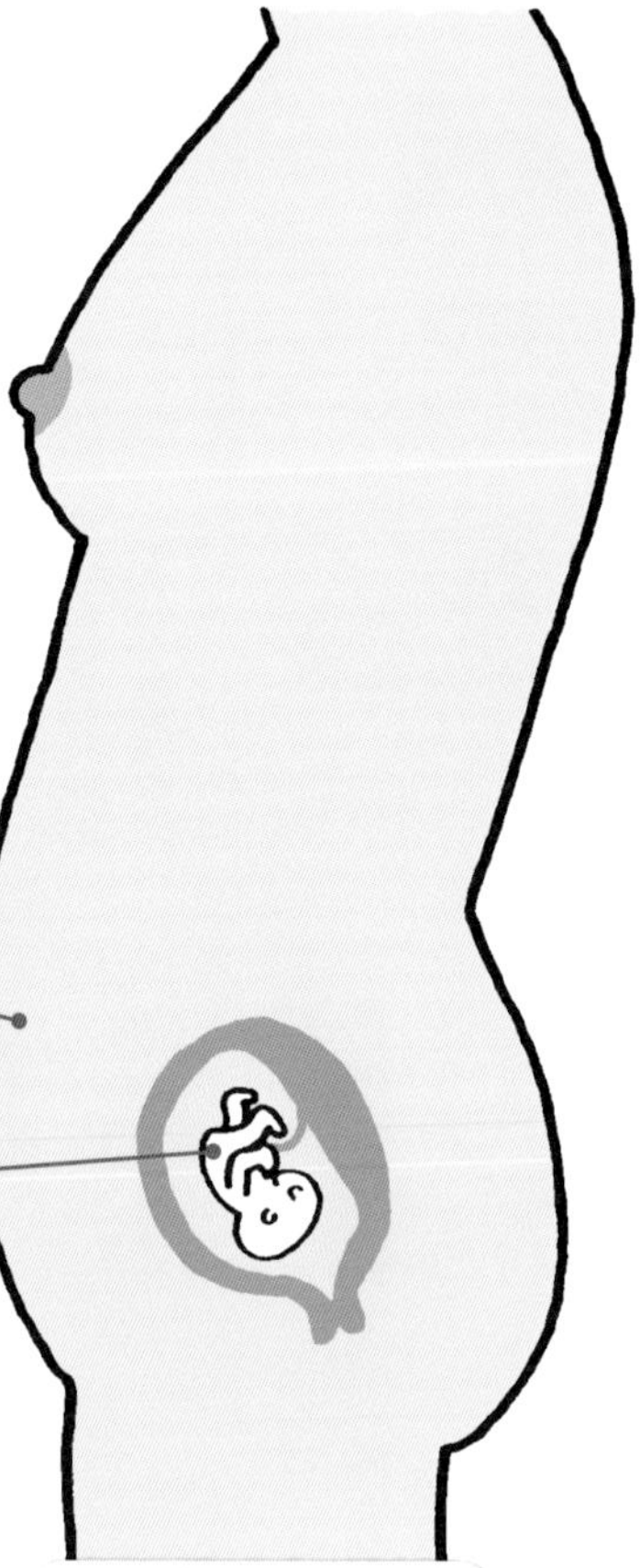
ママの体
おなかがふくらんできます
口を動かして呼吸の練習をすることも

赤ちゃんの大きさ
- 頭《とう》殿《でん》長《ちょう》 約7cm
- 体重 約55g

14週0日

年　月　日

ママの体の変化と症状

## 締めつけのない インナーやウエアに

おなかの赤ちゃんの成長とともに**ママのおなかもふくらみ始め、急速に変化**します。今まで着ていたインナーやウエアがきつく感じるのもこのころ。ゆったりめのものにかえるとよいでしょう。

赤ちゃんの成長

## 背骨や体内の器官が発達し 呼吸の練習もスタート

超音波写真に写る赤ちゃんの背骨がきれいに見えてきます。目は閉じていますが、口を開けたり閉じたりできるようになり、**呼吸の練習をすることも。**体と頭の大きさのバランスは、**3：1程度になります。**

＼このころの超音波写真／

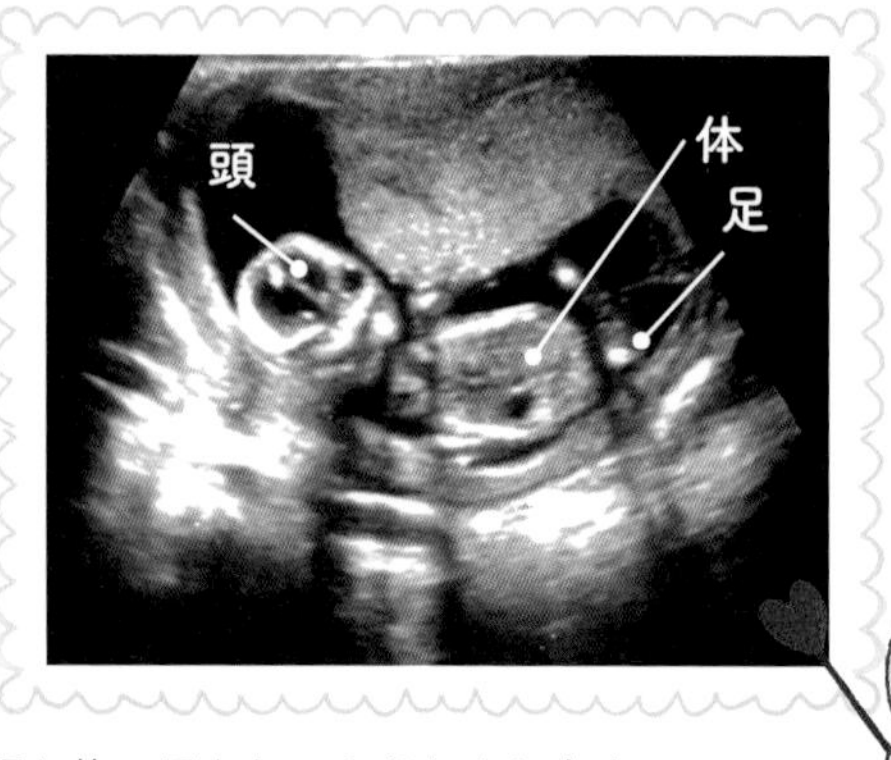


頭と体、足もしっかりわかります。

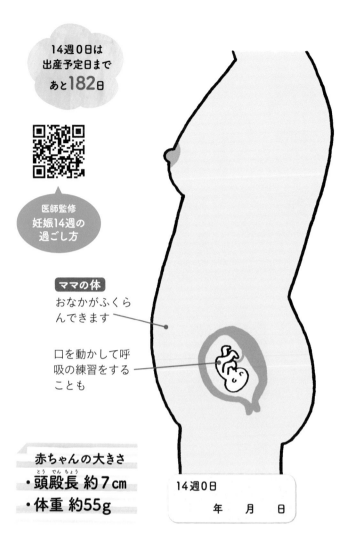

### 生活メモ

## 妊娠線（→p61）ケアを始めよう

これからおなかが大きくなってきます。妊娠線の予防には、**体重を急激に増やし過ぎない**ことや、肌の伸びをよくするために、**クリームなどを塗ってマッサージをする**ことがおすすめです。

## ビタミンCで鉄の吸収率をアップ

妊娠中にたっぷりとりたい**鉄分は、たんぱく質とビタミンCを一緒にとる**と、吸収力がアップします。

### リフレッシュ法

**好きな音楽を聞いてみよう**

つわりで気分が落ち込んだり、不安になったりするときは、好きな音楽を聞いてみましょう。心も体もリラックスできて、元気が出ます。**自分の好きな環境をつくって気分転換を。**

### これに気をつけて

## 腰痛に注意

おなかがせりだしてくることで、腰痛になる人が増えます。**背筋を伸ばした正しい姿勢で過ごす**こと、そして**就寝時は抱き枕を使うことで楽に**なります。体調がよくなってきたら体を動かして。

## やせている人はしっかり食べて

妊娠中の体重増加が少ないと、赤ちゃんへの栄養がたりなくて低出生体重児になるリスクが高まります。とくに**妊娠前からやせていた人は適切な体重増加（→p126）を。**

### 8万件のママの声 悩み不安Q&A

**Q 腰痛が出たので妊婦帯をつけていい？**

**A つけても問題ありません。**

購入するときは試着するか、販売店のスタッフに相談して、**自分に合うものを選びましょう。**
（助産師　髙塚あきこさん）

**Q 歯の治療のときにレントゲンを受けました。**

**A 胎児にほぼ影響はありません。**

国際放射線防護委員会の見解では頭部に受けるレントゲンの**放射線量は、腹部に対してきわめて少量**とあり、胎児に影響は少ないとされています。（産婦人科医　太田篤之先生）

**Q おなかが大きくなっていないように感じます。**

**A 見た目は気にしなくても大丈夫。**

**健診でとくにおなかの大きさについて指摘されなければ大丈夫**です。とくに初産婦は週数のわりにおなかが大きく見えない傾向があります。
（産婦人科医　太田篤之先生）

### 体験談

**急な体調の変化にびっくり**

つわりはほとんどなく、通勤でも階段を駆けのぼったり、少しの距離ですが軽く走ったりしていました。しかし、急に出血が。油断は禁物ですね。（けいこママ・りこちゃん）

### 体験談

**早くからマタニティに**

おなかのふくらみも早く、仕事にはいていくパンツを妊娠初期から妊婦用に変更しました。締めつけがなく、つわりの時期も楽でした。（よりこママ・ゆうとくん）

# 妊娠4カ月 4週
# 15週

妊娠15週までに
胎盤が完成します。
流産の危険性も
ぐっと減り、
ママの体も安定してきます。

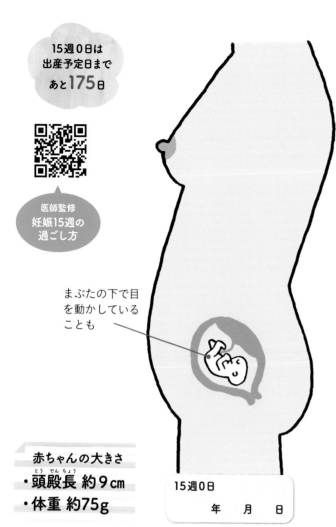

15週0日は
出産予定日まで
あと175日

医師監修
妊娠15週の
過ごし方

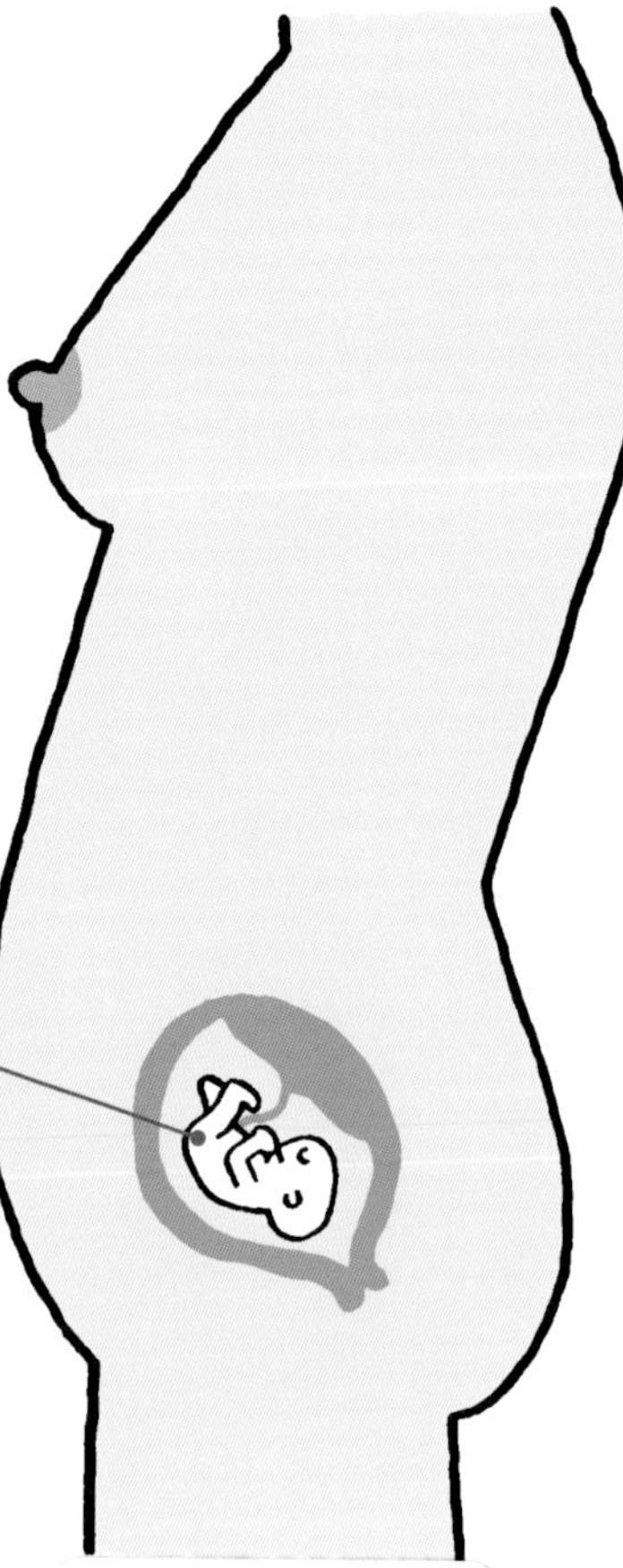
まぶたの下で目を動かしていることも

15週0日
年　月　日

赤ちゃんの大きさ
- 頭殿長《とうでんちょう》 約9㎝
- 体重 約75g

## ママの体の変化と症状

### 流産の危険性が減り体調も安定する

基礎体温が通常に戻り、**だるさから解放**されます。出産まで**体温は低温期に入ります。**胎盤が完成し、流産の心配は少なくなります。つわりが治まると食欲が出てくることもありますが、食べ過ぎには注意して。

## 赤ちゃんの成長

### 背骨が発達し筋肉もついてくる

背骨をはじめ、骨がさらに形成され、筋肉も強くなってきます。閉じたまぶたの下では、ゆっくり目も動くようになります。**羊水の量が増え、手足を動かすように。つめや髪の毛が生えてくるようになります。**

\このころの超音波写真/

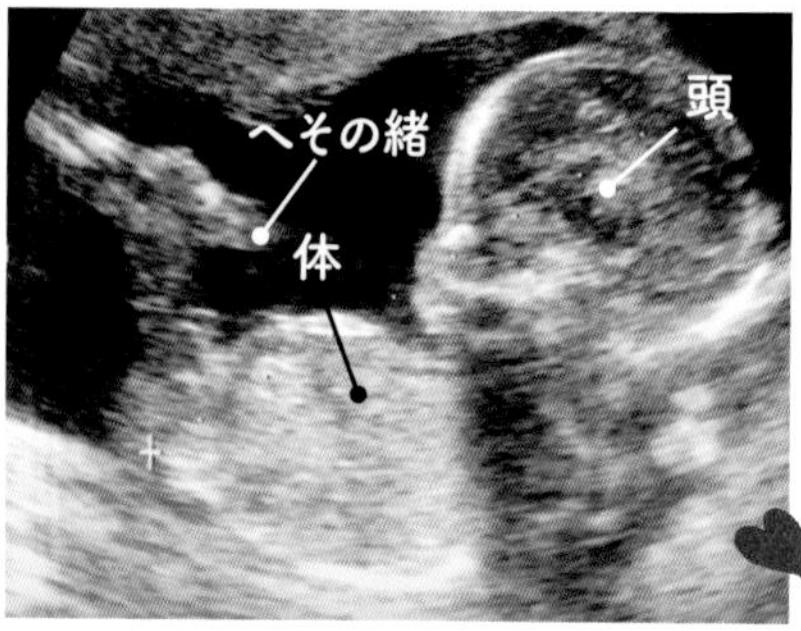
頭
へその緒
体

赤ちゃんの顔や体が写っています。おなかから伸びているのはへその緒です。

## 生活メモ

### 食生活を見直そう

ママの体調も落ち着くころなので、毎日の食事のバランスの見直しを。いろいろな食材を食べることで栄養バランスがとれます。**まずは1回の食事で使う食材の数を増やしてみましょう。** 主食と主菜に、副菜を2品程度、食材の偏りがないようにバランスよく食べましょう。

### 高年妊娠のママへ

#### おなかに赤ちゃんがいることを忘れない

妊娠してからは、自分1人の体ではありません。無理をして、**仕事や家事を完璧にこなそうとする気持ちはしまっておいて、自分の体を優先**して過ごしましょう。こまめに休憩を取るなど、常におなかに赤ちゃんがいることを忘れないで。

## これに気をつけて

### 食べ過ぎに注意

体調が安定してくると食欲も出てきますが、食べ過ぎは禁物。**自分の適切な体重増加量**（↓p126）**を確認**し、体重管理を始めましょう。体重計を購入して毎日測るのが理想です。

### 鼻づまりに注意

妊娠中は鼻の粘膜が膨張するため、鼻づまりが起きやすくなります。とくに乾燥しやすい冬は要注意です。**室内に加湿器を置いたり濡れタオルを干したりして対策を。**

## 8万件のママの声 悩み不安Q&A

**Q 頻繁におなかが張ります。**

**A 休む時間を増やしましょう。**

1日数回、数秒くらいのおなかの張りなら大丈夫ですが、頻繁に張るようなら、しばらく**横になる時間を増やしてみましょう**。改善しなければ受診を。（産婦人科医　天神尚子先生）

**Q 偏頭痛がつらいです。**

**A 頭部を冷やす、水分を多めにとるなどしてみて。**

妊娠初期の偏頭痛はよくある症状で、**頭皮内の血管が拡張して起こります**。頭部を冷やしたり、水分を多めにとったりして対応を。

（産婦人科医　太田篤之先生）

**Q 妊娠15週に入ってから吐き気がするように。**

**A 治まらないようなら受診を。**

妊娠中に増える黄体ホルモンの影響で胃腸の動きが低下し、**大きくなった子宮が周囲の腸管を圧迫し胃腸症状が出ているのかもしれません**。治まらないようなら受診を。

（産婦人科医　天神尚子先生）

### 体験談　動き方に工夫を

仕事で、立ったり座ったりすることが頻繁でした。おなかに負担をかけないようにつかまりながらゆっくり立つ、座るを心がけました。（すみママ・ゆうちゃん）

### 体験談　つわりは突然終わる

つわり中は、吐き続けて本当につらかったのですが、ある日突然普通に食べることができるように。終わった〜とホッとしました。（みおママ・カイトくん）

# 妊娠中期の生活

（監修／三鷹レディースクリニック　院長　天神尚子先生）

妊娠16〜27週

## おなかに赤ちゃんがいる生活を楽しんで

つわりが治まってきて安定期に入ります。**食欲も出てきますが、食べ過ぎには注意して3食バランスよく**食べるようにしましょう。

ただし、安定期でも妊娠中は急に体調が変化することがあります。常に「おなかに赤ちゃんがいる」と意識しながら行動することが大切です。

**胎動を感じるようにもなる**この時期。おなかに赤ちゃんがいる生活を楽しみたいですね。

## Q 妊娠中期の生活のポイントは？

## A 安定期に入ったからと油断しないで。

体調が落ち着いてくると、いろいろなことにやる気が出るかもしれません。ただし、**妊娠中ということを忘れずに。**

### 食べ過ぎ解消のコツ

外食をする場合はバランスのよい**定食などを選びましょう。野菜から食べたり、脂身の少ない肉の部位を選んだり、塩分を控えたりする**などを意識して。

### 旅行は近場で

気分転換に旅行に行く場合は、**近場でのんびりしたスケジュールで。**体に負担がかかるので、長時間の移動は控えて。

### 両親学級に参加しよう

妊娠生活のこと、出産や産後の体、赤ちゃんのことなど、**必要な知識を教えてくれる場が両親学級や母親学級**です。病院や自治体で行われているので、どちらかには参加するようにします。

### 体重管理の意味

おなかの赤ちゃんのためには**適切に体重を増やしていく**のが大切です。ママの体重があまり増えず、**小さめで生まれた赤ちゃんは、将来、生活習慣病になりやすい**ことがわかっています。「太ってしまった」と気にし過ぎないで。

## Q 妊娠中期以降に起きやすいマイナートラブルは？

## A 大きなおなかによって体のあちこちに負担が。

ホルモンバランスの変化もあり**体のあちこちに負担がかかってきます。**適切な予防や対策で乗り切りましょう。

### 腰痛

**妊婦帯などでサポートを**

おなかがせりだし、姿勢が反りがちになるため、**背中の筋肉や関節に負担がかかり腰痛が起きやすくなります。**妊婦帯などでサポートを。

### 妊娠線

**毎日のスキンケアで予防を**

妊娠線は、急激に大きくなるおなかに皮膚の伸びが追いつかず、**皮下の組織が線状に切れたもの**です。一度できると完全には消えません。**急激な体重増加に気をつけ、保湿クリームで潤いのある皮膚を保ちましょう。**

### 便秘

**適度な運動と食生活で改善を**

増加したホルモンによる腸の運動の低下、腸が子宮によって圧迫されていること、運動量が減ったことから便秘がちに。**食物繊維をたっぷりとり、朝、起きてすぐ水を飲むなど自分に合った解消法を見つけて。**

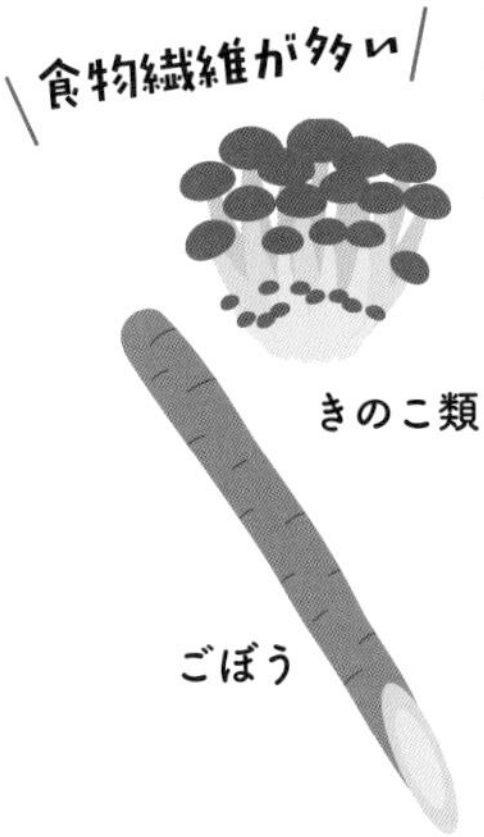


### 足がつる

**ビタミン$B_1$とカルシウム摂取がおすすめ**

大きくなったおなかを支えるため**足の筋肉の負担が増える、運動量が減る、同じ姿勢を取り続けているなどで、血液循環が悪くなり、足がつりやすくなります。**ビタミン$B_1$やカルシウムをとり入れてみましょう。

### めまい・立ちくらみ

**ゆっくりの動作を心がけて**

大きくなっていく赤ちゃんに血液を送っているため、**脳への血液循環が低下して、めまいや立ちくらみが起こります。**ゆっくりの動作を心がけて。もし起きたときは横になり少し休憩を。

### 皮膚のかゆみ

**保湿ケアを習慣に**

ホルモンバランスの変化で、**皮膚が敏感になったり乾燥しやすくなったりします。**こまめな保湿を心がけましょう。

16週0日は
出産予定日まで
あと168日

医師監修
妊娠16週の
過ごし方

# 妊娠5カ月 1週
# 16週

安定期に入り、
そろそろ「戌《いぬ》の日」を
考えるころです。
赤ちゃんもこの4週間ほどで
体重が約3倍にも増えます。

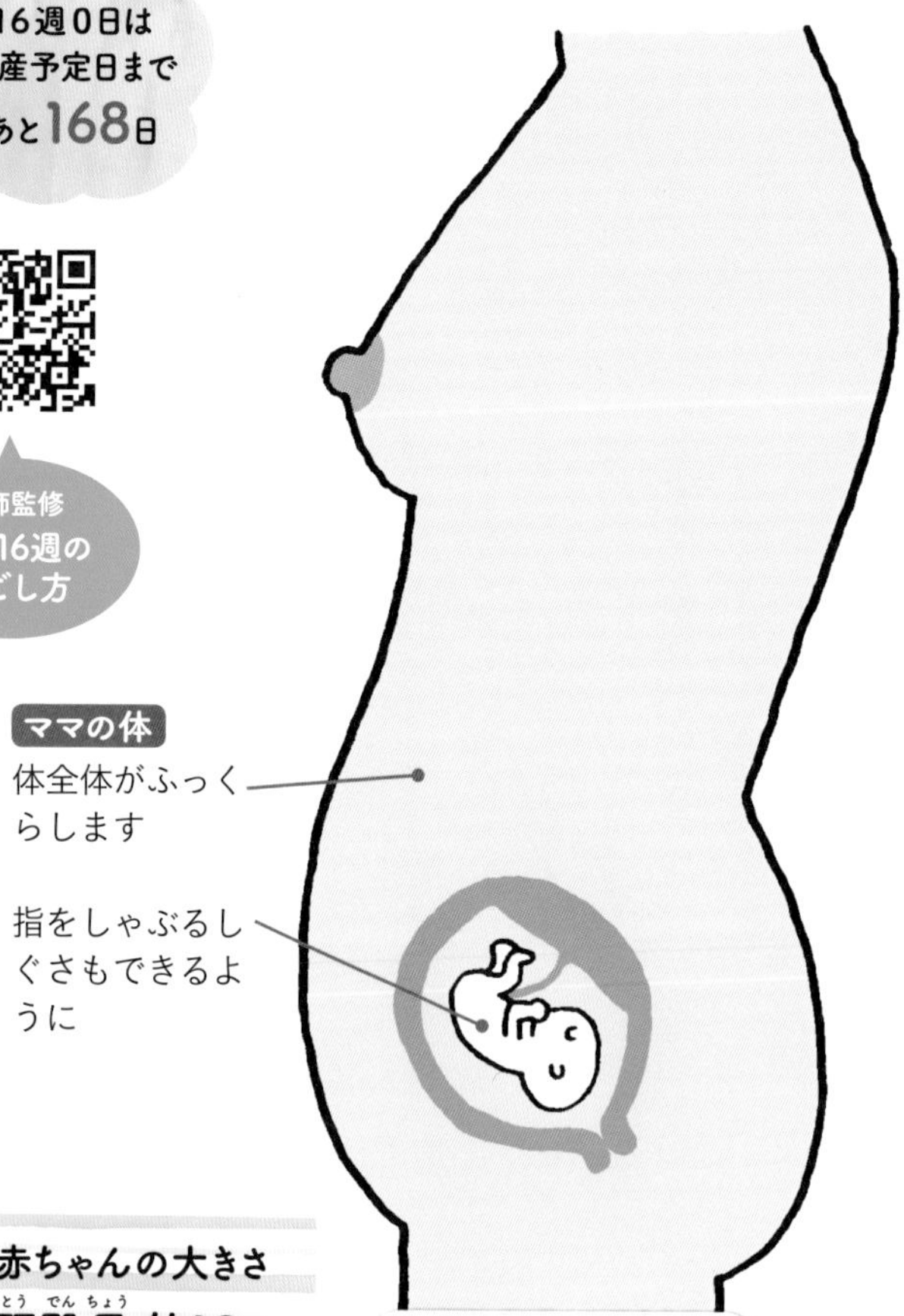


## ママの体の変化と症状

### 体全体がふっくらして妊娠生活に慣れてくる

おなかだけでなく、**おしりや胸にも皮下脂肪がつき始め、体全体がふっくらします。胸も大きくなってきます。**乳腺の発達を妨げないように、そろそろマタニティインナーにかえましょう。

**赤ちゃんの大きさ**
- **頭殿長《とう でん ちょう》 約12cm**
- **体重 約110g**

16週0日
年　月　日

## 赤ちゃんの成長

### 口の動きがますます活発に指をしゃぶる赤ちゃんも

口をパクパク開けて**羊水を飲んだり**するようになります。**指をしゃぶるようなしぐさも**するので、運がよければ超音波検査でその姿を見られることも。このような複雑なしぐさができるのも、赤ちゃんが成長している証拠です。

\ このころの超音波写真 /

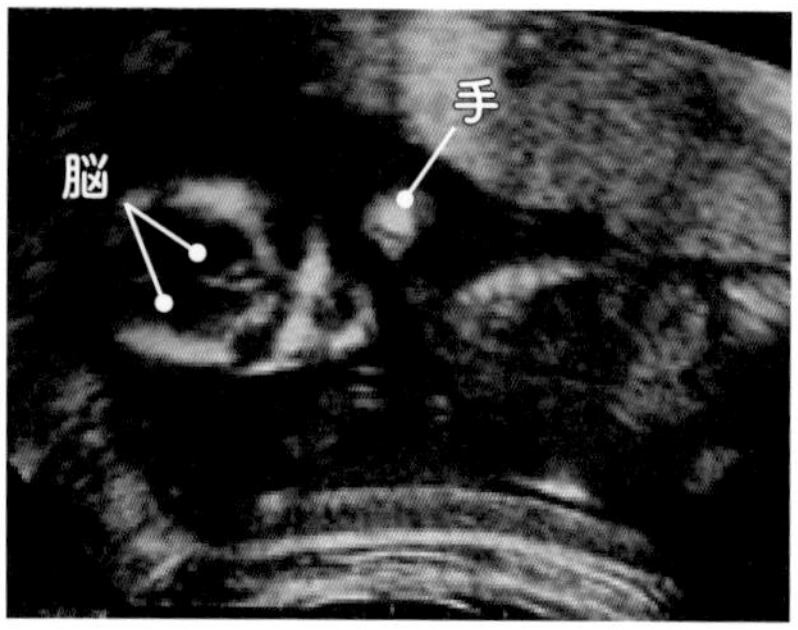


脳や目のくぼみ、口のあたりなど、
顔の様子がよくわかります。

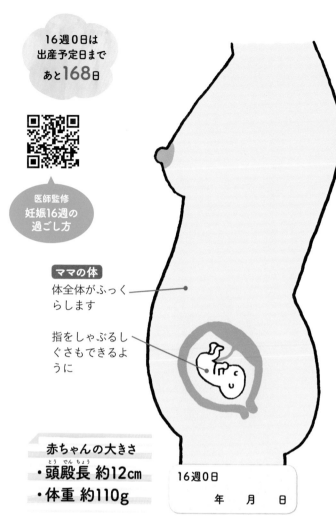

## 生活メモ

### 無理のない程度にセックス（→p131）も

ママの体に無理のない程度ならセックスをしてもOK。ただし、**短く、浅く、やさしくが基本**です。妊娠中は免疫力が低下しているため、感染症予防のためにも、コンドームは必ず使用しましょう。

### 妊娠生活を楽しんで

つわりが治まってくる人が増え、妊娠生活を楽しめるようになってきます。**適度な運動も定期的に取り入れて。**

## TODOリスト

- □ 戌の日に安産祈願をする
- □ 歯の治療を行う
- □ 体重管理を始める

安産の象徴である犬（戌）にちなみ、妊娠５カ月の最初の「戌の日」に、腹帯を巻き安産祈願する風習があります。パパや家族と出かけてみては。

## これに気をつけて

### 歯周病は早産のリスクにも

ホルモンの影響で歯茎から出血することがあります。歯磨きだけでなく、うがい薬なども併用して清潔を保ちましょう。また**歯周病は早産になるリスクを高めるという報告があります。**歯周病チェックと歯の治療を同時にすませておいて。

### 疲れたら横になって

つわりが落ち着いてきても、**疲れやさまざまな不快症状が出ることはあります。**休養と食事をしっかりとりましょう。

## 8万件のママの声 悩み不安 Q&A

**Q 安定期なのに、以前よりイライラ。**

**A 妊娠中は全期を通して不安定です。**

妊娠中はホルモンバランスの変化で、全期を通して不安定になりがち。**気分が落ち着かないようなら、医師や助産師に相談を。**（産婦人科医　天神尚子先生）

**Q おなかをくだしやすくなりました。**

**A 下痢止めを処方してもらって。**

**下痢が長く続くと、早産につながる危険も。**病院で相談し、下痢止めを処方してもらいましょう。また、水分と消化のよいものをとるようにします。（産婦人科医　天神尚子先生）

**Q 眠気がひどく、食欲も出ません。**

**A 散歩で日光を浴びましょう。**

環境やホルモンバランスの変化で、眠気がひどくなることも。**早寝早起きして散歩に出かけて日光を浴びましょう。**目がしっかり覚めると食欲もわきます。（産婦人科医　天神尚子先生）

## 体験談

### 毎日、妊娠線予防を

おなかが少し目立つようになってからは毎日、おなかにクリームをぬってマッサージ。地道に続けていたため、妊娠線はできませんでした。（なつみママ・ゆいちゃん）

## 体験談

### アプリの歩数計を活用

つわりが終わってから、体重がけっこう増えてしまいました。そこでアプリの歩数計を使って“１日に○歩必ず歩く”を目標にしました。（ゆかりママ・ミナトくん）

# 妊娠5カ月 2週
# 17週

ママは体調が安定して
食欲が出ると思いますが、
適切な体重増加を
頭に入れて食事をとりましょう。
赤ちゃんの動きも活発になります。

17週0日は
出産予定日まで
あと161日

医師監修
妊娠17週の
過ごし方

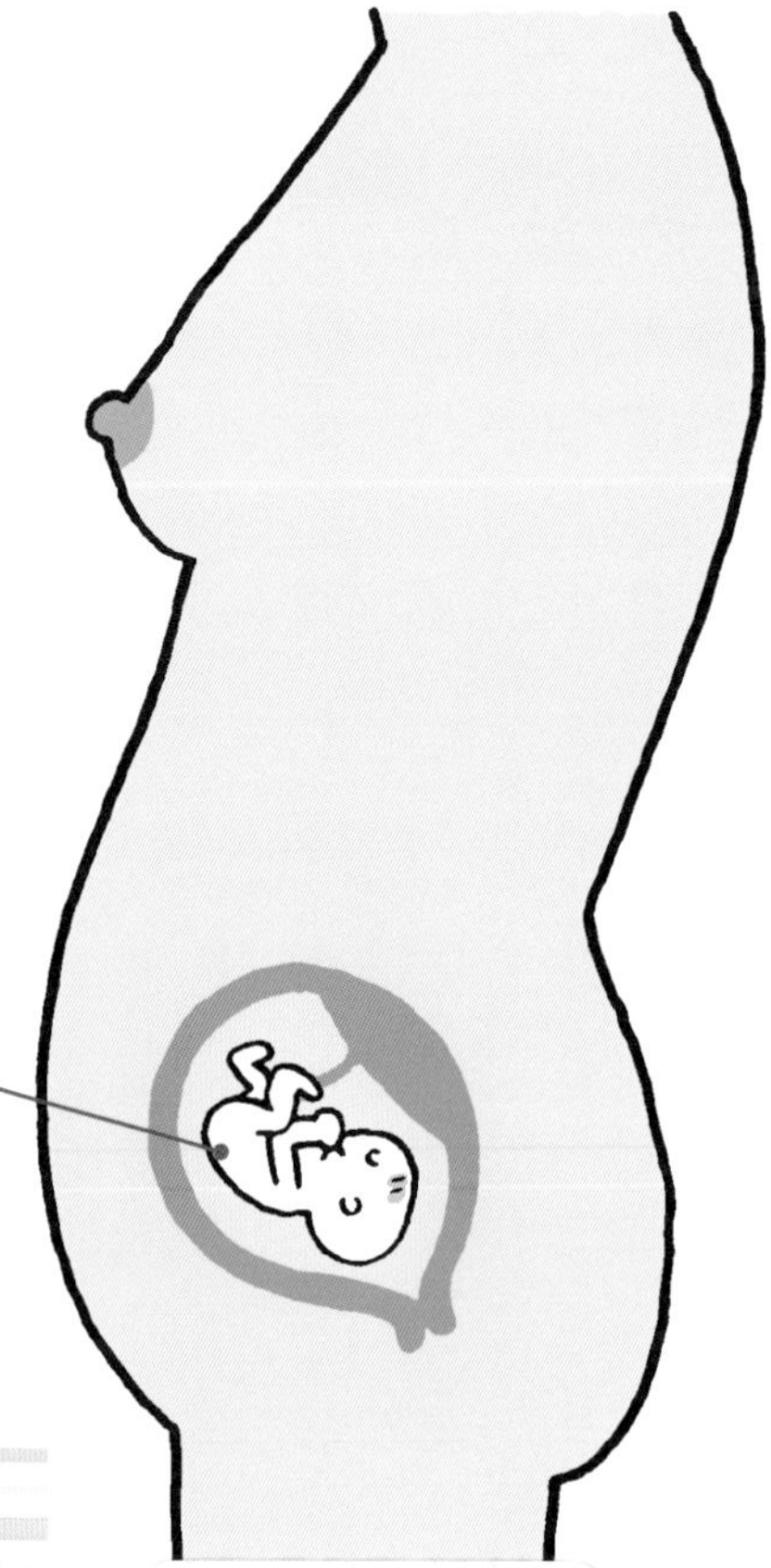
筋肉と脂肪がついて、少しふっくらします


赤ちゃんの大きさ
- 頭《とう》殿《でん》長《ちょう》 約13cm
- 体重 約135g

17週0日
年　月　日

## ママの体の変化と症状

### おなかが大きくなってきて心臓の負担も多くなる

17週を過ぎると、胎児の成長に合わせて胎盤へ送り込む血液量が増えるため、ママの**心臓は動きが激しくなり脈拍数が増えます。**おなかの赤ちゃんへ栄養や酸素を送り込んでいる証拠なので、心配しないで。

## 赤ちゃんの成長

### 体がしっかりしてきていろいろな機能も発達

**骨が丈夫になり筋肉と脂肪もついてきます。**褐色脂肪と呼ばれる脂肪組織が少しずつつき、ふっくらするようになります。この脂肪は体温調節の役割となります。**羊水を飲むことで消化の練習もしています。**

＼このころの超音波写真／

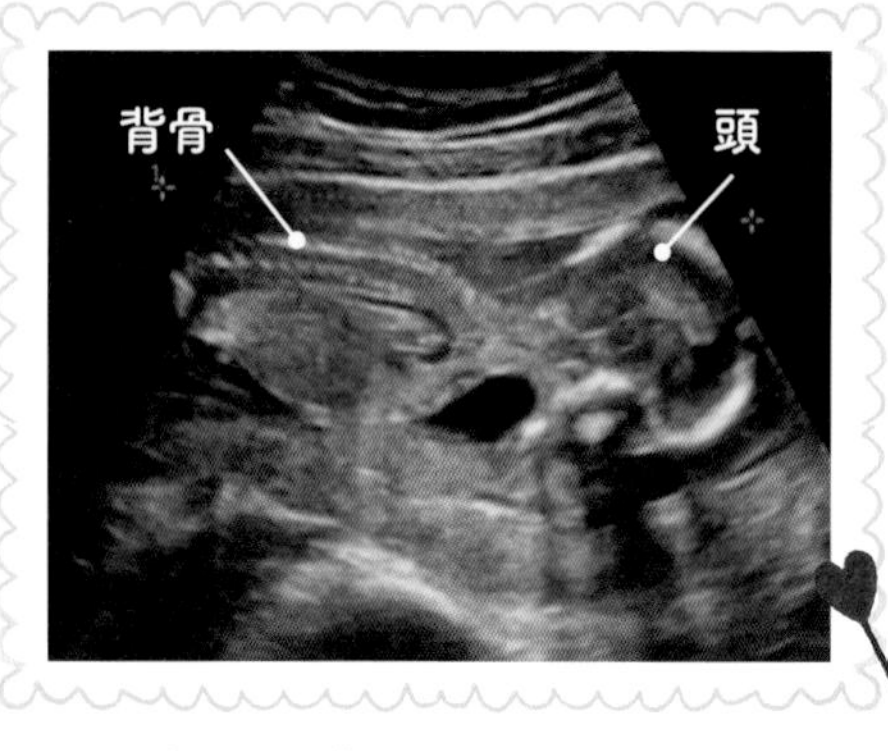


右に頭、左に体、背骨も写っています。

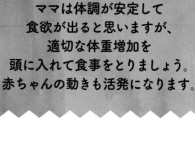

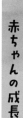

生活メモ

## 働くママは保育園探しをスタート

職場へのスムーズな復帰を考えている人は、安定期に入ったら、**保育園などの預け先の検討を始めましょう。**赤ちゃんが生まれてからでは間に合わないこともあります。自治体のホームページで近くの保育園を探したり、役所の窓口で空き状況をチェックしたりすることからスタートして。

## パパへのお願い

### 食べ過ぎないよう バランスのよい食事を

ママのつわりが落ち着くと、食べ過ぎの心配が出てきます。**パパもつき合って、ヘルシーでバランスのよい食生活を送りましょう。**

また、これから生まれる赤ちゃんとの生活をイメージしていろいろ話をしましょう。

これに気をつけて

## 耳に不快感が出ることも

ホルモンバランスの変化で、**耳が詰まった状態や自分の声だけ大きく聞こえる耳《じ》管開放症《かんかいほうしょう》になることがあります。**産後自然に治ることが多いので、あまり気にしなくても大丈夫です。

## おりものが増える

妊娠中に分泌されるおりものは、**白色か薄黄色の粘性のあるもの**です。**量には個人差があります**が、おりものシートを活用するなどして清潔を保ちましょう。

8万件のママの声

## 悩み不安 Q&A

**Q 乳頭がかゆくなり、液がたれます。**

**A 初乳です。妊娠4～5カ月からみられます。**

乳頭からもれる液体は、**妊娠4～5カ月ごろから分泌される水っぽく透明な初乳です。**その都度きれいにふき取り清潔を保ちます。

（産婦人科医　天神尚子先生）

**Q 腰が痛い。**

**A 重心がかわることで痛みが出ます。**

おなかが大きくなると重心がかわり、バランスを取るために以前と違う筋肉を使用するようになり痛みが出ることが。**まっすぐな姿勢を保つように心がけて。**（産婦人科医　天神尚子先生）

**Q 自転車に乗り続けるのは大丈夫？**

**A あまりおすすめしません。**

自転車は体に**振動が伝わったり**、ペダルを踏むことで**腹圧がかかったり、事故にまきこまれる可能性もある**ので、**あまりおすすめしません。**

（産婦人科医　天神尚子先生）

体験談

### 忙しい仕事で体調悪化

急に仕事が忙しくなり、落ち着いたはずのつわりが復活。妊娠悪阻《おそ》のような状態になって安静にとの指示を受けました。無理は禁物です。（ひとみママ・ともくん）

体験談

### 食べ過ぎないための食事の工夫

食べ過ぎの予防として、かために茹でたブロッコリーを食べたり、お豆腐をポン酢で食べたりしました。でも、ときにはスイーツも食べました。（まきママ・かなちゃん）

妊娠5カ月 3週

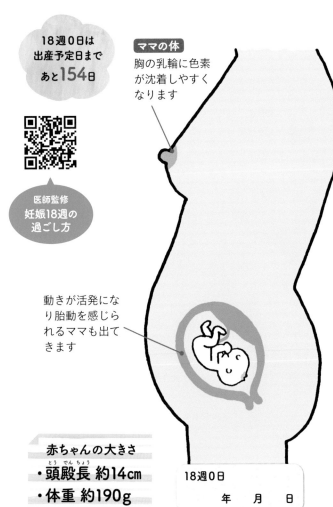

# 18週

**負担にならない程度に
適度な運動を始めましょう。
バランスのよい食生活で
健やかな妊娠生活の
習慣をつけていきます。**

**ママの体の変化と症状**

## 子宮が大人の頭くらいに胎動を感じられることも

子宮は大人の頭くらいの大きさになります。**大きくなってきたおなかを支えるために腰に負担がかかり腰痛が出る人も。**胸の乳輪などに色素が沈着しやすくなります。**胎動がわかる人も出てきます。**

**赤ちゃんの成長**

## 動きがますます活発に卵子づくりもスタート

**赤ちゃんの動きがますます活発になり、**手足が子宮壁に触れることで、敏感なママは胎動を感じられることもあります。**女の子の子宮の中では、卵子がつくられ始めます。**その数は200万個ほど。すごい機能です。

**18週0日は
出産予定日まで
あと154日**

**医師監修
妊娠18週の
過ごし方**

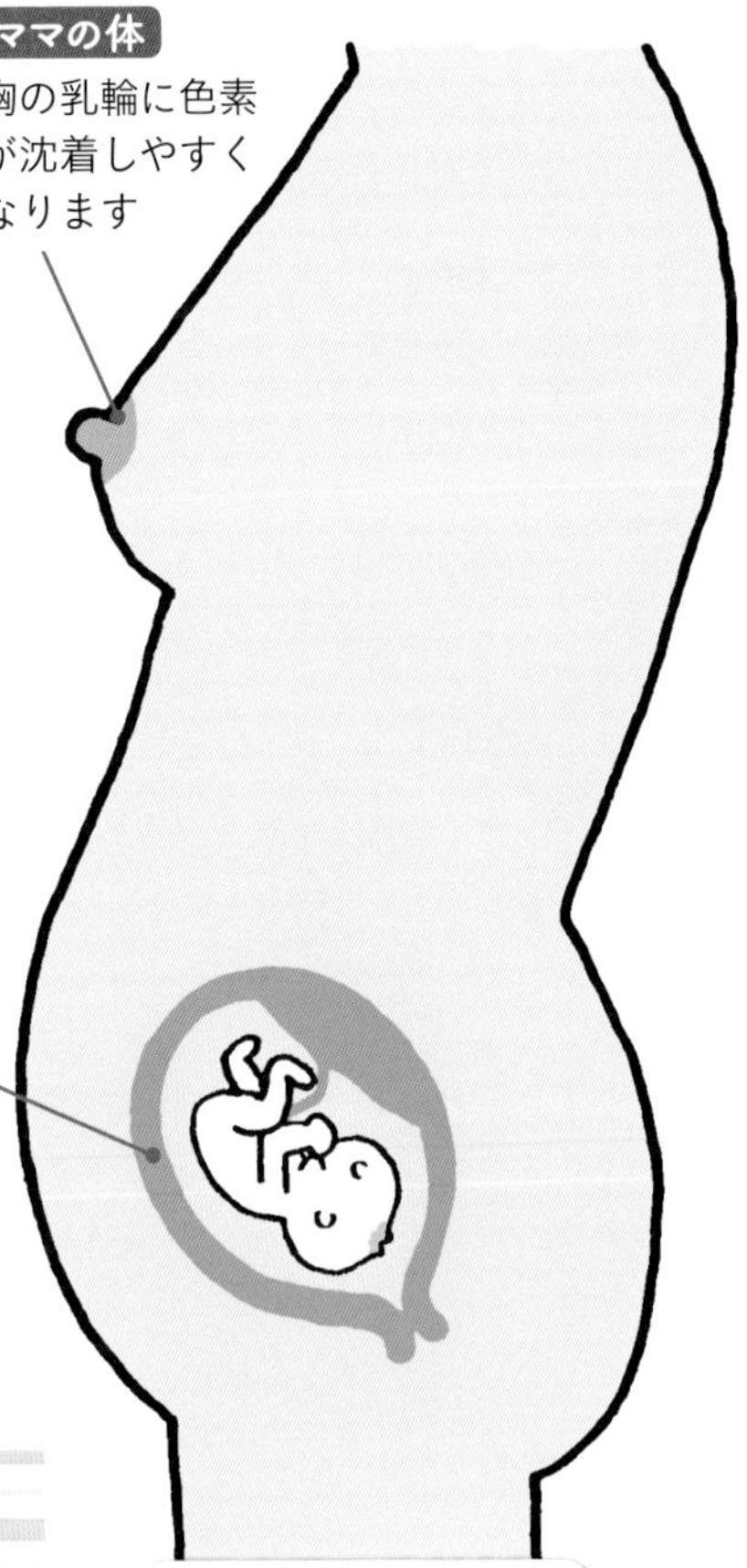
動きが活発になり胎動を感じられるママも出てきます


**赤ちゃんの大きさ**

- **頭《とう》殿《でん》長《ちょう》 約14cm**
- **体重 約190g**

18週0日
年　月　日

**このころの超音波写真**

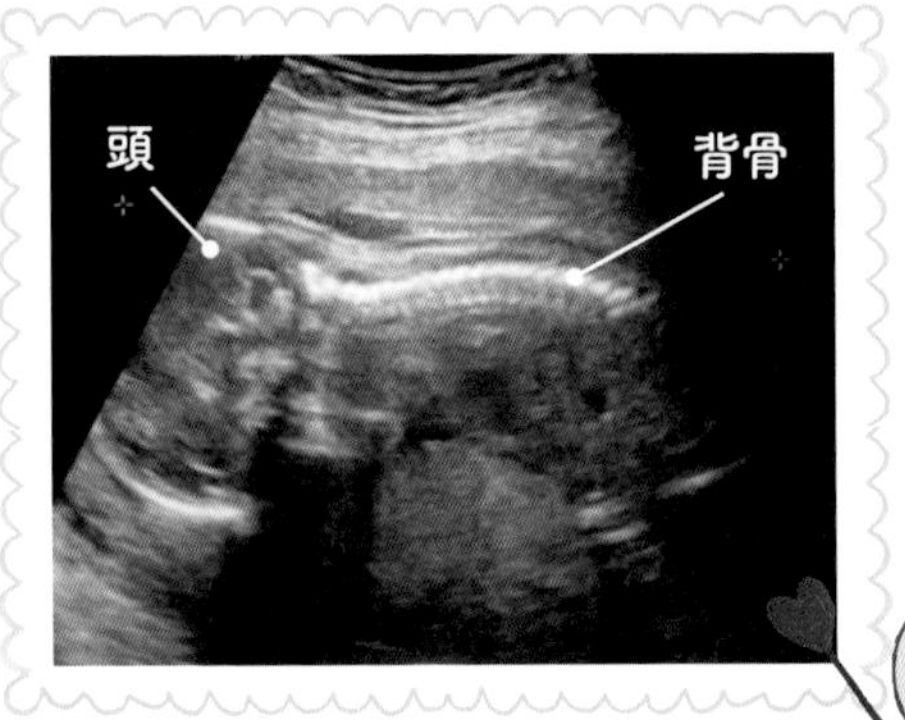


背骨がしっかり写っています。

**生活メモ**

## 妊婦帯で腰痛と冷え対策に

おなかが出てきたら、妊婦帯の準備をしましょう。**腰を安定させて腰痛を和らげてくれます。**さまざまな商品があるので、季節や好みに合わせて、自分が着けていて気持ちのよい素材や形を選ぶとよいでしょう。冷え対策にもおすすめです。

### リフレッシュ法

**体を動かそう**

体調のよいときは、積極的に体を動かしましょう。**雨の日など外に出づらいときは家の中で足踏み（→p128）などを。**外に出られるときは、ショッピングや、産後のための保育園や公園探しをしながら、ウォーキングするのがおすすめです。

**これに気をつけて**

## ストレスは早めに解消を

ママが強いストレスを受けると**副腎皮質ホルモンが分泌され、赤ちゃんにもよくない影響が出る**ことがわかっています。お友だちとおしゃべりしたり、自分の好きなことをしたりして、ストレスは早めに解消を。

## 野菜ジュースは糖分に注意して

栄養バランスを気にして、市販の野菜ジュースに頼っていませんか。実は**糖分が高いものもあるため、体重増加の原因に**なります。ご注意を。

8万件のママの声

### 悩み不安 Q&A

**Q 胎動がありません。**

**A 感じ方には個人差があります。**

初産婦、経産婦で胎動を感じる週数が違い、**初産婦は20週前後、経産婦は18週前後で感じることが多い**ようです。感じ方にも個人差があるので気にしなくて大丈夫です。

（産婦人科医　太田篤之先生）

**Q カラオケは大丈夫？**

**A 大丈夫ですが おすすめはしません。**

原則的には、ママが心地よければ、胎児にもよいといわれています。ただし、カラオケは**大きな音に長時間さらされますし、換気が悪いところが多いのでおすすめしません。**ほどほどに。

（産婦人科医　天神尚子先生）

**Q 胎動を感じた場所が かたいようです。**

**A 胎動の刺激でも子宮は収縮します。**

胎児が動いて押された部分の刺激によって子宮が収縮したものでしょう。**すぐに元に戻るようでしたら問題はありません。**

（産婦人科医　天神尚子先生）

体験談

**家事を一生懸命**

暑い時期は外に出られなかったので、家事を一生懸命やって体を動かしました。また、骨盤の開きがよくなるように、座るときは常にあぐらでした。（えりかママ・りゅうくん）

体験談

**パパとウォーキング**

パパと毎日1時間くらいのウォーキングをするのが日課に。たくさんおしゃべりもできたので、いいコミュニケーションになりました。（ほのかママ・モモちゃん）

# 妊娠5カ月 4週
# 19週

羊水の中で元気に体を動かし、
胎動を感じる人も増えてきます。
おなかで赤ちゃんが
よく行う指しゃぶりは、
誕生後に母乳を飲む練習です。

19週0日は
出産予定日まで
あと147日

医師監修
妊娠19週の
過ごし方

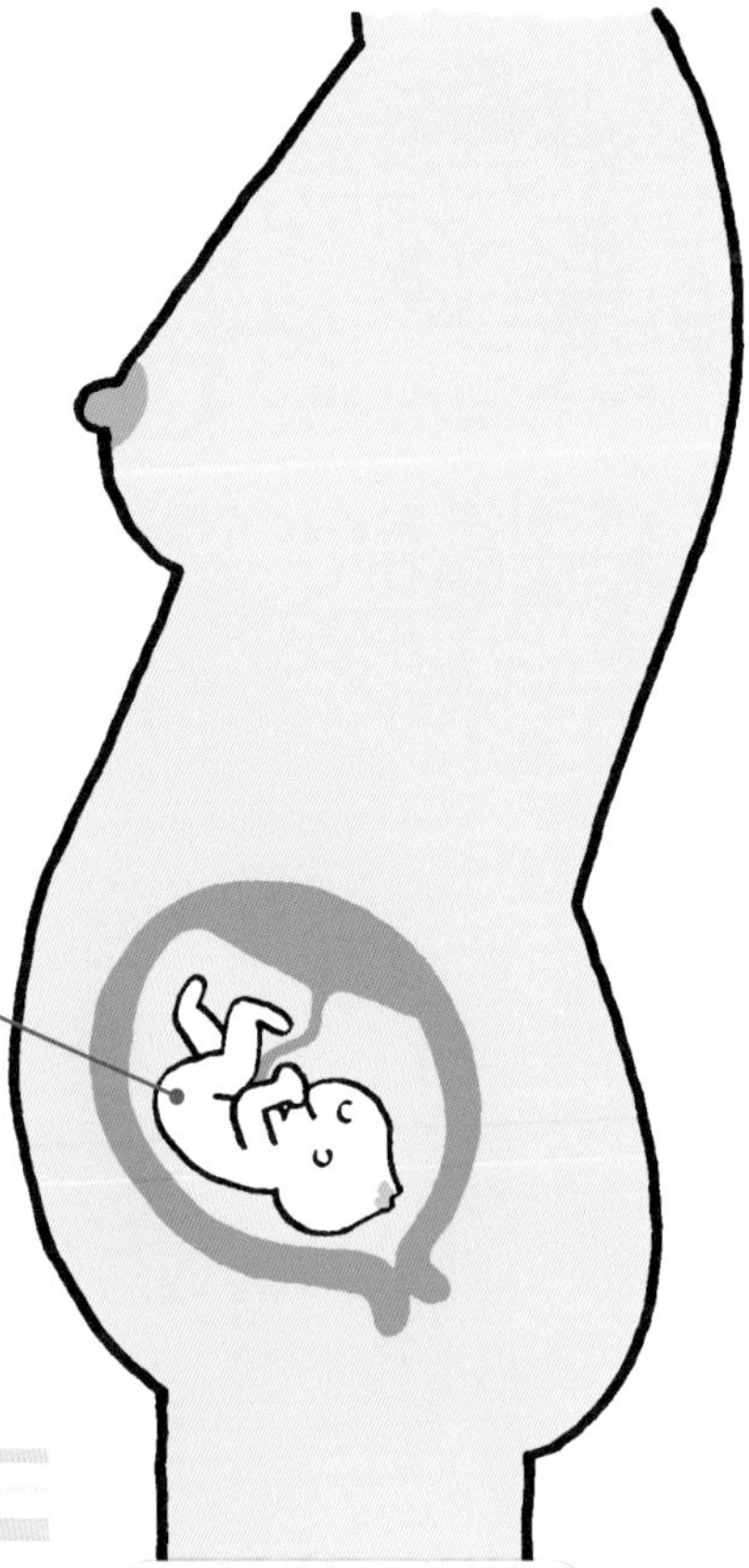


赤ちゃんの大きさ
- 頭《とう》殿《でん》長《ちょう》 約15cm
- 体重 約250g

19週0日
年　月　日

このころの超音波写真

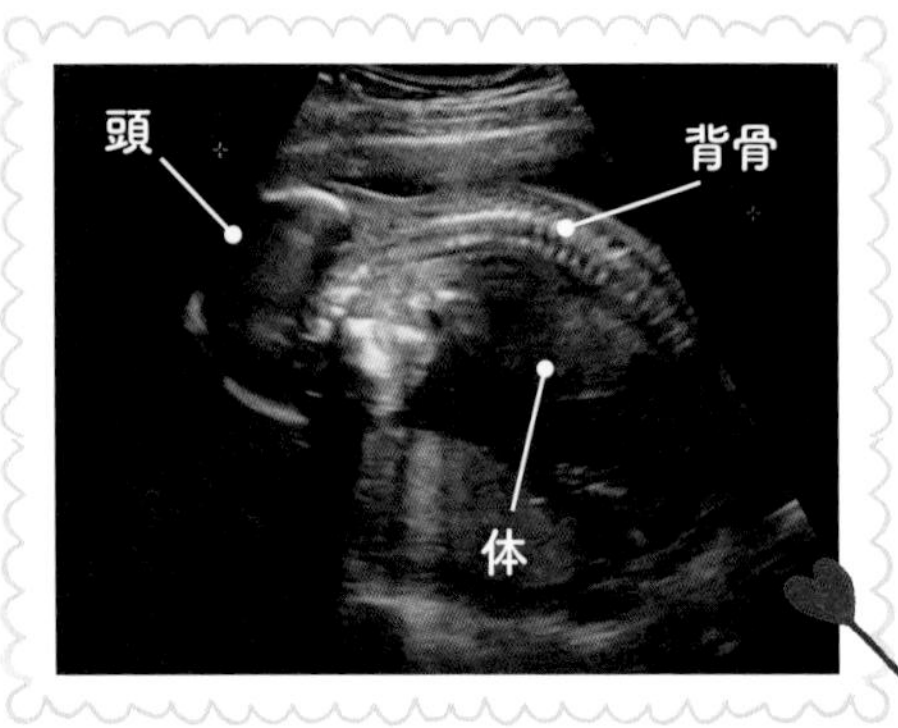


超音波写真でも体が大きくなってきたことがわかります。

ママの体の変化と症状

## 皮下脂肪がつきやすく骨盤もゆるんでくる

ホルモンの影響で**皮下脂肪がつきやすくなっています。**この脂肪は赤ちゃんのクッションになり、産後の母乳をあげるためにも、ある程度は必要なものです。**骨盤もゆるんでくるので腰痛予防はしっかりと。**

赤ちゃんの成長

## 寝たり起きたりするように

皮膚に厚みが出て赤みがかってきます。目は閉じていますが、神経反射による**まばたきができるようになり、まゆ毛も生えてきます。**赤ちゃんは、新生児と同じように、**寝たり起きたりするようになります。**

## 生活メモ

### 赤ちゃんを迎える準備をスタート

赤ちゃんグッズの準備（→p114）を始めましょう。**まずは必要なものをリストアップし予算を決めます。**次にそれぞれのアイテムを購入か、レンタルか、おさがりか、どのようにそろえていくか検討し、情報を集めて。**赤ちゃんスペースなども一緒に検討**していくとよいでしょう。

## 高年妊娠のママへ

### 食事に注意

高年ママは妊娠中期から後期にかけて、血圧が上がりやすいことがあり、**妊娠高血圧症候群（→p161）のリスクが高め**です。バランスのよい、塩分控えめの食事を心がけましょう。適度に運動することも大切です。

## これに気をつけて

### 胃のもたれに注意

大きくなった子宮に内臓や胃が押し上げられるため、動悸や息切れ、胃がもたれるなどの症状が出ることがあります。**一度にたくさん食べるのではなく、分散して少量ずつ**食事をとるようにしましょう。

### 紫外線対策を忘れずに

妊娠中は肌質がかわりシミができやすい人もいるので、**妊娠前よりシミ対策が必要です。**外出時は日焼け止めを塗り、帽子をかぶるなどしましょう。

## 8万件のママの声 悩み不安Q&A

**Q　ゼリー状の透明なおりものが出ます。**

**A　血液が混じっていないなら大丈夫です。**

妊娠中は、白色や薄黄色のものや、粘性のあるおりものがよくみられます。**基本的には血液が混ざっていなければ問題ない**でしょう。（産婦人科医　天神尚子先生）

**Q　もともと太めの妊婦。体重管理が心配です。**

**A　BMI（→p126）値をだして主治医と相談を。**

**ふくよかな人の場合、リスクは高め**なので、BMI値によっては、主治医としっかり相談を。（産婦人科医　天神尚子先生）

**Q　前置胎盤（→p160）と診断されました。治す方法は？**

**A　ありませんが、移動することも。**

妊娠週数とともに**子宮が大きくなり、胎盤の位置が上方へ移動していくこともある**ため、実際の前置胎盤の頻度は1％以下です。経過をみましょう。（産婦人科医　天神尚子先生）

## 体験談

### 靴をかえました

妊娠前は少しヒールの高めの靴のほうが歩きやすかったのですが、スニーカーやローヒールにかえました。ぺったんこの靴は意外と歩きにくいです。（みずほママ・あかりちゃん）

## 体験談

### あおむけ寝が少し苦しい

おなかが大きくないうちから、あおむけ寝が苦しくなりました。いろいろ試した結果、横向きで足の間に枕を挟んだ姿勢が楽でした。（ゆうママ・りくくん）

# 妊娠6カ月 1週
# 20週

**ほとんどの人が胎動を
感じるようになります。
妊娠20週を過ぎたら
助産師の指導を受け
乳頭の手入れを始めましょう。**

## ママの体の変化と症状

### 胎動を感じ始め赤ちゃんのことをより実感

**ほとんどの人が胎動を感じるようになり、赤ちゃんの存在がとても愛《いと》しく思える**でしょう。赤ちゃんを包む羊水は、約3時間おきにすべて交換されるといわれているので、ママは水分を十分にとる必要があります。

## 赤ちゃんの成長

### 赤ちゃんは胎脂《たいし》で覆われてくる

赤ちゃんの皮膚は、**「胎脂」と呼ばれるクリーム状の脂で覆われ始めます。**これは、皮膚を保護したり、出産時に産道を通る際の潤滑油《じゅんかつゆ》の役目をしたりすると考えられています。赤ちゃんはますます活発な動きをするように。

**20週0日は
出産予定日まで
あと140日**

**医師監修
妊娠20週の
過ごし方**

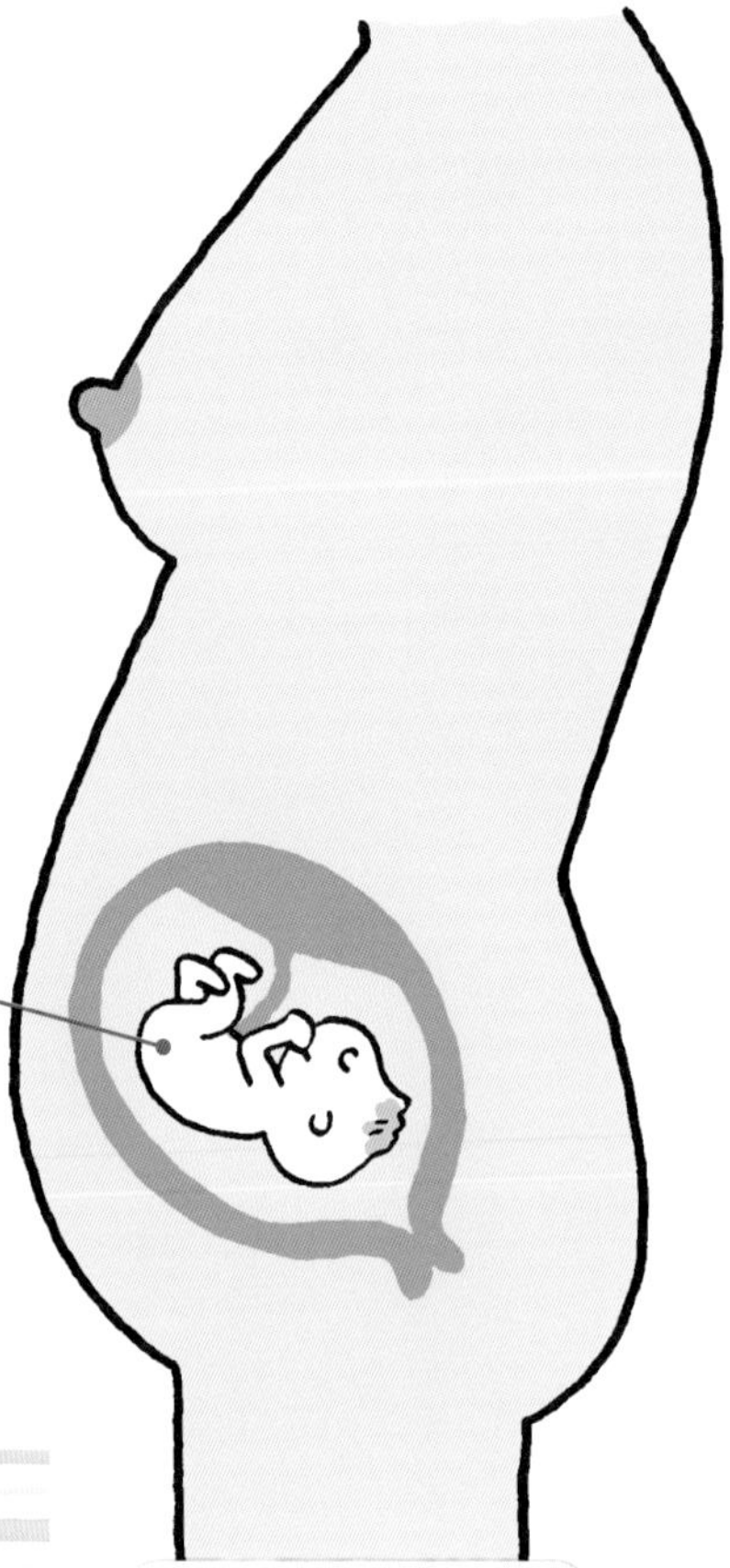


**赤ちゃんの大きさ**
- **頭殿長《とうでんちょう》 約17㎝**
- **体重 約300g**

20週0日
年　月　日

**＼このころの超音波写真／**

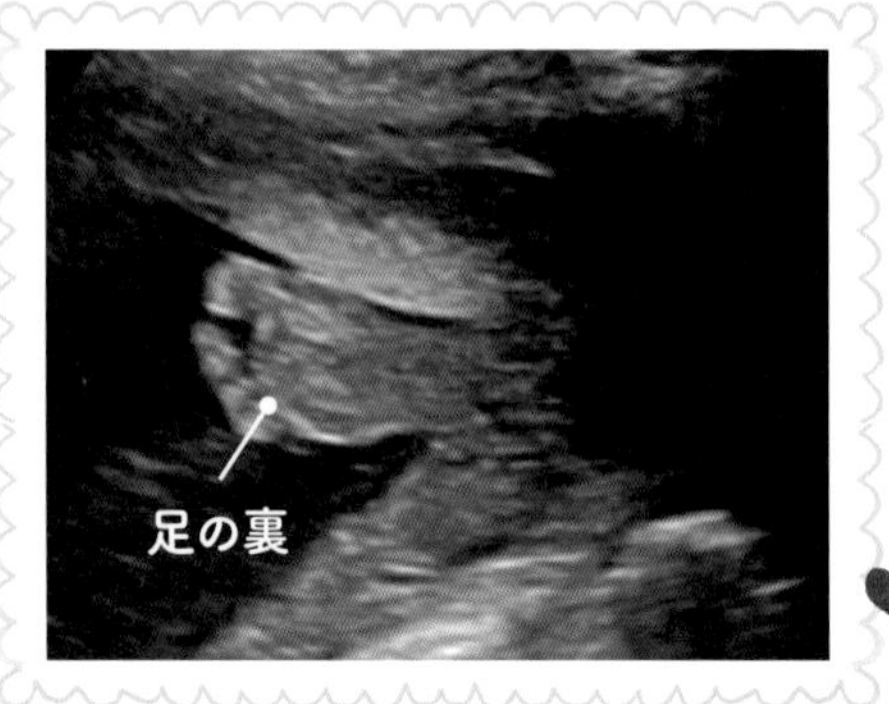


足の裏がしっかり写っています。もう指もできています。

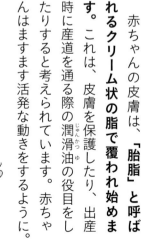

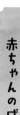

## 生活メモ

### 食材は加熱して

妊娠中は細菌に感染しやすいため、食材はできるだけ加熱するようにしましょう。温野菜をつくるときには**煮るより蒸すほうがおすすめ**です。野菜に含まれるビタミンCやビタミンBは水に溶けやすい性質だからです。電子レンジでスチーム料理ができる調理器具がひとつあると便利です。

## TODOリスト

- □ バランスのよい食生活を心がける
- □ 適度な運動を続ける
- □ 規則正しい生活を

妊娠生活にも慣れ、体調も安定してきます。規則正しい生活を送り、適切な体重増加と、体力づくりのために適度な運動を習慣にしましょう。

## これに気をつけて

### わきの下の痛みやしこり

胸が大きくなるにつれて、**わきの下にしこりなどの違和感や痛みが出る人も。**これを副乳といいます。妊娠や授乳期間になると、腫れや痛みを伴う場合がありますが、**冷やすことで治まる**人が多いです。

### 注意力が散漫に

妊娠中は、ついおなかの赤ちゃんのことを考えて、注意力が散漫になりがちです。**体調は安定していても、車の運転などはいつも以上に注意を払いましょう。**

## 8万件のママの声 悩み不安Q&A

**Q 胎動の減少で受診する目安は？**

**A 横になり1～2時間の間に胎動がまったく感じないなら受診を。**

横になり1～2時間静かに様子をみても**胎動をまったく感じないなら受診を**。胎児仮死の可能性も。

(産婦人科医　天神尚子先生)

**Q サポートベルトタイプの妊婦帯はいつ着用するの？**

**A 寝たままや立った状態で着けます。**

サポートベルトタイプには、**朝、寝た状態でおなかの下から支えるように着けるものや、立ったまま着けるものがあります。**

(助産師　髙塚あきこさん)

**Q おなかを頻繁にさわると張りやすい？**

**A 張りやすい自覚があるなら控えて。**

頻繁におなかをこすり過ぎたり、ポンポンたたいたりすると**刺激になって、子宮が収縮することがあります**。おなかの張りを自覚するならやめておいたほうがよいでしょう。

(産婦人科医　天神尚子先生)

## 体験談

### 仕事内容をかえてもらって

荷物を運んだり、階段で移動することが多い仕事だったので、不安に感じ仕事内容を調整してもらいました。体の負担が減って、無事に出産できました。(りなママ・ゆうくん)

## 体験談

### 妊娠中に虫歯治療

つわりで歯磨きがおろそかだったせいか虫歯に。妊娠後期や産後は歯医者にも行けないと思い、すぐに治療してもらいました。(いくみママ・しおりちゃん)

# 妊娠6カ月 2週
# 21週

折り返し地点となりました。
ママのおなかは、出産に向けて
ますます大きくなります。
体に負担がかかり、腰痛や
不快症状が出ることも。

21週0日は
出産予定日まで
あと133日

医師監修
妊娠21週の
過ごし方

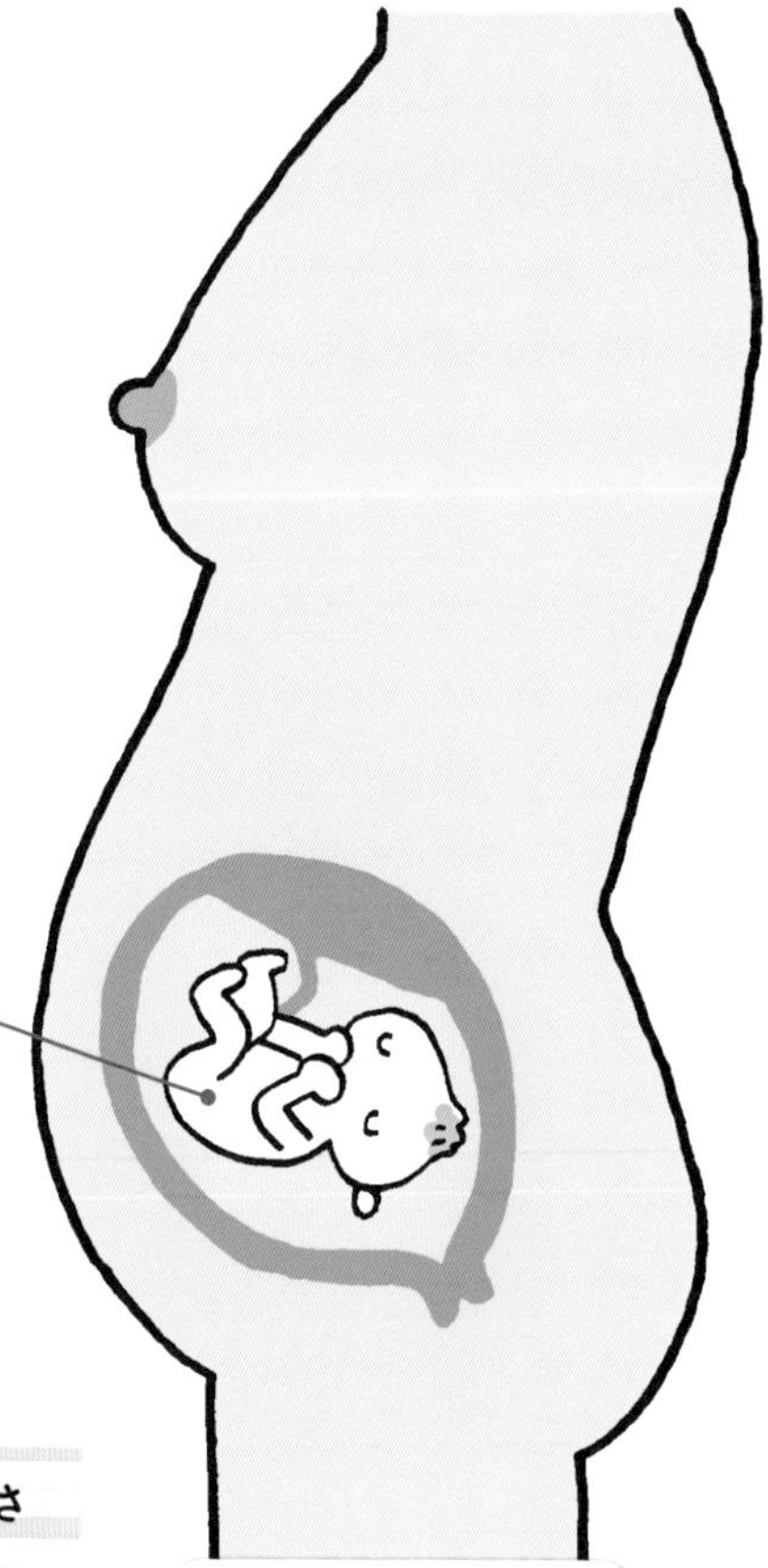

へその緒をつかんで遊ぶこともあります

ママの体
足がむくんだり、つりやすくなることも

21週0日
年　月　日

赤ちゃんの大きさ
- 頭《とう》殿《でん》長《ちょう》 約18cm
- 体重 約400g

## ママの体の変化と症状

### 下半身に負担がかかり 貧血にもなりやすく

おなかが大きくなり下半身に負担がかかることで、**ふくらはぎがつりやすくなり、足のむくみを感じることも。**こまめに休憩を取りながら過ごしましょう。**貧血にもなりやすい**ので、鉄分の多い食生活を。

## 赤ちゃんの成長

### 脳が成長し 外の音に反応することも

赤ちゃんは体を動かし、**音を聞きながら脳の神経細胞を成長させています。**神経細胞が増えて、手先が器用に動くようになると、ものをつかむことができるように。へその緒で遊んだりすることもあります。

このころの超音波写真

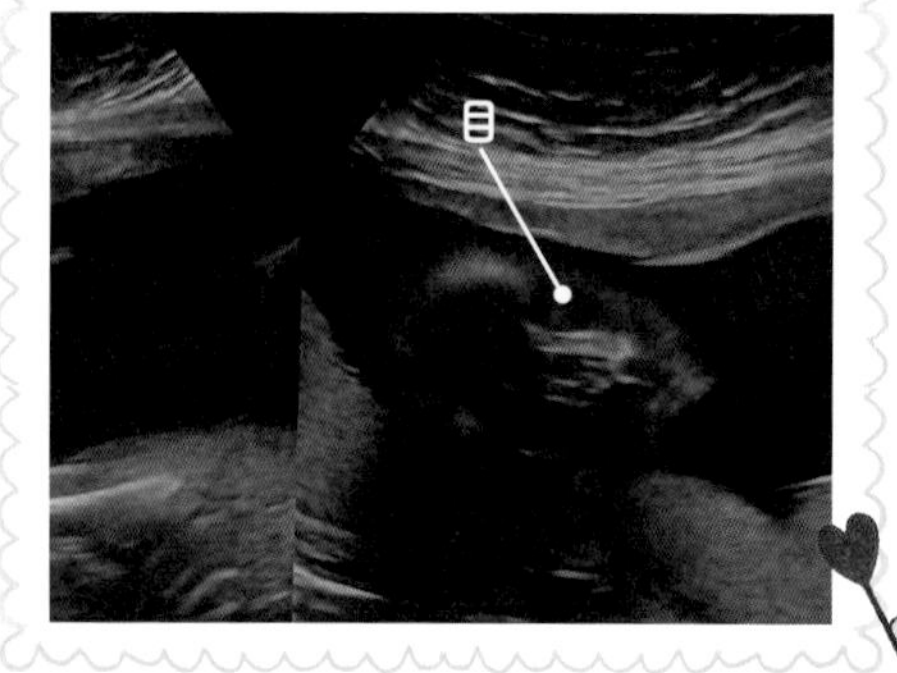


顔が写っています。目のくぼみがわかります。

生活メモ

## 布団干しや風呂掃除は注意を

体にとって負担になる家事も増えてきます。**布団を干す、買いものに出かけて重い荷物を持つなどは、おなかが張りやすくなるので、なるべく避けましょう。**もっとおなかが大きくなると困るのが風呂掃除。今からパパにお願いしておくとよいですね。

### パパへのお願い

#### 一緒に病院へ

**病院の妊婦健診や両親学級に一緒に行ってみましょう。**超音波検査で赤ちゃんを見られると少し実感もわいてきます。ママに疲れや足のむくみなどの不快症状が出てきたら、**肩や足のマッサージなどをしてあげましょう。**

これに気をつけて

## ふくらはぎがつったら

ふくらはぎがつったら、**足を伸ばし、親指をひっぱると楽になります。**パパにマッサージを頼むのもよいでしょう。**カルシウムやマグネシウムなどのミネラル、水分の摂取もおすすめです。**

## 背筋を伸ばして腰の負担を軽減

妊娠21週を過ぎると、大きくなってきた**おなかを支えるため反り返った姿勢になりがち。**腰や背中に負担がかかるため、できるだけ**背筋は伸ばして立ち、歩きましょう。**

8万件のママの声

## 悩み不安Q&A

**Q おなかの張りと水っぽいおりものが心配。**

**A 続くようなら受診を。**

水っぽいおりものと破水との判別は、**実際に病院で検査をしないとわかりません。**続くようなら受診しましょう。（助産師　髙塚あきこさん）

**Q 足の血管が浮き出て痛みを感じます。**

**A 静脈瘤でしょう。**

大きくなった子宮が原因で、足の血液が戻りにくいため起こった静脈瘤です。**弾性ストッキングを着用して対応を。**妊娠がすすむと悪化する可能性もあります。（産婦人科医　太田篤之先生）

**Q まだ胎動が感じられません。**

**A あと1～2週間で感じられるでしょう。**

初産の場合、胎動は妊娠20～21週で感じられることも。あと1～2週間以内には感じるようになるでしょう。**横になってリラックスすると感じやすい**ですよ。（産婦人科医　天神尚子先生）

体験談

### 家事は早めにパパ担当に

里帰りの予定もあったので、風呂掃除と物干しに干す洗濯は早くからパパの担当に。産後も続けてくれたので本当に助かりました。（ももかママ・たいがくん）

体験談

### マッサージを習慣に

妊娠中期に入ったあたりから、寝ているときに頻繁にこむら返りを起こすように。寝る前のマッサージを習慣にしていましたが、後期でも起こりました。（りこママ・すずちゃん）

# 妊娠6カ月 3週

# 22週

**赤ちゃんは音が
わかるようになってきたので、
胎動を感じながら、
たくさん話しかけて
あげましょう。**

22週0日は
出産予定日まで
あと126日

医師監修
妊娠22週の
過ごし方

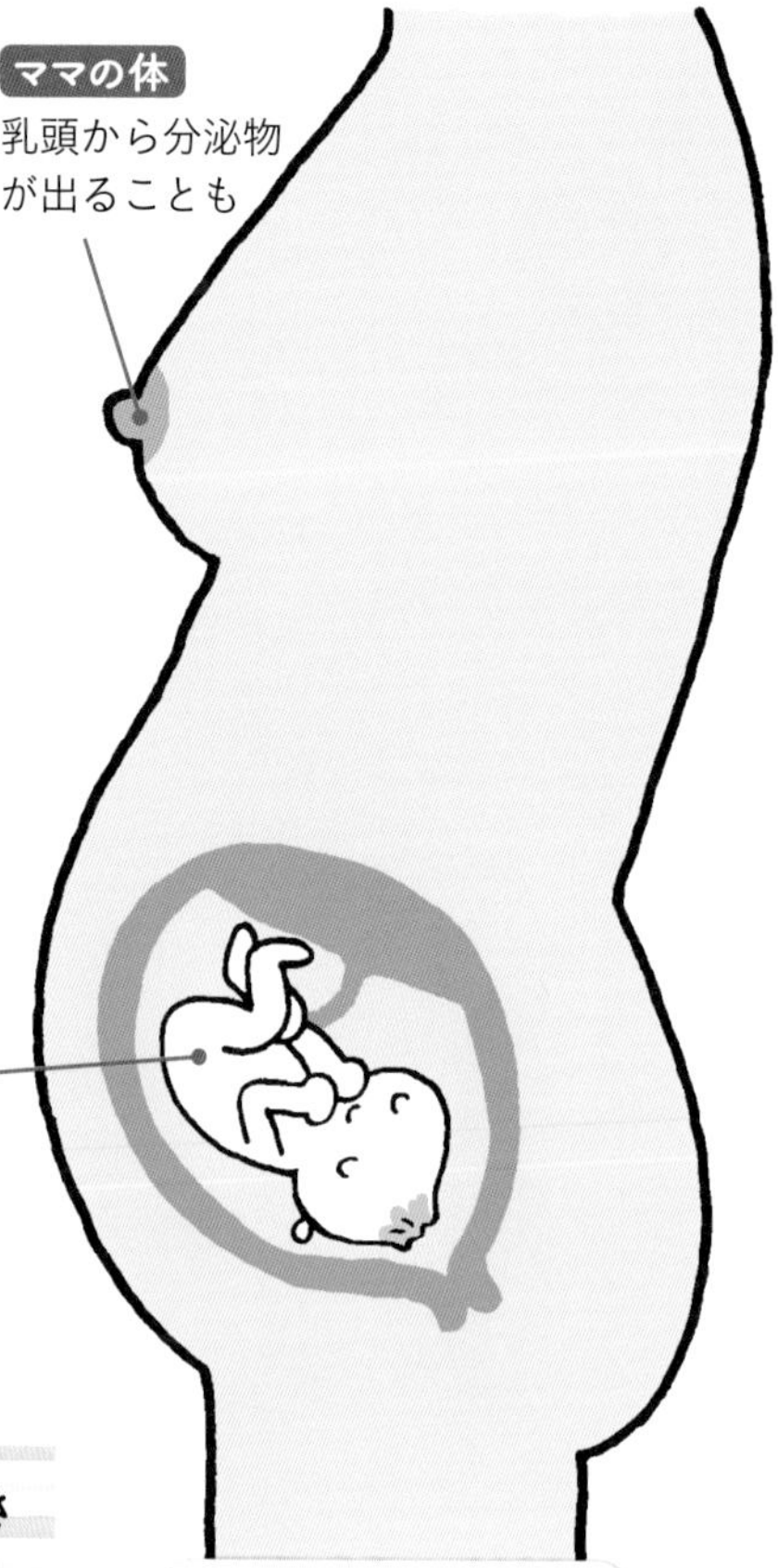


### ママの体の変化と症状

## 子宮がどんどん大きくなり乳腺も発達

子宮はますます大きくなります。子宮を支える筋肉や靭帯も伸びるので、**下腹部に痛みを感じることも。**また**乳腺も発達してきます。**バスタイムに乳頭を刺激すると薄いクリーム色の分泌物が出ることもあります。

### 赤ちゃんの成長

## 睡眠パターンができてくる

このころから、赤ちゃんの睡眠パターンができてきます。**活発に動く時間と、眠りに入る時間が交互にやってきます。**「胎動が静かなときは寝ているとき」と、ママも感じることができるようになります。

**赤ちゃんの大きさ**

- **身長 約27cm**
- **体重 約470g**

22週0日

年　月　日

**このころの超音波写真**

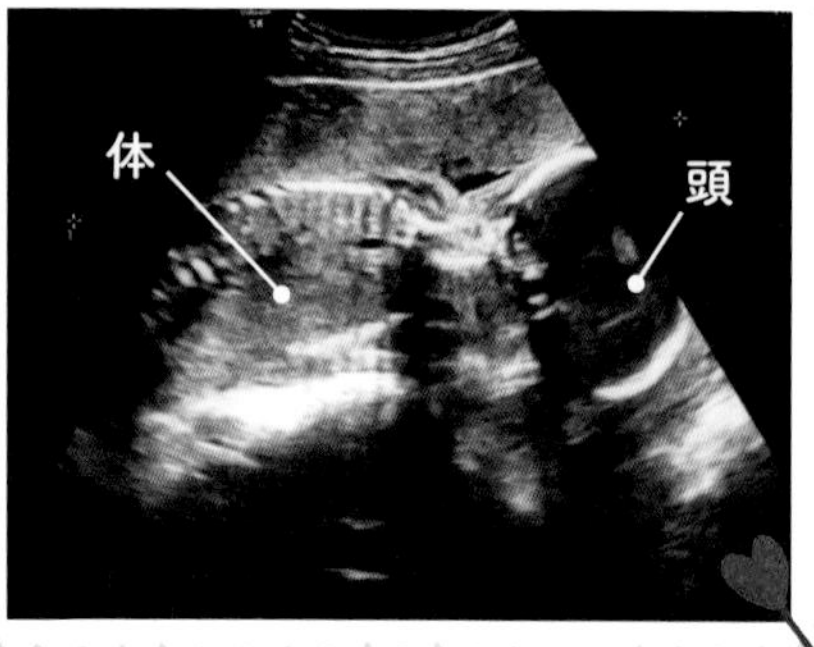


左に体が、右に頭が写っています。

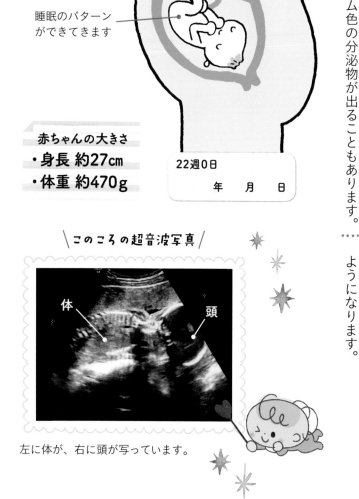

### 生活メモ

## 両親学級や母親学級に参加しよう

病院や自治体で行っている両親学級などに参加してみましょう。**お産の流れや新生児のお世話を学べて、心構えもできます。出産予定日が近いママと知り合える機会にもなります。**

### リフレッシュ法

## 思いきり赤ちゃんと向き合おう

20週を過ぎるとほとんどの人が、胎動がわかるようになります。赤ちゃんの聴覚もどんどん発達してくるので、**時間のあるときはたくさん話しかけてあげてください。**おなかの赤ちゃんとのコミュニケーションを楽しみましょう。

### これに気をつけて

## 妊娠高血圧症候群（→p161）

**妊娠20週以降に最高血圧が140mmHg以上、最低血圧が90mmHg以上のケースや、さらに尿たんぱくが出ている状態**のことを妊娠高血圧症候群といいます。ママにも赤ちゃんにも影響が出るトラブルなので、バランスのよい食生活と体重管理を心がけて。

## 切迫早産（→p158）

切迫早産は**22週以降～37週未満に陣痛につながるような下腹部の張りや痛み、出血がある状態**です。症状がみられたら受診を。

### 8万件のママの声

## 悩み不安Q&A

**Q 手の指先がとてもしびれます。**

**A 握って、開いての動作をしてみて。**

むくみによって手首の神経が圧迫されたことで生じる手《しゅ》根《こん》管《かん》症《しょう》候《こう》群《ぐん》*といわれるもので一過性のものです。**手を握ったり開いたりする動作で症状は軽減されます。**（産婦人科医　天神尚子先生）

**Q 寝るときの姿勢は？**

**A おなかを圧迫しない楽な姿勢で。**

ママが楽に感じる姿勢を取ってよいです。**横になって足の間などにクッションを挟むのもおすすめ**です。（助産師　在本祐子さん）

**Q 乳輪の色が黒く大きく、痛みも。**

**A 胎盤からのホルモンの影響です。**

胎盤からの**ホルモンの影響で乳輪とその周辺にも着色性変化が起こります**。乳房も大きくなり、痛みが出ることも。**週数がすすむと、落ち着いてくる**でしょう。（産婦人科医　天神尚子先生）

＊手根管症候群：手のひらのつけ根の正中神経が圧迫され手指にしびれや痛みが起こること。

### 体験談

## おなかに呼びかけを

胎動を感じ始めると、より赤ちゃんの存在を実感できました。「まめちゃん」と名前をつけて毎日話しかけていました。（あいママ・かのんちゃん）

### 体験談

## 切迫早産で里帰り

茶色のおりものが続き、受診すると切迫早産とのこと。仕事も休み、しばらく実家に帰り、好きな音楽を聴いて過ごしました。（みなママ・げんきくん）

妊娠6カ月 4週

# 23週

赤ちゃんが大きくなるにつれ、
子宮内にだんだん
余裕がなくなってきます。
胎動もよりいっそう
強く感じられるように。

23週0日は
出産予定日まで
あと119日

医師監修
妊娠23週の
過ごし方

男女の外性器の
違いがはっきり
してきます

赤ちゃんの大きさ
・身長 約29cm
・体重 約560g

23週0日
年 月 日

### ママの体の変化と症状

## 子宮底が上がり 胃や膀胱が圧迫される

子宮底（子宮の上部）がおへその近くまで上がってきます。そのため胃や膀胱の圧迫を感じ始める人が出てきます。今後は、ますますそれが強くなってきます。また強い胎動も感じられるようになります。

### 赤ちゃんの成長

## 男の子、女の子の働きもスタート

15週ごろから外性器の違いがあらわれていましたが、この時期になると**精巣、卵巣ともに働き始めます。上下のまぶたがはなれて顔立ちもはっきりしてきます。**肺組織はほぼ完成していますが、内臓機能は未熟です。

\ このころの超音波写真 /

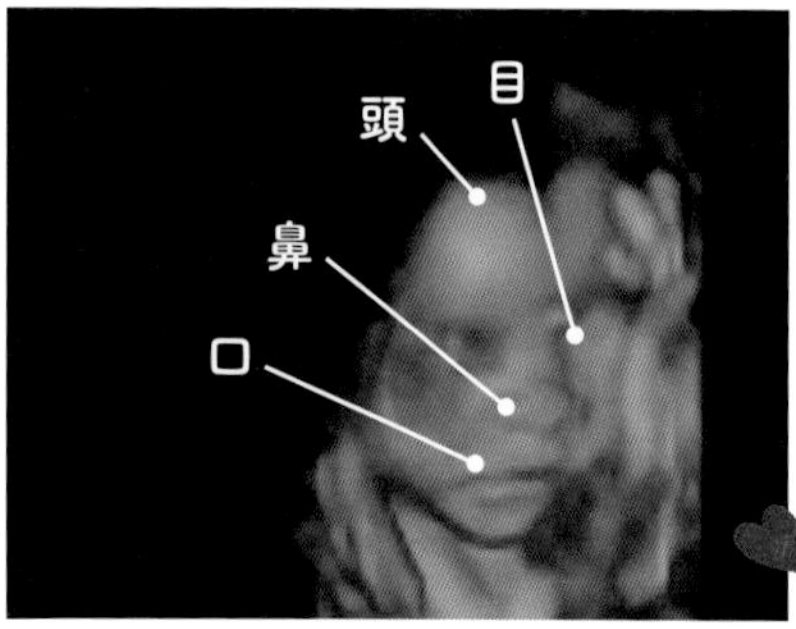
目
頭
鼻
口

立体的に写る４Ｄ超音波の画像です。
赤ちゃんの顔がはっきりわかります。

### 生活メモ

## 里帰り出産（↓p17）の準備は早めに

里帰り出産を予定している場合は、**移動手段や転院、入院までのスケジュールを早めに計画**しておきましょう。不在時にパパが困らないように、ゴミ出しの日や必要な手続き、書類のことなどをメモして貼っておくと安心です。

## 高年妊娠のママへ

### 体力をつける

年齢とともに体力や筋力は落ちやすくなります。高年ママは出産や産後のことも考え、妊娠中も体調が安定しているときは積極的に体力づくりをしましょう。**いつも歩くスピードより少しだけ速く歩くウォーキングを20〜30分する**などを習慣に取り入れて。

### これに気をつけて

## 妊娠糖尿病（↓p162）

妊娠糖尿病とは、**糖尿病ではなかった人が妊娠をきっかけに糖尿病の状態になってしまうこと**です。きちんと血糖値をコントロールできないと赤ちゃんが巨大児になることもあります。診断された場合は、**食事療法やインスリン注射で血糖値を抑えます。**

## 転倒に注意

おなかが大きくなってきたら、雨の日や階段には十分注意を。**今までと重心が違うためにバランスを崩しやすくなっています。**

---

8万件のママの声

## 悩み不安Q&A

**Q　23週から空腹時や食後に吐き気が。**

**A　食べ過ぎや早食いを避けましょう。**

大きくなった子宮による圧迫やホルモンの影響で、消化管の運動や食道《しょくどう》括《かつ》約《やく》筋《きん》の圧が低下し、**胸やけや吐き気などの症状が出ることも**。食べ過ぎや早食いは避けましょう。
（産婦人科医　天神尚子先生）

**Q　マッサージ器は使っていい？**

**A　ママが気持ちよいなら大丈夫です。**

強度な振動でなく、**ママが気持ちよい程度であれば問題ない**でしょう。ただし、**やり過ぎないように注意**して。（産婦人科医　天神尚子先生）

**Q　立ちくらみがします。**

**A　ゆっくりと立ち上がって。**

妊娠中は胎盤への血流量が増え、脳への血流量が減るために、立ちくらみが起きやすくなります。急に立ち上がったりしないで、**ゆっくりした動作で、つかまって立ち上がりましょう**。
（産婦人科医　天神尚子先生）

体験談

### 友だちと会って気分転換

産後は気軽に友だちとも会えないと思い、友だちとよく会いました。おしゃべりして笑うのが気分転換にもなりました。（ともこママ・かずとくん）

体験談

### 通勤にも工夫を

おなかが大きくなってくると、通勤がちょっとしんどくなっていきました。時差通勤にしてもらい、すいている車両を選んで乗りました。（ひろみママ・みわちゃん）

# 妊娠7カ月 1週

# 24週

妊娠7カ月に入ると、
健診は2週に1回になります。
ママは大きな子宮で
心臓が圧迫され、
動悸や息切れが出ることも。

24週0日は
出産予定日まで
あと112日

医師監修
妊娠24週の
過ごし方

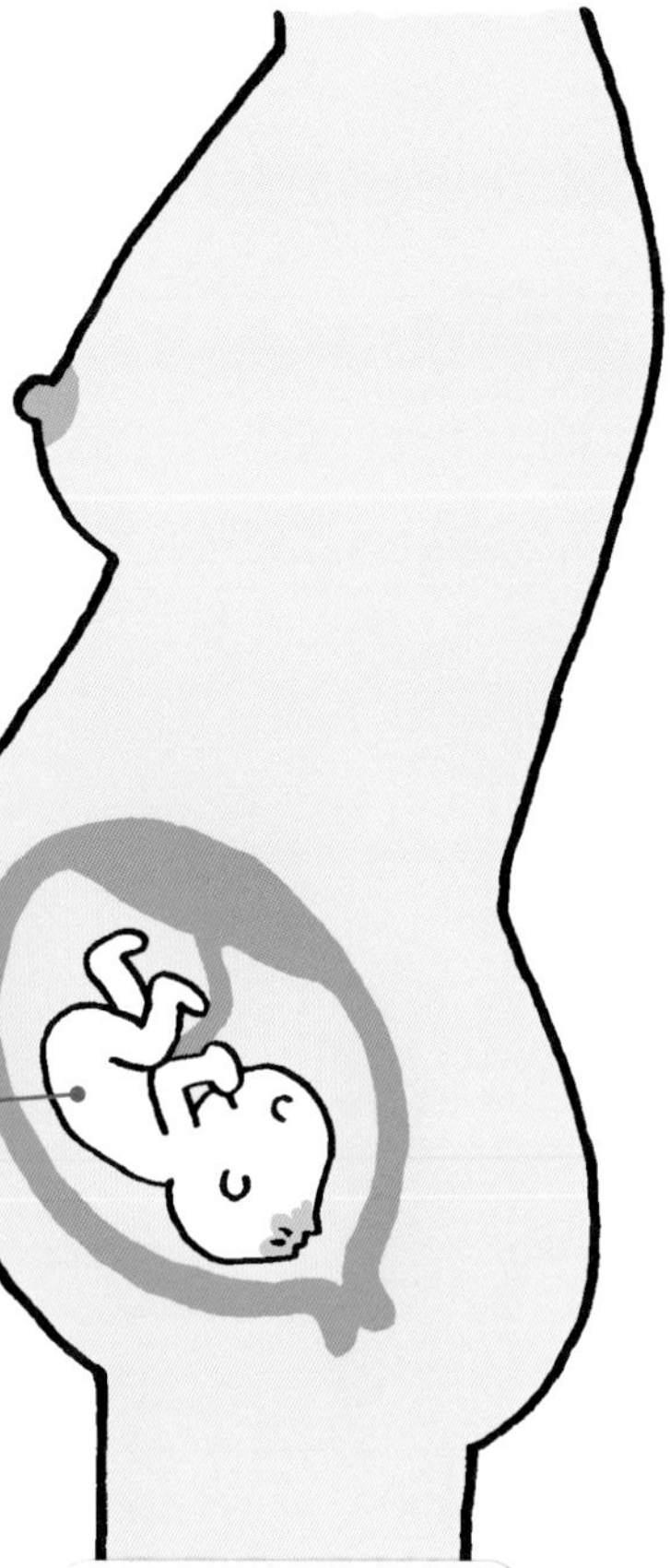

**ママの体**
手足がむくみやすくなります

おなかの中で、ぐるぐる動き回っています

**赤ちゃんの大きさ**
- **身長 約30cm**
- **体重 約660g**

24週0日
年　月　日

## ママの体の変化と症状

### 骨盤の関節がゆるくなり痛みが出ることも

ホルモンの影響により、骨盤の関節がゆるくなり、**尾てい骨のあたりや、恥骨に痛みが出る人も。**全身の血液量が増えるため、**手足がむくみやすくなります。**健診で血圧が高くなっていないか確認しましょう。

## 赤ちゃんの成長

### 鼻呼吸の練習も開始 子宮内でぐるぐる動く

鼻の穴が開き始めると、**鼻呼吸の練習を始めます。**脳も発達してきて、体を自分でコントロールできるようになるため、**羊水の中で体の向きをかえてぐるぐる動き回ります。**目や耳で得た情報を脳へ送る伝達経路も完成。

\ このころの超音波写真 /

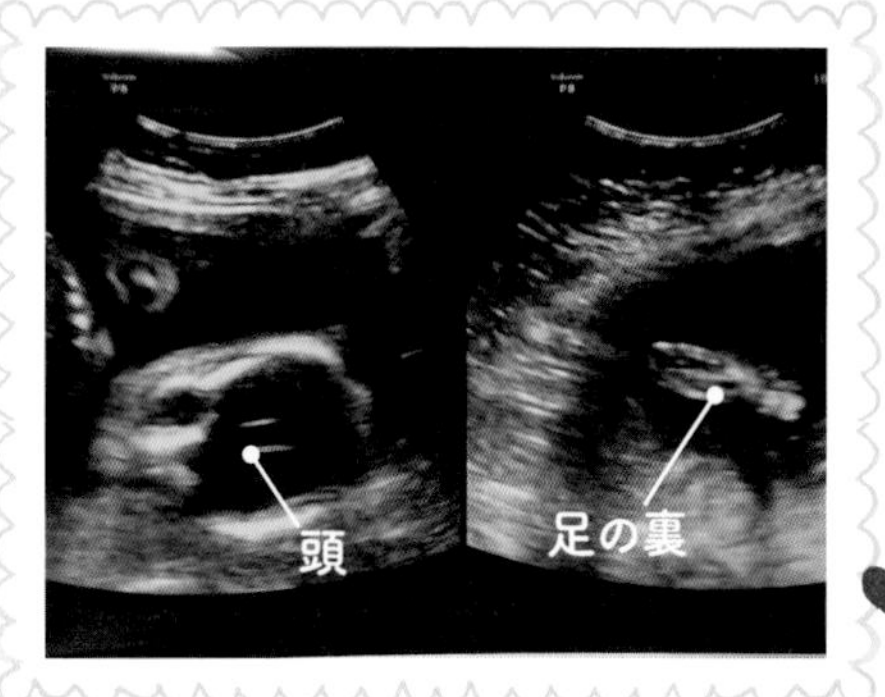


左の写真には頭が、右の写真には足の裏が写っています。

## 生活メモ

### 食生活にメリハリを

栄養バランスを気にすることがストレスになるようなら、**1週間のうち1回は食べたいものを食べる日をつくってもよいでしょう。**パパと外食もおすすめです。

### 立ち会い出産について検討しよう

立ち会い出産は病院によって、できるところとできないところがあります。**事前に確認して、希望するのなら両親学級などに参加を。**

### TODOリスト

- □ 塩分・糖分控えめの食生活に
- □ 立ち会い出産について考えよう
- □ 赤ちゃんグッズの購入先などの目星をつける

おなかもだいぶ大きくなってきます。バランスがよく、塩分・糖分控えめの食生活に。出産や産後の生活の準備もすすめていきましょう。

## これに気をつけて

### むくみに注意

大きくなった子宮が血管を圧迫したり、運動不足や冷えで血流が滞ったりすることで起こります。**運動や入浴で血行をよくしましょう。塩分のとり過ぎにも注意**して。

### 感染症（→p165）に注意して

妊娠中は免疫力が落ちるため感染症にかかりやすくなります。ママや赤ちゃんに影響が出るものもありますので、普段から人混みは避け、**手洗いやマスク着用などの感染症対策**を万全にして過ごしましょう。

## 8万件のママの声 悩み不安Q&A

**Q まだつわりがあり、食べられるのはカレーとゼリーです。**

**A 具を増やして食べましょう。**

カレーには、野菜やきのこ、ゆで卵などを混ぜ、ゼリーもフルーツ入りに。**食べられる食材を増やしましょう。**（管理栄養士　岡安香織さん）

**Q 全身がかゆいです。**

**A 軟膏と保湿でケアを。**

妊娠中は**かゆみを伴う皮膚トラブルが生じることが少なくありません。**病院で処方された軟膏が効果的です。かゆみがなくなってからも保湿を忘れずに。（産婦人科医　天神尚子先生）

**Q 調味料としての酒やみりんの利用も控えるべき？**

**A 使っても問題ありません。**

アルコールは胎児に影響が出ることがありますが、**調味料程度の酒量なら、胎児に影響が出ることはありません。**（産婦人科医　天神尚子先生）

### 体験談

**水族館に行きました**

体調が安定しているうちにと、久しぶりにパパと水族館デートを楽しみました。魚が泳いでいる姿に癒されました。今度は3人で行きます。（ゆりママ・ともくん）

### 体験談

**胎動がおもしろい**

胎動を感じる毎日がとても楽しいです。最初はピクッ、ピクッという感じでしたが、最近はグニョーと移動するような感じに。日記代わりに記録しました。（ゆみママ・けいくん）

## 妊娠7カ月 2週
# 25週

おなかの張りを
感じやすくなってきます。
疲れたらこまめに
休憩を取りながら
生活するようにしましょう。

25週0日は
出産予定日まで
あと105日

医師監修
妊娠25週の
過ごし方

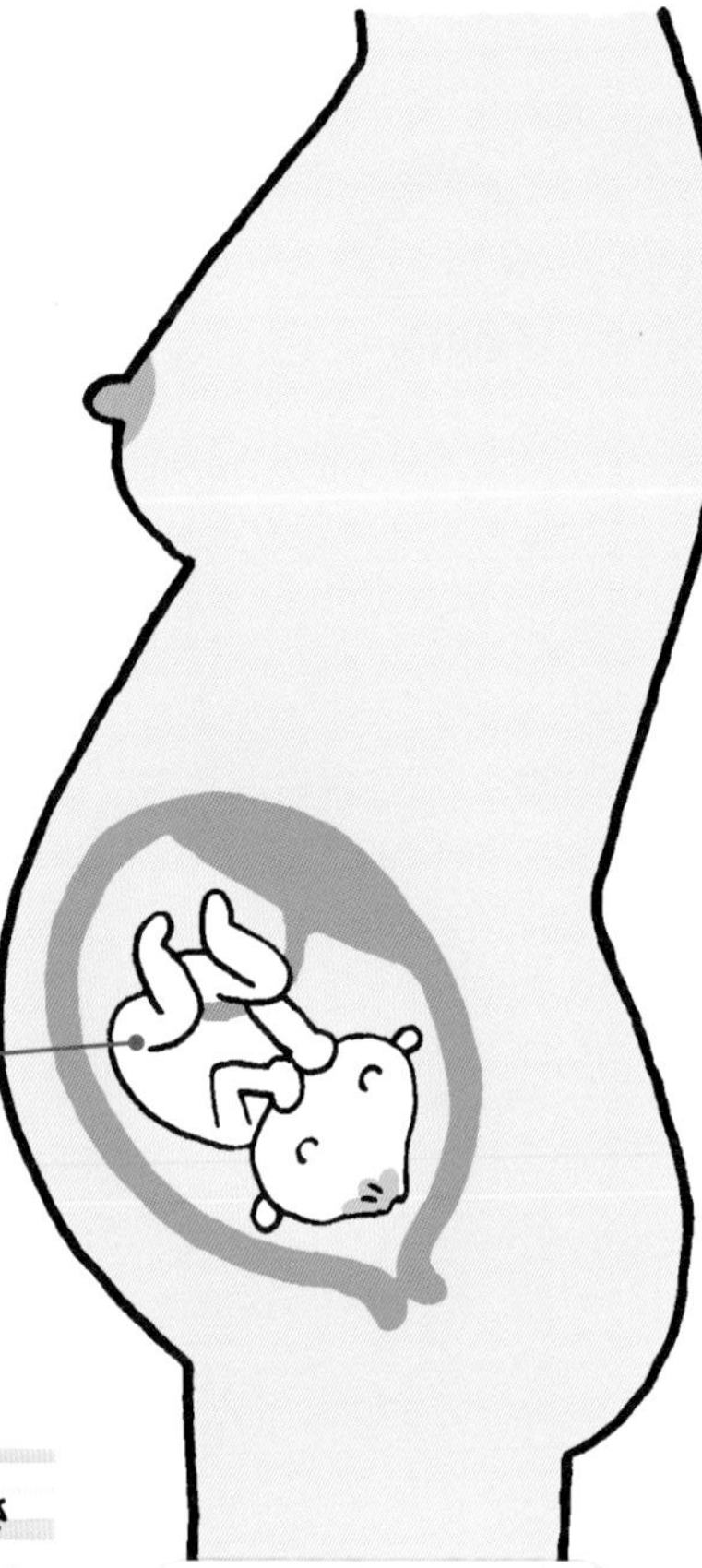


赤ちゃんの大きさ
・身長 約32cm
・体重 約770g

25週0日
年　月　日

### ママの体の変化と症状

## 子宮底がおへその上まで上がってくる

おへその上まで子宮底が上がってきて、重く感じるようになります。おなかがじゃまで足元が見えづらくなります。**階段の上り下りや運動するときには、バランスを崩さないように気をつけて動きましょう。**

### 赤ちゃんの成長

## 赤ちゃんの性別が超音波検査でわかることも

25週以降になると外性器がはっきりしてきます。超音波検査で**外性器が写れば性別がわかることもあります。**皮膚もしっかりしてきて、血管が透けて見えなくなります。目は光を感じることもできるように。

＼このころの超音波写真／

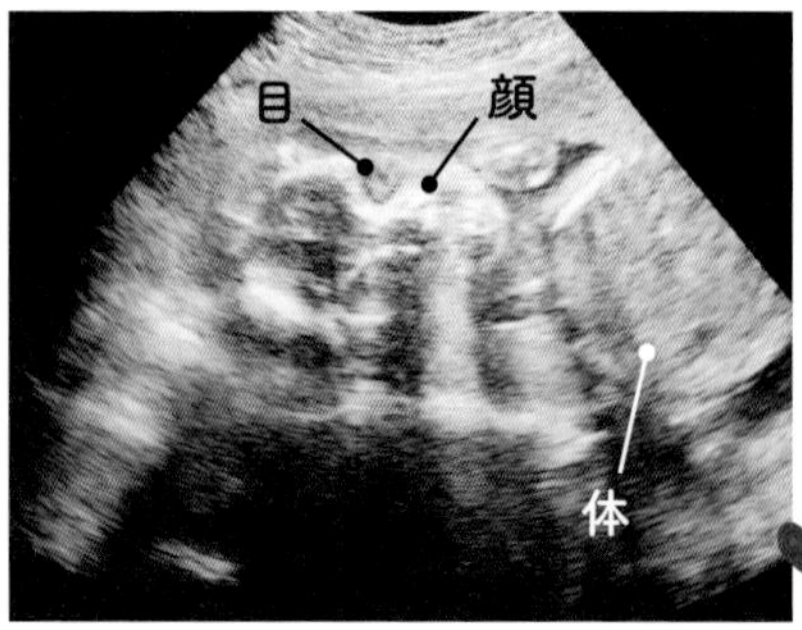


顔が写っています。目がよくわかります。

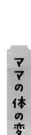

### 生活メモ

## 立ち仕事は休憩をたっぷり

立ち仕事の場合は、**むくみにもつながるので長時間続けるのは心配**です。休憩をたっぷり取れるよう配慮してもらい、体と相談しながら過ごしましょう。

## 赤ちゃんとコミュニケーションを

おなかの赤ちゃんは音や振動をよく感じるようになります。**「ポンポン」とおなかを蹴ってきたら「トントン」とおなかを軽くたたいて応えてあげましょう。**

### パパへのお願い

## ママをほめてあげよう

ママは、おなかや胸が大きくなり、妊婦らしい体形になってきます。赤ちゃんもどんどん成長し、**おなかに重い荷物を抱えながら生活しているような状態に。**そんな頑張り屋さんのママへ、ぜひ感謝の気持ちやほめ言葉を伝えてあげましょう。

### これに気をつけて

## 規則的なおなかの張り

おなかの張りは、休めば治まる程度なら様子をみてもよいでしょう。ただし、**規則的に強く張るようなら要注意。**出産のサインの可能性もあります。**痛み、出血を伴うようならすぐに受診**します。

## 動悸や息切れが出ることも

階段を上がっただけで胸がドキドキすることがあります。体重や血液量が増え心臓の負担が増えたためです。**動悸や息切れを感じたら、休憩を取って。**

### 8万件のママの声

## 悩み不安Q&A

**Q イライラやストレスの赤ちゃんへの影響は？**

**A おなかが張りやすくなることがあります。**

イライラしていたり、ストレスを抱えていたりすると、**自然に腹圧がかかりおなかが張りやすくなります。**気分転換やリラックスを心がけて。
（助産師　髙塚あきこさん）

**Q 赤ちゃんが大きめ。巨大児になるの？**

**A 誤差があるので心配し過ぎないで。**

超音波検査での赤ちゃんの推定体重は、２週間程度の大きさの誤差はよくあります。今はご自身の体重管理を続け標準体重から**7〜8kgの体重増加を目標に。**（産婦人科医　天神尚子先生）

**Q 下腹部やおしりに胎動を感じます。**

**A 赤ちゃんが下がってきているのかも。**

赤ちゃんが骨盤内に入ったためかもしれません。**おなかが張るようなら受診して指示を仰いで。さかごのときに感じることもありますが、できるだけ安静に。**（産婦人科医　天神尚子先生）

### 体験談

## 食べたもの日記を

体重管理がうまくできなくて、食べたものをすべて書きだすようにしました。１日の食事バランスを客観的にみられて調整しやすくなりました。（れいこママ・ハルくん）

### 体験談

## 引き継ぎ資料をつくり始めて

産休までたっぷり時間がある7カ月から少しずつ引き継ぎ資料をつくりました。いつなにが起こるかわからないので早めが安心です。（みさきママ・カイくん）

# 妊娠7カ月 3週

# 26週

赤ちゃんが大きくなるにつれ、ママのおなかの壁にぶつかる力が強くなります。赤ちゃんの生命力を感じながら、引き続き、体重管理や運動に努めましょう。

26週0日は
出産予定日まで
あと98日

医師監修
妊娠26週の
過ごし方

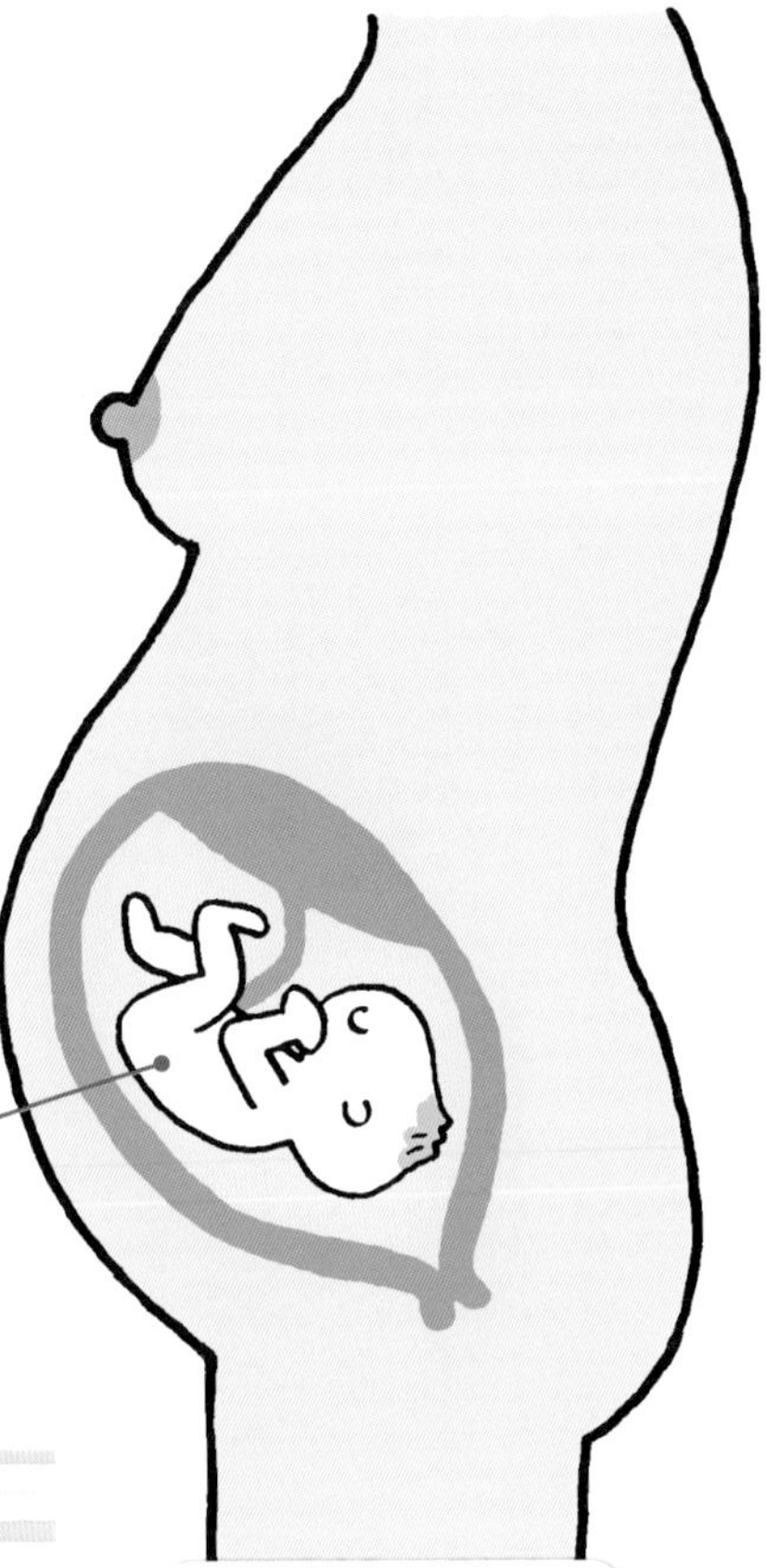

**ママの体**

呼吸が浅くなることも

大きな音にビクッと反応することがあります

**赤ちゃんの大きさ**

- **身長 約33cm**
- **体重 約900g**

26週0日

年　月　日

## ママの体の変化と症状

### 呼吸が浅くなるので ゆとりをもった行動を

大きくなってきた**子宮が横隔膜を圧迫し**、**呼吸が浅くなることも**あります。急いだり走ったりしないように、余裕のあるスケジュールで動きましょう。**乳輪は色素の沈着で黒ずんできます**が心配しないでください。

## 赤ちゃんの成長

### 視覚が発達し 明暗がわかるように

視覚が発達してくるので、おなかの中からも**明るい・暗いなどがわかるようになります**。反射神経も身についてくるので、**大きな音にびくっと反応する**こともあります。

＼このころの超音波写真／

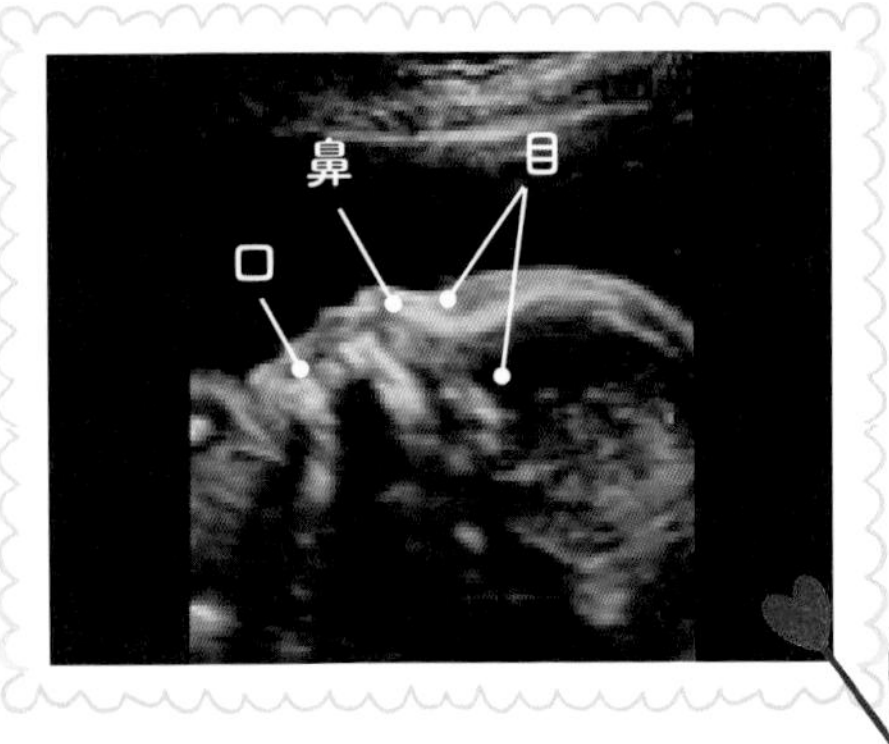


赤ちゃんの横顔です。なんとなく鼻や口、目もわかります。

## 生活メモ

### 食事回数を増やして

子宮が大きくなってくると、食べるとすぐに**満腹感を得られる反面、すぐにおなかがすく**というケースがあります。そんなときは1回の食事量を減らし、**1日に食べる回数を増やすとよいでしょう。**食べるものも炭水化物より、たんぱく質や野菜を増やします。

## リフレッシュ法

### 足浴とアロマでリラックス

疲れを取るのに手軽なのが足浴。**洗面器やバケツに38〜40度くらいの湯を張り、足をつけます。**途中で湯を足すと温度が一定に。湯の中にエッセンシャル・オイル（グレープフルーツ、ラベンダー、ネロリ）などを2〜3滴たらすとアロマ効果もありおすすめ。

## これに気をつけて

### 静脈瘤があらわれやすい

大きくなった子宮に下半身の静脈が押されることやホルモンの影響で、静脈瘤が出やすくなっています。血管が青黒くこぶのようにふくらんだもので、**あらわれやすいのはふくらはぎや太ももの内側、外陰部など。鼠蹊部《そけいぶ》を強く締めつける下着も避けて。**

### 妊娠線予防を忘れずに

皮下組織の断裂で起こる妊娠線は、できてしまうと完全には治りません。クリームなどでマッサージして予防しましょう。

## 8万件のママの声 悩み不安Q&A

**Q カンジダ膣《ちつ》炎になりました。**

**A おなかが張りやすくなることがあります。**

外陰部のかゆみを伴う感染症で、もともともっている常在菌が原因です。**ごくまれに早産や、出産時に赤ちゃんへ感染の心配が。**早めに治療することが大切です。（産婦人科医　太田篤之先生）

**Q 体がほてります。**

**A 額や首筋を冷やしてみて。**

黄体ホルモンが増えるためです。**問題はありません。**つらいようなら、額や首筋などを冷たいタオルで冷やしてみて。
（産婦人科医　天神尚子先生）

**Q 総菜のコロッケに入っているチーズは大丈夫？**

**A 火が通っているので大丈夫。**

ナチュラルチーズのリステリア菌（→p136）の感染が心配なのでしょう。**しっかりと加熱してある商品であれば、その心配はない**ので食べても大丈夫です。
（管理栄養士　一藁暁子さん）

## 体験談

### 外食は和定食中心で乗り切った

仕事をしていたので、外食が多くなりがちでした。だからメニューを選ぶときは和定食を中心にし、野菜も多めにとるよう工夫しました。（みなママ・かりんちゃん）

## 体験談

### やせ気味だったのに

妊娠前はやせ気味で太らない体質でした。つわり後、食欲が出たのがうれしくて、つい食べ過ぎて1カ月に3kgの体重増に。気のゆるみは厳禁です。（くみママ・さとしくん）

# 妊娠7カ月 4週
# 27週

赤ちゃんが羊水の中で動き、
蹴ったり、回転したりする様子が
胎動からもわかるように
なってきます。
ママは睡眠を邪魔されることも。

27週0日は
出産予定日まで
あと91日

医師監修
妊娠27週の
過ごし方

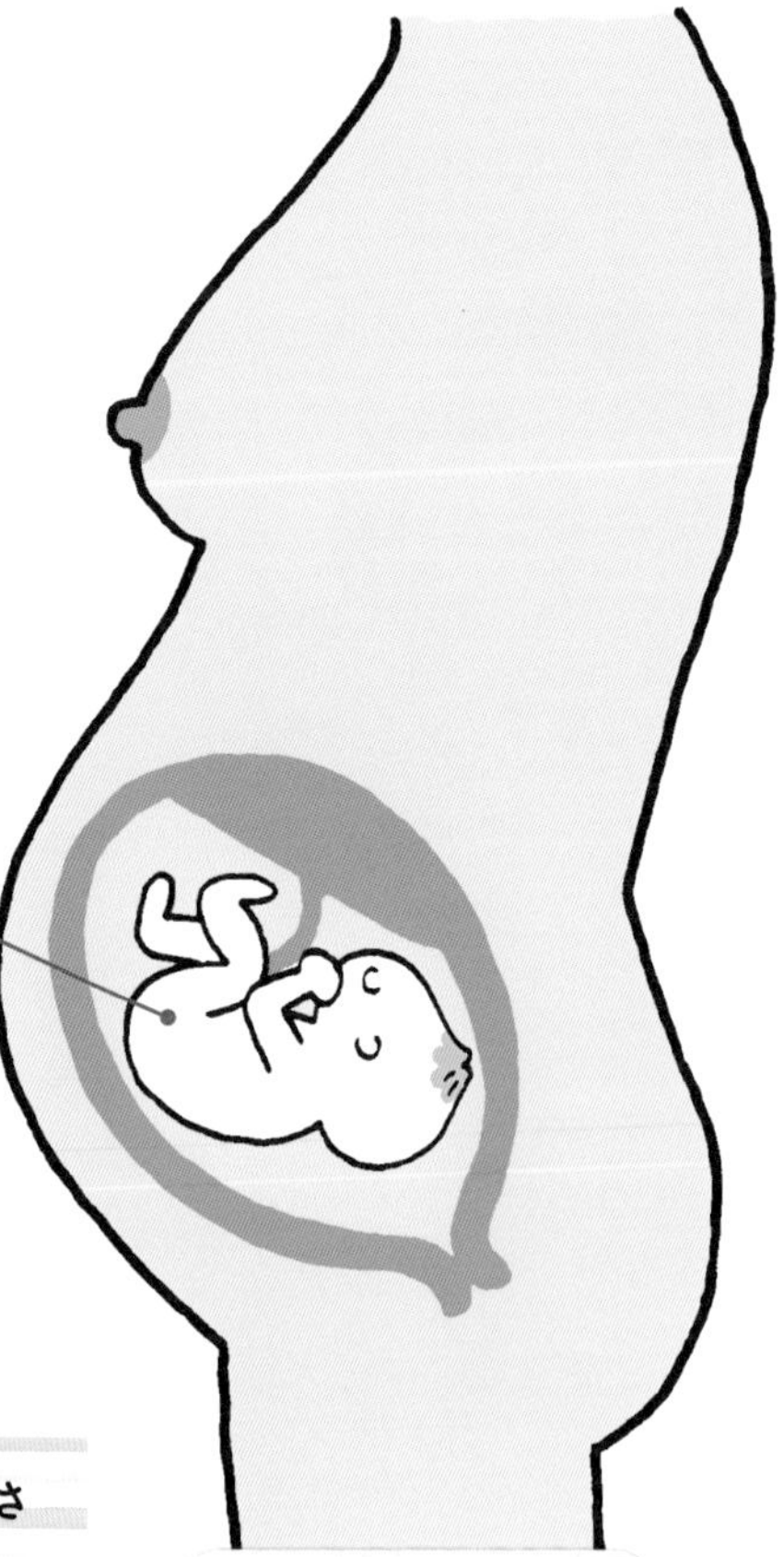


赤ちゃんの大きさ
- 身長 約35cm
- 体重 約1000g

27週0日
年　月　日

### ママの体の変化と症状

## 子宮により内臓が圧迫 食事は少量をこまめに

子宮が内臓を圧迫し始めるため、**1回の食事量が減ります。**この時期気をつけたいのはお口のケア。ホルモンバランスにより口内環境が悪くなりがちなので、**食後は歯磨きやうがいをしっかりと。**

### 赤ちゃんの成長

## 筋肉も発達 肺呼吸する力も発達

筋肉が発達してくるので、**力を入れて手を握ることができるように。**また**肺呼吸のための、吸ったり、飲んだりする練習を始めています。**この時期に「さかご」と診断されても、ぐるぐる動くので治るケースが多いです。

＼このころの超音波写真／

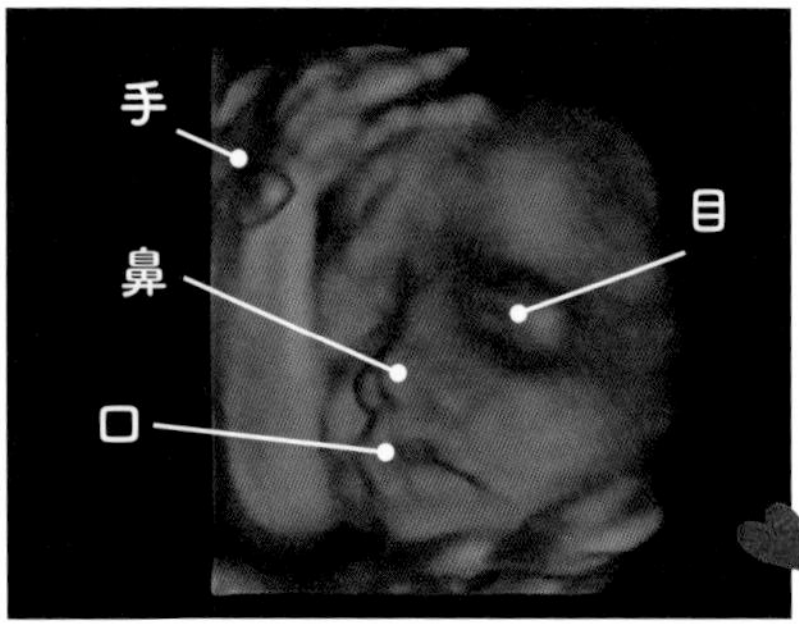


顔に手を当てている様子がよくわかります。

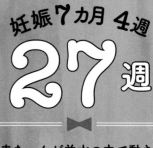

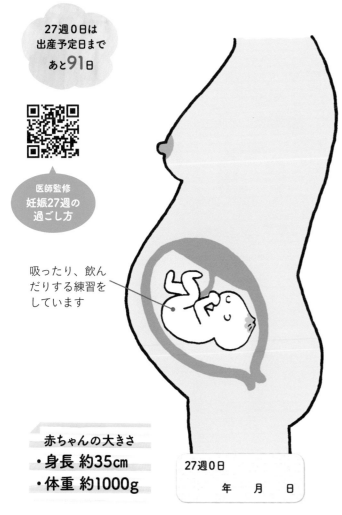

### 生活メモ

## むくみ予防にカリウムを

下半身のむくみが気になりだしたらカリウムを積極的に摂取しましょう。カリウムは、**余分な塩分を尿としてだしてくれるので、むくみ解消に役立ちます。** カリウム摂取には玄米や納豆、わかめを食べるのが効果的です。塩分は引き続き控えます。

### 高年妊娠のママへ

## 体重管理に気をつけて

高年妊娠は妊娠高血圧症候群や妊娠糖尿病、早産などの可能性が高まるほか、筋肉がかたく伸びが悪いため、出産自体のリスクも高いといわれています。少しでもリスクを減らすためには、**体重管理がとても大切。余計な脂肪をつけないように注意して。**

### これに気をつけて

## 痛み止めの湿布を使うときは注意

腰痛などの症状があるときに、**市販の痛み止め成分入りの湿布や塗り薬を使用するのはやめましょう。** 痛み止め成分の中には、胎盤を通じて赤ちゃんに影響を与えるものもあることがわかっています。医師に相談して処方してもらうようにします。

## おなかの張りや痛みに注意を

おなかの張りや痛みが**長引いたり、頻繁に起こったりするようなら、早めに病院に行きましょう。**

\ 8万件のママの声 /

## 悩み不安Q&A

**Q 胎動が激しいと心臓がドキドキします。**

**A 症状が続くようなら受診を。**

妊娠中は**循環血液量が増えるので動悸がすることがあります。** 症状が長く続いたり、眠れないほどひどいようなら受診を。
（助産師　宮川めぐみさん）

**Q 車での移動で注意することは？**

**A シートベルトをして1時間程度に1回の休憩を。**

おなかが大きくても**シートベルトは腰骨あたりの低い位置にして、おなかを圧迫はしないよう装着。** 長時間の乗車は体の負担になりやすいので、できれば**1時間程度に1回の休憩を。**
（助産師　在本祐子さん）

**Q 歩くと外陰部が圧迫された感じになりますが大丈夫？**

**A 痛みがあるようなら受診を。**

**子宮自体の重みで外陰部が圧迫されるように感じる人もいます。** とくに問題はありませんが、痛みもあるようなら主治医に相談をするとよいでしょう。（産婦人科医　太田篤之先生）

### 体験談

## 雨の外出は気をつけて

雨の日に外出することに。いつもはいていたスニーカーで出かけましたが、意外とすべりやすい靴底で、ヒヤッとすることがありました。（みわママ・ゆうきくん）

### 体験談

## 切迫早産で自宅安静に

おなかの張りが続き切迫早産に。自宅安静だったので、食事は簡単につくれて食べられる具だくさんの単品料理を中心に。無事に臨月まで過ごすことができました。（れなママ・としくん）

# 妊娠後期の生活

（監修／三鷹レディースクリニック　院長　天神尚子先生）

## 妊娠28週～

### 里帰りは32週までに早めに入院準備を

体の重心がかわり、**これまでの動きが難しくなったり、体に負担がかかったりすることが。**手すりを使う、おなかを支えるなど動き方のコツをつかんで体への負担を減らしましょう。

8カ月を過ぎると**胎児は耳が聞こえるようになるので、たくさん声かけをしてあげて。**出産はいつ始まるかわからないため、入院グッズや赤ちゃんグッズは、早めに買いそろえておきましょう。

## Q 妊娠後期の生活のポイントは？

## A 出産に向けて本格的な準備をスタート。

必要なものは早めに購入し、**産後はどう過ごすのかについても、家族としっかり話し合いを。**体の負担も大きいので無理はしないように。

### 疲れたら無理をしない

大きなおなかをかかえての仕事や家事などは、体に負担がかかります。疲れたら、無理をしないで。**重いものを持つ、高いところのものを取ることは負担が大きく危険**なので避けましょう。

### 8ヵ月までには入院準備（→p112）を

入院時に必要なグッズは、いつなにがあっても、**だれでもわかるようにひとまとめにして、玄関周りに置いておくと安心**です。

### 里帰りは早めに

妊娠32週までには里帰りをしましょう。**里帰り先の病院では、出産までの短期間で信頼関係をつくれるようにコミュニケーションを取ります。**産後の生活がスムーズにいくよう、実家と話し合いをしたり、赤ちゃんグッズを購入できる近くのお店なども調べておきましょう。

### パパと赤ちゃんを迎える心構えを

パパとは、これから一緒に育児をしていきます。時間があるときはたくさん話をして**2人で赤ちゃんを迎える心の準備をしましょう。**出産当日の段取りも念入りに打ち合わせておいて。

## Q 大きなおなかで、どう動いたらいい？

## A ポイントを押さえて、体に負担をかけない動き方を。

おなかが大きく重くなるので、**体全体の重心がかわっています。**動作ごとのポイントを紹介。

### 階段の上り下り

おなかが大きくなると足元が見えなくなり、バランスが崩れやすくなります。**階段は手すりや壁に手をかけてゆっくり上り下りしましょう。**

### 立つ

おなかが前に出てくると、バランスを取ろうとして姿勢が反りがちに。腰への負担が大きくなるので**背筋を伸ばすことを心がけます。**

### 座る

床に座るときは**あぐらがおすすめ。**股関節をやわらかくするので出産準備にもなります。いすに座るときは**浅めに座り、背筋を伸ばします。**座ったり立ち上がったりするときは、**おなかの下に手を当て、赤ちゃんをサポートするようにすると**腰への負担が軽減します。

### 起き上がる

横になっている状態から起き上がるときは、**両手と両ひざをついた姿勢から起き上がります。**腹筋を使って起き上がると、おなかが張りやすくなるのでやめましょう。

### 寝る・休む

上向きに寝るとおなかに圧迫され血圧が下がるので**横向きに寝るように**します。**クッションや抱き枕を使い自分の楽な姿勢を探しましょう。おなかの重さを感じにくいシムスの体位と呼ばれる姿勢もおすすめ**です。

**シムスの体位**

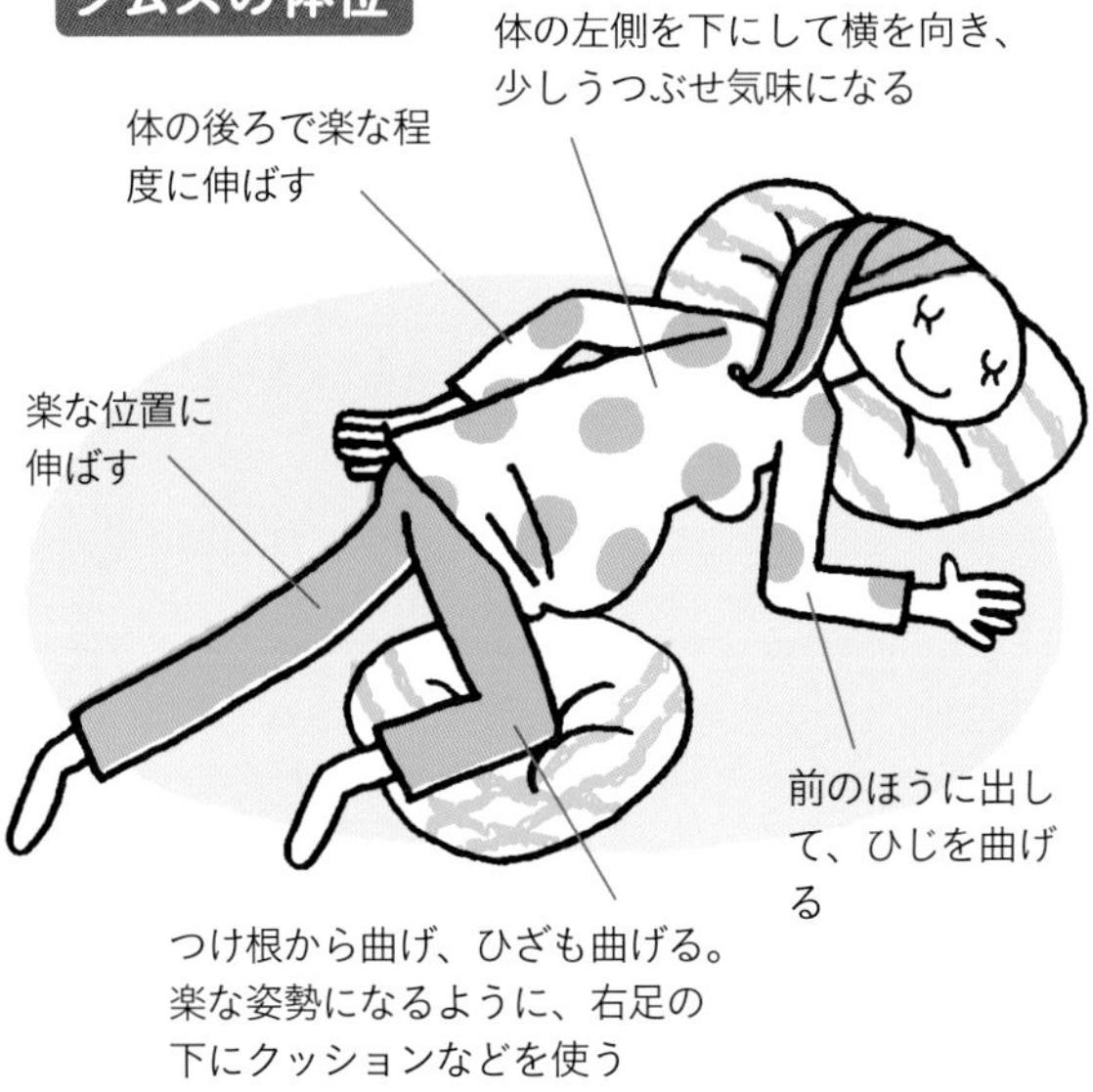
体の左側を下にして横を向き、少しうつぶせ気味になる
体の後ろで楽な程度に伸ばす
楽な位置に伸ばす
前のほうに出して、ひじを曲げる
つけ根から曲げ、ひざも曲げる。楽な姿勢になるように、右足の下にクッションなどを使う

妊娠8カ月 1週

# 28週

**いよいよ妊娠後期に入ります。大きくせり出したおなかが重く感じ、動くたびにフウフウと息が切れるようになるかもしれません。**

28週0日は
出産予定日まで
あと84日

医師監修
妊娠28週の
過ごし方

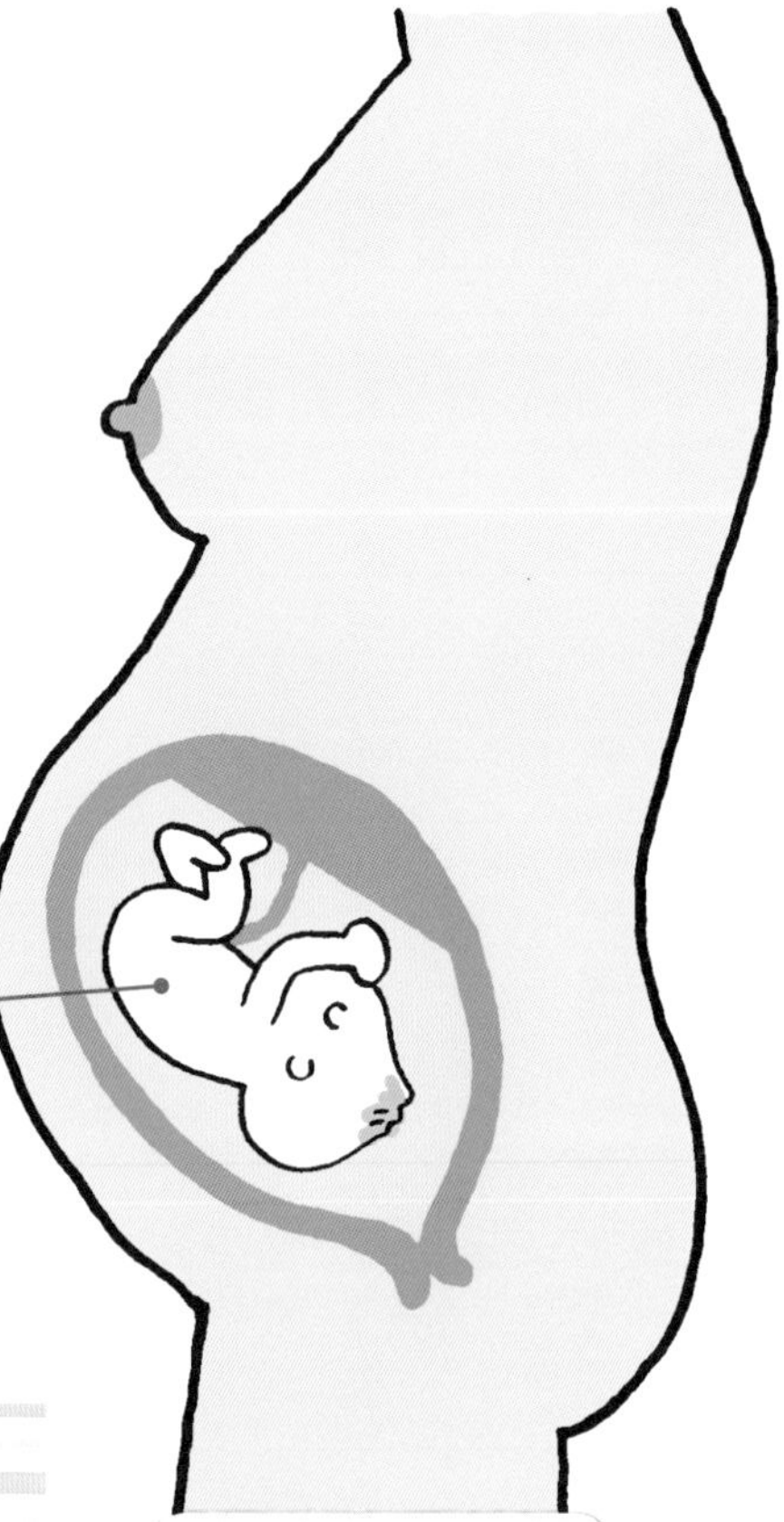

記憶力や感情も芽生え始めます

**ママの体**
頻尿になることも

**赤ちゃんの大きさ**
- **身長 約36cm**
- **体重 約1200g**

28週0日
年　月　日

## ママの体の変化と症状

### 子宮底が30cm近くに膀胱も圧迫

子宮底はおへそからみぞおちの間くらいまで上がってきます。さらに膀胱が子宮に圧迫されるため、**尿をためておく力が極端に下がり頻尿に**なることも。**おりものの量も増えてきます。**

## 赤ちゃんの成長

### さまざまな感覚が発達記憶力も芽生え始める

赤ちゃんの体重は1kg以上になり、**羊水の量もいちばん多い時期**です。光、音、味、においの感覚も敏感になり、**記憶力や感情も芽生える**ころといわれています。たくさん話しかけてあげましょう。

＼このころの超音波写真／

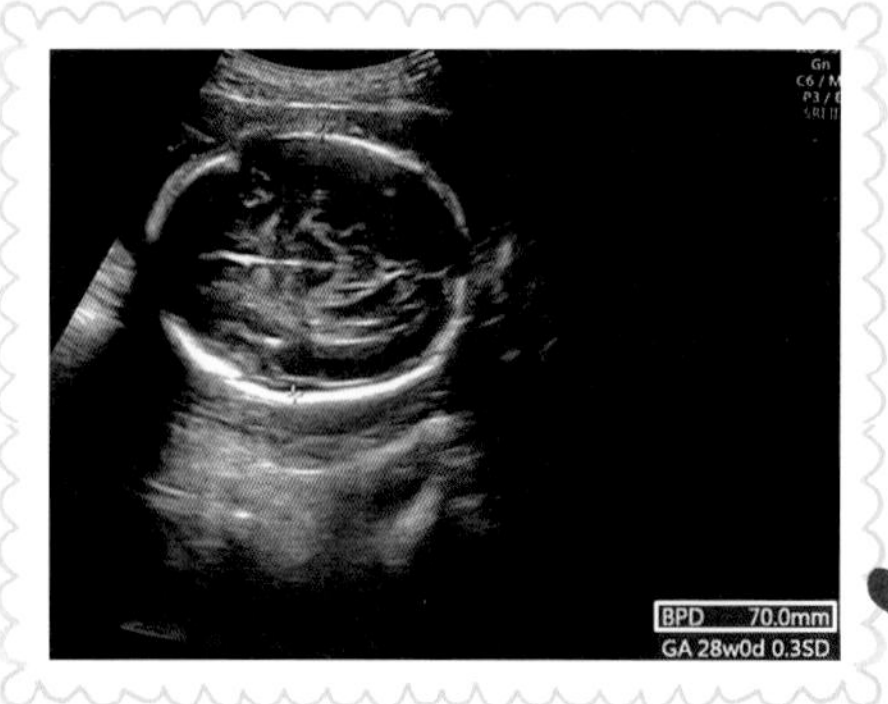


BPD（児頭大横径）が70㎜。大きくなってきました。

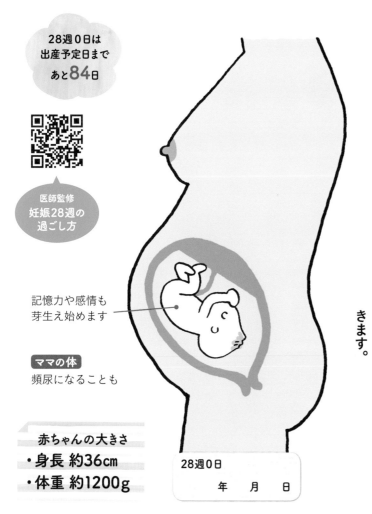

## 生活メモ

### 入院準備を始めよう

出産する病院によって準備するものが多少違うので事前に確認しましょう。最低必要なものは、**母子健康手帳、健康保険証、診察券、印鑑**です。これらはひとまとめにし、家族にも置き場所を伝えましょう。

### TODOリスト

- □ お産入院の準備をしよう
- □ 赤ちゃんグッズやお部屋の準備を
- □ 名前を考えよう

産後の生活のシミュレーションもしておきます。里帰りしない場合は、産前・産後ヘルパー派遣事業(→p212)や産後ケア事業（→p213）についても調べてみて。

## これに気をつけて

### 血圧上昇に注意

おなかが大きくなり、**体重が増えてくると血圧が上がることもあるかもしれません。**妊娠高血圧症候群（→p161）が心配なので、妊婦健診ではきちんと血圧を測りましょう。医師や助産師の指示もしっかり守ります。

### 腰痛が悪化することも

おなかが大きくなるため、腰への負担も大きくなります。**背筋を伸ばした姿勢を心がけ**、さらに**コルセットや腰痛ベルトでサポート**を。痛みがひどいときは受診します。

## 8万件のママの声 悩み不安Q&A

**Q トイレの回数が多くて大変。**

**A 子宮で膀胱が圧迫されているからです。**

子宮が大きくなってきたことで、膀胱が圧迫されて頻尿になります。大変ですが我慢しないで、**こまめにトイレに行きましょう。**

（助産師 宮川めぐみさん）

**Q 妊娠糖尿病(→p162)と診断されました。**

**A 食事療法で血糖コントロールを。**

**食事療法を行い、それでも血糖コントロールができない場合には薬を使用する**こともあります。巨大児のリスクを減らすためにも医師の指示を守りましょう。（助産師 在本祐子さん）

**Q 副《ふく》鼻《び》腔《くう》炎《えん》で処方された、薬が心配です。**

**A 主治医の指示通りに服用を。**

妊娠を前提として処方しているので、**自己判断をせずに主治医の指示に従い、必要な日数分をきちんと内服しましょう。**

（産婦人科医 太田篤之先生）

## 体験談

### 里帰りの準備を

里帰り出産の予定だったので、産休に入ったらすぐに移動できるように、8カ月から荷物を送り、病院や赤ちゃん用品の店などもチェックしていました。（まなママ・ゆいちゃん）

## 体験談

### 赤ちゃん用品は早めにコツコツと

仕事をしていたので、赤ちゃん用品をネットで調べたり、お店で見たりするのは早めにスタート。買い始めたのは8カ月ごろからです。（かよママ・りきくん）

## 妊娠8カ月 2週

# 29週

あちこちに不快症状が出たり、
動きにくさを感じたりするのは、
赤ちゃんが成長している証拠です。
リラックスを心がけて
乗り切りましょう。

29週0日は
出産予定日まで
あと77日

医師監修
妊娠29週の
過ごし方

赤ちゃんの大きさ
- 身長 約38cm
- 体重 約1300g

29週0日
年　月　日

### ママの体の変化と症状

## おなかが大きくせりだして背中や腰が痛くなることも

おなかが一段と大きくせりだしてくるので、日常の動きにも注意しましょう。**胸やおしり、太ももに脂肪がつき、ふっくらした体形になってきます。**背中や腰の痛みが強くなることもあります。

### 赤ちゃんの成長

## 呼吸の練習や免疫力をつけ外の世界へ出る準備中

赤ちゃんは**横隔膜を上下させて呼吸の練習をし始めます。**このころから、ママの免疫を受け継いで、おなかの外で生きるための**免疫力をつけていきます。髪の毛も少しずつ伸び、つめも生えてきます。**

### このころの超音波写真

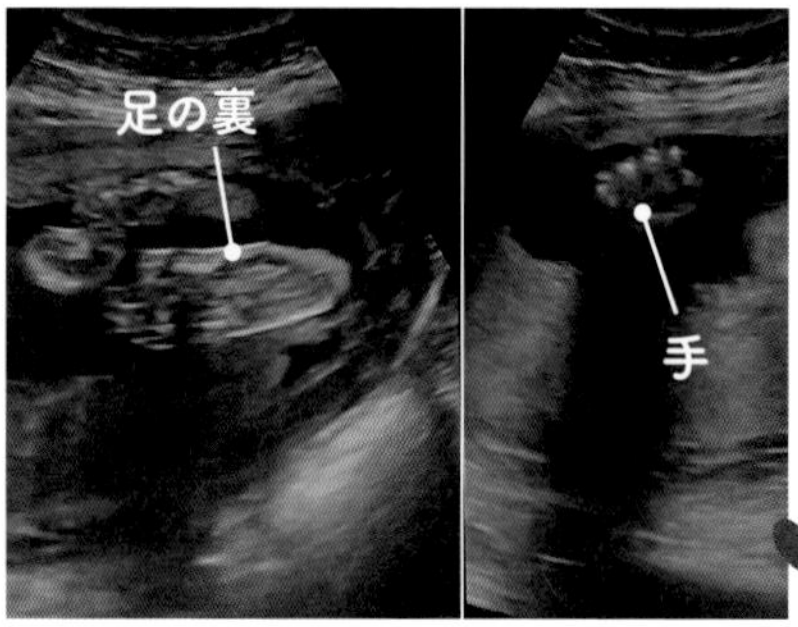


左の写真は足の裏、右の写真は手が写っています。

## 生活メモ

### たんぱく質をたくさんとる

妊娠後期になると赤ちゃんの体も大きくなるので、**良質なたんぱく質をとることが大切**です。豆腐、納豆、牛肉などが食材としてはおすすめです。**動物性と植物性のたんぱく質をどちらも1食の中にとり入れると脂肪の過剰摂取もふせげて、栄養バランスもよくなります。**

## パパへのお願い

### 体調の変化に気づいてあげて

おなかが大きくなってくると、胃が圧迫されて、食欲がなくなったり、少ししか食べられなくなったりします。そんな**ママの変化に気づいて気にかけてあげましょう。**それがママの励みにもなります。

## これに気をつけて

### 常《じょう》位《い》胎《たい》盤《ばん》早《そう》期《き》剥《はく》離《り》（→p182）

**出産前に胎内で胎盤がはがれてしまう症状**です。**兆候として少量の出血やおなかの張り**などがあり、胎盤がはがれてしまうと大量出血し、赤ちゃんに届く酸素や栄養が減るため母子ともに危険な状態となります。**突然起こることもあるので注意**しましょう。

### 足元が見えづらい

おなかが大きくなると、足元が見えづらくなります。体の重心もかわってくるので、**階段などでは、手すりを握り慎重な行動を。**

## 8万件のママの声 悩み不安Q&A

**Q おなかが通常より大きいようです。**

**A 様子をみていて大丈夫。**

おなかの大きさは**個人差があり、測り方によっても誤差が出ます。**医師になにもいわれないようなら様子をみていて大丈夫。
（助産師　宮川めぐみさん）

**Q 茶褐色のおりものが心配。**

**A 量が増えたら受診を。**

古い出血がおりものに混じって出たのでしょう。**量が増えたり、赤くなってきたり、おなかが張るようなら受診**しましょう。
（助産師　宮川めぐみさん）

**Q 耳鳴りや突然片耳が聞こえなくなる症状が出ます。**

**A 耳鼻科の受診を。**

耳鳴りや耳《じ》閉感《へいかん》は**妊娠による耳管の閉塞《へいそく》により起こることがあります。**気になるようなら耳鼻科を受診しましょう。（産婦人科医　太田篤之先生）

## 体験談

### 産後の過ごし方の話し合い

里帰りはしないので、妊娠後期に入ってから、パパと産後1カ月をどう乗り切るか話し合いました。レトルトや冷凍食品なども購入し備えました。（はるママ・りなちゃん）

## 体験談

### 張りより胎動がすごい

後期に入りおなかの張りを感じるようにはなりましたが、少し休むと治まりました。張り以上に胎動がすごくて、気になりました。（ほのかママ・とわくん）

妊娠8カ月 3週

# 30週

赤ちゃんはこれからの4週間で
体重が600～700g近く増えます。
どんどん重くなるので、
ママは慎重に
動くようにしましょう。

30週0日は
出産予定日まで
あと70日

医師監修
妊娠30週の
過ごし方

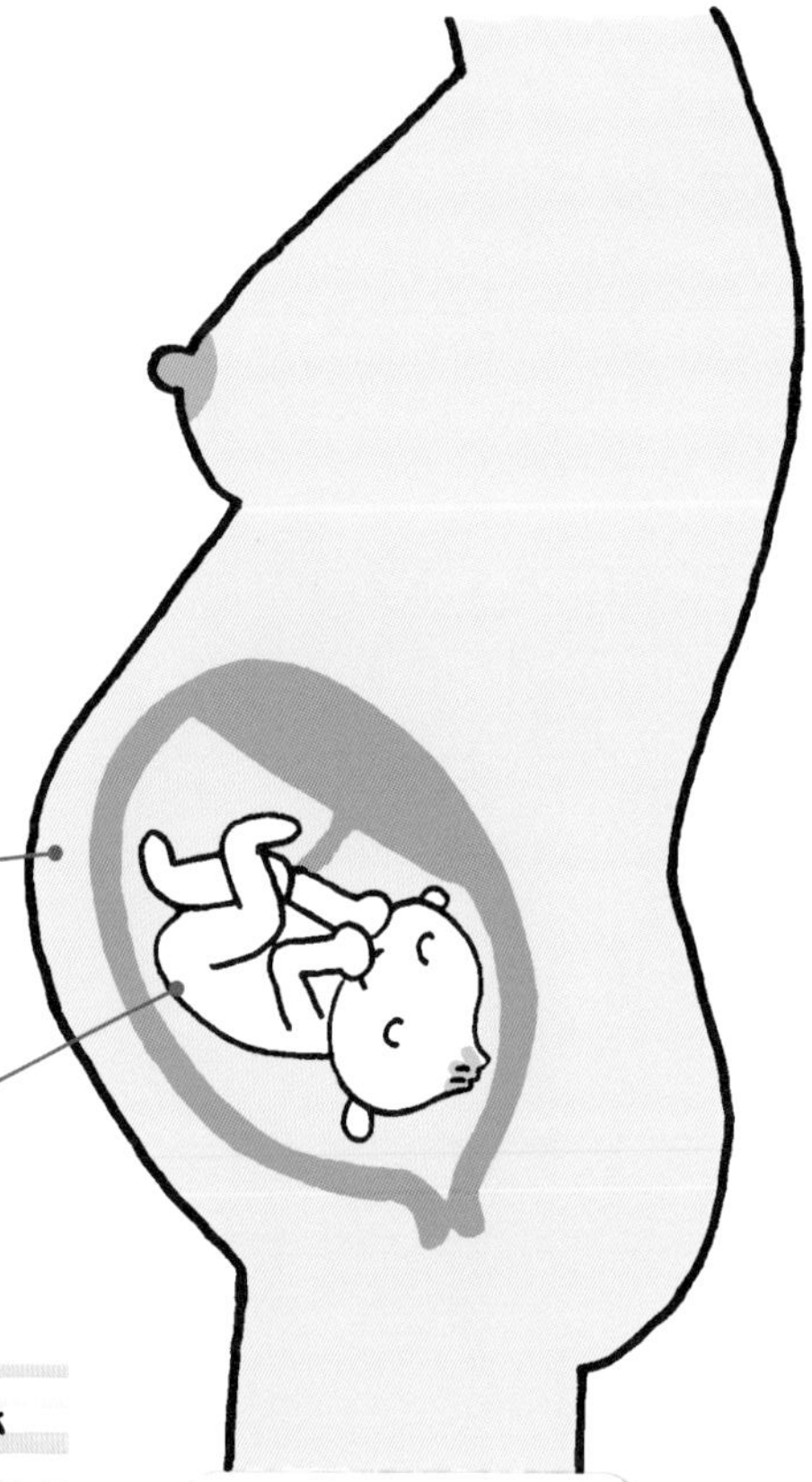


赤ちゃんの大きさ
- 身長 約39cm
- 体重 約1500g

30週0日
年　月　日

## ママの体の変化と症状

### おなかが張りやすくなり、体のバランスも悪くなる

今までよりおなかが張りやすくなります。**横になって体を休めることで治るようなら心配はありません**が、安静にしても張りが続くときは受診を。重心のバランスも悪いので風呂場などでの転倒にも注意を。

## 赤ちゃんの成長

### 聴覚が完成し内臓や脳の機能も発達

この時期になると聴覚が完成するので、**ママやパパの声がしっかり聞こえています。**赤ちゃんにたくさん話しかけてあげましょう。心臓や肺などの内臓機能や脳などの**中枢神経の機能もどんどん発達**していきます。

＼このころの超音波写真／

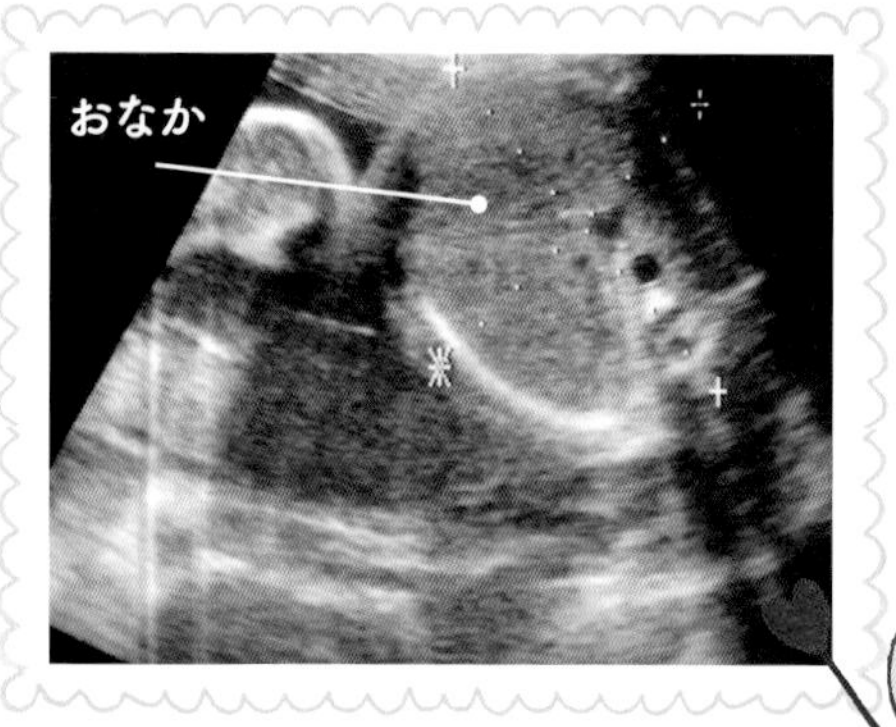

おなかの断面が写っています。おなかの横幅や前後の長さは、推定体重をだす目安になります。

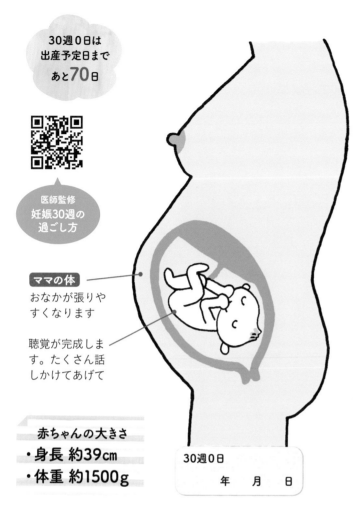

## 生活メモ

### 赤ちゃんを迎える準備を整えよう

リストアップしていた**赤ちゃん用品の購入やレンタルの予約などを始めましょう。**赤ちゃんに合う、合わないがあるので、**産前は必要最低限そろえるのが基本**です。ただし、すぐに購入できる店を見つけておくように。パパにも知っておいてもらいましょう。

## リフレッシュ法

### 赤ちゃんが来てくれた喜びを思いだす

おなかが大きくなってつらいときは、妊娠前の赤ちゃんを望んでいたときのことや、**妊娠がわかったときの気持ちを思いだしてみて。**超音波写真などを見直してみるのもおすすめです。改めて今の喜びを実感できるかも。

## これに気をつけて

### 異常な出血に注意して

**血液のかたまりが出たり、出血が続き、量も増えていくのは「緊急事態」のサイン**です。原因は前置胎盤などいくつか考えられます。すぐに病院に連絡し指示を仰いで。

### 緊急な出産の備えを

妊娠30週を過ぎたら、**いつ出産が始まってもよいように万全な準備を。**病院やタクシーの連絡先も携帯などに登録。お産の始まりから入院までの段取りも確認します。

## 8万件のママの声 悩み不安Q&A

**Q 妊娠後期に入っても体重増加が3kgほど。体重管理のし過ぎ？**

**A 適切な体重増加か見直して。**

胎児の発育のためには、ママの妊娠前の体形に応じた**適切な体重増加が重要**です。医師に胎児の成長を確認してもらい、**出産までの体重管理の相談をしましょう。**（助産師　在本祐子さん）

**Q 抗菌薬が入った点眼薬は使っていい？**

**A 眼科に相談を。**

抗菌薬が入った点眼薬の使用は問題ありませんが、まずは**眼科に相談するのがいちばん**です。受診の際は妊娠していることを伝えましょう。（産婦人科医　天神尚子先生）

**Q 切迫早産の自宅安静はどの程度の安静？**

**A なるべく横になって過ごして。**

自宅安静の場合、家族に協力してもらい、**家事はしない、入浴もしないでシャワー程度ですまし、なるべく横になって過ごすという生活**が望ましいです。（産婦人科医　天神尚子先生）

## 体験談

### 後期は不快症状が続いて

後期に入ると少し歩いただけで動悸や息切れがし、足のむくみもひどく、首から肩にかけてのこりもありました。あと少しといい聞かせて乗り切りました。（ユキママ・こうくん）

## 体験談

### すぐに使用するものだけ購入

赤ちゃんグッズは、チャイルドシート、肌着、ガーゼ、衛生用品以外は産後に購入。紙おむつも病院でもらったので1パックでしばらく足りました。（ようこママ・るまくん）

# 妊娠8カ月 4週

# 31週

赤ちゃんの五感が
ますます発達してきます。
ママのおなかの中で、
音や光も感じ取っています。
やさしい言葉をかけてあげましょう。

31週0日は
出産予定日まで
あと63日

医師監修
妊娠31週の
過ごし方

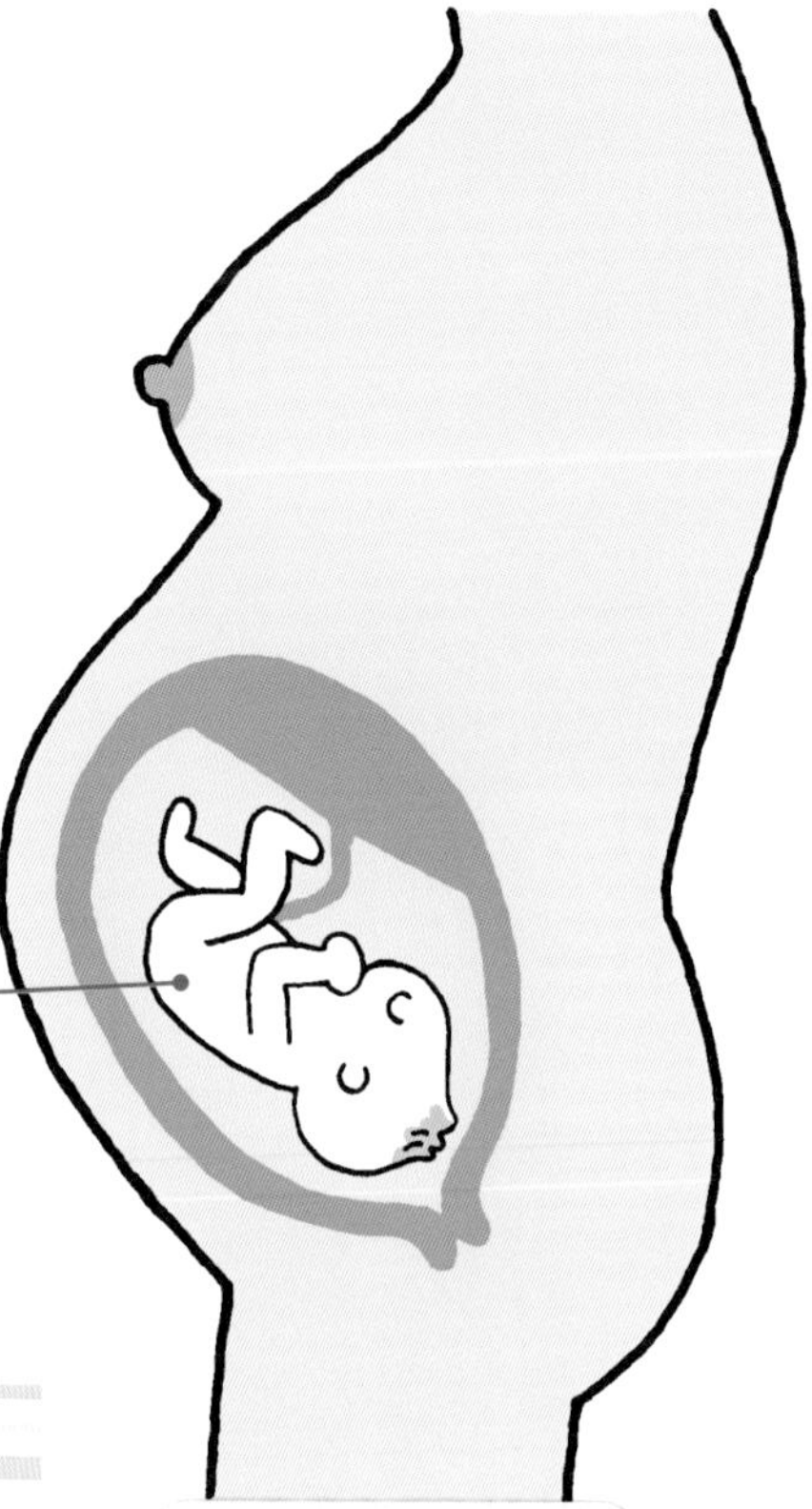

頭を下にした姿勢に落ち着く赤ちゃんが増えてきます

**ママの体**

下半身に静脈瘤ができることも

**赤ちゃんの大きさ**

- **身長 約41cm**
- **体重 約1600g**

31週0日
年　月　日

## ママの体の変化と症状

### 下半身や肺も子宮に圧迫される

子宮が大きくなり、さまざまなところが圧迫されるため、血流が滞り**手足がむくみやすくなったり、下半身に静脈瘤ができたりすることも。少し動くと息切れする**のは、肺も圧迫されているためです。

## 赤ちゃんの成長

### 頭を下にする赤ちゃんが増えてくる

体が大きくなり、**大きな頭を下にした姿勢に落ち着いてくる赤ちゃんが増えてきます。**羊水を飲み込んでは横隔膜を上下する呼吸の練習や、口をクチュクチュさせるなどのしぐさは頻繁に見られるように。

## このころの超音波写真

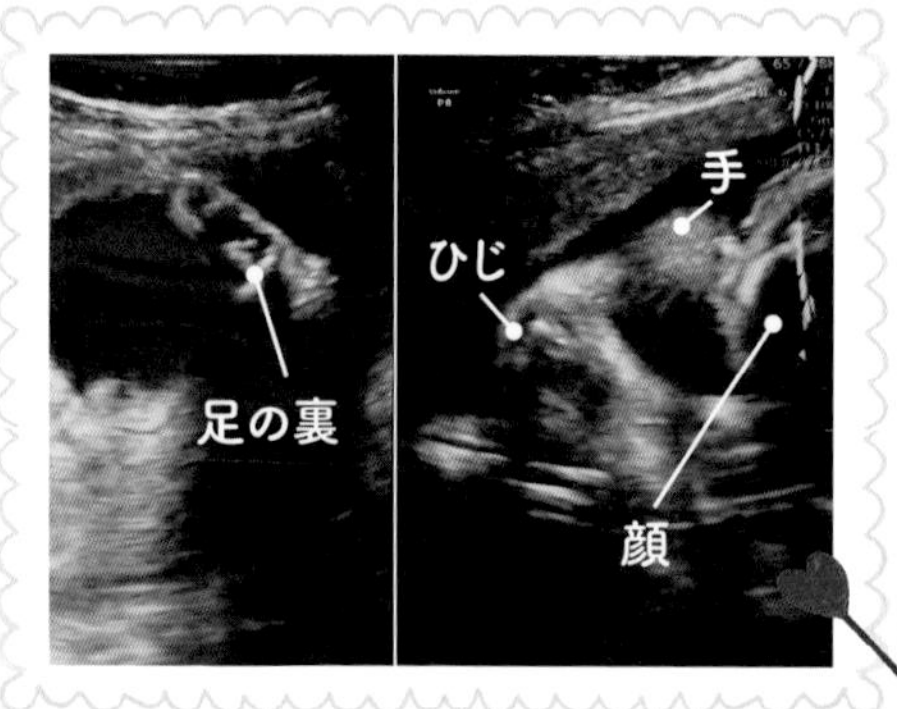


左の写真は足の裏、右の写真は顔の近くに手がある様子が写っています。

## 生活メモ

### 赤ちゃを迎える お部屋づくり（↓p119）を

赤ちゃんが、夜に寝る場所と、日中過ごすスペースを決めましょう。**直射日光やエアコンが直接当たらないことも大事ですが、落下物がないことも重要**です。これを機に、お掃除しやすいように整理するのもおすすめです。

## 高年妊娠のママへ

### 思い通りにいかなくても気にしない

妊娠経過や、これから迎える出産や育児は、**自分の思うようにすすまないことがたくさんあるでしょう。**今まで、自分のペースで着実にこなしてきた人にとっては混乱することもあります。しかし妊娠・出産・育児はそんなものです。前向きに。

## これに気をつけて

### 肌のかさつきやかゆみ

妊娠中は肌が乾燥しやすくなります。かゆみや湿疹が出ることもあるので、**こまめに保湿クリームなどでケアしましょう。**もともとアトピー性皮膚炎がある人は、悪化する場合があるので医師と相談しましょう。

### 色素の沈着が起こる

妊娠するとメラニン色素の分泌が盛んになるため、**おなかに茶色の線（正中線《せいちゅうせん》）が浮き出て見えることがあります。**産後、見えなくなるので気にしなくて大丈夫です。

## 8万件のママの声 悩み不安Q&A

**Q 赤ちゃんが大きめです。**

**A 早めに出産にすることも。**

**かなり大きめであれば、予定日より前のお産を検討するケースも。**赤ちゃんの様子をみながら医師と相談しましょう。（助産師 宮川めぐみさん）

**Q 夜中にものすごく汗をかきます。**

**A 妊娠中は汗をかきやすくなります。**

**妊娠中は代謝が活発になり、分泌腺の働きがよく**なるため、汗をかきやすくなります。ただし、甲状腺機能の異常という可能性も。続くようなら医師に相談を。（産婦人科医 天神尚子先生）

**Q 胎動が激しく痛いくらいですが。**

**A 大丈夫です。**

赤ちゃんも大きくなり力が強くなります。臨月に入ると胎動で夜に起こされるということもしばしばあります。**この時期には普通です。**
（産婦人科医 太田篤之先生）

## 体験談

### 掃除機がけは重労働

妊娠後期は掃除機をかけているときに必ずおなかが張りました。掃除機がけって、けっこう重労働なんですね。横になって休むと治まりました。（みゆママ・しょうくん）

## 体験談

### 買い足すぐらいがベスト

ベビー服は、すぐに着られなくなってしまうので、妊娠中は3〜4枚程度だけ準備。産後、使いやすいものを買い足しました。（あきママ・やまとくん）

妊娠9カ月 1週

# 32週

妊娠9カ月に入ります。
子宮が腸を圧迫し、
便秘になりやすくなります。
食物繊維を
積極的にとりましょう。

32週0日は
出産予定日まで
あと56日

医師監修
妊娠32週の
過ごし方

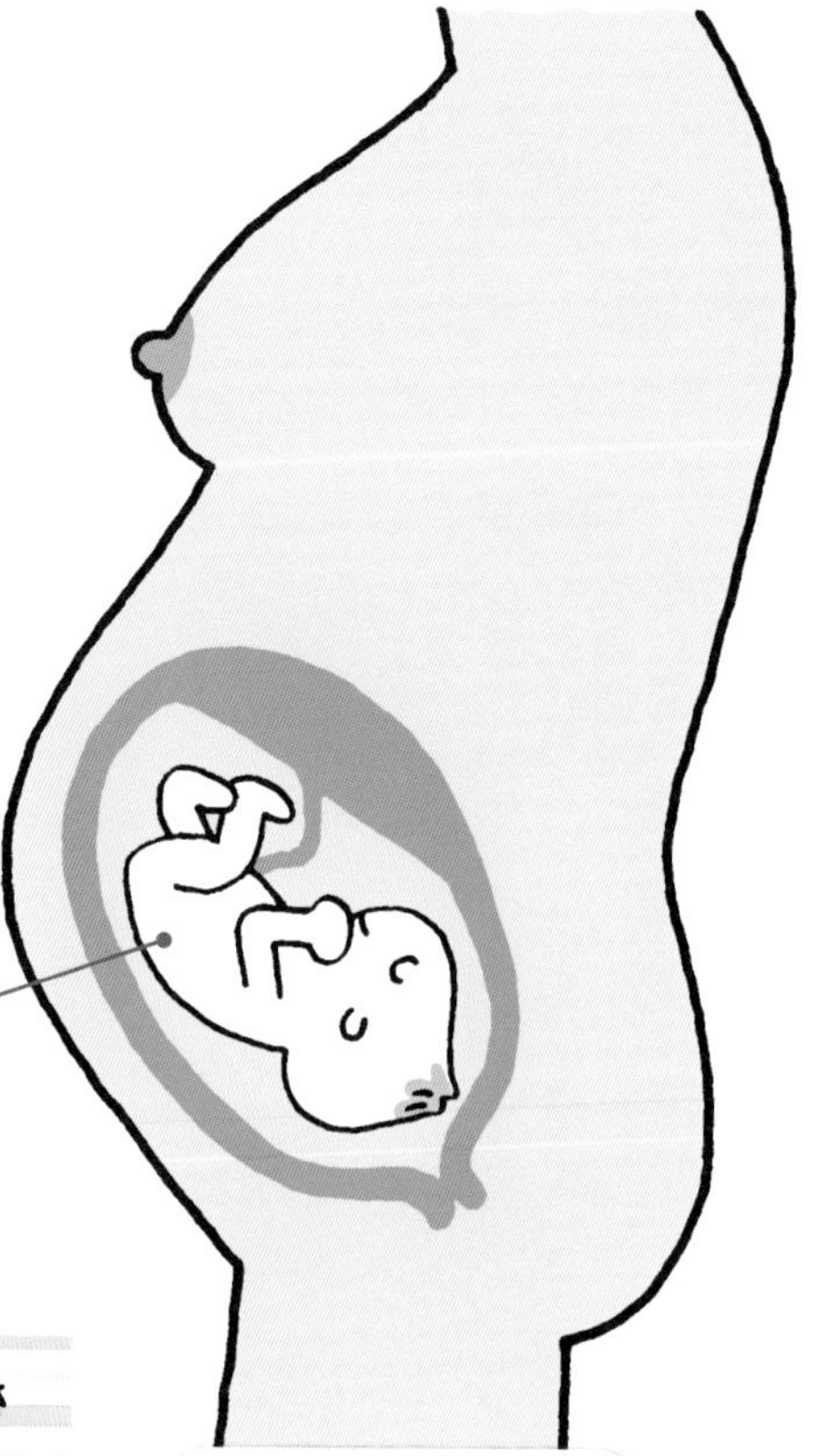


赤ちゃんの大きさ
- 身長 約42㎝
- 体重 約1800g

32週0日
年　月　日

## ママの体の変化と症状

### おりものの変化を見逃さないで

体は出産へと日々少しずつ変化し、**白っぽいおりものの量が増えてきます。**色やにおい、出血、痛みやかゆみなどの症状がみられたら受診しましょう。**腸が圧迫されて便秘になることも**あります。

## 赤ちゃんの成長

### 骨格はほぼでき上がり羊水は減っていく

骨格がほぼでき上がり、超音波写真などでもしっかりと確認できるようになります。赤ちゃんが大きくなるにつれ、**羊水が少しずつ減ってすきまがなくなり、子宮内で赤ちゃんの占める比率が大きく**なります。

＼このころの超音波写真／

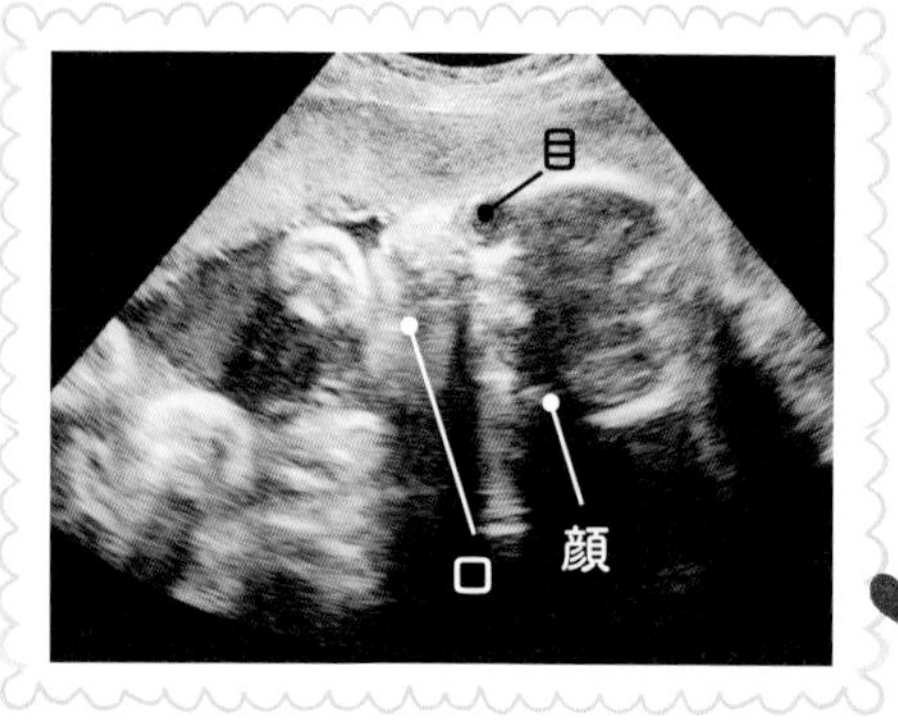


顔と目、口が写っています。

## 生活メモ

### 里帰り出産（↓p17）なら移動を

臨月になってからの移動はママの体に負担がかかるので**32週までに帰省しましょう。**重い荷物はなるべく宅配便などで送り、手荷物は少なめに。留守中、パパにやってほしいことはリストアップして、わかるようにしておきましょう。**里帰り中もパパとはこまめに連絡を取ることが大切です。**

## TODOリスト

- □ 栄養バランスのよい食事をとる
- □ お産に向けて体力づくりをする
- □ 出産のイメージトレーニング（→p130）をする

出産は長丁場になることもあります。体力をしっかりつけて臨みましょう。出産のイメージトレーニングをすると不安も軽減します。

## これに気をつけて

### 頻尿・尿もれが起こりやすく

大きくなった子宮が膀胱を圧迫することと、ホルモンの影響で骨盤底筋がゆるんでくることで起こります。我慢すると膀胱炎になるので**こまめにトイレへ。くしゃみなどで尿もれする場合はナプキンを当てて。**

### 不眠がちに

**妊娠中の情緒不安定**によるものや、昼寝のし過ぎという場合もあるようです。**出産に対する不安や緊張などから不眠**が起こることもあります。

## 8万件のママの声　悩み不安Q&A

**Q　薄黄色のおりものは大丈夫？**

**A　かゆみも伴うなら受診を。**

薄黄色のおりものはよくみられます。**かゆみなどが伴うならほかの原因も考えられます**ので、受診してみましょう。（助産師　宮川めぐみさん）

**Q　車での長距離の旅行は大丈夫？**

**A　おすすめしません。**

車での長距離旅行はおなかや腰の負担も大きく、むくみもでやすくなります。**行くなら母子健康手帳と保険証を必ず携帯し、対応策を考えておきましょう。**（産婦人科医　天神尚子先生）

**Q　おへそのあたりと左胸の下あたりがチクチクと痛みます**

**A　皮膚が伸ばされた痛みでしょう。**

**おなかの皮膚が伸ばされている**ことによる痛みでしょう。また、横隔膜が押し上げられるため、**神経が刺激されて痛みが出る**こともあります。（産婦人科医　天神尚子先生）

## 体験談

### 里帰りに悩んで

病院をかえるというのがネックで里帰り出産するか悩みました。結局、実家には車で1時間ほどなので、産後里帰りという方法を取りました。（なみママ・りほちゃん）

## 体験談

### 深呼吸して休憩を

家事中におなかがよく張りました。張ってきたらできるだけ静かに横になり、深呼吸をしていました。10分程度で治まりました。（ゆうちゃん・さくくん）

# 妊娠9カ月 2週
# 33週

ママのおなかは、
ますます大きくなり
夜は熟睡しにくくなってきます。
昼寝で睡眠を
補いましょう。

33週0日は
出産予定日まで
あと49日

医師監修
妊娠33週の
過ごし方

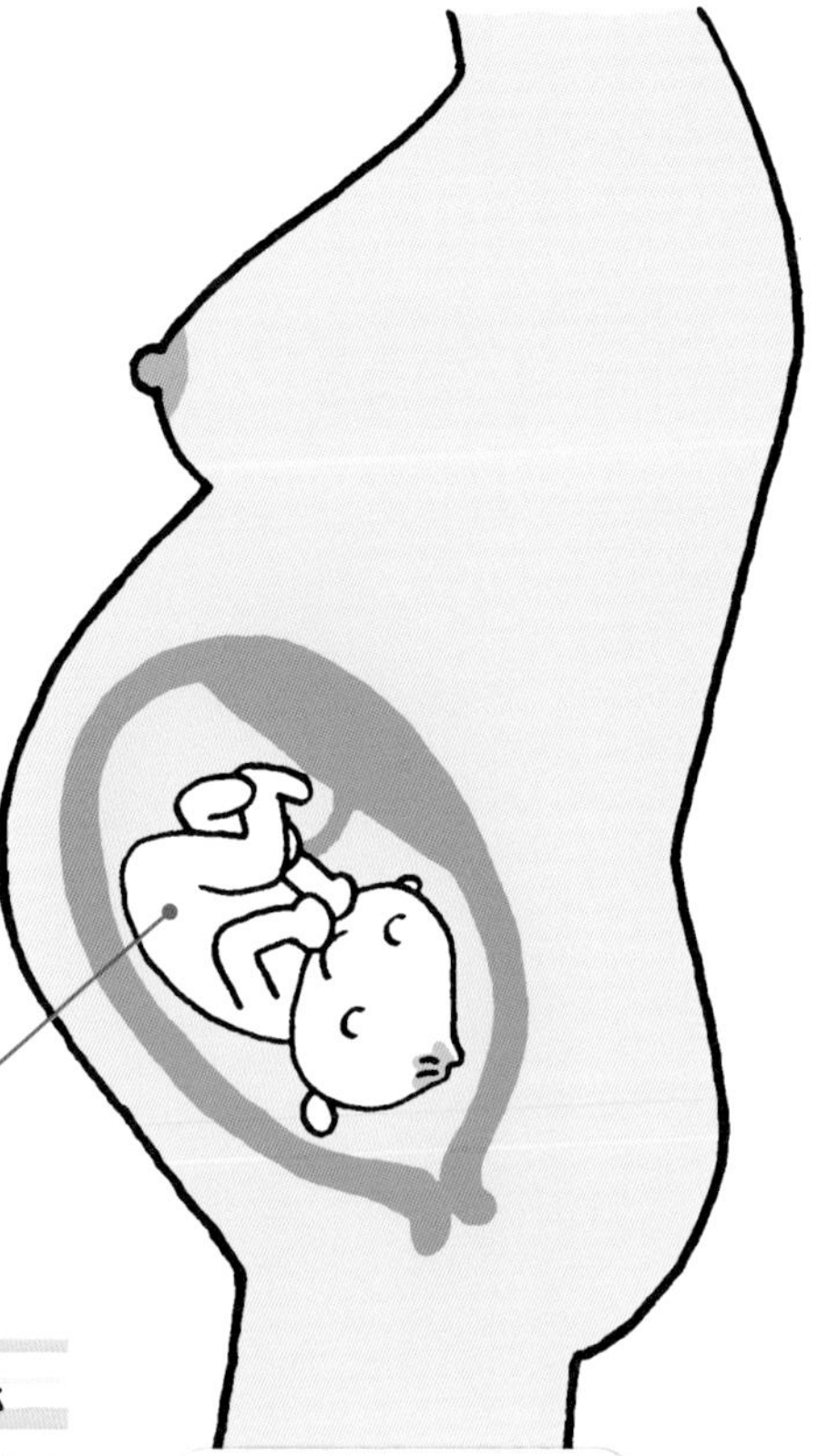

**ママの体**

赤ちゃんも重くなり、体の負担も増えます

皮下脂肪がついてふっくらした体形に

**赤ちゃんの大きさ**
- **身長 約43cm**
- **体重 約2000g**

33週0日
年　月　日

## ママの体の変化と症状

### 腰や足のつけ根が痛むことも

赤ちゃんの重さも2kgを超えてくると、体の負担もかなり増え、**腰や足のつけ根が痛むことが増えてきます。**産道に脂肪がつくと難産になりやすいので、体重管理はしっかり行いましょう。

## 赤ちゃんの成長

### ふっくらした体形に髪の毛もつめも伸びてくる

皮下脂肪がついてふっくらした体形に。羊水がますます少なくなってくるため、**赤ちゃんは子宮の壁に寄りかかっている感じになります。**髪の毛やつめも伸びてきて、**新生児に近い姿に**なっていきます。

＼このころの超音波写真／

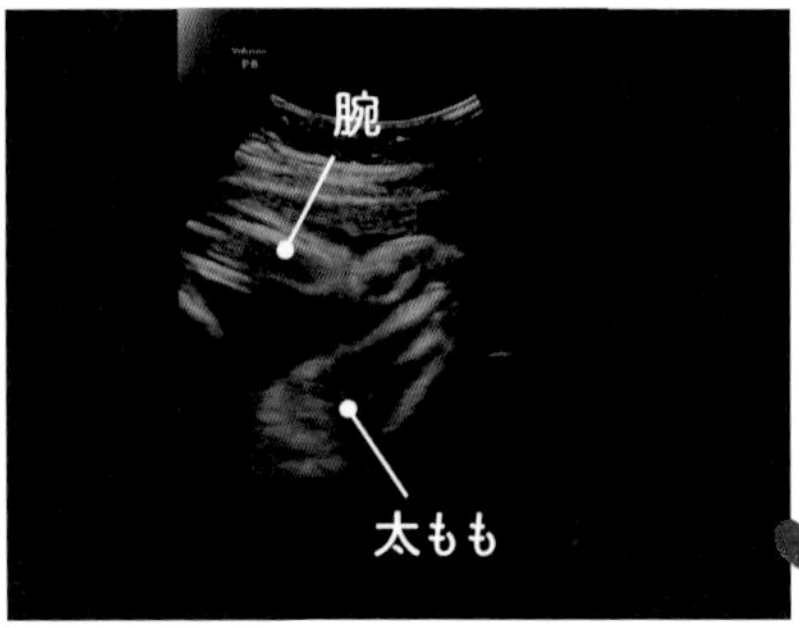


腕と太ももが写っています。

生活メモ

## お部屋の大掃除をしておいて

赤ちゃんを迎える前に、パパが主動で部屋の大掃除をしておきましょう。じゅうたん、畳、床に掃除機をかけるだけでなく、エアコン、空気清浄機、除湿器のホコリを取り除くことも忘れずに。**両手両ひざをつく床ふき掃除は、安産にとってもよい運動**なので、ママが担当しても。

パパへのお願い

## 家事を引き受けて

ママは少し動いただけでも動悸や息切れなどが起こりやすくなり、気分がすぐれないことも多い時期です。**パパは率先して家事を引き受けて**あげましょう。また気分転換とママの体力づくりのために、一緒に散歩するのもおすすめです。

これに気をつけて

## 足のつけ根の痛み

妊娠後期になって、足のつけ根に痛みを感じたら、**赤ちゃんが下りてきて骨盤を圧迫しているのかも。**出産予定日が近い場合は、**お産が近づいているサイン**です。ただし、37週より前にあった場合は早産の心配もあるので、病院で相談を。

## よい母乳のために栄養補給を

母乳に不足しがちな**ビタミンKを積極的にとりましょう。**おすすめは緑黄色野菜。野菜スープやクリーム煮などでたっぷりと。

8万件のママの声

## 悩み不安Q&A

**Q じんましんが続いています。**

**A 塗り薬なら市販のものでも大丈夫。**

市販のかゆみ止めの塗り薬で改善するなら様子をみても。**内服薬は自己判断で服用しないように**しましょう。（産婦人科医　天神尚子先生）

**Q 恥骨が痛みます。**

**A 安静にして主治医に相談を。**

**経産婦に恥骨付近の痛みを訴える人が多い**です。恥骨にある靭帯の炎症や損傷、離断などが原因です。まずは安静にすることが大切。ひどいようなら病院で相談を。（産婦人科医　太田篤之先生）

**Q 風邪をひき、声が出なくなりました。**

**A 水分をとって、しっかり休んで。**

水分をしっかりとり、暖かくしてぐっすり眠って体を休めれば、声がれは自然に治ります。ただし、**せきが続くと、おなかの張りが強くなることがある**のでせき止めを処方してもらって。（産婦人科医　天神尚子先生）

体験談

### 入院荷物は多めでした

予定日の１カ月前には入院準備を完了。途中で足りないことがないように、すべて入院日数分の準備をしたため、思っていたよりも荷物が多くなりました。（まいママ・りくくん）

体験談

### 赤ちゃんスペースをリビングに

リビングにベビーラックとマットレスを準備。私もリビングで過ごすので、昼間、ちょっと寝かせるときにどちらも重宝しました。（さきママ・ゆうとくん）

妊娠9カ月 3週

# 34週

母乳の準備もすすんでいます。
乳頭を押すと初乳が
出ることもあります。
疲れやすい体なので、休憩を
はさみながら体力をつけましょう。

34週0日は
出産予定日まで
あと42日

医師監修
妊娠34週の
過ごし方

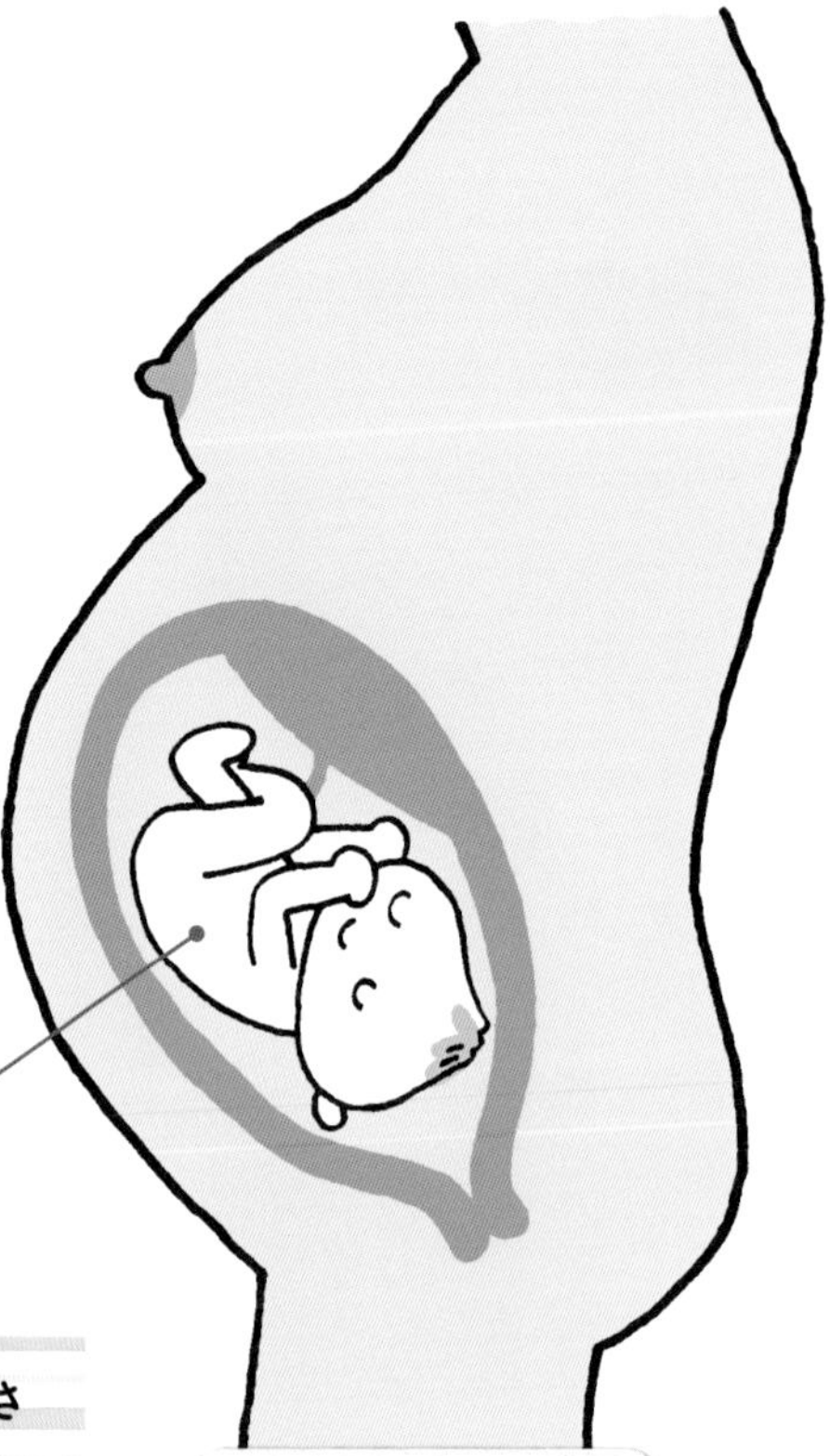


34週0日
年　月　日

赤ちゃんの大きさ
- 身長 約44cm
- 体重 約2200g

## ママの体の変化と症状

### 子宮底が上がり血液が増える

子宮底はみぞおち付近まで上がってきます。出産のときに、胎盤が子宮からはがれることによって出血が予想されるため、**体は血液を増やしています。鉄分や水分などをいっそう意識してとりましょう。**

このころの超音波写真

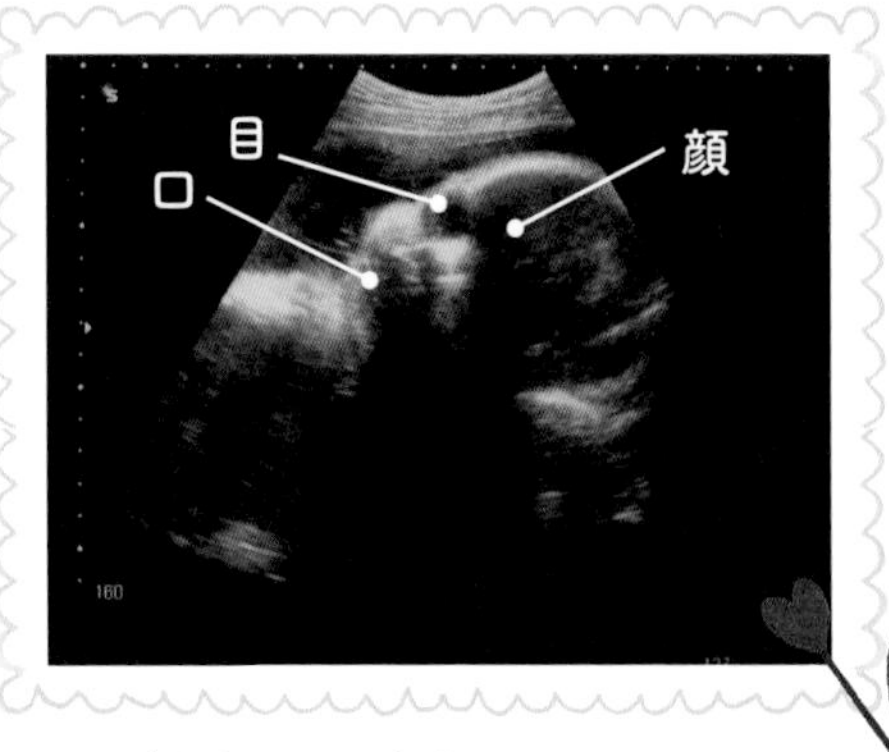


目、口がよくわかります。

## 赤ちゃんの成長

### 脂肪で覆われた体はふっくらとした体形に

おなかの赤ちゃんは、分娩のときの潤滑油《じゅんかつゆ》にもなる**「胎脂《たいし》」と呼ばれる胎児の皮膚からはがれた細胞や皮脂などで体全体が覆われています。**皮下脂肪もどんどん増えてきて、体だけでなく**手足もプクプクしてなめらかに。**

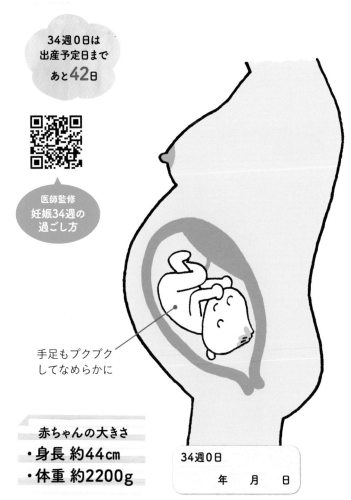

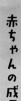

### 生活メモ

## 名前の候補をだそう（→p120）

妊娠中に赤ちゃんの名前の候補をあげておきましょう。字面《じづら》や呼び方などいろいろな面から検討を。赤ちゃんの名前を記入する**出生届は赤ちゃんが生まれた日を含む14日以内**に提出します。用紙は役所の戸籍課にありますが、たいていは産院で用意してくれています。

### リフレッシュ法

## 入浴でリラックス

妊娠中は冷えがよくないので、**シャワーではなく湯船につかり、体の芯まで温めましょう。**好みの入浴剤を入れれば、よりリラックスできます。ただし、柑橘系の皮の成分は肌に刺激を与えることがあるので気をつけて。また、**長湯のし過ぎでのぼせないように注意**します。

### これに気をつけて

## 母乳のような分泌物が出ることも

乳頭に白いカスのようなものがつくことがありますが、これは**母乳に似た分泌物**です。入浴時にきれいに洗えば問題ありません。気になるときはオイルを含ませたコットンなどでふき取りましょう。

## 早産（→p158）に気をつけて

**早産とは、妊娠22週以降37週未満で出産になった場合のこと。**なるべく早産を防ぐようにおなかの痛みや出血など、小さなサインを見逃さないようにしましょう。

### 8万件のママの声

## 悩み不安Q&A

**Q インフルエンザ治療でタミフルを服用したのですが。**

**A 赤ちゃんへの影響はないでしょう。**

タミフルは赤ちゃんへの影響はないと考えられています。むしろ服用しないで重症化するほうが危険です。
（助産師　宮川めぐみさん・産婦人科医　天神尚子先生）

**Q 仰向けで寝るほうが楽ですが大丈夫？**

**A なるべく横向きがおすすめ。**

子宮が太い血管を圧迫することがあり、そうなると**胎児への血流も低下してしまいます。**なるべく横向きで寝るほうがよいでしょう。
（産婦人科医　天神尚子先生）

**Q 自宅安静で昼間も横になっているため夜眠れません。**

**A 眠れないことを気にし過ぎないで。**

自宅安静に伴う身体的・精神的な変化がストレスになり、眠れなくなっていることも。**眠れないことにこだわらず、昼寝は30分以内にして、静かで快適な就寝環境を整えてみましょう。**
（産婦人科医　天神尚子先生）

### 体験談

**名前の決定がギリギリに**

出産前から性別はわかっていたのに、名前が決められず、結局、役所に届け出たのは14日目。もっと早めに候補を絞っておくべきでした。（ももママ・なつきくん）

### 体験談

**出産前に名前を決めました**

性別が男の子だとわかってからいくつか候補を考えましたが、なかなか決め手に欠けて……。最終的には出産直前にピンと来た名前に決定しました。（きこママ・とうまくん）

## 妊娠9カ月 4週

# 35週

臨月まであとわずかです。
出産に向けて体と心の
準備を始めましょう。
おなかの赤ちゃんは、
脂肪がつきふっくらとしてきます。

35週0日は
出産予定日まで
あと35日

医師監修
妊娠35週の
過ごし方

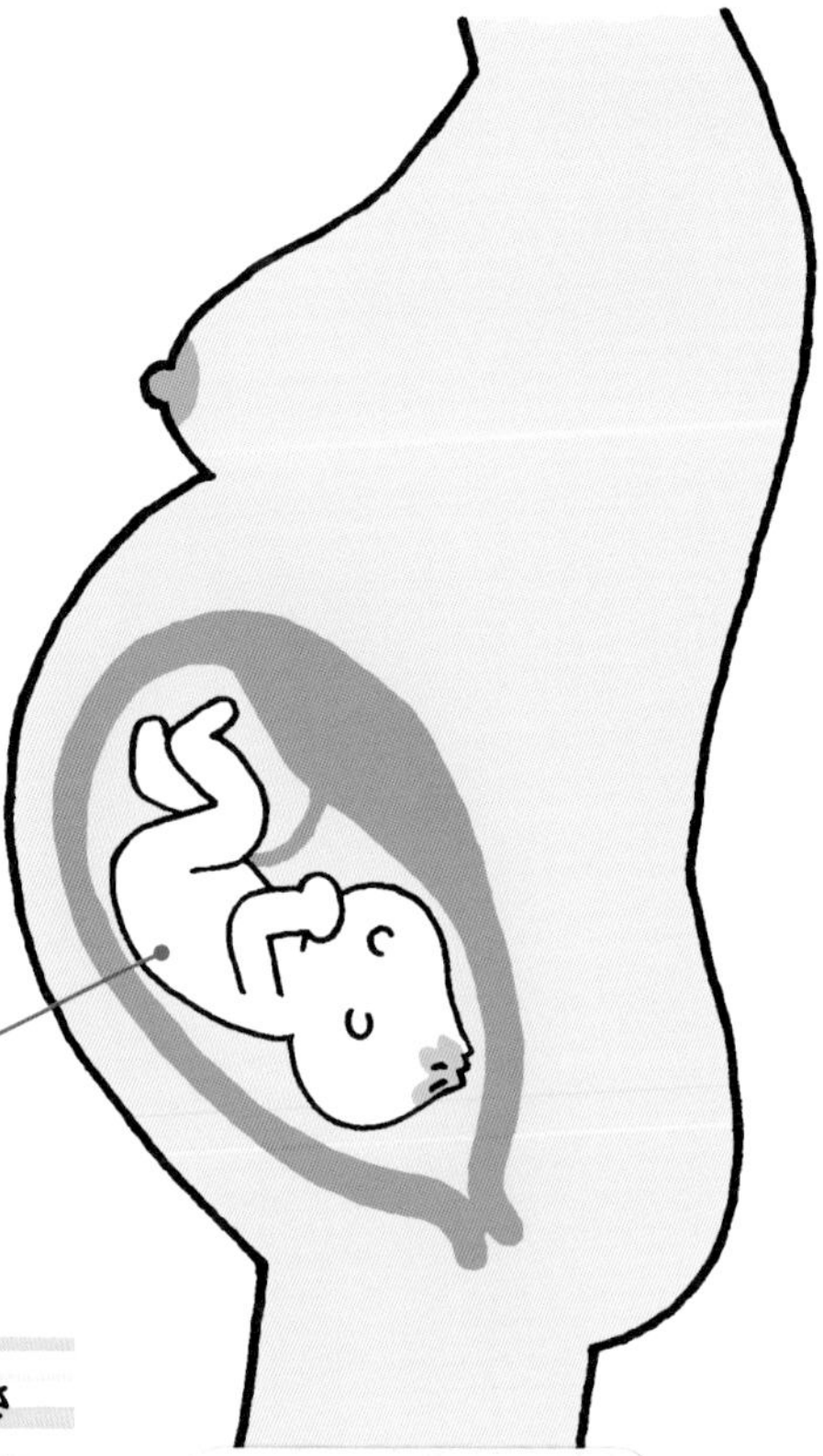

**ママの体**
おりものの量が
増えます

肺の機能ももう
すぐ完成

赤ちゃんの大きさ
- **身長 約45cm**
- **体重 約2300g**

35週0日
年　月　日

### ママの体の変化と症状

## 子宮口がやわらかくなり基礎代謝もアップ

**出産に向けて膣《ちつ》や子宮口がやわらかくなってきます。**おりものの量も増えるので、気になる人はナプキンを当てるなどして清潔を心がけて。効率よく栄養分をエネルギーにかえるため、**基礎代謝もアップ**します。

### 赤ちゃんの成長

## 呼吸の機能も発達 手足も脂肪がついてふっくら

肺の機能は、ほぼ完成しています。空気を吸ったり吐いたりもできるようになり、**外界の世界でも生きていける準備が整いつつあります。**手足もさらにふっくらし、**手首や足首にはくびれの線もあらわれます。**

このころの超音波写真

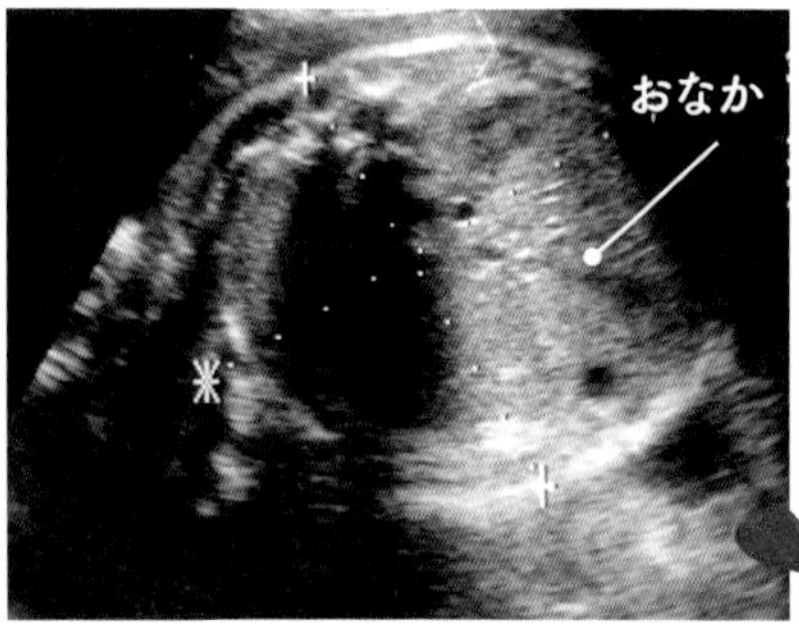


おなかの断面が写っています。

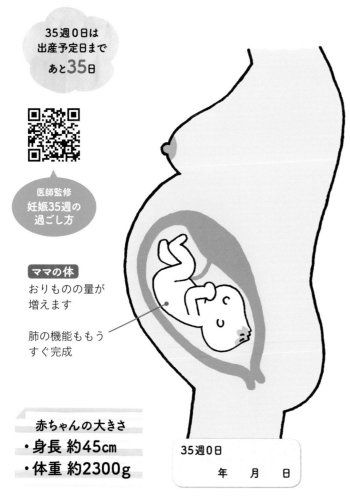

## 生活メモ

### 情緒不安定になりやすいとき

出産への不安から情緒不安定になる人もいます。痛みに耐えられるか不安に思うママもいますが、出産はママだけでなく赤ちゃんも頑張っています。**「赤ちゃんと一緒に」と思えば乗り切れるはず。**お産のシミュレーションをしておきましょう。

## 高年妊娠のママへ

### ストレッチで体をやわらかく

**分娩のときは足を開くので股関節をやわらかくしておきたいもの。**座るときはあぐらをかいたり、股関節ストレッチ（→p128）を習慣にしたりして体の準備をすすめましょう。

## これに気をつけて

### 今後、おしるしがみられることも

**おしるしとは、出産が近くなり卵膜の一部がはがれ落ちて出血し、おりものに混じって出てくるもののこと**です。色も量も人それぞれですが、出血が止まらなかったり、痛みがあったりする場合はすぐに病院に連絡しましょう。おしるしがあってもすぐに出産にはならないケースも多く、とても個人差があります。3日後という人もいれば、1週間後という人もいます。病院の指示に従いましょう。

## 8万件のママの声 悩み不安Q&A

**Q 9カ月でもさかご（→p159）です。**

**A 帝王切開になるかもしれません。**

さかごの場合は、**予定日よりも早めに予定帝王切開になることが多い**です。今は、医師の指示に従い、さらに冷えに気をつけて過ごしましょう。（助産師　宮川めぐみさん）

**Q 18kg増えました。出産までどう過ごす？**

**A 夜食や甘いものは控えて。**

1日に3食はとり、**夜8時以降には食べないようにしましょう。**甘い飲みものやお菓子などは控えて、**野菜やきのこ、海藻をたっぷりとってください。**（管理栄養士　岡安香織さん）

**Q わきの下がとても黒ずんできました。産後は薄くなる？**

**A 産後は薄くなっていきます。**

妊娠中は皮膚を強くするために、胎盤から分泌されるホルモンがメラニン分泌を促進します。そのため**メラニン色素が沈着し黒ずみます**。産後は薄くなります。（産婦人科医　天神尚子先生）

## 体験談

### 1人の時間が不安で里帰り

陣痛がきたとき1人だったら心細いし、産後の育児も不安で、実家に里帰りしました。出産は週末だったのでパパが立ち会えました。（みゆママ・まおくん）

## 体験談

### あせる気持ちがマイナスに

おなかの下のほうで動くと思っていたらさかごでした。すごく焦ってしまい、その焦りがストレスになって、余計に治らなかったのかも。結局、帝王切開になりました。（あやママ・そらくん）

# 妊娠10カ月 1週
# 36週

いよいよ妊娠10カ月、
健診は週1回になります。
さまざまな不快症状も出産まで。
赤ちゃんの顔を思い浮かべながら
リラックスに努めましょう。

36週0日は
出産予定日まで
あと28日

医師監修
妊娠36週の
過ごし方

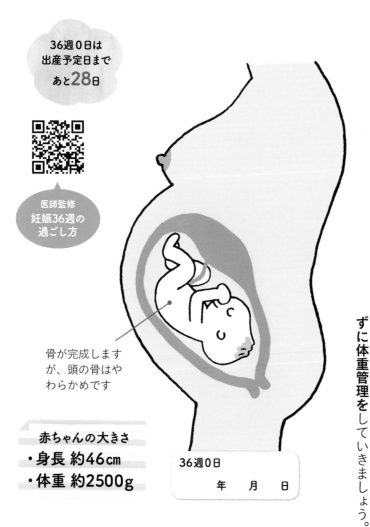

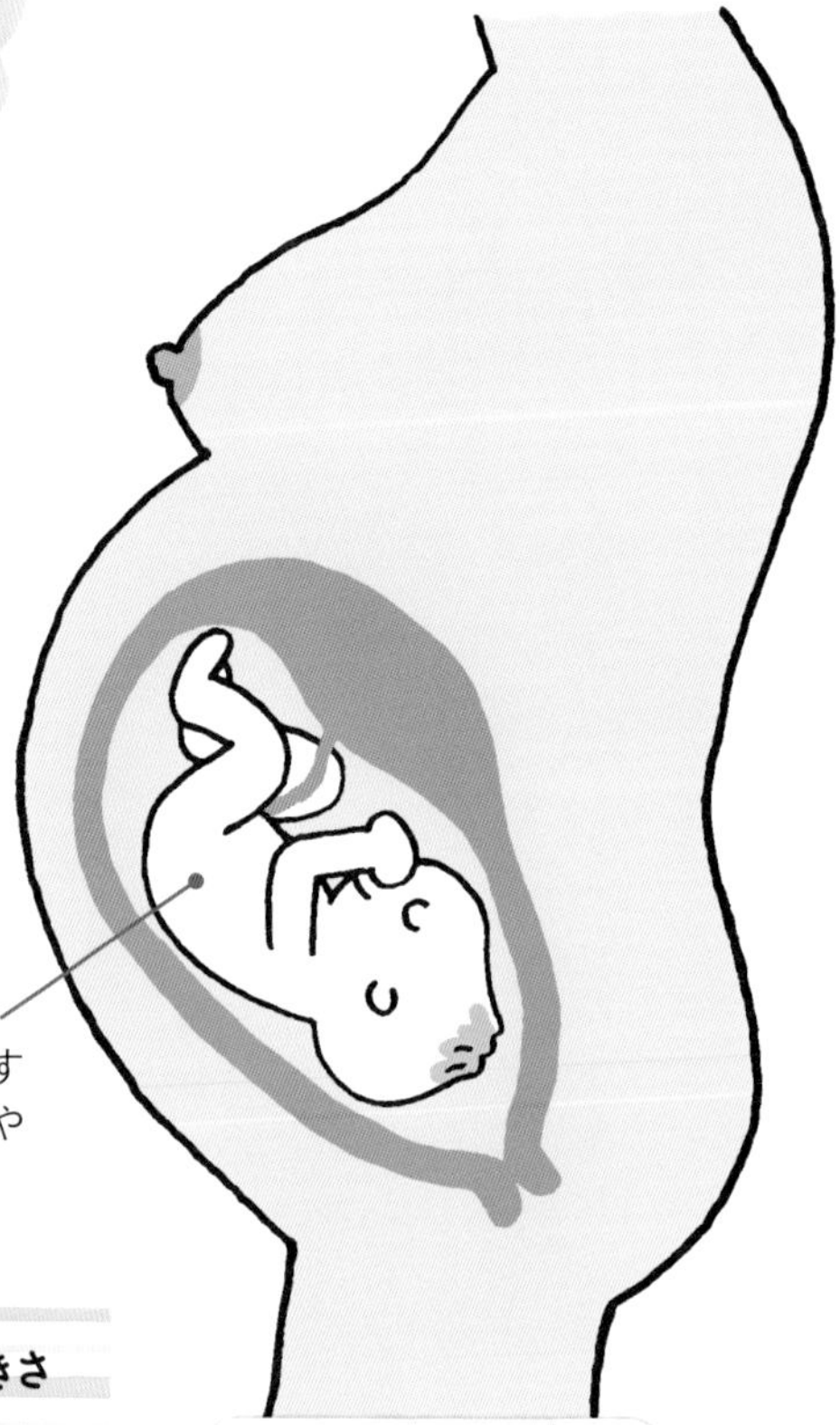


赤ちゃんの大きさ
- 身長 約46cm
- 体重 約2500g

36週0日
年　月　日

### ママの体の変化と症状

## 子宮が下がり食事がとりやすく

みぞおちまで上がっていた**子宮が、出産に向けてだんだん下がります。**内臓への圧迫が解消されてくると、胸焼けやむかつきがなくなります。**食欲が出ますが、最後まで気を抜かずに体重管理を**していきましょう。

### 赤ちゃんの成長

## 子宮の中は赤ちゃんでいっぱいに

赤ちゃんは、体が大きくなり子宮の空きスペースが少なくなるため**自由に動けなくなります。**手足は動かせるので胎動は感じられます。骨もでき上がっていますが、産道を通れるように、**頭の骨はやわらかめです。**

＼このころの超音波写真／

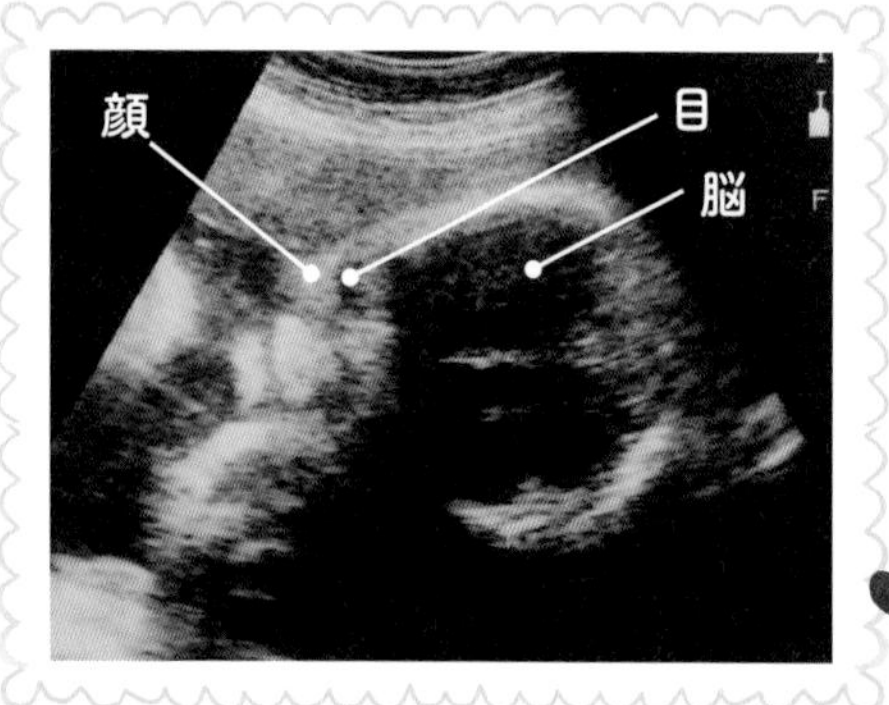


頭側から見た顔が写っています。

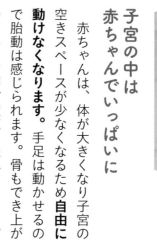

## 生活メモ

### 安静のし過ぎもNG

臨月に入ると不安になり、家でじっとしてしまうママもいますが、**医師から安静にといわれていなければ、体を動かすようにしましょう。**体力がつき、体がお産モードへ切り替わりやすくなります。

## TODOリスト

□入院グッズの確認

□赤ちゃんグッズの確認

□出産の流れと連絡先などの確認

いよいよ臨月に入りました。出産や産後に向けての準備は整っていますか？　いつなにが起こっても、あわてないよう心の準備もしっかりと。

## これに気をつけて

### おなかの痛みや張り

赤ちゃんが生まれてくるために起こる子宮の収縮が陣痛です。出産が近くなると前《ぜん》駆《く》陣痛（↓p168）と呼ばれる**生理痛のような痛みや張りを感じる人もいます。**その痛みや張りが規則的になったら陣痛です。

### 前期破水（↓p168）

赤ちゃんを包んでいる卵膜が破れて、羊水が流れ出ることを破水といいます。万が一、**陣痛が起こるより前に破水が起こったら、病院にすぐ連絡して向かいます。**

## 8万件のママの声　悩み不安Q&A

**Q　張りと陣痛の区別はどうつけるの？**

**A　安静にして落ち着くなら張りです。**

陣痛は時間とともに、**どんどん痛みが増して、間隔も短くなります。安静にして落ち着くなら張り**なので、まだ陣痛ではありません。

（助産師　宮川めぐみさん）

**Q　臨月に入ると胎動はどうなるの？**

**A　生まれる直前まで胎動はあります。**

胎動は生まれてくる直前まであります。この時期ならば一般に**1時間に数回はある**と考えましょう。（助産師　在本祐子さん）

**Q　今、控えているスナック菓子は産後の授乳中なら食べていい？**

**A　授乳中もできれば控えて。**

授乳中の間食も、妊娠中と同じようにスナック菓子ではなく、**ビタミンやミネラルが含まれている果物や、便秘対策として食物繊維が多いさつまいも、カルシウムの多い小魚・乳製品などがおすすめ**です。（管理栄養士　小林亜希さん）

## 体験談

### 前駆陣痛でいったん帰宅

陣痛の間隔が7分ぐらいになり病院へ向かいましたが、病院に着いたら間隔が空いてしまい帰宅。本格的にきたのは結局、翌日の昼でした。（えりかママ・つばさくん）

## 体験談

### 横になって破水に気づきました

昼寝しようと横になった瞬間に明らかに水が出る感覚があって、破水だとすぐにわかりました。病院に連絡し即、入院、出産となりました。（ともみママ・ひろくん）

# 妊娠10カ月 2週
# 37週

いよいよ正産期*に入りました。
赤ちゃんはいつ生まれても
よい状態です。
出産のイメージトレーニングを
繰り返して、その日に備えましょう。

37週0日は
出産予定日まで
あと21日

医師監修
妊娠37週の
過ごし方

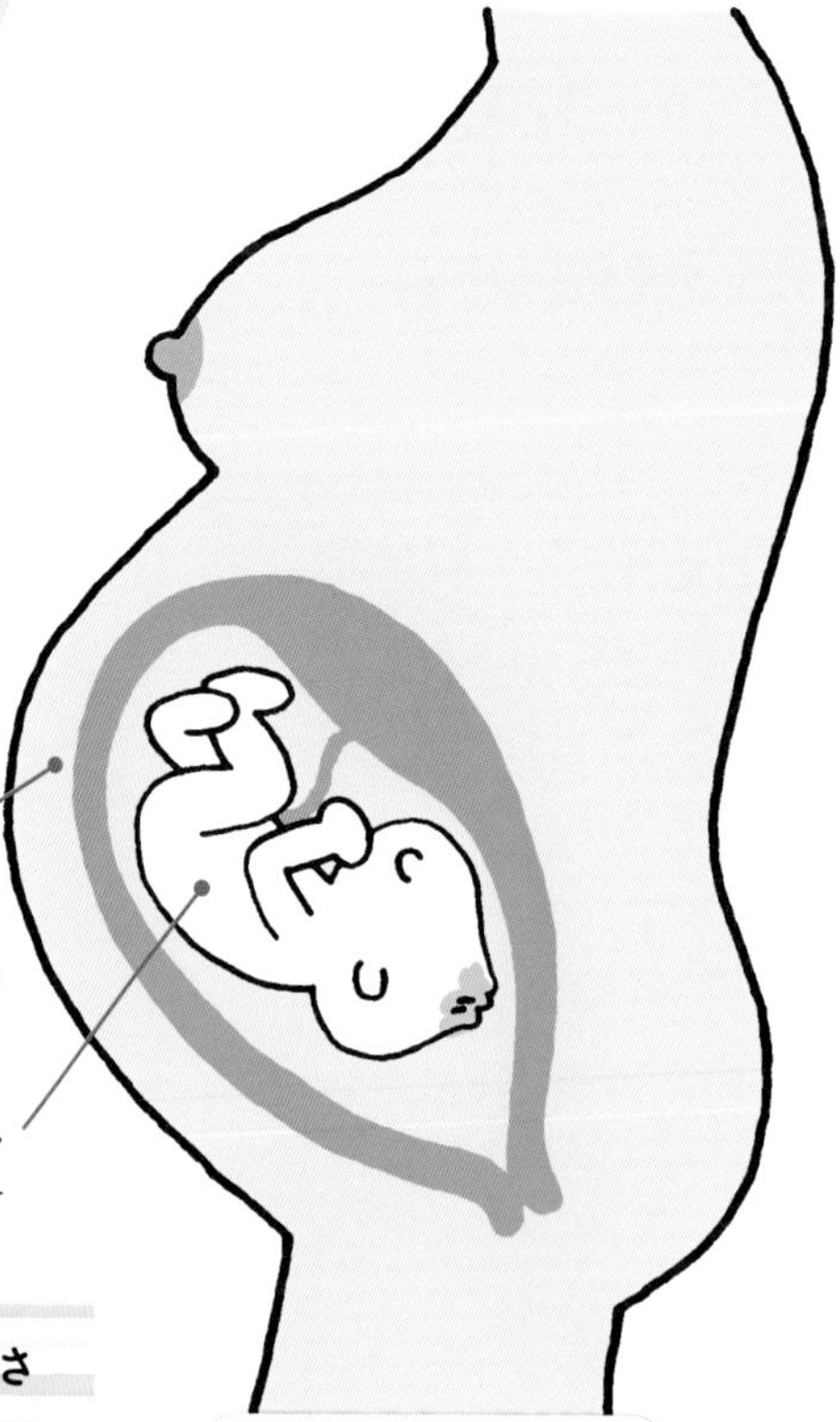
ママの体
おなかがとても重くなります


**赤ちゃんの大きさ**
- **身長 約47cm**
- **体重 約2700g**

37週0日
年　月　日

## ママの体の変化と症状

### 赤ちゃんを包んできた子宮の重さは約1kg

臨月のおなかはとても重いです。**赤ちゃんは3kg近くに。**赤ちゃんを守り続けた**子宮は、大きくなりながら鍛えられ、約1kgの重さがあります。**さらに羊水、胎盤、へその緒の重さまでママは支え続けています。

## 赤ちゃんの成長

### 体をコンパクトにして子宮内におさまっている

肝臓機能が成熟し、**肌は厚くピンク色に**なります。**頭の大きさは、肩幅やおしり周りと同じくらいに**なります。手足は胴体につけて折りたたみ、手は握り、子宮のスペース内におさまっています。

\ このころの超音波写真 /

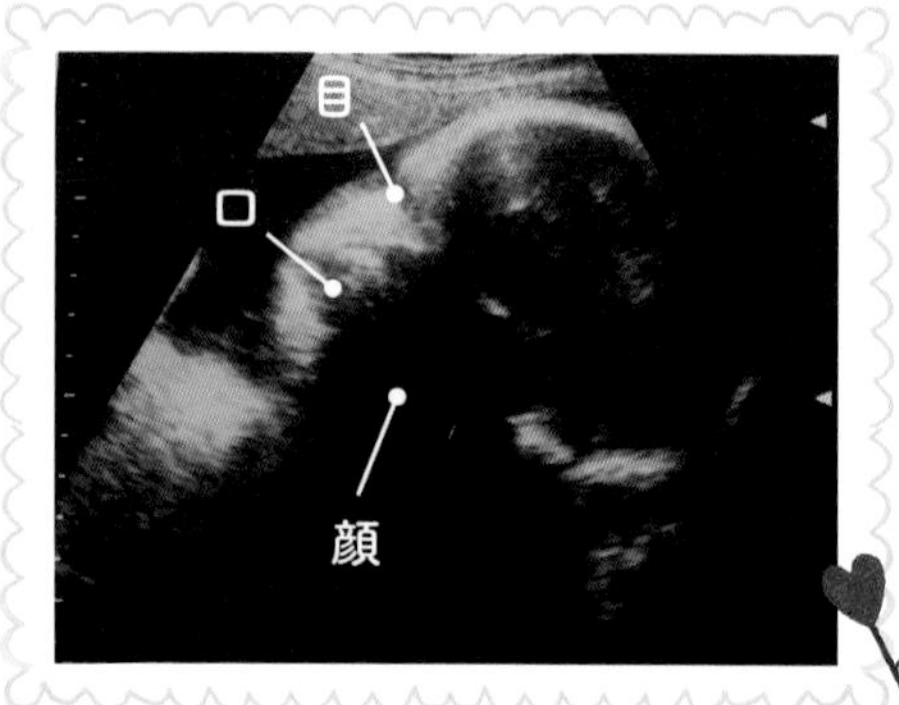


寝ているような顔が写っています。

＊正期産：赤ちゃんが生まれるのに望ましい時期の妊娠37週０日から41週６日までの出産のこと。

## 生活メモ

### 陣痛が始まったら

陣痛があったからといってすぐに生まれるわけではありません。**初産の場合、たいてい10分間隔の陣痛から子宮口が全開するまでには11～15時間もかかります。**落ち着いて行動しましょう。陣痛の間隔を測り、病院に連絡し、入院するか確認を。入院は家族が運転する車か、タクシーで向かいます。病院へ向かうときには、戸締まりも忘れずに。

### パパへのお願い

**産前産後のスケジュール調整を**

臨月に入り、いつお産が始まってもおかしくない時期です。パパは**陣痛が始まったときや産後などに休暇が取れるようにスケジュールの調整をしておきましょう。**出産は予定日通りに来ないものですが、大切な機会を逃さないようにしてください。

## これに気をつけて

### さかごが治っていないとき

**37週までにさかごが治っていない場合、帝王切開になることが多いです。**帝王切開分娩でも経腟分娩でも、赤ちゃんを産むことにかわりはありません。落ち込んだり自分を責めたりすることなく出産に臨みましょう。**直前でもさかごが治れば経腟分娩になります。**

また、経腟分娩の予定でも**容体が急変すれば緊急帝王切開になることもあります。**帝王切開については、知っておくことが大切です。

## 8万件のママの声 悩み不安Q&A

**Q 歩くことをすすめられましたが外は雪です。**

**A お掃除やストレッチを。**

家から出られないようなら**室内で体操やストレッチ、両手両ひざをついた姿勢での床掃除もおすすめ**です。(助産師　宮川めぐみさん)

**Q 赤ちゃんが動くと肛門に痛みが。**

**A 赤ちゃんが下のほうにいるのでは。**

**赤ちゃんがかなり下のほうへ下りてきているのかもしれません。**問題がないことが多いですが、痛みが続くようなら受診しましょう。
(助産師　宮川めぐみさん)

**Q 自分は本当に産めるのだろうかと不安に。**

**A 出産のイメージトレーニング(→p130)を。**

**出産への知識を深めれば精神的な余裕が生まれます。**陣痛の効果や、ママだけでなく赤ちゃんも頑張っていることなどを知ると不安も和らぐでしょう。(産婦人科医　天神尚子先生)

### 体験談

**さけび過ぎました**

一定間隔で来る陣痛に、ラクな体勢を取ることもできず、ただただ「痛いー！まだー？」とさけびました。すすみが速く、病院について3時間で出産しました。(ふみママ・ひなちゃん)

### 体験談

**立ち会い出産に**

休日の早朝に陣痛が始まったのでパパに立ち会ってもらえました。お産は私だけだったので手厚くケアしてもらえました。(ミホママ・たくまくん)

妊娠10カ月 3週

# 38週

赤ちゃんの皮膚が厚くなり、
丈夫になってきます。
また、頭を下にして
生まれる準備に
入ります。

38週0日は
出産予定日まで
あと14日

医師監修
妊娠38週の
過ごし方

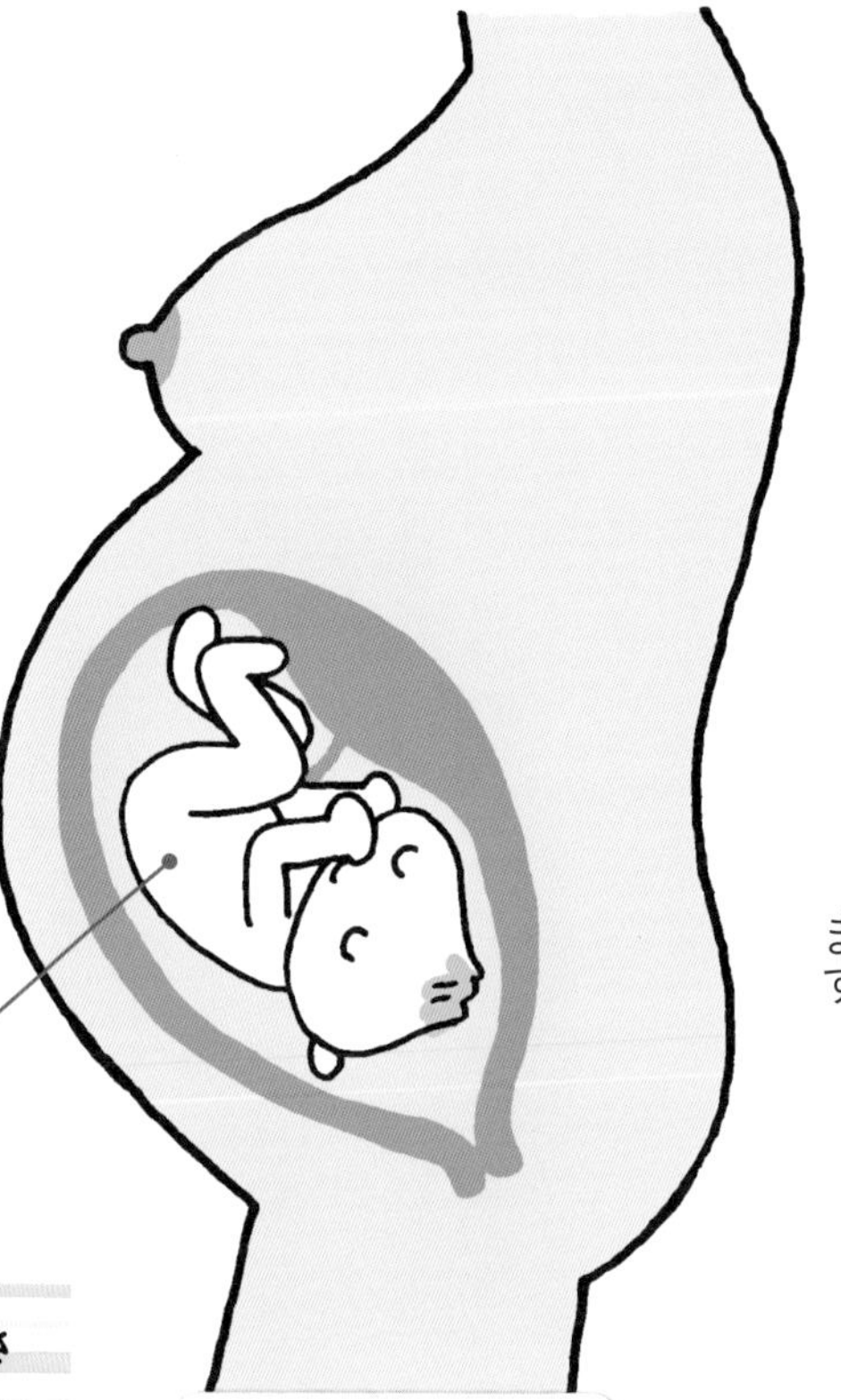
全身を覆っていた胎脂が減ってきます

赤ちゃんの大きさ
- 身長 約48cm
- 体重 約2800g

38週0日
年　月　日

## ママの体の変化と症状

### 赤ちゃんは下がり膀胱が圧迫され頻尿に

赤ちゃんが下がってくることにより膀胱が圧迫され、**今まで以上に頻尿に。**ママはいちだんと寝つきが悪くなり、**浅い眠りが続く**でしょう。出産への不安から眠れないママもいます。

## 赤ちゃんの成長

### 髪の毛の生え方は個人差がある

全身を覆っていた**胎脂《たいし》が少なくなります。**この時期になると赤ちゃんの髪の毛はふさふさだったり、あまり生えていなかったり**個人差が出てきます。**生まれてから伸びるペースも個人差があります。

## このころの超音波写真

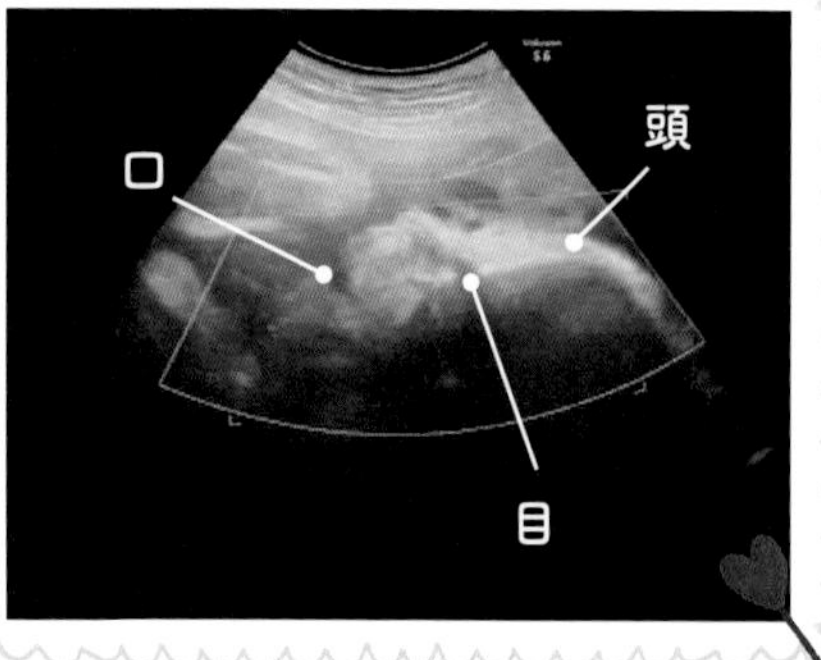
頭
口
目

顔が写っています。目や口もなんとなくわかります。

## 生活メモ

### パパに留守中のお願いを

里帰り出産でなくても、ママは出産入院で5日〜1週間ほど家をあけることになります。退院は赤ちゃんと一緒なので、**パパに部屋をきれいに保っておくようにお願いを**しておいて。

### 糖分補給の準備を

**陣痛中は糖分補給が有効**な場合も多いので、助産師に確認しOKなら、チョコやゼリー飲料、ジュースなど**糖分補給ができるものを準備して**おきましょう。

## リフレッシュ法

### 赤ちゃんに会えるのを楽しみに

いつお産が始まるか、毎日ドキドキしていると思いますが「もうすぐ会えるんだ」という前向きで楽しみな気持ちで待ちましょう。リラックスしながら、**普段通りの生活を送っていれば、自然の流れで受け入れられる**はずです。

## これに気をつけて

### 破水か尿もれの判断は病院へ

破水と尿もれの違いは自分ではわかりづらいので、**水が出ている感覚が続くようであれば、入浴はしないで病院へ。**ささいな体の変化も見逃さないようにしましょう。

### お産の始まり（↓p168）は落ち着いて

どこで陣痛や前期破水が起こっても、**すぐに生まれてしまうことはほぼありません。**落ち着いて対処するようにしましょう。

## 8万件のママの声 悩み不安Q&A

**Q 寝ているときに破水や陣痛がきたら？**

**A 落ち着いて交通手段の確認を。**

夜中に陣痛や破水が来たら、まず病院へ連絡し、交通手段の確認を。**タクシーを使う場合は前もって夜間の運行状況をタクシー会社に確認しておく**と安心です。（産婦人科医　天神尚子先生）

**Q 夜中に規則的な張りがあったけれど朝方には治まりました。**

**A 前駆《ぜんく》陣痛です。**

それが前駆陣痛です。体もお産に向けて準備を始めています。**体を温かくしてリラックスして過ごしましょう。**（助産師　宮川めぐみさん）

**Q 陣痛ではないですがおしり周りが痛くて眠れません。**

**A 温めてみましょう。**

分娩前になると骨盤や骨盤周りの**靭帯が伸び始めて、骨盤が少し広がる**といわれています。そのため痛みなどが出ます。温めると痛みが緩和することも。痛みが強い場合は受診を。

（産婦人科医　太田篤之先生）

### 体験談

**生まれるまでは長かった**

夜中3時に目が覚め、なんだか腰が痛いと時間を測ったら5〜7分おきくらい……。でも入院してからなかなかすすまず。結局18時間かかりました。（れみママ・しょうたくん）

### 体験談

**いつ始まるか不安でした**

陣痛が来るまで不安でしたが、運よくパパがいる夕方〜夜にかけて陣痛が始まりました。産院に着いてから8時間ほどで生まれました。（りかママ・ちさちゃん）

妊娠10カ月 4週

# 39週

ママの準備が整うと、赤ちゃんは頭を下にして体勢を整え、その日に備えます。

39週0日は出産予定日まであと7日

医師監修
妊娠39週の過ごし方

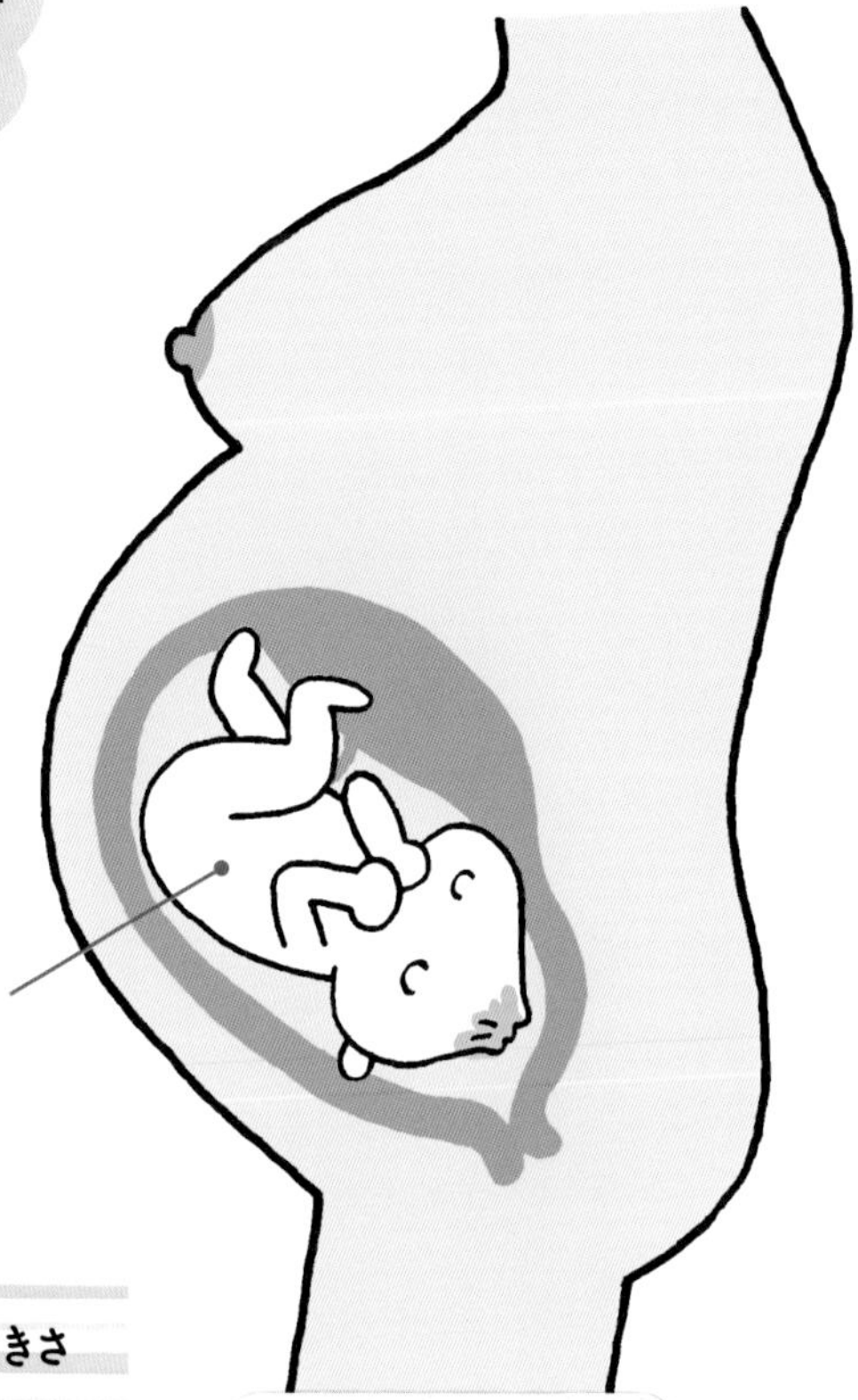


**赤ちゃんの大きさ**
- **身長 約49cm**
- **体重 約3000g**

39週0日
年　月　日

## ママの体の変化と症状

### 産道がやわらかくなり赤ちゃんが出る準備が

ママの体は出産に向けて変化していきます。ホルモンの分泌により、**産道がやわらかくなり骨盤もゆるんで広がっていきます。**陣痛はつらいかもしれませんが、赤ちゃんが産道を通るための大切な働きです。

## 赤ちゃんの成長

### 生まれる前の準備は完了 さぁ、外の世界へ

子宮内は赤ちゃんと胎盤でいっぱいに。**羊水も500mlくらいまで少なくなっています。生まれる前の発育はすべて完了。**頭を少し小さくしながら、下へ下へと下がってきています。いよいよ出産が始まります。

\このころの超音波写真/

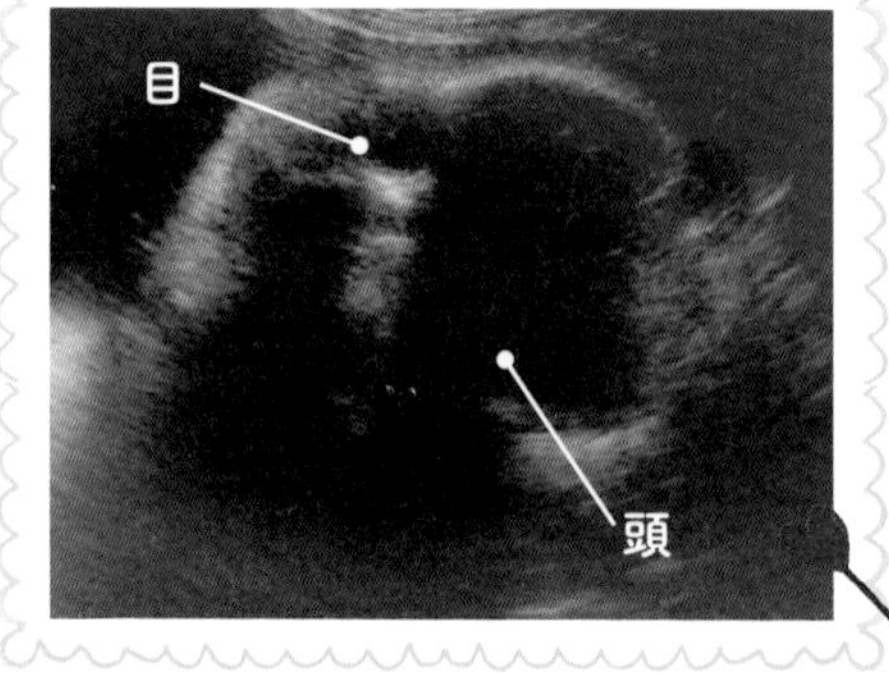

顔が大きく写っています。

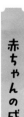

### 生活メモ

## 1人の行動や遠出を控えて

いつお産が始まってもよい時期ですが、家に閉じこもる必要はありません。体調がよいときは、**ウォーキングなどの適度な運動や、気分転換にもなる買いもの、散歩を**しましょう。ただし、1人ではなくパパや家族、友人などと一緒のほうが安心。**片道1時間以上かかるような1人での遠出も控えます。**

### 高年妊娠のママへ

## 出産リスクを頭に入れて

妊娠・出産の場合、赤ちゃんが生まれてくるまでなにが起こるかわかりません。急に状況がかわることもありますし、**高年妊娠の場合そのリスクも高い**といえるでしょう。**最後まで気を抜かないで**過ごし、体力づくりに努めましょう。

### これに気をつけて

## 激しい痛みや大量の出血

今までの妊娠経過が順調でも、思いがけずトラブルが起こることもあります。**激しいおなかの痛みや大量の出血、頭痛やめまいなどがあった場合には、すぐに受診**しましょう。

## 運動をやめないで

いつ生まれてもよい時期なので、**適度な運動は続けましょう。**お産や産後に向けての体力づくりにもなりますし、子宮口が刺激され、お産を促す効果も。

### 体験談

## 赤ちゃんと一緒に頑張る気持ちで

陣痛が来たときは赤ちゃんも頑張っていると自分にいい聞かせ、痛みが来たら赤ちゃんに「頑張れー」とエールを！ それで乗り切れました。（ゆうなママ・あいちゃん）

### 体験談

## 微弱陣痛で丸1日

妊娠して16kgも太ってしまったためか微弱陣痛で、子宮口の開きも遅かったのです。私は丸1日陣痛に耐え、やっと出産しました。（ひろこママ・けいたくん）

### 8万件のママの声

## 悩み不安Q&A

**Q 子宮口を開きやすくするには？**

**A よく歩くのがおすすめ。**

初産の場合、子宮口がかたく、予定日より遅くなる人が多いです。子宮口を開きやすくするためには、**適度に毎日歩くのがおすすめです。**

（助産師　宮川めぐみさん）

**Q 予定日になっても陣痛が来ません。**

**A 赤ちゃんと一緒に待ちましょう。**

残念ながら確実に陣痛が始まる方法はありません。運動をすすめることもありますが確実な方法ではありません。**あせらずに待ちましょう。**

（産婦人科医　太田篤之先生）

**Q 赤ちゃんが小さめです。大丈夫？**

**A 小さく生まれても産後大きくなります。**

**胎児の成長は体重よりも週数が重要です。小さく生まれても母乳などの栄養で大きくなっていく**ので、心配し過ぎないで大丈夫。

（産婦人科医　太田篤之先生）

# 赤ちゃんを迎える準備

（監修／助産師・保健師 髙塚あきこさん）

**早めにしておきたい入院準備**

妊娠37週から42週未満のお産を正期産といいます。この時期に生まれる赤ちゃんがいちばん多いですが、それ以前に生まれてしまうことや、切迫早産などで急に入院になることもあります。**妊娠中はなにが起こるかわかりません。**そのため**妊娠後期に入ったらいつ入院になっても対処できるように準備して**おくことをおすすめします。どんなに遅くても**36週までには準備を完了して**おいて。

**Q 入院準備のすすめ方は？**

**A 病院で用意しているものを確認してから、必要なものを準備して。**

入院準備品には病院で用意してくれるものと自分で準備するものがあります。まずはそれを確認し、下記の流れを参考にすすめましょう。

入院 ← 陣痛、または前期破水 ← 妊娠10ヵ月（36週） ← 妊娠８ヵ月（28週）

### 必要なものを確認

出産入院する**病院でもらう入院準備リストを確認**し、自分で準備するものは早めにそろえます。

### バッグに詰める

必要なものがそろったらすべて**バッグに詰めて、玄関周辺のすぐに持ちだせる場所に置きます。**

### 連絡先のリストをつくる

陣痛が始まったら連絡が必要な**病院やタクシー会社、実家などの連絡先をリストに**しておきましょう。経産婦の場合は連絡するタイミングも早めになるかもしれないので、事前に病院に確認を。

### 入院までのシミュレーションをしておく

陣痛はいつ始まるかわかりません。昼間１人のときや夜間に始まった場合、交通手段や上の子がいる場合はどうするかなど、**いくつかのパターンをシミュレーション**しておきましょう。

### その日を落ち着いて待つ

万全の準備をしてシミュレーションをしっかりしたら、**落ち着いてその日を待ちましょう。**

入院持ち物リストはコチラ！

# 入院グッズリスト

**リストの一例です。自分の入院する病院のリストと照らし合わせて、必要なものをそろえましょう。**

## 自分で準備するもの

・パジャマ（最低2着は前開きのもの）
・授乳用ブラジャー 2～3枚
・産褥《さんじょく》ショーツ 2～3枚
・母乳パッド
・バスタオル 1～2枚
・タオル 2～3枚
・洗面用具
・スリッパ
・ティッシュペーパー
・健康保険証
・診察券
・母子健康手帳
（先天性代謝異常症の検査申込用紙）
・小銭
・時計
・筆記用具
・コップ
・授乳用ガーゼハンカチ 4～5枚
・退院時のママの服や赤ちゃんのウエア
・入院費用

※パジャマやタオルはレンタルできる病院もあります。

## あると便利なもの

・カメラ
・靴下（お産のときに冷えないようにはく）
・飲みもの、ペットボトル用ストロー
・使い捨てカイロ
（陣痛時、腰やおなかを温める）
・抱き枕やクッション
・テニスボールなど陣痛時の
マッサージアイテム
・好きな音楽やアロマ
（陣痛時に気がまぎれる）
・リップクリーム（病室の乾燥対策）
・ミニバッグ

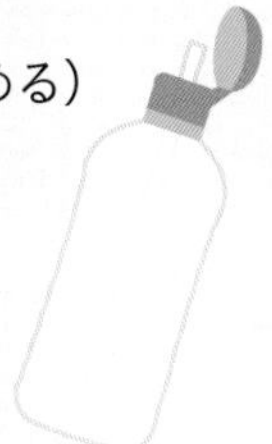

陣痛を乗り切るためのアイテムは、陣痛をシミュレーションして準備してみましょう。アロマなどは陣痛室の環境によるので事前に病院に確認を。

## 病院で用意してくれるもの

・分娩用ナプキン（M・L各1袋）
・清浄綿
・赤ちゃんの紙おむつやおしりふき
・腹帯

※病院によって内容はかわります。

体験談

### 想像しながら陣痛乗り切りグッズをそろえて

陣痛時の自分を想像しながら準備をすすめました。タオルやカイロ、自分が落ち着ける音楽なども準備。外出中に破水し病院へ直行しましたが、入院グッズを玄関わきに準備しておいたので、すぐにパパに持ってきてもらえました。（かよママ・みくちゃん）

体験談

### 早めに準備して正解でした

8カ月の半ばにおなかの張りが頻繁になり切迫早産で入院。早めに入院準備はできていましたが、入院が長かったのでパジャマは買い足しました。退院時の服は体形が産前のようには戻っていなかったのでマタニティでOKでした。（さくらママ・りょうくん）

# 赤ちゃんグッズのそろえ方

## 予算を決めて計画的にすすめよう

赤ちゃんグッズは「購入するもの」「おさがりや代用品でまかなうもの」「レンタルにするもの」の割合で、かかる費用がかわります。どのようにそろえていくのか、パパとも相談し、**リストをつくって計画的にすすめましょう。**

購入したものは、赤ちゃんが退院してすぐに使えるように**すべてパッケージからだして、衣類などは水洗いをしておきます。**

赤ちゃんグッズ
リストは
コチラ！

### Q 準備はいつから始めたらいい？

**A** 妊娠中期からスタートできるとベストです。

**妊娠5ヵ月ごろ～**

赤ちゃんに必要なものを**リストアップし、予算を決めます。**次に、**「購入するもの」「おさがりや代用品でまかなうもの」「レンタルするもの」**を決めていきます。

**妊娠6～7ヵ月**

お店でグッズの質や手触り、使い勝手を確認して必要な**アイテムを絞ります。**その後、**どこで購入するのか、どこでレンタルするのかを決めましょう。**また、友だちに声をかけておさがりを集め、**代用できるものの情報も集めます。**

**妊娠8～10ヵ月**

買いものをスタート。産後、買い足せるような**服やおもちゃ、消耗品は買い過ぎないようにします。レンタルは8カ月ごろには予約**しておくと安心です。

# 赤ちゃんグッズ

## 肌着・ウエア

**保温性、通気性、吸湿性に優れたもので、着脱のしやすいものを。綿製品は肌触りがよく、洗濯に強く乾きやすい**のでおすすめです。出産準備には必要最低限の枚数にし、赤ちゃんの様子をみて使いやすいものを買い足します。夏生まれの場合は汗をかくので肌着を少し多めに。帽子や靴下は必要に応じてそろえましょう。

### 肌着

**短肌着（5～7枚）**

すそが短い基本の肌着。低月齢*向けです。

**長肌着（季節に合わせて）**

足をあまり動かさず、おむつ替えが頻繁な新生児向け。寒い日におすすめ。

**コンビ肌着（4～5枚）**

股の部分にスナップがついているので、はだけなくて便利。

### ウエア

**ツーウェイオール**

スナップの留め方でスカート型にもズボン型にもなります。

**カバーオール**

ズボン型のウエア。動きが活発な赤ちゃんに。

**ドレスオール**

スカート型でおむつ替えには便利。はだけやすい。

### 季節のおすすめ組み合わせ

春・秋→ 短肌着  ＋ ウエア 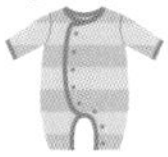

寒暖差があるので重ね着やベストなどで調節を。

夏→ 短肌着  ＋ 夏用の薄手のウエア 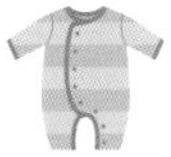

暑い日はコンビ肌着だけでもOK。

冬→ 短肌着  ＋ コンビ肌着  ＋ ウエア 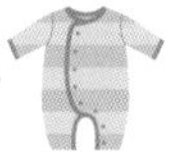

薄手のもので重ね着を。

＊低月齢：明確な基準はありませんが、ここでは0～4カ月の首が座る前をさします。

## おむつグッズ

赤ちゃんの体に合う、合わないがあるので、**最初は必要最低限の用意**を。実際に使ってみてから、合ったものをまとめて買うのがおすすめです。

### 紙おむつ

**使い捨てで育児の負担が軽減**。入院している間に**1パック程度用意**を。近くで購入できるお店のチェックも忘れずに。**赤ちゃんの成長に合わせてサイズ変更を**。

### おしりふき

おしりの汚れをふきます。**厚手、薄手のものがある**のでママが使いやすいものを選んで。

### 布おむつ

**おむつカバーと組み合わせて使用**。繰り返し使えますが、洗う手間もかかるので**育児に余裕があれば検討**を。

## 授乳グッズ

母乳の出具合は妊娠中にわからないので、母乳育児をメインに考える場合でも**哺乳びん・乳首1セットの準備**を。産後、必要に応じて買い足して。

### 哺乳びん

ガラスでもプラスチックでもいいので、**1本は必ず準備**を。

### 乳首

乳首は**哺乳びんに合わせ1つ準備**を。

### 粉ミルク

授乳状況を考え**1缶購入**。もしくは、**入院中に母乳の出具合をみてから購入**を。

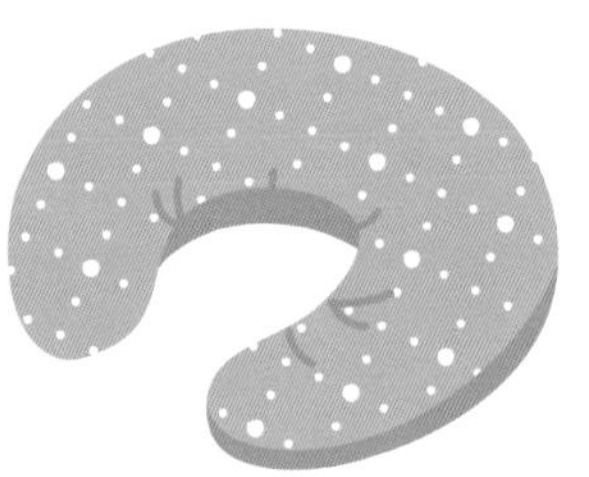

### 搾乳器

手動や電動のものがあります。**産後、必要に応じて**そろえます。

### 哺乳びん消毒・除菌用品

煮沸消毒もできますが、**電子レンジや薬液消毒グッズは手軽で便利**。

### 授乳クッション

授乳時に赤ちゃんの**高さを調節できて、ママの腰や腕の負担を和らげます**。普通のクッションでも代用可。

## ねんねグッズ

ベビー布団は**退院直後から使います。**安全性や季節を考えて選びましょう。生活環境に合わせて**ベビーベッドやベビーラックの購入を検討して。**

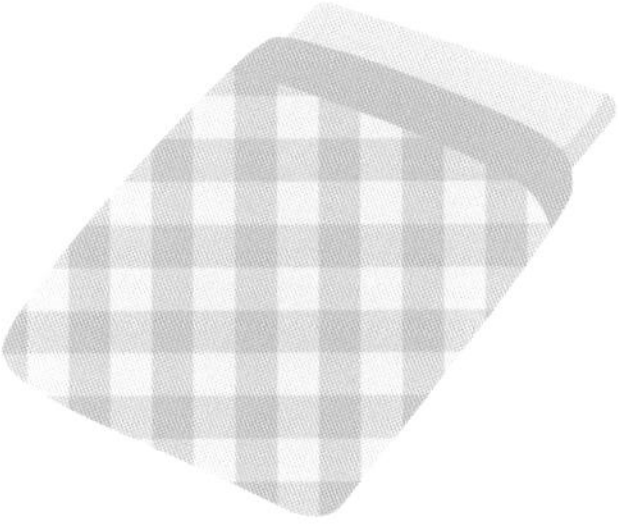

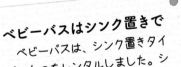

### ベビー布団

**敷き布団はかため、かけ布団は軽めが基本**です。夏のかけ布団はバスタオルなどで代用可。**防水シーツも準備**しておきましょう。

### ベビーベッド

床からの距離があり、**衛生的な環境をつくります。おむつ替えも楽。**ペットがいる場合も安心です。

### ベビーラック

**移動ができて、少しの間だけ寝かせたり、あやしたりするときに便利。**授乳後、上半身を少し高くしておくと吐き戻しの予防にも。食事用イスにもなり長く使えます。

## 沐浴グッズ

抵抗力が弱い新生児は**ベビーバスで沐浴**を。**ガーゼやベビー専用のソープやローションも退院直後から使います**ので、出産前に準備しておいて。

### ベビーバス

**1カ月程度使います。**床置き、台所のシンク置き、折りたたみ式などがあります。衣装ケースなどでも代用可。

### ベビーソープ

赤ちゃんの肌は刺激に弱いので、**専用のベビーソープを準備**します。**片手プッシュで泡が出るタイプが便利**です。

### 沐浴布

赤ちゃんを**お湯に入れるときに、体にかけてあげると安心します。**普通のガーゼでも代用可。

体験談

**ベビーバスはシンク置きで**

ベビーバスは、シンク置きタイプのものをレンタルしました。シンク置きはあまりかがむこともなく、けっこう楽でしたね。1カ月しか使わないものだし、置き場所も取るので、レンタルですませてよかったです。（かほママ・いつきくん）

### ローション

赤ちゃんの肌に合う、合わないがありますが、入浴後の保湿のために**ワセリンかローションなどを必ず準備**しましょう。

### ガーゼ

**顔や頭をぬぐうときに使います。**やわらかいものを選んで。

## 衛生グッズ

小さな赤ちゃんの体のケアに適した、**ベビー専用のものを準備**しましょう。

### ガーゼ

授乳時、授乳後のげっぷのとき、沐浴時など、よく使うので**多めに準備**を。

### つめ切り

**刃先が丸く、安全性が高いつめ切りを準備**しましょう。

### 綿棒

**沐浴後の耳や鼻のお手入れ、おへその消毒**などに使います。

### 鼻水吸い器

**鼻水が頻繁に出るようならあると便利**。電動と手動のものがあり、必要に応じて購入を。

### 体温計

ベビー用の速く測れるものは**測定しやすくて便利**です。

体験談

**電動式の鼻水吸い器を買い足し**

鼻水吸い器は産後に購入しました。先輩ママ友から、電動タイプが楽だと聞いていましたが、お値段がけっこうするので、まずはスポイトタイプを購入。でもよく鼻水をだす子だったので、結局、電動式を購入しました。
(まゆみママ・ゆなちゃん)

## お出かけグッズ

**抱っこひもやベビーカーは生活スタイルに合わせて**選びましょう。退院時に**自家用車で帰宅するならチャイルドシートは必ず準備**します。

### チャイルドシート

**自家用車があるなら必ず準備**します。新生児から1歳までの乳児専用と、幼児まで使えるものがあります。

### ベビーカー

**生後1カ月から寝かせた状態でも使えるA型、生後7カ月から座った状態で使えるB型、AB兼用タイプがあり**、大きさや重さ、機能も違います。生活に合わせて購入を。

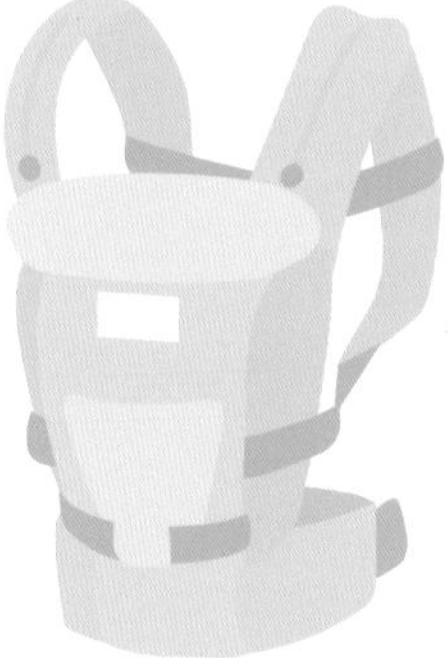

### 抱っこひも

**縦抱き、横抱き、おんぶ型などさまざまなタイプがあります**。どんなときに使うかを考えて選んで。

## Q 赤ちゃんのお部屋づくりのポイントは？

## A ママの目が常に届く場所につくって。

新生児は1日16〜20時間ほど寝ますが、眠りが浅く頻繁に目を覚まします。そのため寝るスペースは、ママが日常生活を送る中で常に目が届き、お世話のしやすい場所につくりましょう。難しい場合は、赤ちゃんモニターを設置するなど、できるだけ目を離さない工夫をすることが大切です。

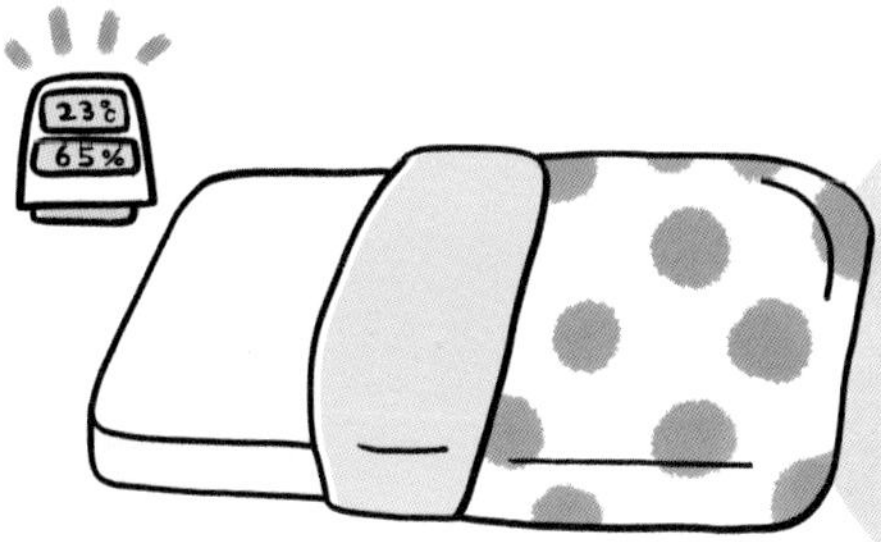


### 温度・湿度

大人が快適に過ごせる温度や湿度でOK。目安は、**室温が夏は25〜28度、冬は20〜23度、湿度は60〜70%。** エアコンの風は直接当たらないように。

### 明るさ

**昼間は無理に真っ暗にする必要はなく**、大人が過ごす環境で寝かせていて大丈夫です。

### 安全面

赤ちゃんの窒息の危険をなくすために、**布団が顔にかからないようにする**のはもちろん、**顔周辺にはティッシュやガーゼ、ぬいぐるみなども置かないようにします。シーツなどのたるみにも気をつけましょう。** ベビーベッドに寝かせるときは**必ず柵を上げておきます。**

### 赤ちゃんの寝る場所

**直射日光が当たるような場所、エアコンの風が直接当たる場所は避けます**が、日差しを調節しながら適度に日光浴ができる場所が理想です。

### お世話のしやすさ

ママがお世話をしやすいように、必要なお世話グッズはひとまとめにしておくと便利です。とくに頻回の**おむつ替えグッズは寝るスペースの近くに準備**を。

# 赤ちゃんの名づけ

## 出生届は赤ちゃん誕生から14日以内に

**赤ちゃんが生まれた当日を含め、14日以内に市区町村役所へ出生届を提出します。**出生届の右側半分は出生証明書となっているので、出産した病院の医師や助産師に記入してもらいます。左側は赤ちゃんの名前のほか、必要事項を記入して届け出をします。手続きには印鑑や母子健康手帳などが必要になります。

### 名前ランキングをチェック

2020年の赤ちゃんの名前・名前の読み・名前の漢字ランキングをそれぞれ1～100位まで発表。2010年以降のランキングや、名づけトレンド、つけたい名前の順位など、情報満載なので、要チェック！

### 2020年 赤ちゃんの名前ランキングTOP10

男の子

| 順位 | 名前 | 主な読み |
|---|---|---|
| 1 | 蓮 | れん |
| 2 | 蒼 | あおい、あお |
| 3 | 陽翔 | はると、ひなと |
| 4 | 樹 | いつき、たつき |
| 5 | 湊 | みなと、そう |
| 6 | 大翔 | ひろと、はると |
| 7 | 悠真 | ゆうま、はるま |
| 8 | 湊斗 | みなと |
| 9 | 律 | りつ |
| 10 | 朝陽 | あさひ |

女の子

| 順位 | 名前 | 主な読み |
|---|---|---|
| 1 | 陽葵 | ひまり、ひなた |
| 2 | 紬 | つむぎ |
| 3 | 凛 | りん |
| 4 | 芽依 | めい |
| 4 | 結月 | ゆづき、ゆつき |
| 6 | 結菜 | ゆいな、ゆな |
| 7 | 葵 | あおい |
| 8 | 莉子 | りこ |
| 9 | 澪 | みお、れい |
| 10 | 陽菜 | ひな、はるな |

### 春夏秋冬の人気名前はコレ！

季節をイメージする漢字が使われた人気の名前を紹介します。名づけの参考にしてみては。

| 春 男の子 | 春 女の子 | 夏 男の子 | 夏 女の子 | 秋 男の子 | 秋 女の子 | 冬 男の子 | 冬 女の子 |
|---|---|---|---|---|---|---|---|
| 太陽 | 美桜 | 陽向 | 夏帆 | 楓 | 楓 | 柊 | 柚希 |
| 桃李 | 菫 | 海斗 | 葉月 | 秋斗 | 彩葉 | 柊翔 | 一華 |
| 桜介 | 心春 | 海翔 | 彩夏 | 智秋 | 琴葉 | 琥太郎 | 凛香 |
| 玲桜 | 桃花 | 七斗 | 七海 | 暁斗 | 結月 | 凛太郎 | 睦葵 |
| 桜輝 | 菜月 | 夏樹 | 紗凪 | 楓真 | 美月 | 暖 | 結愛 |

出典／ベビーカレンダー

# Q 名づけのポイントはなに？

**A** 名前をつけるときに使える文字は決まっているので、まずはその確認を。漢字の意味や姓とのバランス、呼びやすさ、書きやすさなども考えて決めましょう。

Point1

## 使える文字は決まっている

名づけでは使える文字が決まっています。**常用漢字と人名漢字、ひらがな、カタカナ、符号4種（ゝ、ゞ、々、ー）は使えます。**算用数字、ローマ字やアルファベット、記号は使えません。使える漢字を調べたいときは漢和辞典や法務省のホームページで確認できます。

Point2

## 名前の読み方に決まりはない

名前の読み方に制限はなく、「月」を「るな」などと読ませる**当て字も可能**です。ただし、あまりに奇抜な読み方は、将来子どもが苦労することにも。ずっと使っていくことを考え検討しましょう。

Point3

## 漢字の意味や姓とのバランスも考えてつける

**漢字の意味や組み合わせ、姓とのバランスも必ず確認**しましょう。たとえば「心太」は「ところてん」、「海星」は「ひとで」と読めてしまいますし、「原麻紀（腹巻）」「那須俊雄（ナスと塩）」など、姓とつなげて読むと違う意味になることも。いろいろな面からの検討が必要です。

体験談

### 姓とのバランスや呼びやすさを重視

妊娠中から名前の候補はいっぱい出ましたが、ピンと来るものがなく、結局決まらないまま出産。入院中も自宅に戻ってからもなかなか決まらず1週間。結局、姓とのバランス、キラキラネームにならないよう、呼びやすさを重視して決めました。（ともママ・ゆうきちゃん）

体験談

### 漢字の読みや意味を調べて決定

名づけの本やパソコンなどを利用して、姓に合う画数の漢字をノートに羅列して選んでいきました。漢字の読み方や意味合い、苗字とのバランスも考え、書きまくりました。つけた名前の意味合いどおりに育っています。（ひろみママ・けんとくん）

# 両親学級に行こう

（監修／助産師・保健師　髙塚あきこさん）

## 出産や育児を実感し覚悟もできる

**妊娠生活で気をつけたいこと、出産の流れ、赤ちゃんのお世話のしかたなどを教えてくれる機会**が母親学級や両親学級です。具体的に知ることで、出産や産後の生活もわかり、イメージトレーニングもできます。

**立ち会い出産を希望する場合は、パパの両親学級への参加が必須**となっている病院もあります。事前に確認しておきましょう。

両親学級を動画で受講

### 両親学級・母親学級のプログラム（例）

**1回目（初期から中期）**

・妊娠中の食事（栄養バランスや塩分のとり方など）→p132
・体重管理（適切な体重増加とは）→p126
・妊娠中の過ごし方→p124
・妊娠中に気をつけたい症状
・妊婦ジャケットでの体験（両親学級でパパが参加の場合）
など

**2回目（中期から後期）**

・出産入院の説明（持ちものの説明や病院への連絡の仕方、タイミングなど）→p112、113
・出産の流れ（ビデオなど見ることも）→p168～
・パパが立ち会う場合の注意事項やパパにしてほしいこと→p15・79・188
・陣痛中の過ごし方やおすすめグッズ→p174
・赤ちゃんのお世話のしかた→p198～
・パパの沐浴体験
など

### パパへのお願い

**パパも心の準備を**

妊娠中から親としての自覚が芽生え始めるママと比べ、パパは親になるという実感がなかなかわきません。**両親学級へ参加することで妊娠中のママの大変さや、出産の流れ、産後の赤ちゃんのお世話のしかたを知ることができます。**とくに妊婦体験や沐浴練習を実際してみるなどの体験をすると、自分のこととして意識しやすくなります。積極的に参加しましょう。

# part3

# 安産体質をつくろう

妊娠生活を
楽しく健やかに送るために、
気をつけたいことや
やっておきたいこと、
妊娠中の食生活について
知っておきましょう。

# 妊娠中の基本的な生活

（監修／よしかた産婦人科　院長　善方裕美先生）

## 妊娠中の体はとってもデリケート

妊娠中は全期を通してこれまでの体とは違い、**免疫力が落ちていたり、振動によりおなかが張りやすくなっていたりします。**おなかが大きくなると**重心のバランスもかわります。**そのため、今までなにげなく行っていたことができなくなります。そのことを常に頭に入れ**「自分を守れば赤ちゃんも守れる」**と考えて、無理なく過ごすようにしましょう。

## これはOK？ NG？

### 乗りもの

移動は家族が運転する車や公共交通機関の利用を。ただし、妊娠中は体調の変化も起きやすいので長時間乗るのはおすすめしません。

**飛行機**

| 初期 | 中期 | 後期 |
| --- | --- | --- |
| △ | △ | △ |

飛行機は長時間、振動が続くことで、おなかが張りやすくなるのでおすすめしません。

**車の運転**

| 初期 | 中期 | 後期 |
| --- | --- | --- |
| △ | △ | △ |

注意力が散漫になるので車の運転はできれば避けたいもの。乗車は長時間でなければ○。

**自転車**

| 初期 | 中期 | 後期 |
| --- | --- | --- |
| △ | △ | × |

体のバランスがかわってきて注意力も散漫になります。あまりおすすめしません。

### レジャー

注意事項を守り、体と相談しながら楽しんで。体調に変化があったときは、休憩を取る、中止するなどの対応も必要です。

**旅行**

| 初期 | 中期 | 後期 |
| --- | --- | --- |
| △ | ○ | △ |

長時間、乗りもので移動する旅行は避けて。近場でのんびりした行程の旅行に。

**温泉**

| 初期 | 中期 | 後期 |
| --- | --- | --- |
| △ | ○ | ○ |

体調が不安的な初期は控え、長湯も避けて。出る前にしっかり洗うなど感染対策を。

**海水浴**

| 初期 | 中期 | 後期 |
| --- | --- | --- |
| △ | △ | △ |

海水に入るのは衛生的におすすめできません。砂浜で遊ぶ、足だけつかる程度は大丈夫。

## ！注意

人が集まる場所は、感染症にかかるリスクが高まります。出かけるときは必ずマスクをつけ、人との距離を取り、こまめに手洗いを。

### ほかにも気になるこんな行動はOK?

妊娠中にしてもいいか気になる行動にパーマ（→p147）やセックス（→p131）、ジョギングがよくあがります。絶対にダメというわけではありませんが、体調に変化が出やすいので気になるなら控えて。ジョギングなど妊娠前から行っていた運動なら、軽めに続けてもよいですが、新たに始めるのはNGです。

## レジャー

### ライブ・スポーツ・フェス観戦

| 初期 | 中期 | 後期 |
| --- | --- | --- |
| ● | ● | ▲ |

立ちっぱなしや人混みで押されたりすることが心配です。気をつけて行動を。

### 映画

| 初期 | 中期 | 後期 |
| --- | --- | --- |
| ● | ● | ● |

長時間同じ姿勢にならないように途中で姿勢をかえたり、足首の曲げ伸ばしを行って。

### 水族館・動物園

| 初期 | 中期 | 後期 |
| --- | --- | --- |
| ● | ● | ● |

とくに問題はなし。気分転換にもなるので出かけてみては。

### 遊園地

| 初期 | 中期 | 後期 |
| --- | --- | --- |
| ▲ | ▲ | ▲ |

妊娠中は乗れない乗りものもあるので確認しながら楽しんで。

### ダンス・ヨガ

| 初期 | 中期 | 後期 |
| --- | --- | --- |
| ● | ● | ● |

妊娠していることをしっかり伝え、そのうえで安全に楽しめるものに参加して。

### ショッピング

| 初期 | 中期 | 後期 |
| --- | --- | --- |
| ● | ● | ● |

気分転換にもなっておすすめ。荷物持ちとしてパパも一緒ならより安心です。

体験談

### 妊娠中期に温泉へ

パパと２人での最後の記念にと思い、近場の温泉に１泊旅行へ車で行きました。頻繁に休憩を取りながら、景色のよいところで車を停める程度で、のんびり楽しみました。上げ膳据え膳で、温泉にもゆったり入り、リラックスできました。よい思い出になりました。（まゆママ・まもるくん）

体験談

### 臨月までヨガをしていました

通っている病院でマタニティヨガ教室があったので、安定期に入ってから始めました。もともと体を動かすのは好きだったので、気分転換にもなり、友だちもできて楽しかったです。股関節も開きやすくなったので出産にもよかったと思います。（りんママ・りなちゃん）

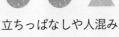

# 妊娠中の体重管理

（監修／よしかた産婦人科　院長　善方裕美先生）

## 増え過ぎも、増えなさ過ぎもNG

　妊娠前の体格によって、増やしたい体重は違います。妊娠前に**やせ型の人は切迫早産、早産、貧血および低出生体重児分娩などの心配**が、妊娠前から**肥満ぎみの人は妊娠高血圧症候群、妊娠糖尿病、帝王切開分娩、巨大児などの心配**があります。

　また、妊娠中の**体重増加量が少な過ぎると低出生体重児分娩や早産などの心配**が、**増え過ぎると巨大児分娩、帝王切開分娩などの心配**があります。

（監修／みらいウィメンズクリニック　院長　茆原《ちはら》弘光先生）

### 妊娠中の望ましい体重増加量

**妊娠中の適切な体重増加量は、妊娠前の体格により異なります。**
**下記の計算で、まず自分のBMI（体格指数）をだしてみましょう。**

**妊娠中に増える組織** ＝ 胎児・胎盤・羊水 ＋ ママの子宮や乳房が大きくなった分・血液の増加分・出産と授乳に備えた貯蔵脂肪

**体重増加量の目安を知る**

**妊娠前のBMI＝体重□kg÷（身長□m×身長□m）**

| やせ型<br>BMI＜18.5 | 普通<br>18.5≦BMI＜25 | 肥満<br>BMI≧25 |
|---|---|---|
| 適切な増加体重<br>**9～12kg** | 適切な増加体重<br>**7～12kg** | 適切な増加体重<br>**5kg（個別目安量）** |
| おなかの赤ちゃんをしっかり育てよう | 妊娠中の必要カロリーをしっかりとって | 妊娠・出産へのリスクが高まる |

バランスのとれた栄養素の摂取に努めましょう。栄養摂取量は妊娠前と比べ、初期＋50kcal、中期＋250kcal、後期＋450kcalを目安とします。肥満（BMI≧25）の人は個別に栄養指導を受けながら、5kg程度の体重増加量が目安です。

**ベビーカレンダーの体重管理アプリもおすすめ**

体重を記録するだけで、自分の体重が適正体重の範囲内にあるかひと目でわかるアプリです。体重管理に役立つ情報やレシピも掲載。ぜひ活用して。

- **産婦人科医と管理栄養士が監修だから、しっかり管理できて安心！**
- **出産後は赤ちゃんの体重と身長を4歳まで記録できて、成長を見守れる！**

# Q 体重管理のポイントは？

## A 「食事」と「運動」の両面から生活習慣を見直して。

規則正しく、バランスのよい食事や運動を実践することで適切な体重増加を実現し、出産、育児に向けての健やかな体づくりができます。

**Point1**

### 寝る3時間前には食べない

寝る直前に食べてしまうと、消費されずに脂肪として蓄積されやすいので、できるだけ寝る3時間前には食事をすませましょう。

**Point2**

### 1週間に1回以上体重を測る

こまめに体重を測り、食べた量と体重増加の目安を知っておくとよいでしょう。最低でも1週間に1回は測り、食べる量を調整するようにします。

体験談

**運動とバランスのよい食生活を**

つわり後に体重が増えたので、心を入れ替えました。1週間の献立を考え、朝夕体重測定。毎日1〜2時間のウォーキング、野菜や魚中心で、夜だけは炭水化物少なめを実践。ときどきスイーツは食べましたがほどよい体重増加で治まりました。（さとこママ・まさとくん）

**Point3**

### 体調に合わせ運動をする

自分の体調と相談しながら、家事を一生懸命やったり、ウォーキング、マタニティビクスやスイミング、ヨガなど運動を取り入れるようにしましょう。

**Point4**

### 食生活に注意する

バランスのよい献立で、1日3回決まった時間に食べるように心がけて。野菜を豊富に、塩分や糖分は控えた味つけを。（→p132〜）

**Point5**

### ダイエットはしない

体重が増え過ぎたとしても1食抜いたりするようなダイエットは厳禁です。必要な栄養素がとれないことのほうが心配なので、量や食べるもので調整を。

# 安産のための体づくり

## 出産に備えて体づくりをしよう

出産には体力も必要です。おなかが大きくなってくると動くのも面倒になりがちですが、**ウォーキングで持久力をつけたり、マタニティビクスやヨガなどで必要な筋肉をつけたり、ストレッチなどで体をやわらかくしたりしておきましょう。**また、呼吸法を身につけておくと陣痛中も力が抜けてリラックスできるようになります。

日本マタニティフィットネス協会の自宅でできるオンラインレッスンなどもあるので、チェックしてみて。

### 体力づくり

真夏の暑い日や雨や雪の日など、なかなか外に出られないときは、家の中でできる体力づくりの運動を。気軽にできる「足踏み運動」「足の上げ下げ運動」を紹介します。

#### 足踏み運動

壁に片手をつき、反対の手は腰に当てる。そのままひざが腰の位置まで上がるように大きく足踏みをする。体調と相談しながら1回10分、1日3回程度行う。

### 股関節のストレッチ

出産に備えて筋肉をつけ、股関節の動きをよくする運動です。**陣痛中にこの姿勢を取ると、赤ちゃんの頭がぐっと骨盤にはまってお産がすすみます。**

**1**

足を肩幅より広く開く。かかとを床につけたままひざを開きながらゆっくりしゃがみ込む。

**2**

そのままゆっくり立ち上がる。おしりの下にお風呂のいすなどを置いておくと安心。1セット5回、1日3回程度行う。

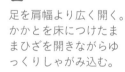

## 足の上げ下げ運動

**1**

壁に片手をつき、反対の手は手のひらを背中に添える。

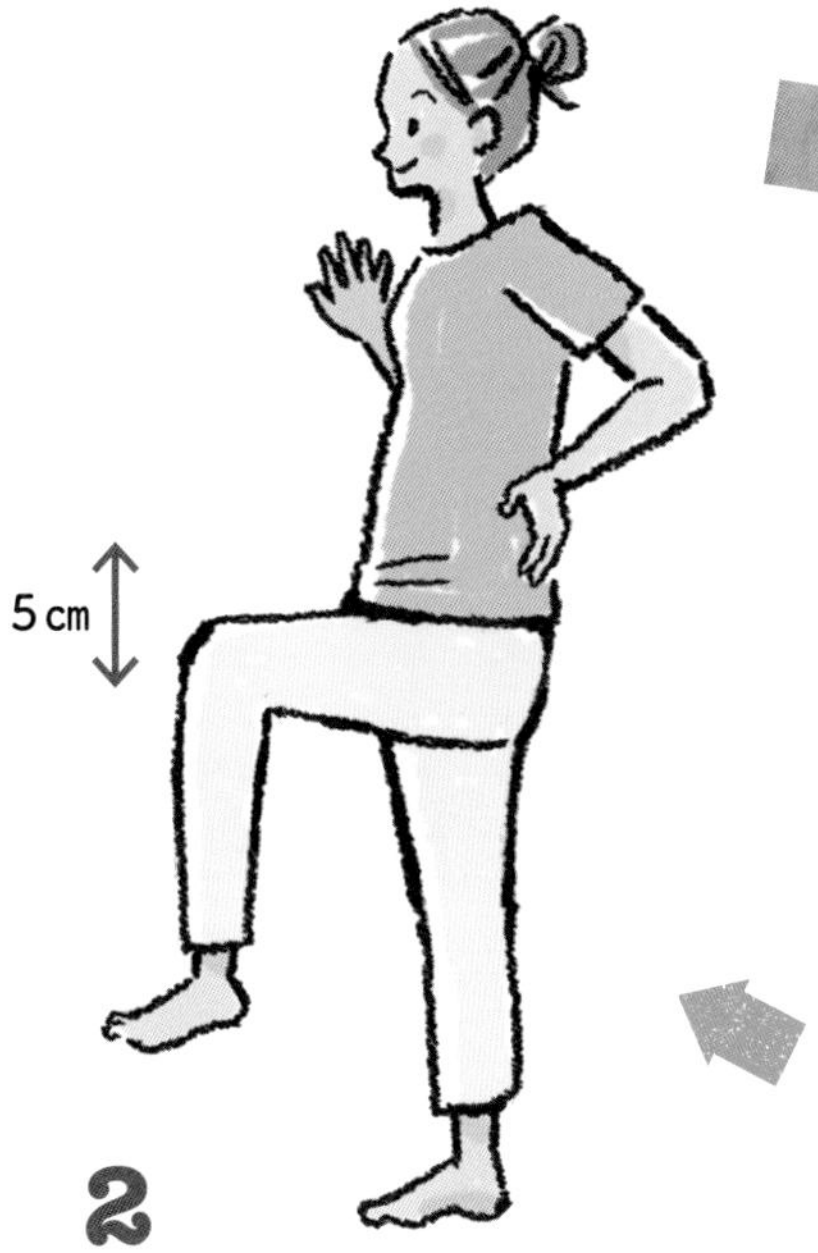


**2**

壁についた手と反対の足を持ち上げる。持ち上げたときに腰が後ろへ倒れないように気をつけて。足はひざを90度に曲げ腰の高さにキープ。そこから5㎝ほど上下に5回動かす。

**3**

次に反対の足も同様に行う。
1セット5回、1日3回程度行う。

体験談

### アプリで紹介のマタニティヨガを

マタニティヨガをしていました。専門の教室に通ったわけではありませんが、アプリで紹介されていたポーズを体調のよいときにやっていました。体が動きやすくなり、腰痛や肩こりのマイナートラブルの改善には効果がありました。
（はるママ・スミレちゃん）

おうちでできる！
安産体操
マタニティヨガレッスン

## 呼吸法

呼吸法は基本的に腹式呼吸で鼻から息を吸って、口から吐きます。**吐くことを意識して、「フーッ」と長く息を吐く練習をしておきましょう。**腹式呼吸がしっかりできると体もリラックスできます。

リラックスできるときに、何度でも行う。

# 出産のイメージトレーニング

（監修／よしかた産婦人科　院長　善方裕美先生）

## 出産は赤ちゃんとの共同作業

**出産はママが1人で頑張るものではありません。赤ちゃんと一緒に頑張るものです。**ママは陣痛がつらいかもしれませんが、赤ちゃんも一生懸命生まれてこようとしていると思えば、励みになるはずです。

赤ちゃんを生みだすための「陣痛」の効果や、出産のとき、赤ちゃんがおなかから出てくるイメージを、頭に入れておきましょう。出産に対してグンと前向きになれます。

## 出産をイメージして怖さをなくそう

**はじめての出産は、怖いと感じてしまうかもしれません。なぜ陣痛があるのか、赤ちゃんはどうやって生まれてくるのかを知り、一緒に頑張るイメージトレーニングをしておきましょう。**

### 陣痛の効果を知ろう

「陣痛」は、おなかで育てた赤ちゃんを生みだすために起こる力です。**陣痛は、赤ちゃんを外の世界へと押しだし、陣痛をきっかけに分泌されるホルモンによって、赤ちゃんの肺に空気を入れる準備が始まります。**そして誕生したときの「おぎゃー！」という産声につながるのです。痛いだけではない、すごいしくみなのです。これを知ると、怖さではなく陣痛が待ち遠しくなりませんか。

### 赤ちゃんの頑張りを知ろう

**おなかの中の赤ちゃんは頭の骨が５つにわかれています。出産時はその骨を、なんと重ね合わせて（骨重積《こつじゅうせき》）出てくる**のです。さらに出やすいように**頭や体の向きを変えたりもしています（回旋**→p171）。赤ちゃんは、ママのせまい産道を通るためにすごい工夫をしているのです。

### おなかの赤ちゃんとのコミュニケーションを

赤ちゃんは、かしこく健気な努力をしながら生まれてきます。妊娠中は、できるだけたくさん赤ちゃんに**「一緒に頑張ろう」「いつごろ出てくるのかな？」など話しかけてコミュニケーションを深め、その日を待ちましょう。**

出産時の呼吸法と赤ちゃんの様子を動画でチェック

いつまでOK？ NG行為は？

# Column 妊娠中のセックス

（監修／よしかた産婦人科 院長 善方裕美先生）

## 妊娠中は短く、浅く、そしてやさしくが基本です

妊娠中のセックスは、少なからずおなかの張りや出血、感染症のリスクがあります。不調を感じることの多い初期は避けましょう。妊娠中期に入り妊娠経過が順調で体調がよければ行ってもＯＫです。ただし、短く、浅く、やさしくが基本です。**なによりママの体調優先で、お互いに思いやりをもって過ごすようにしましょう。**

## 妊娠中のセックスQ&A

### Q おすすめの体位は？

### A おなかに負担をかけない体位で。

ママのおなかに負担をかけず、**あまり深く挿入しない体位がおすすめ**です。

**前側位**
お互い向き合い、パパがママの体を支えて体の状態を安定させて行います。

**後側位**
横向きに寝ているママの背中からパパが抱きしめるようにして行います。

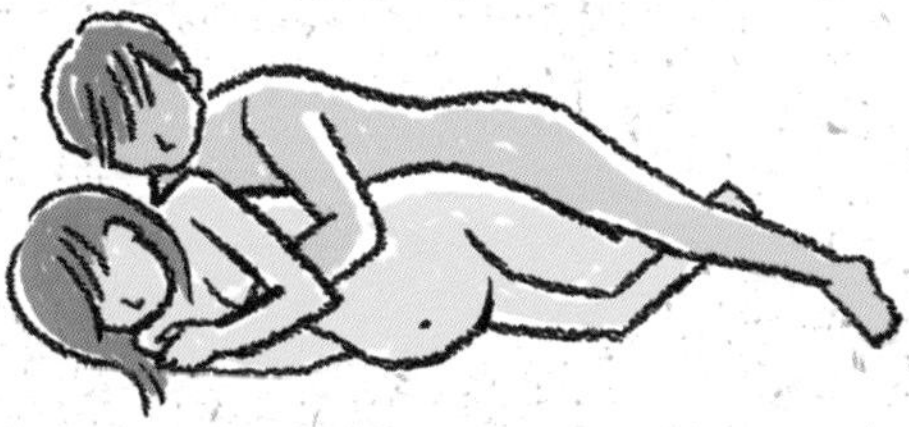

### Q 夫婦円満のスキンシップは？

### A お互いを思いやることで満たされる。

心身ともに不安定になりがちな妊娠中だからこそ、お互いを思いやる行動がいちばん大切です。下記も参考に、**２人が満たされる心地よい時間をつくりましょう。**

- 挿入はしないで手でしてあげる
- 一緒にお風呂に入る
- 日常生活でスキンシップやボディタッチを増やす
- お互いに思いやりのある言葉をかける

### Q 妊娠中のセックスの注意点は？

### A 短く、浅くが基本です。

妊娠中は下記の注意事項を守って行いましょう。基本的には**浅く、短く、感染予防のためにもコンドームは必須**です。

**心身ともに安定しない初期は控える**
妊娠初期は、心も不安定で流産の可能性もある時期。控えたほうが安心です。

**妊娠経過が順調で妊娠５カ月を過ぎたらしてもよい**
体調が安定しているときに行いましょう。

**おなかを圧迫する体位や深い挿入は避ける**
ママの体に負担がかからないように配慮しましょう。

**コンドームを着用する**
体液中の雑菌からの感染を予防するため、必ず着用しましょう。

**疲れないよう短めにする**
ママの体が疲れないように早めに終わらせましょう。

**おなかに張りや痛み、出血があるときは控える**
少しでも、おなかなどに違和感があるときはやめましょう。

# 妊娠中の食事

（監修／相模女子大学　栄養科学部　健康栄養学科　教授　堤ちはる先生）

## 多種類の食材をバランスよく

妊娠中はママやおなかの赤ちゃんの健康を支えるために、多種類の食材による栄養バランスのよい食事をしましょう。そのためには、**積極的にとりたい栄養素もありますが、とり過ぎに注意したい栄養素もある**ことを知っておくことが大切です。

ママが食べたもので、赤ちゃんの体はつくられていきます。

## 妊娠期に必要なエネルギーと栄養素

**自分の年齢の欄の数値に妊婦の付加量を足して、基準の摂取量を計算してみましょう。**

| 栄養素（1日あたり） | | 18～29歳（女性） | 30～49歳（女性） | 妊婦（付加量） |
|---|---|---|---|---|
| **エネルギー（kcal）** | 推定平均必要量 | 2000 | 2050 | 初期＋50<br>中期＋250<br>後期＋450 |
| **たんぱく質（g）** | 推奨量 | 50 | 50 | 初期＋0<br>中期＋5<br>後期＋25 |
| **ビタミンA（μgRAE）** | 推奨量 | 650 | 700 | 初期＋0<br>中期＋0<br>後期＋80 |
| **ビタミン$B_1$（mg）** | 推奨量 | 1.1 | 1.1 | ＋0.2 |
| **葉酸（μg）** | 推奨量 | 240 | 240 | ＋240 |
| **ビタミンC（mg）** | 推奨量 | 100 | 100 | ＋10 |
| **マグネシウム（mg）** | 推奨量 | 270 | 290 | ＋40 |
| **鉄（mg）** | 推奨量 | 6.5 | 6.5 | 初期＋2.5<br>中期・後期＋9.5 |

※日本人の食事摂取基準（2020年版）／厚生労働省より抜粋

**妊婦付加量（中期）の目安を食材であらわしてみると…**

エネルギー 250kcal ▶ごはん…約150g（ごはん茶碗1杯程度）
たんぱく質 5g ▶豚ロース肉…約20g（薄切り2/3枚程度）
ビタミン$B_1$ 0.2mg ▶紅鮭…約80g（1切れ程度）
葉酸 240μg ▶ゆでほうれん草…約200g（小鉢3杯程度）
ビタミンC 10mg ▶オレンジ…約25g（1/4個程度）
マグネシウム 40mg ▶納豆…約40g（1パック程度）
鉄 9.5mg ▶あさりの水煮缶…約30g（大さじやや大盛り2杯程度）

# 妊娠中の食事の5つのポイント

**毎日の食事で気をつけたいことを５つのポイントでまとめました。
できるところから始めていきましょう。
ここで身につけた食習慣は、産後のママと赤ちゃんの健やかな毎日にもつながります。**

Point1

## 規則正しく3食とる

食事は**規則正しく、1日３食と必要に応じて間食をとりましょう**。食事時間が空き過ぎると、空腹感が増してたくさん食べてしまうことがあります。妊娠後期になり、量をとれないときは、1日の食事量を６回くらいに分けて少量ずつ食べる方法もあります。

Point2

## 塩分、糖分は控えめに

妊娠高血圧症候群の予防や体重管理を考えて、塩分や糖分は控えた薄味に。濃い味つけにするとごはんなどを食べ過ぎてしまうことがあります。**塩分摂取量は1日6.5g未満を目安に**します。

Point3

## 野菜・きのこ類をたっぷり食べる

毎日の食事には野菜やきのこ類をたっぷりとり入れましょう。**不足しがちなビタミン、ミネラル、食物繊維をとることができます**。冷凍の野菜なども手軽でおすすめです。

Point4

## よくかんで ゆっくり食べる

よくかむことで**満腹中枢が刺激され満服感がえられます**。早食いをしてしまうと、満足するまでに食べ過ぎてしまうことがあるので気をつけましょう。

体験談

**間食にはナッツや小魚を**

バランスがとれた食事をつくるのは、けっこう難しいので、間食はできるだけお菓子をやめて、不足しがちな栄養素がとれるものに変更しました。よく食べていたのは、ナッツや小魚、ドライフルーツを入れたヨーグルトです。
（ユキママ・なみちゃん）

Point5

## 間食で足りない栄養素を補う

間食は足りない栄養素を補えるものがおすすめです。たとえば**カルシウムが多いヨーグルトや小魚、鉄分が多いドライフルーツやごま、きなこを使ったお菓子**などがよいでしょう。

# 献立を考えるコツ

## エネルギーだけでなく組み合わせを考える

バランスのよい食事をするには、エネルギーだけでなく、主食、主菜、副菜をなににするか考え、献立を決めていくことが大切です。

妊娠中は**エネルギーとなる主食はしっかりとり、ビタミン、ミネラルの供給源となる副菜はたっぷりと。主菜は脂質を控えて適量をとる**のが理想的です。

### 献立の手順.1

**主食を決める**

まず主食を考えます。ごはんにするか、パン、パスタにするかなど。それによっておかずを和風か洋風かに決めます。

| 主食 | 主菜 | 副菜 |
|---|---|---|
| 米、パン、パスタ、うどんなど、炭水化物を多く含み、主にエネルギーの供給源となる | 魚、肉、卵、大豆製品など、主にたんぱく質の供給源となる | 野菜、芋、海藻、きのこ類、果物など、主にビタミン、ミネラルの供給源となる |

### 献立の手順.2

**主菜と副菜、調理法を決める**

主菜と副菜を決め、焼く、炒める、蒸す、煮るなど調理法が重ならないようにします。

### 献立の手順.3

**副菜をたっぷりとる**

主食、主菜、副菜のバランスは３：１：２です。主菜より副菜が多めになる献立に。

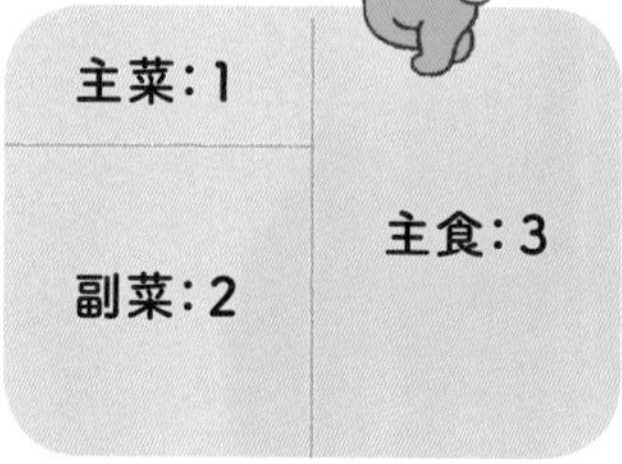


**〈1日の献立例〉**

**朝食**
主食：あさりと甘酢しょうがのおにぎり
主菜：落とし卵のスープ煮
副菜：ブロッコリーのマスタードあえ
　　　プルーン入りヨーグルト　りんご

**昼食**
主食：青菜のふりかけごはん
主菜：さばのカレー風味焼き
副菜：野菜のマリネ、さつまいもの甘煮

**間食**
三色おはぎ
りんご酢のオレンジドリンク

**夕食**
主食：ごはん
主菜：蒸し鶏
副菜：チンゲン菜と高野豆腐の煮物、
　　　桜えびのキャベツ炒め
汁もの：かぶの味噌汁

# 妊娠中にとりたい栄養素

**赤ちゃんとママための栄養素はしっかりと**

妊娠するとママの血液を通して赤ちゃんへ栄養素や酸素を送るようになります。そこで、ママは赤ちゃんの分まで考えてしっかりと栄養素をとることが大切です。

とくに意識してとりたいのは、**カルシウムや鉄、葉酸《ようさん》、食物繊維、ビタミンD**など。これらは、妊娠中のママと赤ちゃんの体をサポートするために大切な栄養素といわれています。

## カルシウム

**赤ちゃんの骨や歯の成長に欠かせません。**妊娠中はカルシウムの吸収率が妊娠前より高まりますが、妊娠前から不足している人もいるので、意識してとりましょう。(→レシピp141)

**多く含まれる食材：牛乳、乳製品、小魚、大豆、青菜類など**

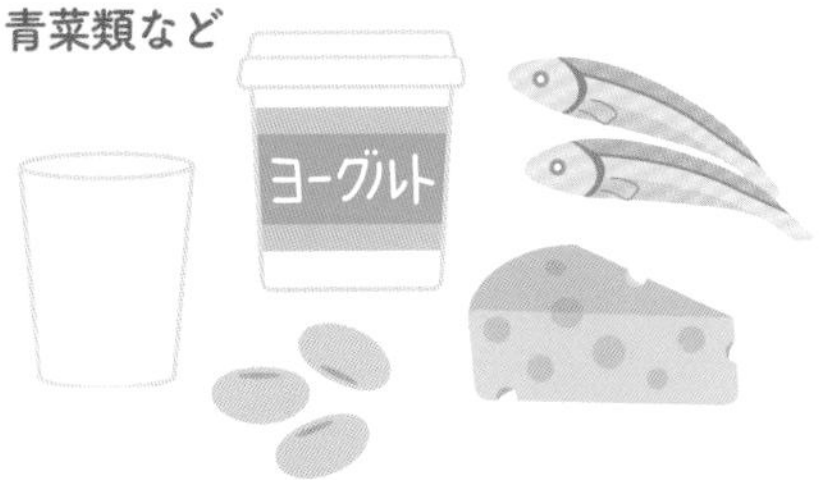


## 鉄

**妊娠中は多くの血液が必要になる**ので、積極的にとりましょう。ビタミンCやたんぱく質と一緒にとると吸収率がアップします。(→レシピp140)

**多く含まれる食材：あさり水煮缶、レバー、赤身肉、大豆、小松菜、ドライプルーンなど**

## 葉酸

ビタミンB群の一種で**妊娠前から妊娠初期に摂取すると、赤ちゃんの神経管閉鎖障害*の発症リスクが下がる**といわれています。食事やサプリメントでとりましょう。(→レシピp139)

**多く含まれる食材：レバー、ほうれん草、ブロッコリー、いちごなど**

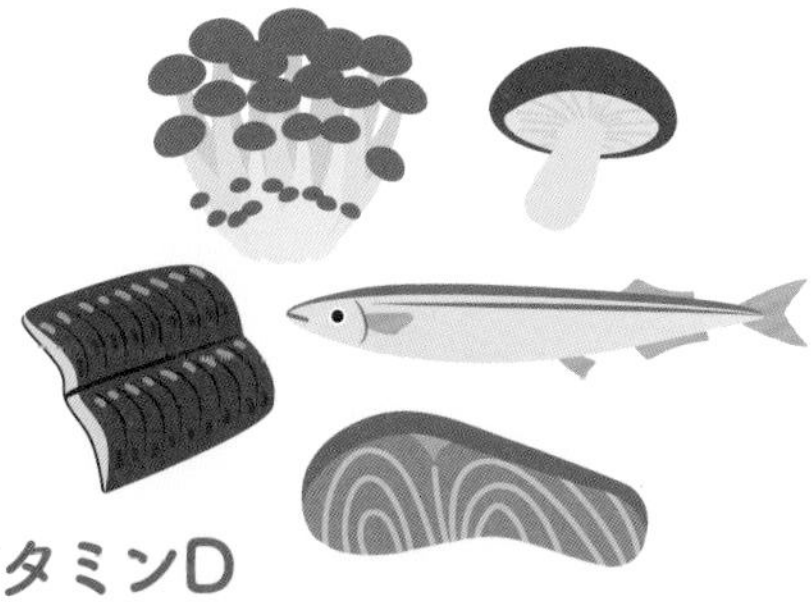

## ビタミンD

カルシウムの吸収率をアップし、**骨の形成を助けてくれる**役割があります。ママと赤ちゃんの強い骨をつくるためにとりましょう。(→レシピp143)

**多く含まれる食材：きのこ類、卵黄、魚（かじき、うなぎ、鮭、さんまなど）など**

## 食物繊維

妊娠中はホルモンの影響で便秘になりやすくなる人もいます。**腸内環境を整える**ためにも食物繊維を積極的にとりましょう。(→レシピp142)

**多く含まれる食材：ごぼう、きのこ類、さつまいも、りんごなど**

＊神経管閉鎖障害：赤ちゃんの脳や脊髄のもとになる神経管が正常に形成されないことが原因で起こる障害。

# 妊娠中はこの食品に注意

## 注意したい食品や栄養素を知ろう

自然界の食物連鎖により**一部の魚には水銀が含まれて**います。また、過剰摂取が胎児に影響を与える**ビタミンAを含む食品、リステリア菌が潜んでいる場合がある生ものなども、注意**が必要です。ただし、そうした食品も量や食べ方に気をつければ、問題ないこともあるので、正しく理解しておきましょう。

## 注意したい食品や栄養素

### ●水銀

回遊魚に含まれるメチル水銀は、**赤ちゃんの中枢神経に影響を及ぼすことがあります**。しかし良質なたんぱく質やDHAなどの不飽和脂肪酸も含まれるので、同じ種類の魚を継続して食べるのではなく、多種類の魚を食べることがおすすめです。

**注意したい食材：まぐろ、金目鯛、めかじき、クロムツなど**

### ●ビタミンA

動物性のビタミンA（レチノール）は、**妊娠３カ月くらいまでは、赤ちゃんの成長に影響が出る可能性が高い**ので、レバーやうなぎなどを毎日、大量に食べ続けたり、サプリメントをとり過ぎないようにします。ときどき食事にとり入れたり、サプリメントも摂取量を守った利用であれば問題はほとんどありません。

**注意したい食材：レバー、うなぎ、ギンダラなど**

### ●リステリア菌

妊娠中は免疫機能が低下して、リステリア菌に感染しやすくなります。**妊婦が感染するとリステリア菌が胎盤や胎児へ感染し、流産や生まれた新生児に影響が出ることがあります**（→p166）。中心部75度で１分以上の十分な加熱で死滅します。

**注意したい食品：パテ、ナチュラルチーズ（カマンベールやモッツァレラなど）、生ハム、スモークサーモンなど**

### ●カフェイン

カフェインは、**妊娠中は胎盤を通して、授乳中は母乳を介して赤ちゃんに届きます**が、１日１～２杯程度なら影響は心配するほどのものではないと考えられます。多く飲む場合にはカフェインレスのほうが安心です。

**注意したい食品：コーヒー、日本茶、紅茶、チョコレート、コーラなど**

### Q 上手なサプリメントのとり方は？

### A 摂取量を守って正しく

食事でとりきれない栄養素を補うものと考え、利用する前には医師に相談を。

### ●ハーブティー

ノンカフェインの飲みものとしてハーブティーがありますが、**妊娠中は避けたほうがよいもの**もあります。子宮収縮を促すものや神経系へ作用するものです。市販のハーブティーを購入するときは、パッケージの成分表示や注意書きを確認し、「妊娠中は控えてください」と明記されているものは避けましょう。

# 悩みがちな食べもの・飲みものリスト

| | | |
|---|---|---|
| 加工食品（ウインナー、ハム） | ● | 塩分や添加物が多めなのでとり過ぎには注意を。 |
| 冷凍食品 | ● | 素材のものはOK。それ以外は野菜などを足して上手に活用を。 |
| レトルト食品 | ▲ | たまにならOK。野菜などを足して上手に活用を。 |
| インスタントラーメン | ▲ | たまにならOK。野菜、卵などを足して食べましょう。 |
| うなぎ | ▲ | たまにならOK。 |
| 刺身・魚卵 | ▲ | 生魚にはまれに食中毒の原因菌が。妊娠中はできれば控えて。 |
| 甲殻類 | ▲ | 食中毒が心配なので、新鮮なものをしっかり加熱して。 |
| キムチなどトウガラシを使った辛い料理 | ● | 今まで食べていた量ならOK。刺激が強いので大量に食べるのはNG。 |
| カレー | ● | 市販のルウは塩分や脂質が多めなものもあるのでとり過ぎに注意を。 |
| 味噌汁・スープ類 | ● | 箸が立つぐらい具だくさんにして、汁は少なめに。 |
| 洋酒入りスイーツ | ▲ | 少量ならOK。食べ過ぎには注意を。 |
| チョコレート | ▲ | 含まれるカフェインは少なめですが、糖分が多く、ポリフェノール※も含まれているので、ほどほどに。 |
| スナック菓子 | ● | エネルギー（カロリー）が高いので、ほどほどに。 |
| アルコール | × | 胎盤を通して胎児に届きます。発育に影響が出ることもあるので妊娠中は厳禁。 |
| コーヒー | ▲ | カフェインやポリフェノール※が含まれているので１日１～２杯程度に。 |
| 紅茶 | ▲ | １日２杯程度ならOK。 |
| 日本茶 | ▲ | 玉露はカフェインが多めなので控えめに。番茶やほうじ茶はカフェインが少なめです。 |
| ウーロン茶 | ▲ | ウーロン茶にもカフェインは含まれるので、飲み過ぎには注意を。 |
| ハーブティー | ▲ | 基本的にはノンカフェインですが避けたほうがよいものもあるので栄養士や助産師に相談を。 |
| 100％果汁ジュース | ● | 糖分が多いので、ほどほどに。 |
| 野菜ジュース | ● | 通常の野菜不足を補う補助的なものと考えて。加糖、加塩されていないものを。 |
| スポーツドリンク | ▲ | 糖分と塩分が多めなので飲み過ぎないように。 |
| 炭酸飲料（加糖） | ▲ | コーラなどカフェインが含まれているものもあります。糖分も多めなので控えめに。 |
| 炭酸水 | ● | エネルギー（カロリー）、糖分、塩分が含まれていないのでOK。 |
| 甘酒 | ▲ | アルコールが含まれていないものを選びましょう。糖分が多めなので飲み過ぎには注意を。 |
| 栄養ドリンク・滋養強壮剤 | ▲ | アルコールやカフェインが入っているものがあるので、表示の確認を。 |
| ノンアルコールビール | ▲ | アルコールをまったく含まないものならOK。表示の確認を。 |

※ポリフェノールは、妊娠後期にたくさんとると、子宮収縮作用や動脈管早期収縮を生じるおそれがあるため、おやつの摂取量にとどめておきましょう。ポリフェノールが含まれるものには、チョコレートとコーヒー以外にもブルーベリー、アサイー、カモミールティー、緑茶、ルイボスティー、ココアなどがあります。

# 妊娠食レシピ

## つわり乗り切りレシピ

つわり中は体調や食欲も不安定で、食べられるものが偏り、つくるのも大変です。簡単につくれ、口あたりがさっぱりした食べやすいレシピを紹介します。

（監修／管理栄養士　岡安香織さん）

酸っぱみのある梅とポン酢で食べやすく

### 梅ぽん豚もやし

**材料（２人分）**

豚ロース薄切り肉…300g
もやし…200g
梅干し…１個（10g）
ポン酢しょうゆ…大さじ２

**栄養価（１人分）**

| | |
|---|---|
| カロリー 518kcal | 鉄 1.2mg |
| 脂質 36.2g | カルシウム 29mg |
| 糖質 3.5g | 葉酸 47μg |
| 食物繊維 1.7g | ビタミンD 0.2μg |
| たんぱく質 38.7g | 塩分相当量 2.1g |

**つくり方**

1 耐熱皿に１人分ずつもやしを広げ、豚肉を乗せる。
2 ラップをふんわりとかけ600Wの電子レンジで肉に火が通るように約４分加熱する。
3 ポン酢しょうゆとたたいた梅干しを合わせ**2**にかける。

ごはんに乗せるだけ！
つわり中でも楽チン

### マグロとアボカドのポキ丼

**材料（２人分）**

マグロ（赤身のさく）…200g
アボカド…1/2個（50g）
塩蔵ワカメ… 40g
ごはん…300g
貝割れ大根…１パック（40g）
めんつゆ（３倍濃縮）
…大さじ２
ごま油…小さじ１

**つくり方**

1 マグロは、２cmの角切りにしてめんつゆとごま油に漬けておく。
2 アボカドは２cmの角切り、塩抜きした塩蔵ワカメは３cmの長さに切る。
3 **1**に**2**を加えて、丼によそったごはんの上に乗せて、貝割れ大根を飾る。

**栄養価（１人分）**

| | |
|---|---|
| カロリー 349kcal | 鉄 2.4mg |
| 脂質 7.5g | カルシウム 33mg |
| 糖質 39.3g | 葉酸 51μg |
| 食物繊維 3.8g | ビタミンD 4.0μg |
| たんぱく質 26.1g | 塩分相当量 1.9g |

## 葉酸たっぷりレシピ

妊娠初期にとることで赤ちゃんの神経管閉鎖障害*の発生率が下がるといわれています。とくに初期は積極的にとるように心がけて。

初期でも食べやすさバツグン！ 葉酸《ようさん》たっぷりスープ

# ほうれん草スープ

### 材料（２人分）

ほうれん草…3/4束（150g）
トマト…1/4個（40g）　しいたけ…40g
中華スープの素…８g
水…300mℓ　塩、こしょう…各少々

### つくり方

1 鍋に水と中華スープの素を入れ火にかける。
2 下ゆでしたほうれん草と、トマトとしいたけを食べやすい大きさに切る。
3 1が沸いたら、2を入れる。
4 野菜に火が通ったら、塩とこしょうで味をととのえる。

### 栄養価（１人分）

| | |
|---|---|
| カロリー 27kcal | 鉄 0.8mg |
| 脂質 0.5g | カルシウム 54mg |
| 糖質 1.3g | 葉酸 97μg |
| 食物繊維 3.9g | ビタミンD 0.1μg |
| たんぱく質 2.7g | 塩分相当量 1g |

たんぱく質と一緒にとると吸収率アップ

# ツナと春菊のバター炒め　～かつお節かけ～

### 材料（２人分）

ツナ缶（水煮）
　…１缶（70g）
春菊
　…3/4束（150g）
えのきだけ…50g
バター…10g
しょうゆ
　…小さじ２
かつお節…少々

### つくり方

1 えのきだけは石づきを取って３cmの長さに切り、ほぐしておく。春菊は、３cmの長さに切る。
2 フライパンを中火にかけバターをとかし、えのきだけを入れる。
3 えのきだけがしんなりしたらツナ缶（汁ごと）、しょうゆ、春菊の順で加える。
4 さっと炒めて器に盛り、かつお節をかける。

### 栄養価（１人分）

| | |
|---|---|
| カロリー 92kcal | 鉄 2.0mg |
| 脂質 4.6g | カルシウム 95mg |
| 糖質 2.0g | 葉酸 165μg |
| 食物繊維 3.4g | ビタミンD 1.3μg |
| たんぱく質 9.2g | 塩分相当量 1.3g |

＊神経管閉鎖障害：赤ちゃんの脳や脊髄のもとになる神経管が正常に発達しなかった状態。

## 鉄たっぷりレシピ

妊娠中は赤ちゃんに酸素や栄養素を送るため血液量が増えるので鉄がたくさん必要に。鉄分たっぷりレシピは積極的にとり入れて。

鉄分を効率よく吸収するビタミンCも一緒に

### 具だくさんの豆乳クラムチャウダー

**材料（2人分）**

あさり缶（水煮）…160g
キャベツ、ベーコン（ブロック）…各40g
ジャガイモ、玉ねぎ…各80g
オリーブオイル…小さじ4
水…100mℓ　無調整豆乳…300mℓ
コンソメ…小さじ1

**つくり方**

1 野菜とベーコンを1cmの角切りにする。
2 鍋にオリーブオイルを熱し、1を炒めしんなりさせる。
3 2に水を加えて蒸し煮にする。
4 ジャガイモがやわらかくなったら、あさり缶を汁ごと加える。
5 4にコンソメ、豆乳を入れて一煮立ちさせたらでき上がり。

栄養価（1人分）

| | |
|---|---|
| カロリー 304kcal | 鉄 26mg |
| 脂質 13.1g | カルシウム 128mg |
| 糖質 16.4g | 葉酸 84μg |
| 食物繊維 5.5g | ビタミンD 0.0μg |
| たんぱく質 23.6g | 塩分相当量 1.8g |

牛肉×ほうれん草は貧血予防に◎

### 帆立とほうれん草の牛肉巻き

**材料（2人分）**

ボイル帆立…240g
ほうれん草…2/5束（80g）
牛肉薄切り…200g
しょうゆ、砂糖、酒…各大さじ1
塩、こしょう…各少々

**つくり方**

1 牛肉は広げ塩、こしょうをふる。
2 ほうれん草はゆでて3cmの長さに切る。
3 1の端に帆立と2を乗せて巻く。
4 フライパンに油（分量外）を熱し、3を巻き終わりを下にして並べ、両面焼き色をつける。
5 酒を加え、ふたをして蒸し焼きにする。
6 余分な水分をキッチンペーパーで吸い取り、しょうゆ、砂糖を加え煮からめる。

栄養価（1人分）

| | |
|---|---|
| カロリー 308kcal | 鉄 7.1mg |
| 脂質 6.7g | カルシウム 58mg |
| 糖質 13.2g | 葉酸 198μg |
| 食物繊維 1.1g | ビタミンD 0.1μg |
| たんぱく質 44.6g | 塩分相当量 2.1g |

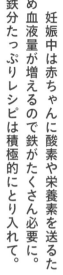

## カルシウムたっぷりレシピ

妊娠中は胎児の骨や歯をつくるために、ママはしっかりカルシウムをとることが大切です。手軽にカルシウムアップできるレシピをご紹介。

さばとチーズのカルシウムで骨や歯をつくる

### さば缶のチーズ炒め

**材料（２人分）**

さば缶…１缶（140g）　しめじ…80g
小松菜…1/2束（140g）
とろけるチーズ…40g
油…大さじ1/2

**栄養価（１人分）**

| | |
|---|---|
| カロリー 245kcal | 鉄 3.3mg |
| 脂質 16g | カルシウム 427mg |
| 糖質 1.5g | 葉酸 102μg |
| 食物繊維 2.5g | ビタミンD 7.9μg |
| たんぱく質 21.3g | 塩分相当量 1.2g |

**つくり方**

1 しめじは石づきを切って小房に分ける。小松菜は３cmの長さに切る。
2 フライパンに油を熱し、**1**を炒める。
3 **2**にさば缶を汁ごと入れて、荒くほぐす。
4 沸騰したらとろけるチーズを散らし、ふたをして、火を止めて余熱でチーズを溶かす。

たんぱく質と一緒にとれば
カルシウムの吸収率がアップ

### チンゲン菜と厚揚げのチャンプル

**材料（２人分）**

チンゲン菜
　…１株（120g）
厚揚げ…200g
豚肩ロース肉
　スライス…100g
卵…２個（100g）
油…大さじ１
塩、こしょう、
しょうゆ…各少々

**つくり方**

1 豚肉、厚揚げ、チンゲン菜は、それぞれひと口大に切っておく。
2 フライパンに油を入れ、中火で熱し、豚肉を入れ炒める。
3 肉の色が少しかわったら、厚揚げ、チンゲン菜を入れる。
4 チンゲン菜がしんなりしたら、塩、こしょう、しょうゆを入れる。
5 溶き卵を回し入れて、卵に火が通ったらでき上がり。

**栄養価（１人分）**

| | |
|---|---|
| カロリー 406kcal | 鉄 4.3mg |
| 脂質 30.7g | カルシウム 329mg |
| 糖質 1.3g | 葉酸 88μg |
| 食物繊維 1.4g | ビタミンD 2.8μg |
| たんぱく質 26.5g | 塩分相当量 2.0g |

## 食物繊維たっぷりレシピ

妊娠中は便秘が起きやすくなります。腸内環境を整えるためにも食物繊維が多い食材は毎日とり入れたいですね。

食物繊維が多いごぼうで腸内環境を整えよう

### 牛肉とごぼうのしぐれ煮

**材料（２人分）**

牛肉切り落とし…100g
ごぼう…1/3本（60g）
切り干し大根…20g
しらたき…40g
しめじ…2/3パック（100g）
しょうが…1/2かけ（８g）
**A** ［しょうゆ、みりん…各大さじ１
　　酒…大さじ２
油…大さじ1/2

**栄養価（１人分）**

| | |
|---|---|
| カロリー 235kcal | 鉄 1.7mg |
| 脂質 12.1g | カルシウム 84mg |
| 糖質 14.6g | 葉酸 63μg |
| 食物繊維 6.0g | ビタミンD 0.5μg |
| たんぱく質 12.6g | 塩分相当量 1.4g |

**つくり方**

1 牛肉は食べやすい大きさに切り、切り干し大根は水で戻したあと水気をしぼり、食べやすい長さに切る。
2 ごぼうは斜め切りにし、水にさらしておく。しらたきは下ゆでする。
3 しめじは石づきを切り落とし、小房に分ける。しょうがはせん切りにする。
4 鍋に油を熱し、しょうがを炒め、牛肉を加えて軽く炒める。
5 そのほかの材料を加え、火が通ったら**A**を入れ、煮汁がなくなるまで炒め煮にする。

豆類とヨーグルトで便秘を解消

### かぼちゃビーンズサラダ

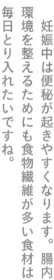

**材料（２人分）**

かぼちゃ
　…1/10個（100g）
MIXビーンズ
（ドライパック）…60g
大豆
（ドライパック）…40g
ヨーグルト、
マヨネーズ…各20g
こしょう…少々

**つくり方**

1 かぼちゃは約５㎜の厚さのひと口サイズに切る。
2 **1**を600Wの電子レンジで約２分30秒加熱する。
3 ボウルに**2**と豆類を入れて、こしょうをふる。
4 **3**をヨーグルトで和えてから、マヨネーズを加え味をつける。

**栄養価（１人分）**

| | |
|---|---|
| カロリー 187kcal | 鉄 1.4mg |
| 脂質 10.3g | カルシウム 53mg |
| 糖質 10.0g | 葉酸 75μg |
| 食物繊維 6.5g | ビタミンD 0.1μg |
| たんぱく質 7.5g | 塩分相当量 0.8g |

## ビタミンDたっぷりレシピ

カルシウムの吸収率をアップするビタミンDは、ママと赤ちゃんの強い骨をつくるためにたっぷりとりたい栄養素です。

ビタミンDとカルシウムが多い
いわしで強い骨づくりを

### いわしのパン粉焼き

**材料（２人分）**

いわし（小さめ）…６尾
パン粉…大さじ４
パセリ…大さじ３
粉チーズ、オリーブオイル…各大さじ２
塩…小さじ2/3
レモン…1/2個

**つくり方**

**1** 手開きで売られているいわしを半身に切り、小骨を取り除く。塩をふって10分おいて出てきた水分をふき取り臭みを取る。
**2** パン粉、パセリ、粉チーズをポリ袋に入れて混ぜる。
**3** オーブンシートの上に**1**を並べ、上から**2**をかける。オリーブオイルを回しかける。
**4** 電子レンジのグリルで10〜13分焼く。
**5** **4**を器に盛り、レモン汁をかける。

栄養価（１人分）

| | |
|---|---|
| カロリー 369kcal | 鉄 2.8mg |
| 脂質 25.3g | カルシウム 176mg |
| 糖質 5.2g | 葉酸 23μg |
| 食物繊維 0.4g | ビタミンD 38.4μg |
| たんぱく質 26.7g | 塩分相当量 2.5g |

カルシウムとビタミンDの
２つのパワーで骨《こつ》粗《そ》鬆《しょう》症《しょう》を予防

### しらすの和風オムレツ

**材料（２人分）**

しらす…60g
卵…４個
パプリカ、
エリンギ、
大豆水煮…各40g
ヨーグルト
…大さじ２
大葉…10枚
みょうが…１個
（なくてもＯＫ）
青ネギ…６cm
ごま油…大さじ１

**つくり方**

**1** パプリカ、エリンギを５mm角に切る。
**2** 大葉とみょうがをせん切り、青ネギを小口切りにする。
**3** ボウルに卵を割りほぐし、しらすと**1**、大豆、ヨーグルトを加えて混ぜる。
**4** フライパンにごま油を熱し、**3**を入れ菜箸でかき混ぜる。半熟になったらオムレツ状に巻く。
**5** 器に盛り、**2**をトッピングする。

栄養価（１人分）

| | |
|---|---|
| カロリー 379kcal | 鉄 2.3mg |
| 脂質 25.7g | カルシウム 260mg |
| 糖質 3.2g | 葉酸 107μg |
| 食物繊維 2.9g | ビタミンD 23.7μg |
| たんぱく質 28.8g | 塩分相当量 2.5g |

# 低カロリーレシピ

栄養素はしっかりとりつつもヘルシーな料理をご紹介。体重増加が気になる人や食べ過ぎた翌日などにもおすすめです。

具だくさんスープで満腹感！

## つみれ汁

### 材料（２人分）

つみれ（市販品）…120g
大根…60g
ニンジン、ごぼう、長ネギ…各40g
生しいたけ…20g　しょうが…10g
だし汁…300mℓ　味噌…12g

### つくり方

1 大根、ニンジンはイチョウ切り、ごぼうは斜め切りに、長ネギは１cm程度のぶつ切り、生しいたけは石づきを取り大きめの薄切り、しょうがはせん切りにする。
2 鍋にだし汁、**1**とつみれを入れて火にかける。
3 野菜が煮えたら、味噌で味をととのえる。

栄養価（１人分）

| | |
|---|---|
| カロリー 115kcal | 鉄 1.2mg |
| 脂質 3.1g | カルシウム 71mg |
| 糖質 10.5g | 葉酸 54μg |
| 食物繊維 3.4g | ビタミンD 3.0μg |
| たんぱく質 9.2g | 塩分相当量 1.6g |

肉料理を野菜でヘルシーに
ボリュームアップ

## オクラの豚肉チーズ巻き

### 材料（２人分）

オクラ（１パック）
　…６本
豚ロース肉薄切り
　…６枚（約100g）
ピザ用チーズ
　…大さじ２程度
塩、こしょう
　…各少々

### つくり方

1 オクラは塩でもんでから洗い、ガクの部分を切る。
2 豚肉を広げ、塩、こしょうをふる。
3 **2**の上にオクラ、チーズ小さじ１を乗せ、くるくると巻いていく。これをあと５つ同様につくる。
4 オーブンシートを敷いた天板に乗せ、電子レンジのグリルで約15分焼く。

栄養価（１人分）

| | |
|---|---|
| カロリー 172kcal | 鉄 0.3mg |
| 脂質 12.2g | カルシウム 84mg |
| 糖質 0.7g | 葉酸 26μg |
| 食物繊維 1.1g | ビタミンD 0.1μg |
| たんぱく質 12.4g | 塩分相当量 1.3g |

# part4

# 体の心配やトラブルを解決

妊娠中に起こる
「ママの体」「仕事・生活」「赤ちゃん」
についての心配ごとや、
さまざまなトラブルを、
妊娠時期別に解決します。

8万件のママの声

# 妊娠初期のトラブル

## ママの体

（監修／あんずクリニック産婦人科
院長 川島正久先生）

**Q 妊娠前から便秘ぎみ。市販の便秘薬を飲んでもいい？**

**A 主治医に相談を。**

市販の薬が絶対ダメというわけではありませんが、**安全性に心配がある場合も**あります。主治医に相談してみましょう。

**Q 妊娠がわかる前にX線検査を受けました。**

**A 問題ありません。**

**通常のX線検査で浴びる放射線の量はとても少ない**ので、健康診断などで受けた程度なら問題ありません。

**Q 月経の周期が不規則でした。出産予定日はどうやってだすの？**

**A 超音波検査でだします。**

正確な出産予定日は、妊娠初期の超音波検査で**赤ちゃんの頭からおしりの長さ（頭殿長《とうでんちょう》）を測り、その数値によって正確な出産予定日を修正・確定**します。

**Q おっぱいがかゆくて寝るのも大変です。**

**A 受診して軟膏などを塗ってみてください。**

妊娠中は**ホルモンの影響から肌質がかわり、かゆみが出やすくなります**。また、乳房がどんどん大きくなっていくことにより、**皮膚が伸ばされるためにかゆみが出ている**ことも。ひどいようなら受診して軟膏などを処方してもらいましょう。

**Q アトピー性皮膚炎です。ステロイド入りの軟膏を使ってもいい？**

**A 大丈夫です。**

妊娠前から使っていた軟膏なら、**妊娠中に使っても大丈夫**です。念のため主治医に確認しておくとより安心でしょう。

**Q 雨の日にすべって転倒しました。**

**A 痛みや出血があれば受診を。**

転倒後、おなかの張りや出血など、**いつもと違う症状があれば受診**したほうがよいでしょう。症状がなければしばらく様子をみても大丈夫です。

**Q 尿に「ケトン体」が出ているといわれました。**

**A 点滴で栄養補給をすることも。**

ほとんど食事をとれずに**体が飢餓状態になると、体の中で脂肪が変化してケトン体と呼ばれるものが出てきます**。ケトン体が出たら、**「妊娠悪阻《おそ》」**（→p160）。食事ができれば改善しますが、難しいようなら点滴で栄養補給をすることもあります。

# 仕事・生活

（監修／あんずクリニック産婦人科
院長 川島正久先生）

**Q 介護の仕事をしています。働き続けても大丈夫？**

**A 体調をみながら上司と相談を。**

人を抱える動作は、**おなかに力が入るので、可能であれば控えたい**もの。ただし、こまめに休憩を取りながら続ける方法もあります。上司とも相談しましょう。

**Q 立ちっぱなしの仕事は大丈夫？**

**A 続けるならこまめに休憩を。**

おなかが張るなど、**具合が悪くなるようなことがなければ続けてもいい**でしょう。ただし、意識的に休憩するように心がけましょう。

**Q 夜勤のある仕事は続けてもいい？**

**A 続けてもよいですが無理はしないで。**

**体に負担を感じない程度で、疲れが出ないようなら問題ありません。**ただし、体調が不安定な時期なので、休めるようなら休んだほうがよいでしょう。

**Q 大型犬の散歩は続けても大丈夫？**

**A 引っ張られるようならやめて。**

体調がよいときに散歩する程度は問題ありません。ただし、**今後おなかが大きくなってきたときに引っ張られるようなら危ない**ので、控えましょう。

**Q 筋トレは続けても大丈夫？**

**A 続けても大丈夫。**

ダンベルを持ち上げるような筋トレでないなら大丈夫です。妊娠・出産には体力が必要なので、汗を少しかく程度の軽い運動は続けても大丈夫。

**Q 市販の毛染めは大丈夫？**

**A 赤ちゃんへの影響はありませんが、刺激が強いものもあるので控えて。**

市販の髪の毛を染める薬剤は、刺激が強いものを使っていることが多いです。**妊娠中は皮膚が敏感でかゆみやかぶれの心配も。**控えたほうがよいでしょう。

**Q 美容院で髪にパーマをかけたいのですが大丈夫？**

**A 赤ちゃんへの影響はないといわれています。**

**パーマ液が胎児に及ぼす影響はないといわれています**が、明確なデータはありません。ただし、薬剤のにおいが気になることもありますし、**皮膚も敏感になっている**ので、気になるようなら控えましょう。

# 赤ちゃん

（監修／あんずクリニック産婦人科
院長 川島正久先生）

## Q 6週目で卵黄嚢《らんおうのう》を確認できましたが、その後茶色の出血が。流産の可能性はある？

### A すぐ受診して確認を。

卵黄嚢は胎盤ができる前の赤ちゃんの栄養で、赤ちゃんではありません。出血だけでは流産かはわかりませが、**赤ちゃんが確認できていないことが気になります**。すぐに受診して確認しましょう。

## Q 妊娠7週目で出血があり、安静の指示。赤ちゃんは大丈夫？

### A 指示にしたがい様子をみて。

妊娠初期は絨《じゅう》毛《もう》膜《まく》下《か》血《けっ》腫《しゅ》といって、**胎盤がついたところから出血するケースがあります**。胎児が育っているようなら、次の健診まで安静にして様子をみて大丈夫でしょう。

## Q 仕事のストレスが大きいと胎児に影響は？

### A 職場環境の改善を。

ストレスは血管を収縮させる作用があるので、**血液から栄養や酸素を得ている胎児には少なからず影響が出ます**。すぐに流産ということはありませんが、ストレスをなくし、リラックスできるほうがよいでしょう。職場環境の改善を上司と相談してみましょう。言いづらければ「母性健康管理指導事項連絡カード」（→p24）を使うのがおすすめです。

## Q つわりがないため、次回の健診までおなかの赤ちゃんが心配。

### A つわりはない人もいます。

つわりがまったくない人もいます。**つわりのある、なしは妊娠経過に関係がない**ので、気にしないで、次の健診まで過ごしましょう。

## Q 卵黄嚢が大きいといわれ、不安です。

### A 安静にして様子をみて。

卵黄嚢は胎盤ができるまでの赤ちゃんの栄養なので、卵黄嚢が大きいということは、**赤ちゃんの発育が不良とも考えられます**。流産の可能性も捨て切れませんが、次の健診まで安静にして様子をみてみましょう。

## Q 一度心拍を確認できても、消えることはある？

### A あります。

残念ながら**染色体異常などの胎児側の原因で心拍が消えてしまうことがあります**。その場合は稽《けい》留《りゅう》流産（→p149）と診断されます。自覚症状はなく、いつの間にか赤ちゃんが亡くなってしまっている状態です。

妊娠初期の重要キーワード

# 流産・切迫流産

（監修／浅川産婦人科 理事長 浅川恭行先生）

## 赤ちゃん側に原因があることが多い

妊娠初期に気になるトラブルといえば流産や切迫流産でしょう。どちらも**「出血」と「腹痛（おなかの張り・痛み）」という症状がサイン**です。ただし同じ症状でも流産と切迫流産ではその後の処置が違います。異常に気づいたら早めに病院に連絡しましょう。

この時期のトラブルは赤ちゃん側に原因があることも多いものです。

---

## Q 流産って？

## A 妊娠22週未満に妊娠が終了してしまうこと。

**原因**

妊娠12週末満の早期流産の原因の多くは胎児側にあります。**受精卵の染色体異常によるもの**です。妊娠12週以降の後期流産は**ママの感染症や子宮の異常によるもの**が多くなります。

**症状**

**出血や下腹部の痛みや張り**がありますが、自覚症状がなく起こってしまうこともあります。

**流産の種類と処置法**

**完全流産**

子宮内の内容物が完全に娩出された状態。手術は行いません。

**不全流産**

子宮内の内容物が一部分残っている状態。内容物をだす手術を行います。

**稽留《けいりゅう》流産**

子宮内で赤ちゃんが亡くなり、そのままとどまっている状態。自覚症状はありません。内容物をだす手術を行います。

**進行流産**

子宮が収縮し流産が進行している状態。止める方法はありません。子宮の中に内容物が残っている場合は手術を行います。

---

## Q 切迫流産って？

## A 妊娠22週未満に流産のリスクのある状態。

**原因**

12週末満の切迫流産は**胎児の染色体異常やママ側の内分泌《ないぶんぴつ》的異常（黄体機能不全《おうたいきのうふぜん》など）や代謝性疾患《たいしゃせいしっかん》（甲状腺機能異常《こうじょうせんきのういじょう》など）が多い**ようです。12週以降は、**感染や子宮《しきゅう》頸管《けいかん》無力《むりょく》症（→p160）、原因不明のもの**が増えます。

**症状**

出血、または子宮の収縮による張りや痛みの症状、もしくは出血、子宮収縮の両方の症状がみられます。

**治療法**

赤ちゃんが元気なら、**基本的には安静**にして様子をみます。子宮収縮などを抑える薬を使う場合もあります。

妊娠初期の重要キーワード

# 出生前診断

（監修／浅川産婦人科 理事長 浅川恭行先生）

## 赤ちゃんの病気や障害を調べる

**出生前診断とは、おなかの赤ちゃんが生まれつきの病気や障害がないかなどを調べる検査**のこと。主に「染色体異常」を調べる検査をさします。

妊婦健診時の超音波検査も、染色体異常や四肢の形態異常など発育の状態をみる出生前診断のひとつです。生まれつきの病気や障害の原因の中で、染色体異常は25％程度といわれています。

**Q 検査を受けるにあたっての心構えを教えて。**

**A なんのために出生前検査をするのか考えて。**

出生前検査は受けられる検査の時期が決まっています。非確定検査で確率が高かった場合など、次の確定検査を受けるのかも速やかに決めなくてはいけません。**事前になんのために検査をするのかよく話し合っておきましょう。**

**Q 出生前診断を受ける前に知っておくことは？**

**A 流産のリスクを伴うものがあることです。**

異常があるかどうかの可能性がわかる**非確定検査**と正確な判断がつく**確定検査**があります。**検査によっては流産のリスクなどを伴う**ものもあります。

## 出生前診断の種類

| 検査名 | 検査の時期 | 内容・わかること | 費用の目安 |
|---|---|---|---|
| 母体血清マーカー検査（クアトロテスト） | 妊娠15〜18週ごろ。結果が出るまでに約10日。 | **非確定検査** 血液検査の数値と母体の年齢から、染色体異常や神経管の形態異常の確率をだす。 | 2万〜3万円 |
| 胎児超音波検査 | 妊娠10〜14週ごろ。検査時、その場でわかるものもある。 | **確定検査** 通常の超音波検査より時間をかけ、ていねいにチェックする。染色体異常（非確定診断）、四肢の形態異常、消化管の障害、心臓の病気や口唇・口蓋裂などがわかる。 | 1万円〜 |
| 羊水検査（羊水染色体検査） | 妊娠15〜18週ごろ。結果が出るまでに約2週間。 | **染色体異常の確定検査** ママのおなかから子宮壁を通して針を刺し、羊水を採取する。0.3％の確率で流産につながる可能性も。 | 15万〜20万円 |
| 絨毛《じゅうもう》検査 | 妊娠11〜12週ごろ。結果が出るまで約2週間。 | **染色体異常の確定検査** おなか、または腟から針を刺し子宮壁を通して胎盤の絨毛組織を採取する。1〜2％の確率で流産の可能性あり。出血、破水、子宮内感染の心配も。 | 15万〜20万円 |
| NIPT（母体血胎児《ぼたいけつたいじ》染色体検査） | 妊娠11〜16週ごろ。結果が出るまで1〜2週間。 | **非確定検査** 母体の血液から3種類の染色体異常の可能性を調べる。あくまでも可能性。 | 20万〜25万円 |

8万件のママの声

# 妊娠中期のトラブル

## ママの体

（監修／あんずクリニック産婦人科
院長 川島正久先生）

**Q** 冷え予防としておなかにカイロを貼ってもいい？

**A** カイロよりも腹巻を。

妊娠中は**皮膚が敏感になっている**ので、カイロよりも**肌にやさしい腹巻がおすすめ**です。

**Q** 38〜39度の高熱が続きました。

**A** 胎児への影響はありません。

胎児への影響はありませんが、発熱で心配なのは、ママの**エネルギーの消耗、体力低下、脱水症状など**が起こることです。受診をしましょう。

**Q** 股関節の上あたりが痛みます。

**A** 骨盤ベルトなどで体をサポートして。

原因は、出産に向けて骨盤が開きやすくなるように**関節がゆるむホルモンが出ている**ことと、子宮が大きくなって**重心がかわり、恥骨痛や腰痛、股関節痛などが引き起こされている**ことです。骨盤ベルトを着用してみましょう。（助産師 榎本美紀さん）

**Q** 汗が増え、においも気になります。

**A** 蒸しタオルなどでこまめにふいてください。

妊娠すると**新陳代謝が活発化して汗をかきやすくなります**。また、ホルモンバランスの変化などにより**においに敏感になる場合**もあります。気になるようなら、こまめに蒸しタオルでふいてください。制汗剤を使っても大丈夫です。

**Q** セックスをするとおなかが張ってきます。

**A** 張りや出血があるときはやめて。

妊娠中期で、セックスをするのは問題ありません（→p131）が、**おなかが張ってきたらストップします**。また、**出血がみられた場合もやめておきましょう**。張りや出血が治まらない場合は受診してください。感染症予防のためにも必ずコンドームの着用を。

**Q** 切迫早産で入院安静に。退院後は、動いてもいい？

**A** 退院時に主治医に確認を。

どの程度動いてもよいのかは、退院時に主治医にきちんと確認するのが大切です。

# 仕事・生活

（監修／あんずクリニック産婦人科
院長 川島正久先生）

**Q 縮毛矯正は赤ちゃんに影響はありますか？**

**A 影響はありません。**

縮毛矯正を行うことで妊娠経過や赤ちゃんに影響が出ることはありません。ただし、**長時間の座った姿勢、薬剤のにおい、妊娠中の敏感な肌への影響、あお向けでのシャンプーが負担にならないか**など、自分の体調と相談して行いましょう。

**Q 靴下をはくときの前かがみは大丈夫？**

**A 気にしないで大丈夫です。**

日常の動作の中での**多少の前かがみや体のねじれは、気にすることはありません。**

**Q かたい野菜を切るとおなかに力が入ります。**

**A 心配しなくてよいでしょう。**

重い荷物を持ったときにおなかに力が入るのはあまりよくありませんが、**野菜を切った程度の力なら大丈夫**でしょう。

**Q 虫歯治療で麻酔をしますが大丈夫？**

**A 麻酔は少量なので大丈夫です。**

虫歯治療で使う麻酔は少量なので、妊娠経過や胎児に影響はありません。むしろ**治療をしないで、炎症がすすんだり、歯周病になってしまったりするほうが心配**です。今のうちにしっかり完治させておきましょう。

**Q 子宮筋腫の合併妊娠です。仕事を続けても大丈夫？**

**A リスクを理解し対応を検討して。**

筋腫のできている場所や大きさによっては、**安静にしたほうがよいケース**もあります。仕事を続けるリスクなどは医師に確認し、対応を考えましょう。

**Q 衣替えで防虫剤のパラジクロロベンゼンを思い切り吸い込みました。**

**A 1回なら影響はないでしょう。**

1回吸い込んだくらいでは、妊娠経過や赤ちゃんに影響が出ることはありません。ただし、**継続的に吸入すると胎児に影響が出ることがあります**ので、以後は気をつけましょう。

**Q 保育士で、おなかの張りを頻繁に感じます。**

**A 主治医に相談を。**

**不安を抱えたまま仕事を行うことが心配**です。張ったときにすぐに休憩ができる環境なのか、張り止めの薬を飲んだほうがよいのか、主治医に相談してみてください。

# 赤ちゃん

（監修／あんずクリニック産婦人科
院長 川島正久先生）

## Q 胎盤の位置が低いので、おなかをぶつけないようにいわれました。

## A ちょっとぶつけた程度は大丈夫。

胎盤の位置が低い場合、確かにはがれやすさに関して**多少リスクは上がります。**しかし、ちょっとぶつけた程度なら大丈夫です。心配な場合はすぐに受診を。

## Q 胎動が激しいと男の子と聞きましたが本当？

## A 男女の差ではなく、個人差です。

胎動の激しさは**男女差ではなく個人差です。ママの感じ方によっても違います。**

## Q 3時間ほどたばこの煙の多い部屋で過ごしました。

## A 1回だけなら大丈夫です。

たばこは、受動喫煙（副流煙を吸うこと）でもたばこに含まれる有毒物質の影響によって、**流・早産や低出生体重児など、胎児へのリスクはあります。**ただし、1回だけであれば胎児に影響はないでしょう。

## Q へその緒の位置が通常より少し端についているといわれました。

## A 吸引分娩や緊急帝王切開になる可能性も。

赤ちゃんにうまく栄養や酸素が届かずに**成長が遅れたり、吸引分娩や緊急帝王切開になったりする可能性もあります。**ただし、まったく問題なく出産できる場合もあるので、医師の指示に従いながら様子をみていきましょう。

## Q 妊娠16週でクラミジアに感染！

## A 出産までに完治すれば大丈夫。

出産時にクラミジア（→p166）に感染していると赤ちゃんへ感染の心配が。ただし、**抗生物質で治療すれば完治**します。分娩までに治っていれば大丈夫。

## Q 夜、胎動が激しくてあまり眠れません。

## A 昼寝などで睡眠不足を補って。

今後ホルモンの影響でさらに眠りが浅くなっていきます。昼寝をするなど、**眠れるときに休みましょう。**

# 高年妊娠（高齢出産）

（監修／浅川産婦人科　理事長　浅川恭行先生）

## リスクとメリットを知っておこう

35歳以上の初産婦を「高年初産婦」いいます。**リスクとしては妊娠高血圧症候群、妊娠糖尿病、微弱陣痛や子宮口がなかなか開かないなど**、妊娠や出産にトラブルが起こる確率が高くなることです。メリットとしては、社会経験が長いため**緊急時も落ち着いて対応ができたり、余裕をもって子育てができたりする**などがあげられます。

## Q 妊娠生活で心がけたいことは？

### A 常にリスクがあることを自覚して行動を。

高年妊娠の場合、常にリスクがあることを自覚して行動することが大切です。自分の体とおなかの赤ちゃんを守るために、**妊婦健診や規則正しい生活を実践**しましょう。

**●妊婦健診は必ず受ける**

妊娠中は急に体調が変化することもあります。妊娠高血圧症候群や妊娠糖尿病の早期発見、早期治療のためにも定期的な妊婦健診はきちんと受けましょう。

**●常におなかの赤ちゃんを第一に**

35歳以上の働く妊婦さんは役職についていることも多く、オーバーワークになりがち。無理は禁物です。

**●規則正しい生活をする**

３回の食事を基本とした規則正しい生活を心がけ、体重管理もきちんと行いましょう。

## Q どんなリスクがあるの？

### A 母体や胎児への影響が出やすい。

高年妊娠の場合、下記のようなさまざまなリスクの発生頻度が高くなります。どれも、母体や胎児へ影響が出やすいものなので、上記の心がけが大切です。

**起こりやすいリスク**

- □ 早産（→p158）
- □ 妊娠高血圧症候群（→p161）
- □ 妊娠糖尿病（→p162）
- □ 染色体異常の確率が高い
- □ 子宮筋腫などの合併症のある妊娠（→p163）
- □ 子宮口が開きにくい（＝軟産道強靭→p180）
- □ 微弱陣痛（→p180）
- □ 遷《せん》延《えん》分娩（→p181）による緊急帝王切開

8万件のママの声

# 妊娠後期のトラブル

## ママの体

（監修／あんずクリニック産婦人科
院長 川島正久先生）

**Q 毎回、妊婦健診で尿たんぱくが(+)に。**

**A 尿たんぱくだけなら問題ないです。**

尿たんぱく以外の症状がなければ、**母体と胎児に影響はない**でしょう。中間尿（出始めや最後ではなく中間の尿のこと）が取れずに、おりものが混ざると、尿たんぱく偽陽性となるので、気をつけて。

**Q 貧血と診断されました。**

**A 鉄剤と食生活で改善を。**

**処方された鉄剤をきちんと飲み、食生活を見直し**ましょう（→p135）。また、貧血はいろいろな病気のバロメーターでもあるので、ほかの病気が隠れていないかも、きちんと調べてもらいましょう。

**Q 夜中から朝方にかけて手や腕がしびれます。**

**A 温めてみましょう。**

夜は体温が下がり、冷えからしびれが出ることも。温めると緩和されることもあるので、**蒸しタオルや手浴などで温めてみましょう。**改善しないようなら主治医に相談を。（柔道整復師　湯川優さん）

**Q 残尿感があります。**

**A 痛みも伴うようなら受診を。**

大きくなった子宮に押されて、尿を全部だしきれていないだけの**生理的な現象**かもしれません。ただし、**痛みも伴うときは膀胱炎の可能性**もあるので早めに受診を。

**Q おなかが片側だけ張ります。**

**A 赤ちゃんの体勢によることも。**

赤ちゃんがおなかの中で、**どんな姿勢でいるかによって、張りを感じる場所が違うことがあります。**心配なときは、超音波検査で赤ちゃんの位置や胎盤の位置などを確認してもらいましょう。

**Q おしりが痛みます。**

**A 腰周りの負担を減らして。**

腰周りの筋肉への負担や神経の圧迫からおしり周りに痛みを感じる人もいるようです。**背すじを伸ばした姿勢を心がけたり、やわらかい布団で寝たりして腰周りの負担の軽減を**。また、冷えると痛みが出やすくなるので腹巻をつけたり、靴下をはいて冷え予防を。

（柔道整復師　湯川優さん）

# 仕事・生活

（監修／あんずクリニック産婦人科
院長 川島正久先生）

**Q 体が重くて、
買いもの以外は寝ています。**

**A 気分転換に散歩をしましょう。**

体調に問題がなければ、動いたほうがよいでしょう。家に閉じこもっていると、気分も体力も落ちてしまいます。気分転換に**20〜30分散歩**をしたり、**パパや家族、友人と話をしたりして過ごしましょう。**

**Q 子宮頸《けい》管が少し短めといわれました。
ヨガは続けてもいい？**

**A 安静の指示がなければ
続けてもよいでしょう。**

子宮頸管とは、子宮の外側の入り口から赤ちゃんの入っている内側の入り口までのこと。短めでも、**必ず早産や切迫早産につながるわけではありません。**主治医から安静の指示がなければヨガは続けていて大丈夫です。

**Q 病院まで電車とバスで
40分ほどかかります。**

**A 車やタクシーのほうが安心です。**

**臨月に入ったら、パパや家族の運転で送ってもらったり、タクシーを使ったりするほうが安心**です。妊婦健診日にタクシーの予約をしておくのもよいでしょう。

**Q 脱毛をしたいのですが
問題はありますか？**

**A とくに問題はありません。**

脱毛しても大丈夫です。胎児への影響はありません。ただし、妊娠中は肌が敏感になっているので、**脱毛後の皮膚のケアをしっかり行いましょう。**

**Q 自慰行為をしてしまいます。
おなかの赤ちゃんに影響はない？**

**A 影響はありません。
おなかが張ったらやめましょう。**

赤ちゃんに影響はありませんが、自慰を行うとオキシトシンというホルモンが分泌され、**子宮収縮を促すことがあります。**おなかの張りが出たらすぐにやめましょう。

**Q 朝から目がかすみ、
頭痛がします。**

**A すぐに休憩を
取りましょう。**

妊娠中は赤ちゃんへ栄養や酸素を送り込むため、ママの**脳に運ばれる酸素が不足しやすくなり、目のかすみや頭痛が出る**ことがあります。すぐに横になるなどして休憩を取りましょう。

## Q 急性の細菌性腸炎になりました。赤ちゃんは大丈夫？

### A 消化器系の感染症は胎児に影響はありません。

下痢や嘔吐などでつらいと思いますが、消化器系の感染症による、ママの体や赤ちゃんへの影響はほとんどありません。**処方された薬を飲んで治療しましょう。**

## Q 横向きで寝ると、下になっているわき腹に強めの胎動を感じます。赤ちゃんは苦しいの？

### A 赤ちゃんがわき腹を蹴っているのでしょう。

おなかの赤ちゃんは羊水の中に浮かんでいます。ママの姿勢によって苦しくなることはありません。たまたま下になったほうを蹴ったりしているのでしょう。心配しなくて大丈夫。

## Q しゃっくりの胎動を感じました。赤ちゃんはつらくない？

### A 大丈夫です。

胎児のしゃっくりは妊娠後期によくみられる胎動で、赤ちゃんがつらいということはありません。呼吸の練習により**横隔膜が振動することからその動きが感じられるのでは、ともいわれています。**心配しなくても大丈夫です。

## Q 私の体重が2週間で2kg増えたせいなのか胎児の推定体重が2週間で600gほど増えました。赤ちゃんは大丈夫？

### A 超音波検査の測り方の差かもしれません。

超音波検査での測り方によって推定体重に差が出ることがあります。赤ちゃんの推定体重は、あくまでも推定なので**急激に増えたように感じても心配することはありません。**ただし、ママの2週間で2kgの体重増加は、今後、気をつけたほうがよいでしょう。

# 赤ちゃん

（監修／あんずクリニック産婦人科院長 川島正久先生）

## Q 赤ちゃんのおなか周りだけが小さいといわれました。なにか問題があるの？

### A おなか周りは誤差が出やすいです。

おなかだけ小さい場合は、栄養状態が悪いことが考えられますが、**実際には生まれてみないとわかりません。**また、超音波検査では赤ちゃんの頭や足は骨の長さを測るので、ずれが少ないのですが、おなか周りは、ばらつきが大きく出ることがあります。**心配し過ぎないで。**

## Q 赤ちゃんの頭が大きめといわれました。

### A ママの骨盤と比べて頭が大きい場合は帝王切開に。

赤ちゃんの頭の大きさがママの骨盤を通るのが難しいと思われる場合は、**骨盤X線検査をして詳しく調べます。**その結果、**明らかに赤ちゃんの頭が大きい場合（児頭骨盤不均衡→p181）には予定帝王切開になります。**ただし、超音波検査で大きめといわれても、標準範囲内の大きさであることも多いです。

妊娠後期の重要キーワード

# 早産・切迫早産

（監修／浅川産婦人科　理事長　浅川恭行先生）

## 早産は週数によって対応が違う

**22週以降37週未満の出産を早産といい、切迫早産とは妊娠22週以降37週未満に下腹部の張りや痛みや、出血などがみられ早産が切迫した状態**のことです。

早産の場合は出産となった週数や赤ちゃんの大きさによって、医療処置を施します。切迫早産の場合は、安静などの対処法で早産を回避するようにします。

## Q 早産って？

## A 妊娠22週以降37週未満の出産。

早産にはさまざまな原因が考えられますが、中でも**感染症がもっとも多い**ようです。感染症が原因で子宮口がやわらかくなったり、破水が起こったりして、その結果、早産につながるのです。そのほかにもさまざまな原因も考えられます。

**原因**

感染症(→p165～)、妊娠高血圧症候群(→p161)、持病のある場合の妊娠（→p163）、前置胎盤（→p160）、常位胎盤早期剥離（→p182）、多胎妊娠（→p159）、胎児機能不全（→p182）、高年妊娠（→p154）、喫煙（→p34）など。

**症状**

**規則的な子宮収縮や出血、水っぽいおりもの（前期破水）**がみられます。

**治療・対処法**

原因によっては赤ちゃんが子宮内で生きられない状態になり、人工的に早産にせざるを得ないこともあります。しかし、基本的には、37週未満に陣痛や前期破水などお産の兆候がみられたら**入院して、安静や投薬でできるだけ妊娠期間を延長させ、出産**となります。赤ちゃんの生まれた週数や状態によっては、NICU（新生児集中治療室）などで治療をしながら成長を促します。赤ちゃんの大きさによっては、NICUに入らないで経過をみることもあります。

## Q 切迫早産って？

## A 妊娠22週以降37週未満に、早産が切迫した状態。

**原因**

切迫早産の**原因でいちばん多いのも感染症**です。それにより子宮口が開きやすくなったり子宮収縮が起こったり、破水を誘発することも。ただし、まだ**赤ちゃんはおなかにとどまっている状態**なので、治療をしながら、できるだけ妊娠を継続できるようにします。

**症状**

**出血、いつもと違う規則的なおなかの張りや痛み**、感染症が原因の場合は、**悪臭のあるおりもの**、破水してしまった場合は、**水っぽいおりもの**が継続的に出ます。

**治療法**

入院し持続的に子宮収縮抑制剤などを使用する場合や、自宅で安静にして経過をみる場合があります。

# 多胎妊娠

## 胎盤の数でリスクがかわる

２人以上の赤ちゃんを同時に妊娠することを多胎妊娠といいます。**胎盤の数によってリスクがかわる**ので、医師によく確認して妊娠生活を送りましょう。三つ子以上の経腟分娩はリスクが高いので、出産はほぼ帝王切開になります。

### 双胎のタイプ

**一卵性双胎**

１個の受精卵が分裂することで発生し、分裂の時期によって二《に》絨毛《じゅうもう》膜《まく》二《に》羊《よう》膜《まく》、一《いち》絨毛《じゅうもう》膜《まく》二《に》羊《よう》膜《まく》、一絨《いちじゅう》毛《もう》膜《まく》一《いち》羊《よう》膜《まく》のいずれかになります。

**二卵性双胎**

２個の受精卵から発生したもので、胎盤も２個の二絨毛膜二羊膜となります。

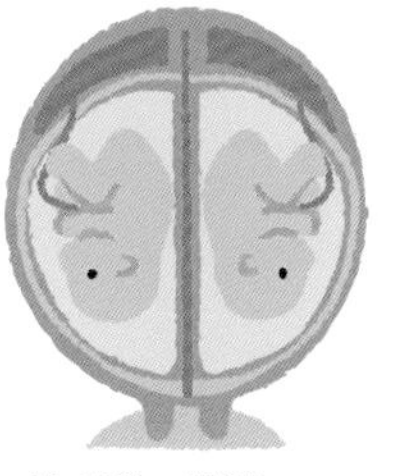

**二絨毛膜二羊膜**
胎盤が２つで胎児がいる子宮内も羊膜でそれぞれ仕切られています。

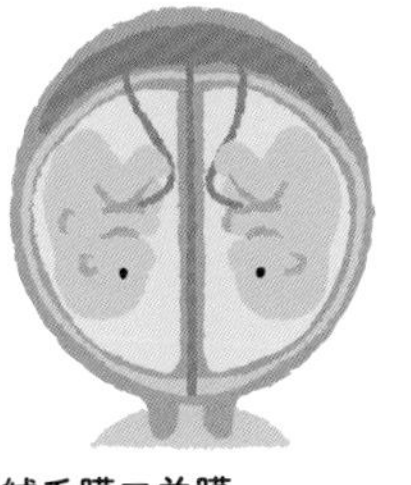

**一絨毛膜二羊膜**
胎盤は１つですが、胎児がいる子宮内は羊膜で仕切られています。

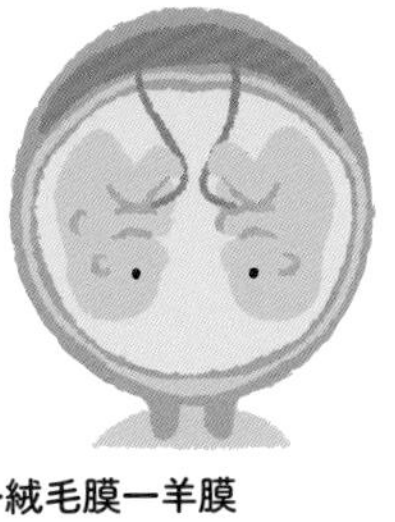

**一絨毛膜一羊膜**
胎盤も１つで、子宮内でも仕切りはなく同じ空間に胎児がいます。

### 起こりやすいリスク

胎盤が１つの一絨毛膜の場合は、均等に供給されるはずの血液量のバランスが崩れることがあります。栄養や酸素があまりいかなくなった胎児は、子宮内胎児発育遅延*になることも。

# さかご

## 36週までにほとんど治る

おなかの赤ちゃんの頭が上のほうにあり、妊娠8カ月以降でもそのままの状態の場合に、さかご（骨盤位《こつばんい》）と診断されます。さかごが治らない場合、経腟《けいちつ》分娩では胎児機能不全などの危険があるため、帝王切開の検討を始めます。**治らないケースは5%ほど**といわれ、**36週で**直前でも治れば経腟分娩で出産します。

### ママができること

**●体を温める**

体を温め子宮内の血流をよくすることで、胎児の動きを活発にして回りやすくしましょう。

**●さかごを治すポーズ**

両手両ひざをついた姿勢から、腕を床につけて顔も伏せ、おしりは持ち上げたまま10〜15分キープ。その後横向きに寝てリラックス。このポーズは、胎児のおしりや足を骨盤から離れさせて回転しやすくします。おなかが張ったら中止を。

### さかごの種類

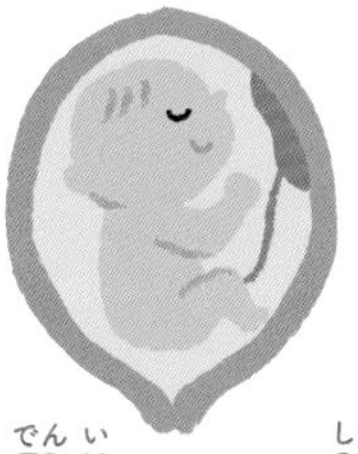

**臀位《でんい》**
おしりを子宮口に向けている状態。

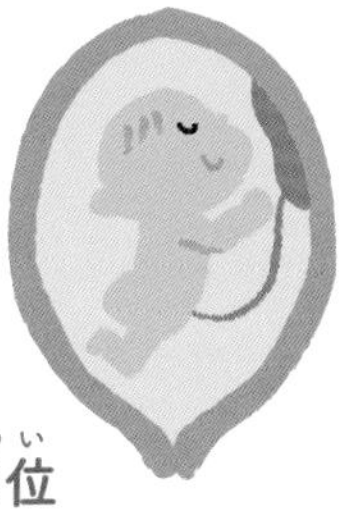

**膝位《しつい》**
ひざまずくような姿勢でひざを子宮口に向けている状態。

**足位《そくい》**
両足、または片足を子宮口に向けている状態。

＊子宮内胎児発育遅延：なんらかの原因で、子宮内の胎児の発育が遅れたり、止まってしまったりしている状態のこと。

# 気をつけたいそのほかのトラブル

（監修／よしかた産婦人科　院長　善方裕美先生）

## 子宮のトラブル

### 前置《ぜんち》・低置胎盤《ていちたいばん》

**胎盤が子宮口をふさぐ位置や子宮口の近くにある**

胎盤が子宮口をふさぐような位置にある状態が前置胎盤、子宮口の近くにあるけれど、ふさいでいない位置にあるのが低置胎盤です。子宮が大きくなるにつれ子宮口と胎盤との距離が遠くなることもあるので、確定までには時間がかかります。

**妊娠・出産へ影響**

妊娠中期以降、子宮収縮などで胎盤と子宮壁にずれが生じ大出血を起こすことがあります。前置胎盤の場合、胎盤が赤ちゃんの出口をふさいでいるので**予定日より前に帝王切開に**なります。低置胎盤の場合は位置をみながら検討します。

**対処法**

おなかが張ったらできるだけ安静にし、出血がみられたらすぐに受診しましょう。入院して様子をみることもあります。

### 子宮頸管無力症《しきゅうけいかんむりょくしょう》

**自覚症状がなく子宮口が開いてしまう**

子宮口が閉じていなくてはいけない時期になんの前触れもなく、**自覚症状もなく子宮口が開いてしまう**ことをいいます。はっきりした原因はわかっていませんが、子宮頸管の筋肉組織が体質的に弱いためといわれています。

**治療法**

放っておくと流・早産の心配があるので、なるべく早く**子宮口を縛る手術（子宮《しきゅう》頸管縫縮術《けいかんほうしゅくじゅつ》）を行います**。手術は赤ちゃんに影響はありません。37週前後に抜糸すると自然にお産が始まります。手術を行わず、赤ちゃんが成熟するまで入院安静で過ごす場合もあります。

## 初期のトラブル

### 胞状奇胎《ほうじょうきたい》

**絨毛《じゅうもう》が病的に増える病気**

胎盤のもととなる絨毛が病的に増殖し、ぶどうのような水疱状の粒で子宮内が満たされてしまう病気です。受精卵そのものに問題があることが多く、**500人に1人程度の割合で発症**します。つわりが重症だったり、出血があったりの症状で発見できることもありますが、**ごく初期のうちは正常な妊娠と区別がつかないことも**あります。

**対処法**

診断された場合、**なるべく早く子宮内除去手術**を行い、その後もしばらく通院して経過をみます。次の妊娠は、医師からの許可が出てからにします。

### 妊娠悪阻《にんしんおそ》

**水も受けつけない重いつわり**

つわりの症状が重く、水も受けつけないなど、治療が必要な状態をいいます。原因はｈCG（ヒト絨毛性ゴナドトロピン）というホルモンが急激に増えるためともいわれていますが、はっきりしたことはわかっていません。

**治療法**

尿検査で尿中のケトン体が陽性反応（2＋以上）を示すと入院が必要と診断されることがあります。**ブドウ糖、電解質や水溶性ビタミンを点滴**し、食事ができるようになれば退院となります。

**赤ちゃんへの影響**

赤ちゃんの成長には影響がないといわれています。

# 妊娠高血圧症候群

## ママにも赤ちゃんにも影響が出ることがある

妊娠中に高血圧を発症した場合を妊娠高血圧症候群といいます。**妊娠20週以降に高血圧がみられる場合は妊娠高血圧症、高血圧と尿たんぱくの症状がある場合は妊娠高血圧腎症**に分類します。妊娠高血圧症候群は約20人に1人の割合で起こり、**妊娠34週未満で発症した場合は重症化しやすく注意が必要**です。ママや赤ちゃんにも影響を与えるので、健診をきちんと受けることがなにより重要です。

### 高血圧合併症妊娠

**妊娠前や妊娠20週未満の高血圧**

妊娠前や妊娠20週未満に高血圧がみられる場合は高血圧合併症妊娠といい、妊娠高血圧症候群の分類には含まれません。ただし、**リスクがとても高いので慎重に妊娠経過をみていく**ことになります。

**【治療法】**
いちばんの治療は、妊娠を終わらせることです。ママや赤ちゃんの状態をみながら出産時期を決めます。

**【ママへの影響】**
けいれん、脳出血、肝臓や腎臓の機能障害など。

**【赤ちゃんへの影響】**
胎児発育不全、胎盤早期剥離、胎児機能不全、胎児死亡など

**【なりやすい人】**
・妊娠初期の血圧が高め（収縮時血圧130〜139mmHg もしくは拡張期血圧80〜89mmHg ）
・血縁者に高血圧の人がいる
・高年妊娠（40歳以上）
・多胎妊娠
・肥満（BMI値が25以上）
・高血圧、腎臓病、糖尿病などの持病がある
・塩分のとり過ぎ
・不規則な生活をしている、ストレスが多い
・運動不足

## 予防法

**塩分のとり過ぎ、
急激な体重増加や不規則な生活、
ストレスなどがリスクを高めるので、
下記を実践してリスクを減らしましょう。**

**実施リスト**

**□ 規則正しい生活を送る**
ストレスをためず、睡眠をしっかり取り、3食を規則正しく食べる生活を心がけて。

**□ 塩分は1日6.5g未満にする**
塩分の多い食事は高血圧の原因になります。だしを取る、ポン酢やレモン汁の利用、薬味をたっぷり使うなど、調理や味つけの工夫で減塩しましょう。

**□ ビタミンCやE、カルシウム、カリウムやマグネシウムは予防に効果的**
ビタミンCやEが多い食材…ブロッコリー、アボカド、ナッツなど
カルシウムが多い食材…小魚、牛乳、乳製品など
カリウムが多い食材…昆布、ワカメ、ひじきなど
マグネシウムが多い食材…大豆製品、海藻類など

**□ 適度な運動で体力づくりと体重管理をする（※運動前には医師に相談を）**
ウォーキングやマタニティヨガ、マタニティスイミングなどを20〜30分程度行うとよいでしょう。

**□ 自宅での血圧測定と定期的な妊婦健診を行う**
毎日の血圧測定や健診時の尿検査は、妊娠高血圧症候群の早期発見につながります。

# 妊娠糖尿病

## ママは産後にも影響することが

**糖代謝異常を引き起こし血糖値が上昇する病気**を妊娠糖尿病といいます。妊娠によってインスリンの働きが低下することが原因のひとつといわれています。妊娠高血圧症候群や尿路感染症などの**合併症が起こりやすくなり、赤ちゃんは4000g以上の巨大児になりやすくなります。**また出生後の赤ちゃんが急に低血糖になる心配もあります。

**【治療法】**

食事療法とママ自身が血糖測定器を使って血糖値コントロールをします。食事療法だけで改善されない場合は、インスリン注射で血糖値を下げることもあります。

**【ママへの影響】**

・妊娠高血圧症候群
・糖尿病の合併症（網膜炎《もうまくえん》や腎症《じんしょう》）
・羊水量の異常　・流産・早産　・肩甲《けんこう》難産*

**【赤ちゃんへの影響】**

・巨大児　・胎児機能不全　・子宮内胎児死亡
・低血糖　・黄疸《おうだん》

**【なりやすい人】**

・親や兄弟に糖尿病の人がいる
・糖代謝異常と
　診断されたことがある
・２人目以降の妊娠
・高年妊娠
・妊娠前から太っている
・妊娠後、急激に体重が増加した
・食事のカロリーが高い
・ストレスが多い
・運動不足

## 予防法

**急激な体重増加がいちばんよくありません。
バランスのよい食生活や適度な運動が予防にも治療にも効きます。**

### 実施リスト

**□ 甘いもの、脂っこいものを避け、
　バランスのよい食習慣を実践**

糖分や脂肪の多い食事は避け、減塩・低カロリーでバランスのよい食事を心がけて。食事は３食を小分けに食べるなどして血糖値の上昇を抑える食べ方もおすすめです。

**□ 定期的な運動をする（※運動前には医師に相談を）**

ウォーキングやマタニティヨガ、マタニティスイミングなどを20〜30分程度行うとよいでしょう。

**□ 定期的に妊婦健診を受診する**

妊娠糖尿病は自覚症状がないため、早期発見・早期治療のためには、定期的な妊婦健診が大切です。

## 薬とのつき合い方

### 自己判断でやめるのはNG

妊娠初期は薬の服用には注意が必要ですが、どんな薬も絶対に飲んではダメというわけではありません。とくに持病などで欠かせない薬は、飲まないとかえってママや赤ちゃんに影響が出ることがあります。**自己判断がもっとも危険**なので、まずは主治医に確認しましょう。

中期以降も病院でだされた薬を自己判断で減らしたり、やめたりすることは厳禁です。主治医はリスクと効果を考えて処方しています。正しく飲むことが大切です。

＊肩甲難産：出産時、赤ちゃんの頭は出てきたものの、肩がひっかかり出てこられない状態。

# 持病

## 自分の病気の影響をしっかり知っておく

持病がある場合は、妊娠・出産にどのくらいのリスクがあるのか、**早めに主治医に確認**をしておきましょう。なんらかの影響がある場合は、**妊婦健診を必ず受診し、病気を悪化させないように努める**のはもちろん、体調の変化があったらすぐに受診するようにします。

## 婦人科系の病気

### 子宮奇形

**流・早産を起こしやすい**

先天的に子宮の形に異常があることをいいます。いくつかタイプがありますが、共通していえるのは、子宮内腔が狭いため**流・早産を起こしやすい**ということ。通常より健診の回数を増やし、注意して経過をみることが必要です。**微弱陣痛やさかごになりやすく、赤ちゃんも小さめに生まれる傾向があります。**

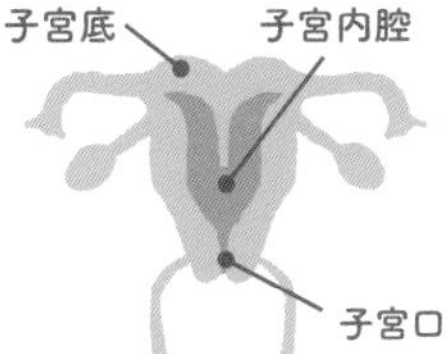


**双角単頸子宮《そうかくたんけい》**
子宮内腔がハート形のようにくびれている

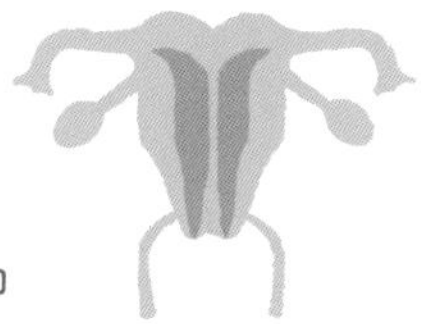

**双角双頸子宮《そうかくそうけい》**
１つの子宮の中に２つの子宮内腔が存在し、子宮口も２つある

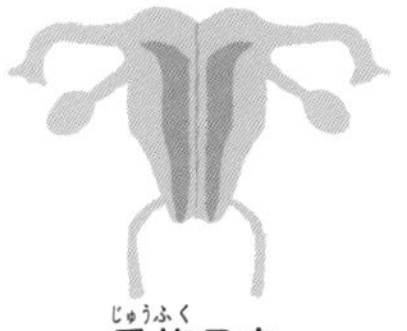

**重複《じゅうふく》子宮**
独立した子宮が２つあり、子宮口も２つある

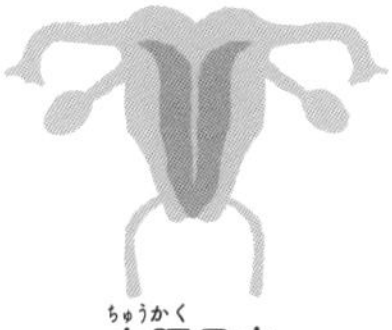

**中隔《ちゅうかく》子宮**
子宮の形は正常でも子宮内腔に壁がある

### 子宮筋腫

**多くは治療せず経過観察**

子宮にできる**良性の筋腫**のこと。筋腫**が小さい、子宮口から遠い位置にある場合は経膣《けいちつ》分娩が可能**です。子宮口に近い、子宮頸部に筋腫がある場合は、**帝王切開になることも**あります。

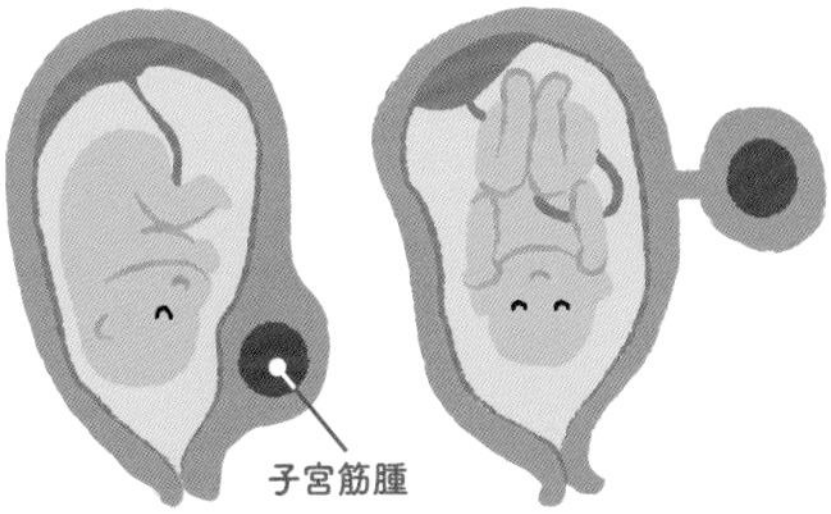


帝王切開になる可能性があるケース

出産への影響がないケース

## 婦人科系以外の病気

### 腎疾患

**治療を続けながら経過をみる**

妊娠中は腎臓にも負担がかかります。そのため、血液中に老廃物がたまり**尿毒症や高血圧、たんぱく尿や浮腫、妊娠高血圧症候群などになりやすくなります。**胎児の成長や母体に影響が出ることもあるので、赤ちゃんの成長をみて出産方法や時期を決めます。

### 心疾患

**心臓への負担の少ない出産方法を選ぶ**

妊娠により体への負担が大きくなることを考慮したうえで、慎重に経過をみます。治療や服薬は医師の指示に従い正しく行いましょう。**出産は心臓への負担を軽減するため、あまりいきまないように行います。**多くの場合、経腟分娩が可能です。

### ぜんそく

**治療しながら妊娠・出産へ**

妊娠によって症状がかわらない人もいますが、悪化することが多いといわれています。医師の指示に従い、**気管支拡張薬や吸入薬などを使用し発作をコントロールする必要があります。**これらの薬は赤ちゃんへ影響することはありません。

### 甲状腺の病気

**治療を続けながら、慎重に経過をみる**

**甲状腺ホルモンが過剰になるバセドウ病**や、逆に**不足することで起こる橋本病**などがあります。どちらも**薬の服用が大切**です。治療を怠ると、流産やママの血圧が急上昇するなど重篤な影響が出る心配もあります。

# 妊娠中に気をつけたい感染症

（監修／よしかた産婦人科　院長　善方裕美先生）

## 感染症の予防には家族の協力が必須

妊娠中に感染症にかかってしまうと、妊娠経過や赤ちゃんへの影響が心配されます。**妊娠中は免疫力が下がるので、いつも以上に感染症対策をきちんと行い、かからないようにするのがいちばん大切**です。ママだけでなく、一緒に住む家族にもしっかり協力してもらいましょう。

## 実践すべき感染症対策

**できるだけかからないようにするため、自分でできる感染症対策はしっかりと行いましょう。実践したいのは以下の４つです。**

### 1　3密（密閉・密集・密接）を避ける

おしゃべりなどでも飛沫感染することがあるので、人とは距離を取り、密集する場所はできるだけ避けて。

### 2　手洗い、うがい、マスクは忘れずに

帰宅後や食事前には必ず石けんを使って、手洗いを行いましょう。また、こまめにうがいをしたり、出かけるときにはマスクを着用したりすることも感染症予防につながります。

### 3　免疫力を高める

妊娠により免疫力は低下しがちなので、免疫力を高める食材（玄米や胚芽米、発酵食品、食物繊維、緑黄色野菜）などを積極的にとりましょう。１日１回は笑うことも大切。

### 4　家族の協力

とくに通勤時や勤務時に多くの人と関わるパパなどは、玄関で着替えてアルコール消毒をしてから部屋に入ってもらうなど、家の中にウイルスを持ち込まない対策が必要です。

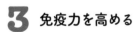

# ママが気をつけたい感染症

**それぞれの感染経路などを確認し、しっかり予防・対策をしましょう。**

感染経路

**空気による感染**……空気中に浮遊している細菌などを吸い込み感染。
**飛沫による感染**……せきやくしゃみなど飛沫に含まれる細菌やウイルスが粘膜に付着し感染。
**接触による感染**……皮膚や粘膜の直接的な接触や、手すりやドアノブなど間接的な接触から粘膜へ感染。
**常在菌による感染**……もともともっている菌が、免疫力が落ちたときに増殖し発症。
**経口による感染**……細菌がある食品などを食べたことで感染。

## 空気・飛沫による感染

### 麻疹《ましん》（はしか）

**入院して安静に**

麻疹ウイルスによる感染。症状は発疹や発熱、全身のだるさやせきなど。感染すると子宮収縮が起こりやすくなるため、**流・早産につながる可能性**も。

**【赤ちゃんへの影響】** **奇形などの心配はない。**

**【治療法】** 特効薬はなく、**入院**して重症化を防ぎながら安静にする。

### 流行性《りゅうこうせい》耳《じ》下《か》腺炎《せんえん》（おたふく風邪）

**安静にして経過観察を**

ムンプスウイルスによる感染症。症状は発熱、耳下腺が腫れる、全身のだるさ、食欲不振や筋肉痛など。**まれに流産**を引き起こすことも。

**【赤ちゃんへの影響】** **まれに胎児が死亡**することがある。出産直前の感染の場合、赤ちゃんに**呼吸障害などの影響**が出ることも。

**【治療法】** 特効薬はなく、**安静で経過をみる。**

### 新型コロナウイルス

**かからないように予防を**

新型コロナウイルスによる感染。軽症ですむ場合もあるが、妊娠中は免疫力が低下しているので**肺炎などを引き起こす心配**も。かからないように予防が大切。

**【赤ちゃんへの影響】** 今のところ確認されていない。

**【治療法】** 妊娠中に安全に使える治療薬はまだ明らかではなく、研究・開発中。

### 伝染性《でんせんせい》紅《こう》斑《はん》（りんご病）

**安静にして経過観察を**

パルボウイルスによる感染症。症状は発熱や紅斑、関節痛など。**重症の場合、流・早産**の可能性も。

**【赤ちゃんへの影響】** 妊娠20週未満の場合、**3分の1程度の赤ちゃんに胎児水腫や重症化すると子宮内胎児死亡などの可能性**がある。ウイルスがなくなれば回復することも。

**【治療法】** 治療薬はなく、**安静に過ごし回復を待つ。**

### 風疹《ふうしん》

**治るまで自宅で安静に**

風疹ウイルスによる感染症。症状は発熱や全身の発疹、リンパ腺の腫れや関節の痛み。**妊娠経過に影響はないが、胎児に影響する場合がある。**

**【赤ちゃんへの影響】** 妊娠20週未満で感染した場合、**心臓疾患や白内障、緑内障、難聴といった障害（先天性風疹症候群）を引き起こす可能性**が。20週以降の感染なら心配ない。

**【治療法】** 感染が疑われたら電話で病院の医師に相談。治療薬はなく症状が治まるまで基本的には**自宅で安静**。

### インフルエンザ

**薬で治療を**

インフルエンザウイルスによる感染症。症状は高熱、せき、関節炎、頭痛など。重症化すると肺炎などを引き起こすことも。**妊娠後も予防接種は必ず受けて。**

**【赤ちゃんへの影響】** 胎児には感染しないが、重症化し39度以上の高熱が続くと、**流・早産の可能性**が。

**【治療法】** 抗インフルエンザ薬の**タミフルやリレンザなどを服用。**

### 水痘《すいとう》（水ぼうそう）

**症状によって薬で治療を**

水痘・帯状疱疹ウイルスによる感染症。症状は発熱、発疹、全身のだるさ、食欲不振、紅斑など。**妊娠中は重症化しやすく肺炎を引き起こす可能性も。**

**【赤ちゃんへの影響】** 妊娠20週までに感染するとおなかの赤ちゃんに**先天性水痘症候群のリスク**が。出産間近の感染では、**出産時に赤ちゃんに感染する可能性**も。

**【治療法】** 妊娠時期や症状によっては**抗ウイルス薬を投与**。重症化した場合は**入院し点滴治療**を。出産時に赤ちゃんに感染した場合、**赤ちゃんにも抗ウイルス薬を投与。**

### 性器ヘルペス

**出産までに完治を**

単純ヘルペスウイルスによる感染症。症状は外陰部に水疱や痛み、発熱、頭痛など。水疱がつぶれると、排尿や歩行に影響が出るほどの激痛が走ることもある。**出産時に水疱がある場合、産道感染の可能性があるので帝王切開に。**

**【赤ちゃんへの影響】**赤ちゃんが産道感染すると、**全身にヘルペス症状を発症する**ことがある。さらに**高熱や脳炎などの心配**も。

**【治療法】抗ウイルス薬の軟膏で治療**。出産間近で急いで完治が必要な場合や重症のケースでは、**内服薬や注射で治療することもある**。

### サイトメガロウイルス

**自然に治ることも**

サイトメガロウイルスによる感染症。症状は軽い発熱。**妊娠経過に影響はないが、胎児に影響する場合がある**。

**【赤ちゃんへの影響】**妊娠初期の赤ちゃんの成長時期に感染すると**発育・発達に影響**が出ることも。

**【治療法】抗ウイルス薬を使う**ことも。使用しなくても1週間ほどで**自然に治る**。

## 経口による感染

### トキソプラズマ症

**薬で治療を**

猫のフンに触れたり、不十分な加熱処理の肉などを食べたりすることで、トキソプラズマ原虫より感染。症状はほとんどなく、まれに風邪程度の症状が出ることも。ただし、**流・早産の引き金になることが**。

**【赤ちゃんへの影響】**母子感染で**先天性トキソプラズマ症になることがある**。

**【治療法】**抗生物質で治療。

### リステリア症

**薬で治療を**

加熱殺菌していないナチュラルチーズや肉や魚のパテ、生ハム、スモークサーモンなどからリステリア菌に感染すると、**髄膜炎や脳炎、敗血症を引き起こす**。

**【赤ちゃんへの影響】流産や死産、新生児髄膜炎を起こすことがある**。

**【治療法】**ペニシリン系やエリスロマイシンなどの**抗菌薬で治療**。

## 接触による感染

### クラミジア

**出産までに完治を**

クラミジアトラコマティスという菌による感染。症状はおりものの増加や不正出血など。自覚症状がなく進行してしまうケースもあり、**炎症の状況によっては早産の原因**になることも。

**【赤ちゃんへの影響】**出産のとき、産道で赤ちゃんに感染すると**結膜炎や肺炎を起こす可能性**が。

**【治療法】抗生物質を内服**し、出産までに治すように。

### トリコモナス腟炎《ちつえん》

**薬で治療を**

トリコモナス原虫という微生物による感染。症状はおりものの異常（悪臭を伴う黄緑の泡状のおりもの）や外陰部のかゆみや痛み、排尿痛、歩行時の痛みなど。**炎症が悪化すると流・早産につながる**ことも。

**【赤ちゃんへの影響】**赤ちゃんへ**感染の心配はない**。

**【治療法】治療薬の内服か腟剤を使用**し10日〜2週間ほどで完治。

### 淋病《りんびょう》（淋疾）

**注射か薬で治療を**

淋菌という細菌による感染。症状は外陰部のかゆみ、黄色くにおいのする膿《うみ》のようなおりものの増加など。自覚症状がないこともある。重症になると**絨毛膜羊膜《じゅうもうまくようまく》炎*を起こし、早産や前期破水を引き起こす心配**が。

**【赤ちゃんへの影響】**赤ちゃんが産道感染すると新生児結膜炎の心配がある。

**【治療法】**ペニシリン系の抗生物質の注射か、1〜2週間の服用で治療。

＊絨毛膜羊膜炎：胎児、臍帯《さいたい》、羊水を包む卵膜に起こる炎症のこと。

## 常在菌による感染

### カンジダ腟炎

**薬で治療を**

腟内の常在菌、カンジダ真菌が増殖して起こる感染症。症状は、外陰部のかゆみやカッテージチーズのようなおりもの。**妊娠・出産への影響はない**。

**【赤ちゃんへの影響】**出産時に赤ちゃんが産道感染すると、**鵞口瘡《がこうそう》（舌に苔のような白いカビが発生）や皮膚炎などを起こす**ことが。

**【治療法】抗真菌薬の腟錠で治療**し、数日から数週間で完治。

# part5

# 出産準備と<br>お産の流れ

お産の始まりから
出産のすすみ方、
陣痛乗り切り法やいきみ方、
帝王切開の流れなど、
出産の心の準備をするために
必要な知識です。

# お産の始まりのサイン

（監修／なないろレディースクリニック　院長　黒田勇二先生）

## 入院するまで落ち着いて対応を

臨月に入り予定日が近づくにつれ、落ち着かない毎日になるでしょう。**お産の予兆としては粘り気のあるピンクや茶色のおりものの「おしるし」が来たり、陣痛に近い痛みが不規則に来る「前駆《ぜんく》陣痛」が起こったりすることがあります。**

**本格的なお産の始まりは陣痛か前期破水です。**どちらで始まったとしてもあせらず落ち着いて対応できるように、入院までの流れを確認しておきましょう。

## 出産Q&A

### Q 前期破水とは？

### A 陣痛の前に破水すること。

**赤ちゃんを包む卵膜が破れ羊水が流れ出ること**が破水です。通常は陣痛がきて子宮口が全開大なってから起こりますが、**陣痛前に起こることを前期破水といいます。**前期破水が起こると膣《ちつ》から細菌が入り、赤ちゃんに感染する心配があるため、すぐに病院へ連絡し入院します。

### Q 陣痛とは？

### A 赤ちゃんを押しだすための力。

陣痛とは、**赤ちゃんを押しだすために子宮が収縮して起きる痛みや、産道の周辺の筋肉などが圧迫されて起きる痛み**のことです。前駆陣痛との違いは**規則的な痛みで、次第に間隔が短くなる**こと。10分間隔、または1時間に6回以上感じるようになったら本格的な陣痛の始まりと判断し、病院へ連絡します。

体験談

**痛みの強さが変化して**

最初はおなかをくだしたかな？程度の痛みでしたが、生理のような痛みにかわり、重い生理痛のような痛みが規則的に来るようになって、陣痛かも……と気づきました。その後、間隔が10分くらいになってから病院へ連絡しました。
（みゆきママ・さくらちゃん）

体験談

**チョロチョロと止まらない**

夜、寝ようと思ったら、突然、尿もれのような感覚があり、ずっとチョロチョロと止まらなかったので、トイレで確認してみるとうっすらピンク色でなんだか生臭いにおいがしました。病院に連絡するとすぐ来てくださいとのこと。前期破水でした。
（ゆうきママ・こうくん）

# Q お産から入院までの流れを教えて。

## A 陣痛、前期破水、両方の流れを頭に入れておいて。

お産の始まりのサインは「陣痛」もしくは「前期破水」。どちらから始まるかは、そのときにならないとわかりません。入院までの流れがそれぞれ違うので、どちらも頭に入れて、あわてないようにしましょう。

### 前期破水が起こった場合

#### 羊水が出てくる感覚がある

**羊水が止まらずに流れ出ます。**量は多い場合と、チョロチョロと少量が出るケースがあり、少量の場合、自分ではわかりにくいことも。**自己判断は危険**なので、**病院へ連絡し指示を仰ぎましょう。**

#### 指示があったら車で病院へ向かう

破水した場合は細菌感染の心配があるので、**入浴やシャワーはNG**です。**大きめの生理用ナプキンを当て、家族が運転する車かタクシーですぐに病院へ向かいます。**移動の車内では、バスタオルをしき横になって安静に。破水後、すぐに陣痛がきて赤ちゃんが下りてきているような感覚がある場合は、救急車で病院へ向かいます。

### 陣痛から始まった場合

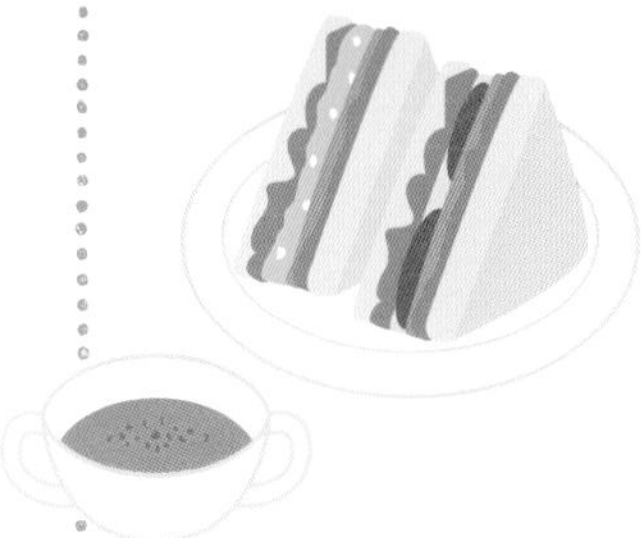

#### 規則的な痛みが続く

**安静にしても張りや痛みが治まらず、繰り返します。**余裕があれば入浴や食事などをしておきましょう。

#### 間隔を測る

陣痛は、痛みがずっと続くわけではなく、痛みが来て、いったん治まり、また次の痛みが来ます。**痛みと痛みの間隔がだんだんと短くなってくる**ので、その間隔を測ります。**痛み自体の長さは40〜60秒**です。病院へ連絡したときに痛みが始まった時間や間隔の変化などを聞かれるので、メモをしておいて。

#### 病院へ連絡

間隔が**10分以内**、もしくは**1時間に6回**来るようになったらママ自身で病院へ連絡を。助産師は、話す声の調子なども陣痛のすすみ具合の判断材料にします。

#### 指示があったら病院へ

入院準備の荷物を持って、家族が運転する車かタクシーで病院へ向かいましょう。

## 入院

（監修／杏林大学　保健学部　看護学科　准教授　加藤千晶先生）

# 図解 お産の兆候から出産までの流れ

## 出産の流れを知っておこう

出産の流れやかかる時間は人それぞれですが、本番であわてないように大まかな流れを頭に入れておくことは大切です。**初産では11～15時間**かかるといわれています。長丁場ですが、医師や助産師もサポートしてくれます。「赤ちゃんも頑張っている。もう少しで会えるんだ」というポジティブな気持ちで、心を落ち着かせて受けとめるのが大切です。

出産動画の
ドキュメンタリーで
流れを知ろう

経腟《けいちつ》分娩から帝王切開、無痛分娩など、さまざまな出産方法で産んだママたちのドキュメンタリー動画。陣痛から出産、その後までの流れがわかります。

## お産の兆候

**陣痛の間隔と痛みの強さ**

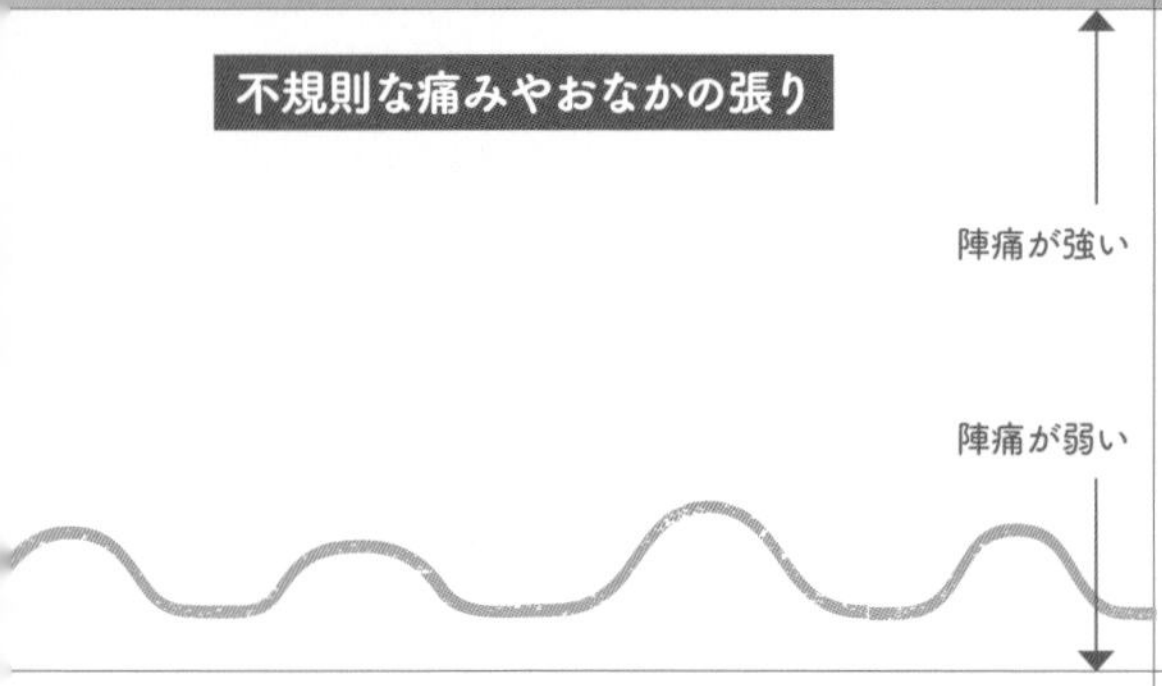


**子宮口の開きと赤ちゃんの様子**

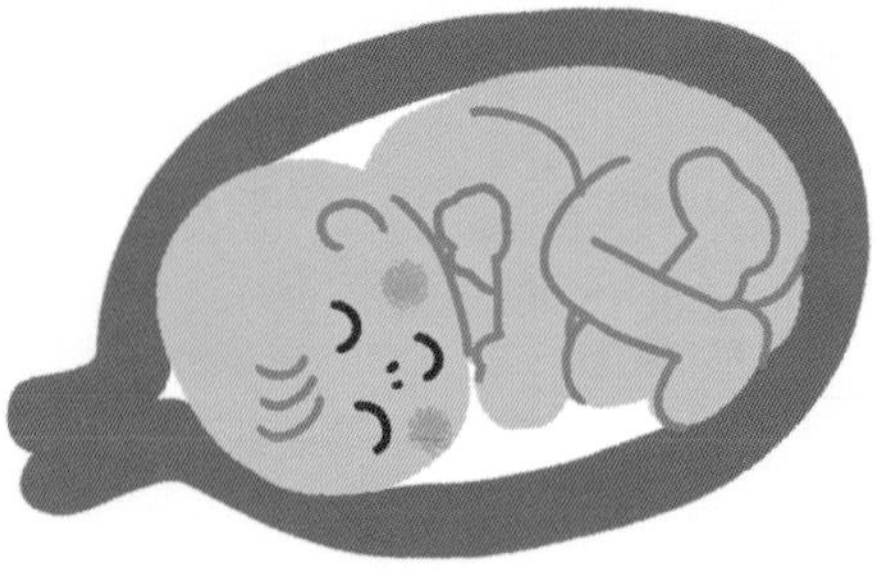

- 赤ちゃんがだんだん下りてくる

**ママの状態と行動**

- おしるしや前駆《ぜんく》陣痛があることも
- すぐに入院グッズを持ちだせるよう準備を
- 急な強い腹痛や月経時のような出血があった場合は、すぐに病院へ連絡を
- 破水した場合はすぐに連絡して病院へ向かう

病院の対応や処置

- 陣痛が規則的になるまで自宅で待機するように伝える

## 分娩第1期［本格的な陣痛開始から子宮口開大まで］初産婦：10～13時間／経産婦：4～6時間

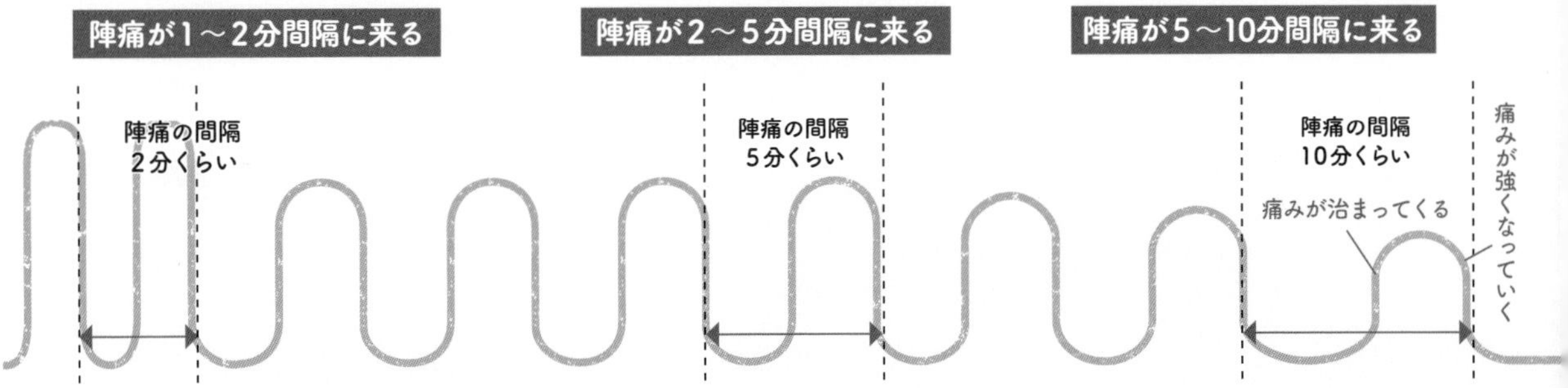


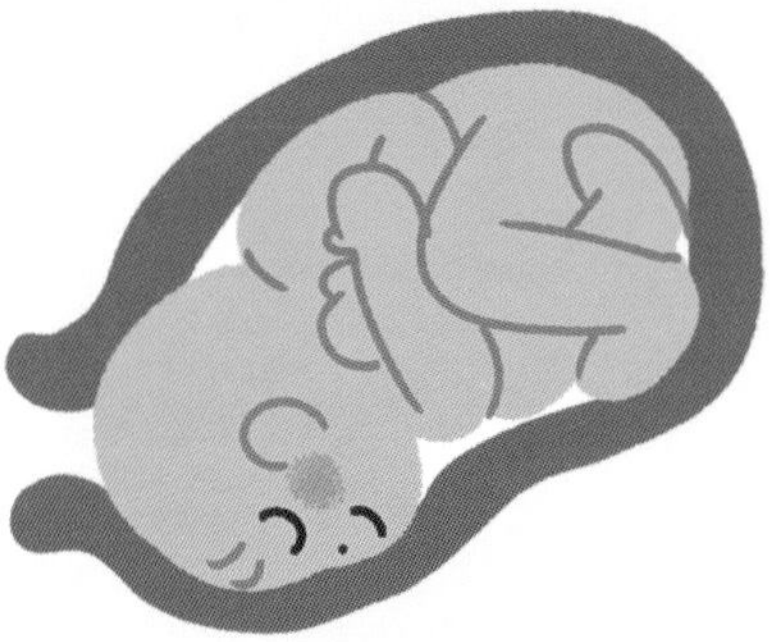

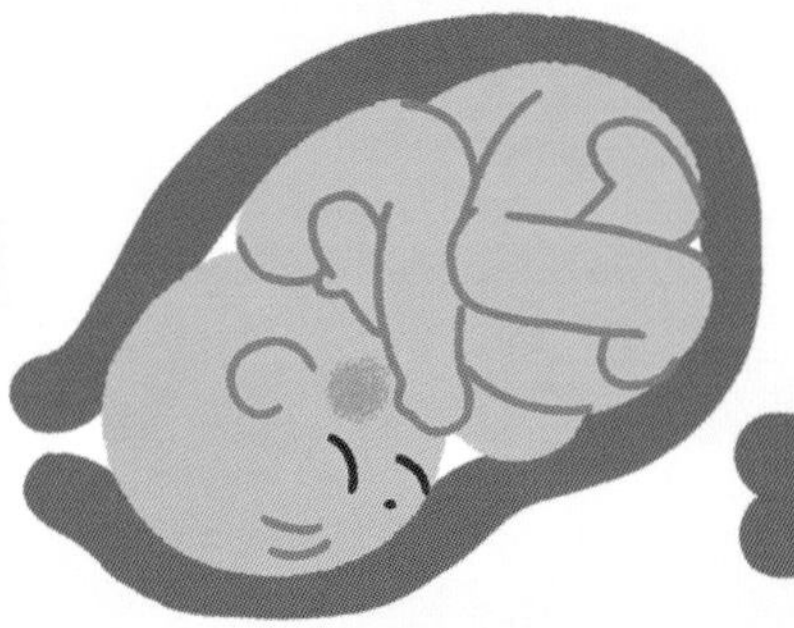

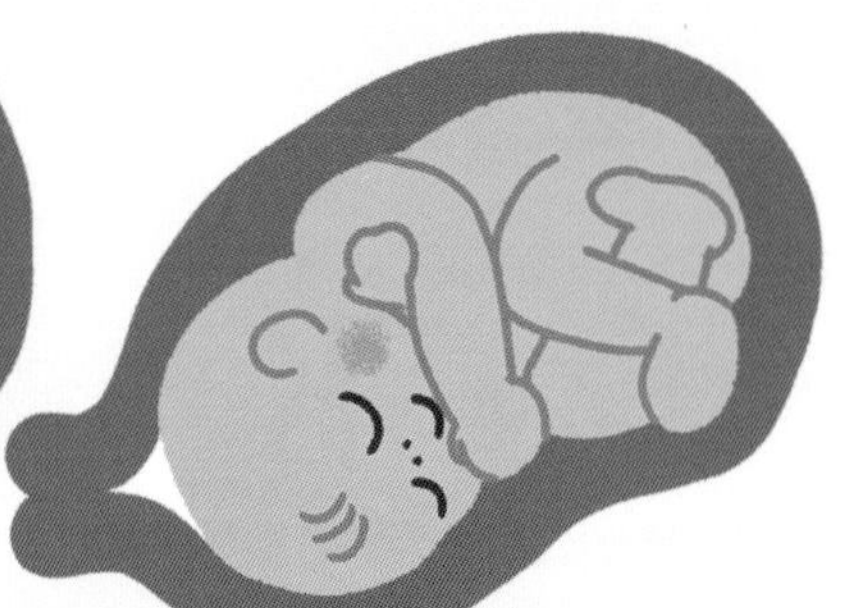

- 子宮口は0～3㎝開大
- 赤ちゃんはあごを引き、横向きに産道に入り始める後頭部が骨盤に、はまるような形になる

- 陣痛が10分間隔で定期的になってくる
- 病院に連絡し、入院のタイミングを相談
- 入院したら検査を受けて陣痛室へ
- 気分転換やリラックスしながら痛みを逃す（→p174）

**病院の対応や処置**

- 問診（何時から10分間隔になったか、今、胎動はあるか、おなかの痛みや張りの時間などを聞く）
- 血圧や体温を測定
- 子宮口の開き具合を確認
- 分娩監視装置をつけ、子宮の収縮や赤ちゃんの心拍を確認

- 子宮口は4～7㎝開大
- 赤ちゃんは少しずつ顔をママの背中のほうに向けるように体を回転させて、下りてくる（**回旋**）

- 陣痛は徐々に強くなり、間隔も短くなってくる
- 子宮口が開き赤ちゃんが下りてくるにつれ、痛む場所が腰からおしりのほうへ移動する
- 自分の楽な姿勢を取りながら痛みを逃す（→p175）
- 食事をとることも

**病院の対応や処置**

- 子宮収縮や子宮口の開き具合、赤ちゃんの心拍や下がり具合を確認
- ママの様子をみながら痛み逃しのサポートをする

- 子宮口は8～9㎝開大
- 赤ちゃんは完全にママの背中のほうに顔を向けさらに下りてくる

- 陣痛の間隔が短くなり痛みも強くなる
- マッサージで痛み逃しをする（→p175）

**病院の対応や処置**

- 子宮口の開き具合や赤ちゃんの下がり具合を確認
- 痛みやいきみ逃しのサポートをする

## ［子宮口全開大から赤ちゃん誕生まで］ 初産婦：1〜2時間／経産婦：30分〜1時間

### 陣痛の間隔と痛みの強さ

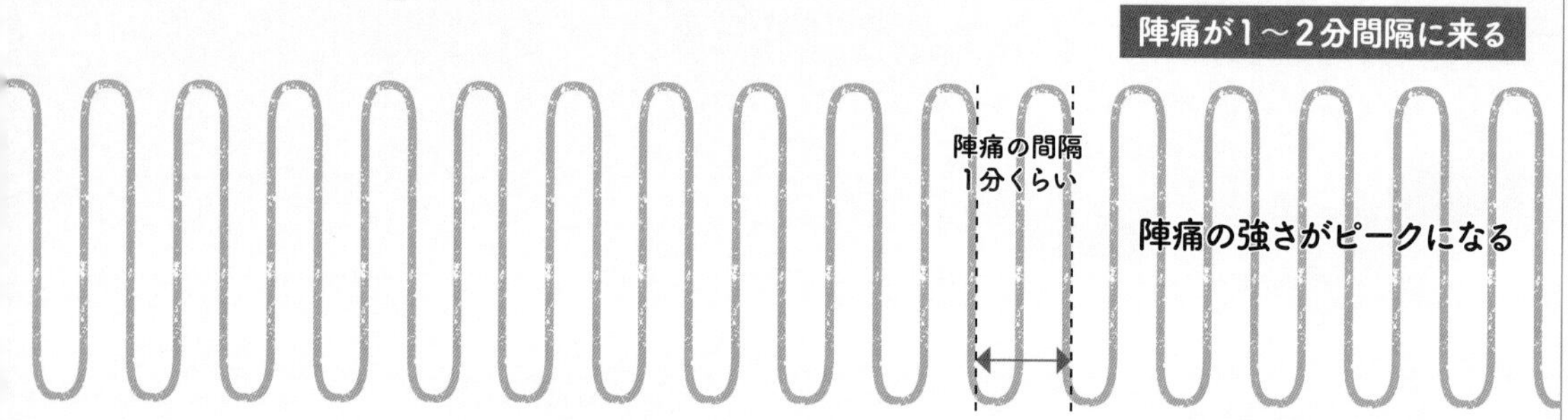


### 子宮口の開きと赤ちゃんの様子

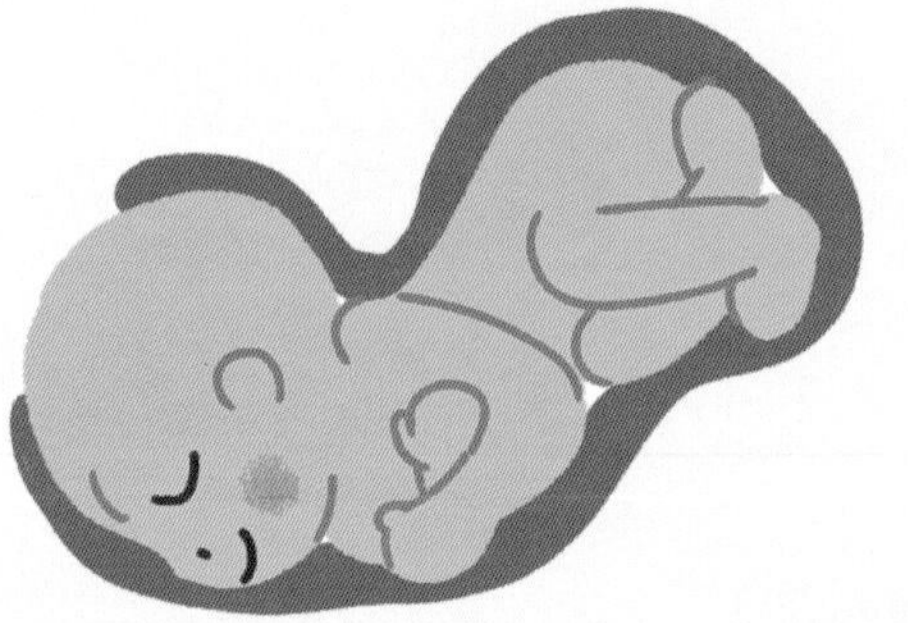

- 子宮口10cm（**全開大**）
- 子宮口から頭が見えたり引っ込んだりする（**排臨**《はいりん》）
- 子宮口から頭が見えたままになる（**発露**《はつろ》）
- そのままの姿勢で、後頭部から出てくる

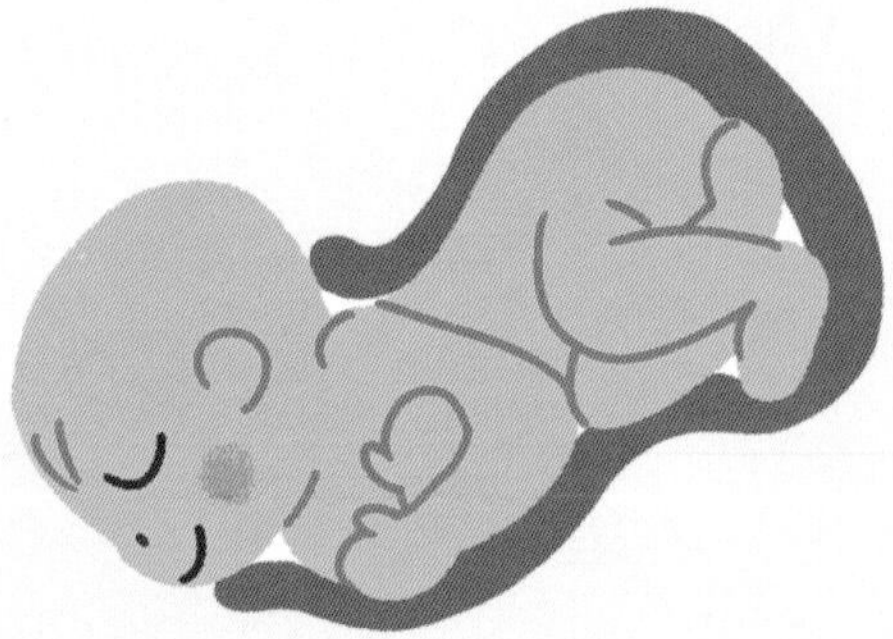

- 赤ちゃんは恥骨を通過するために引いていたあごを持ち上げ、額、顔をだす

### ママの状態と行動

- 分娩室へ移動
- 陣痛の間隔が短くなり、いきみたくなる
- 破水することも
- いきみ逃しの呼吸を行う（→p176）
- 助産師のリードに従い、いきみを逃したり、陣痛のタイミングでいきんだりする

**病院の対応や処置**

- いきむタイミングを指示
- 必要に応じて導尿（→p179）や会陰《えいん》切開（→p179）を行う
- 必要に応じて吸引分娩（→p179）や鉗子《かんし》分娩（→p179）の処置を行う
- 分娩監視装置で赤ちゃんの状態を確認
- 出産のための準備を行う

- 赤ちゃんの頭が出てきたら助産師の合図でいきむのをやめて「ハッハッハ」と短く速い呼吸にして、全身の力を抜く

**病院の対応や処置**

- 赤ちゃんの頭が出たら、いきみストップの合図をだし、短く深い呼吸に切り替えを促す

## 分娩第２期

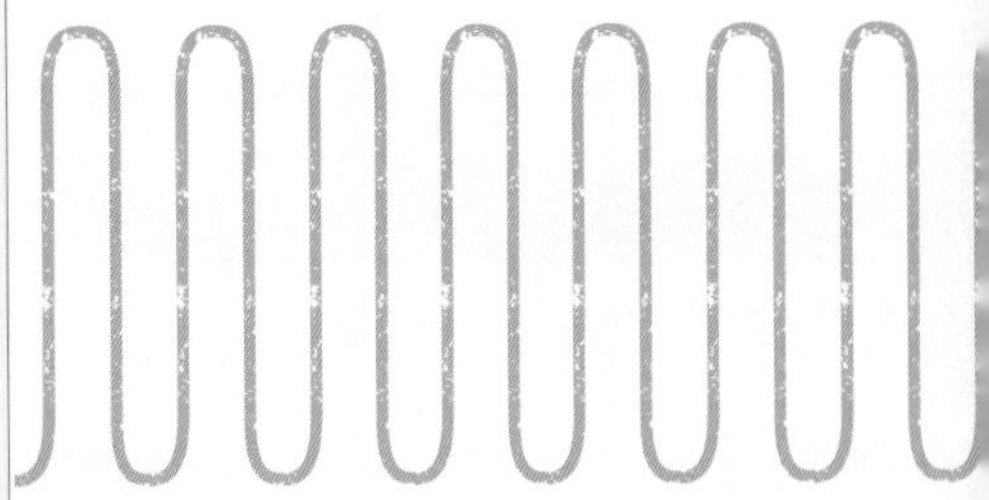

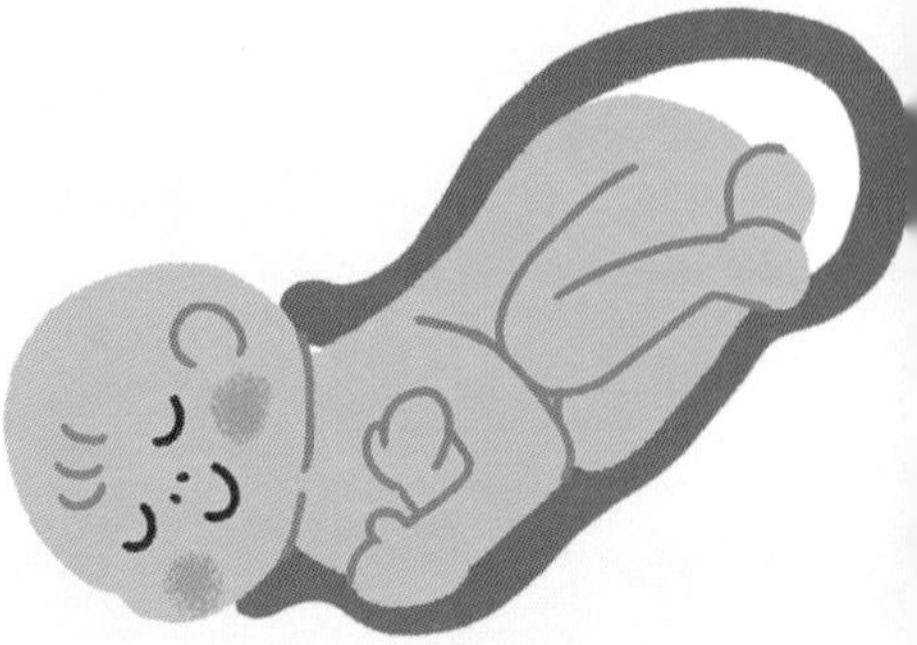

- 赤ちゃんは再び横向きになり、肩を片方ずつだす
- 最後に全身をだす
- 赤ちゃんの全身が出てくるまで「ハッハッハ」と短く速い呼吸をしていきまない

**病院の対応や処置**

- 赤ちゃんの全身が出てくるのをサポートする

# 出産（赤ちゃん誕生）

## 分娩第３期［胎盤が出るまで］

初産婦・経産婦：10～20分

- 赤ちゃんが誕生後、3～5分後に軽い陣痛が起こり、胎盤がはがれ出てくる
- 赤ちゃんと対面
- 母子の状態が安定していればはじめてのスキンシップ
- 2時間ほど安静にしたあと、病室へ移動

**病院の対応や処置**

- 赤ちゃんのへその緒を切る
- 赤ちゃんの顔や体をふき、健康状態をチェックし、計測する
- 胎盤が出てくることをサポートする
- 会陰切開をした場合は縫合する
- 子宮収縮薬を投与する場合もある
- ２時間ほど経過をみまもる

# 陣痛乗り切り法

（監修／杏林大学　保健学部　看護学科　准教授　加藤千晶先生）

## 陣痛があるから赤ちゃんを産める

**陣痛は赤ちゃんを生みだすために必要な力で、始まる時期は赤ちゃん自身が決めている**と考えられています。陣痛はママにとって大きな痛みで、つらいかもしれません。ただし、赤ちゃんも狭い産道を、頭を小さくしたり（→p130）、回旋したり（→p171）と工夫しながら頑張ってすすんでいるのです。陣痛中は上手に痛みを逃しながら、出産までの時間を過ごしましょう。

## 陣痛乗り切り法1　気分転換とリラックス

**陣痛中はリラックスできる空間づくりをして、陣痛が治まっているときは食べたり飲んだり、おしゃべりをして気分転換を。**

### ●音楽やアロマでリラックス

陣痛室が個室なら、好きな音楽を聴いたり、アロマをたいてみたりするのもよいでしょう。

### ●会話を楽しんで

付き添いの**パパや家族と会話を楽しむ**と、気分転換にもなり、リラックスできます。

### ●陣痛の合間には食事を

お産は長くかかる場合があるので、陣痛が治まっているときは**食事をとって体力を補う**ことも必要です。食欲がないときは、ジュースやゼリーなど、食べやすい糖質をとるとよいでしょう。

### ●適度に動いて陣痛を促す

余裕があるなら、**病院内を歩く、階段の上り下りをする、しゃがむ、スクワットをする、腰をゆらす**などしてみるのも。気分がかわり、陣痛を促し、出産をすすめる効果もあります。



### ●お役立ちグッズを取り入れる

陣痛を乗り切るために役立つグッズも取り入れてみましょう。

- **使い捨てカイロ**…おなかや腰を温めると痛みが緩和されます。
- **飲みものやストロー**…水分補給に。どんな姿勢でも飲みやすいよう、ペットボトル用のストローをつけて準備するのがおすすめ。
- **タオル**…陣痛が来たときに握りしめると、痛みを逃せたり、安心したりします。
- **うちわ**…暑さ対策に。
- **硬式テニスボール**…腰やおしりを押さえると痛みが和らいだり、いきみを逃すのに役立ちます。

## 陣痛乗り切り法2 楽な姿勢を探す

**痛みを感じにくい姿勢を探しましょう。**
**陣痛が引いているときは体を休める姿勢が取れると体力をキープできます。**

### ●手足をついて背中を丸める

**手足をついて背中を丸めるような姿勢を取ると、痛みが分散されます**。おしりの高さは自分の気持ちのよい位置で。突きだすようにしても◎。**いきみ逃しには、同じ姿勢のまま背中を少し反らせる**のがおすすめです。

### ●ときどき姿勢をかえる

ずっと同じ姿勢でいると血流が悪くなります。ときどき姿勢や向きをかえて、**体の１カ所だけに負担がかからないように**します。

### ●あぐらをかく

**あぐらの姿勢は、骨盤が開き赤ちゃんが下りやすくなります**。

### ●横向きに寝る

**背中を丸めるようにして横になり、足をくの字に曲げる姿勢は体の力が抜ける**ためおすすめです。**足の間にクッションを挟むと、より楽な姿勢に**なります。

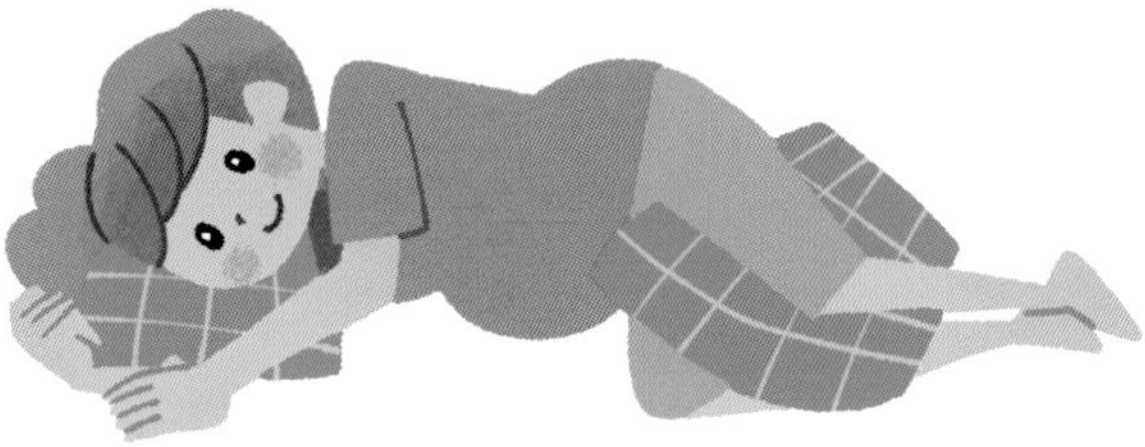

## 陣痛乗り切り法3 マッサージ

**痛みが強いときはパパや家族、助産師に、**
**押してもらったり、さすってもらったりしましょう。**

### ●ボールで押してもらう

腰や肛門の痛みには、**硬式テニスボールなどで押してもらう**と楽になります。ママが息を吐くときに合わせ押してもらいましょう。

### ●肩をもむ

ママの肩に力が入っているときは、陣痛の合間に**肩をもんでもらうのもリラックスできます**。

### ●背骨にそって指圧

ママはいすの背もたれのほうに向いて座るか、手足をついた姿勢になります。**ママが息を吐くときに合わせ、背骨にそってげんこつで指圧をしてもらいます**。位置をかえて、**気持ちのよいところを押してもらいましょう**。

# 陣痛中の呼吸法といきみ方

## 呼吸を意識して痛みに集中しない

陣痛が強くなるにつれ体に力が入ってしまうものです。そのときに呼吸を止めてしまうと赤ちゃんも苦しくなってしまいます。**痛みを我慢するのではなく、「陣痛が来たら呼吸する」ことを意識すると**痛みを感じにくくなります。

とくに**深呼吸はリラックスもできて、赤ちゃんに酸素が送れます。**痛いときこそ、深呼吸を繰り返してみましょう。

## おすすめの呼吸法

陣痛中は右の呼吸（深呼吸）を行い、いきみたくなるときは左のいきみ逃がしの呼吸に切り替えます。

### いきみ逃しの呼吸

**いきみたくなる**

▼

**鼻からたくさん息を吸って**
**ハッハッハッハッハと**
**短く息を吐く**

▼

**いきみたい感覚が**
**和らいだら深呼吸をする**

### 陣痛中の呼吸（深呼吸）

**まず息を吐く**

▼

**鼻から大きくたくさん**
**息を吸い込む**

▼

**口からゆっくり吐く**
**それを繰り返す**

体験談

**おしりをさすってもらう**

私は、いきみたい感覚があったときは、腰の下のほうからおしりを強くさすってもらうことで、いきみ逃しができました。いきみたい感覚は便意に似ていて、便をだしたい気持ちを必死でこらえていた感じです。（さとこママ・こうきくん）

体験談

**いきみたい感覚が急に来た**

陣痛自体は耐えられる痛みだったのですが、急にいきみたい感覚が来たので、心の準備ができてなくてキツかったです。助産師さんに「いきんでいいよ」といわれるまで、ひたすら息を吸っては短く吐いていきみを逃していました。（ゆうりママ・りほちゃん）

こんな呼吸法も！

# いきみ方

いきみとは赤ちゃんをだすために力《りき》むことです。陣痛に合わせいきみますが、いきむ前後は深呼吸をして赤ちゃんに酸素を送るようにします。助産師の合図に合わせて行いましょう。

### ●目を開けて、おへそを見る

**目はしっかり開けて目線はおへそへ向けいきみに集中します。**目を閉じると痛みばかりに意識が向いてしまいます。

### ●グリップは手前に引く

**分娩台のグリップを軽く握り、いきむときは手前に引きます。**体が丸まり、いきみやすくなります。

### ●いきむときも息は止めない

**いきむときは、少しずつ息を吐きながらいきみます。**息は止めないようにしましょう。

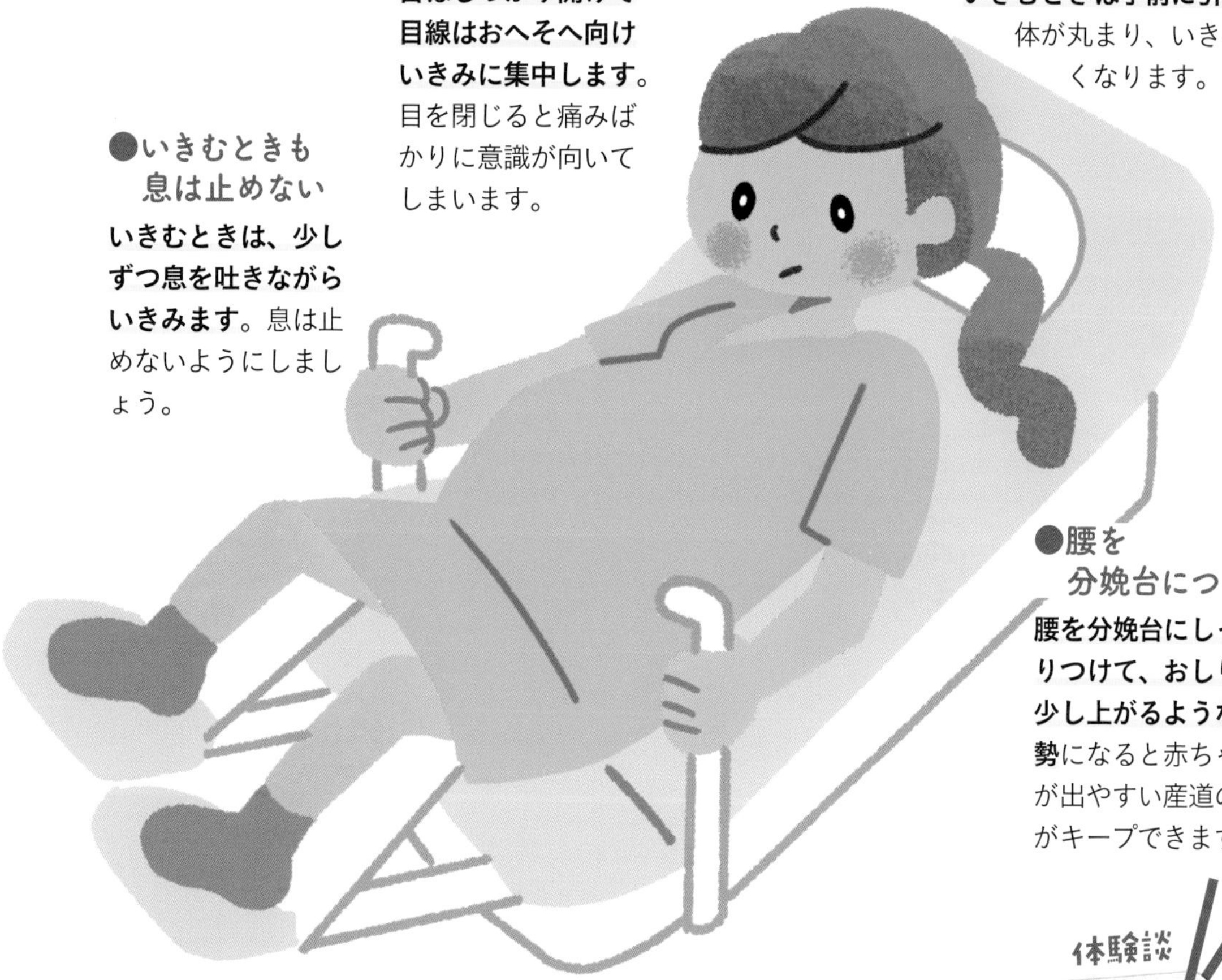

### ●腰を分娩台につける

**腰を分娩台にしっかりつけて、おしりが少し上がるような姿勢**になると赤ちゃんが出やすい産道の形がキープできます。

### ●かかとをつけて踏ん張る

**足の裏は分娩台の足乗せ台にぴったりつけ、いきむときはかかとで踏ん張ります。**

！ つま先に力を入れると足をつってしまうことがあるので注意を。

体験談

**痛みがマックスで……**

いきむときは痛みがマックスで少しパニックに。なかなかうまくできず「深呼吸して。目を開けて」などいわれ続けました。赤ちゃんが生まれて、喜びはありましたけれど、かなり疲れました。（よしのママ・さくらちゃん）

# お産の処置

（監修／佐藤病院　院長　佐藤雄一先生）

## 必要に応じて さまざまな処置を

お産をスムーズにすすめるために、さまざまな医療処置を行います。**全員に行われるものもあれば、必要に応じて行われるものもあります。**するか、しないか希望を伝えることができるものもあるので、**事前に病院の方針などを確認**しておくとよいでしょう。ただし、母子の安全面を考えたうえで行われることが多いことも理解しておく必要があります。

## 行われる処置

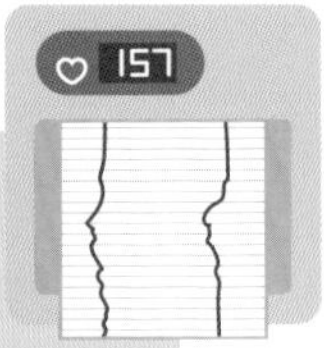


陣痛の強さや赤ちゃんの心拍を確認する

### 分娩《ぶんべん》監視《かんし》装置《そうち》（全員）

**陣痛の間隔や強さ、赤ちゃんの心拍を確認するためにおなかにベルトでセンサーをつけます。**経過に異常がなければ、陣痛中は外すこともあります。お産が長引いたり進行にトラブルがあったりするとき、また分娩するときには、ずっと装着します。

会陰《えいん》の縫合をしやすくする

### 剃毛《ていもう》（必要に応じて）

**会陰部の周りのごく一部の陰毛をそる処置のこと。**会陰切開や会陰裂傷《れっしょう》を起こした場合、傷口の縫合が行いやすくなります。最近は行わないケースも。

**入院**

陣痛の誘発や促進をするときに行う

### 陣痛促進剤《じんつうそくしんざい》（必要に応じて）

**陣痛を誘発する**ために使うときと、弱い陣痛を促進するために使うときがあります。陣痛を誘発するのは、前期破水後の感染の心配があるときや、妊娠42週前後になってもまったくお産の兆候がないときなどです。陣痛を促進するのは、子宮口の開きが悪い、陣痛が弱いときなどです。

子宮口がかたいときに行う

### 子宮口を開く（必要に応じて）

子宮口がかたくてなかなか開かないときに、**子宮口に挿入し開くのを促す**処置です。前期破水後、陣痛が来なくて子宮口が未開大のときなどには海藻を乾燥させたようなラミナリア、子宮口が２～３㎝程度開いているときにはメトロイリンテル（バルーンと呼ばれることも）など、状況に応じて適切なものが使われます。

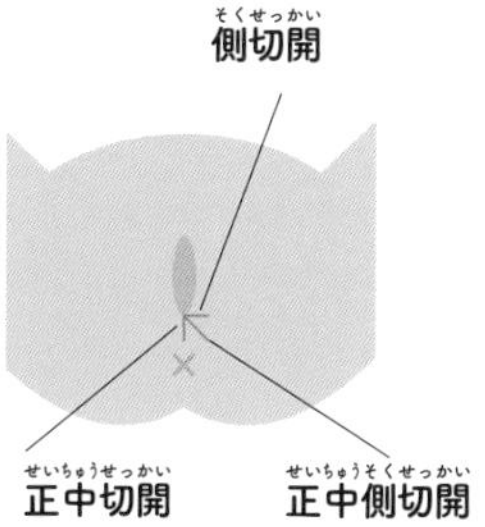


体験談

**会陰切開して、やっと出産**

子宮口が全開大になるまで時間がかかり、痛みも強くてプチパニックに。会陰切開が行われたことはよく覚えていないけれど、やっと生まれました。産後は少し冷静になり会陰切開を縫合するときに少しだけ痛みを感じました。（かずママ・しょうくん）

体験談

**陣痛促進剤を使っても時間がかかって**

昼間に破水しすぐに病院へ。24時間経っても陣痛が来なかったので、陣痛促進剤を使うことになりました。かなりの痛みが来ましたが、なかなか間隔が短くならず、子宮口が開くまでも時間がかかりました。（みかママ・なおくん）

会陰の伸びが悪いときや裂傷を防ぐために行う

### 会陰切開《えいんせっかい》（必要に応じて）

腟の入り口から肛門までと、その周辺を会陰といいます。赤ちゃんの頭が見えているのに、**会陰の伸びが悪く頭が出てこないときや、裂傷を起こしそうなときなどに、会陰を数cm切る**ことを会陰切開といいます。切開も縫合も局所麻酔をして行います。

自力でトイレに行けないときに行う

### 導尿（必要に応じて）

膀胱は産道の隣にあるので、**尿がたまると陣痛が弱くなったり、分娩の進行を妨げたりする場合があります。**分娩中に自力でトイレに行けないときや、産後に歩行や排尿が困難な場合には**尿道カテーテルを挿入**し、尿をだします。

便がたまっているときに行う

### 浣腸（必要に応じて）

**腸に便がたまっていると、産道を下りてくる赤ちゃんの進行を妨げることがある**ため、事前に浣腸を行う病院もあります。

# 出産

赤ちゃんを早くだすために行う

### 吸引分娩・鉗子《かんし》分娩（必要に応じて）

子宮口は全開大で赤ちゃんも下がっている状態なのに、お産の進行が止まってしまった、母体の疲労や赤ちゃんの回旋異常でお産が進行しない、赤ちゃんの心拍が低下した場合などに、お産を助ける処置として行います。**吸引分娩は金属、またはシリコーン製の丸いカップを赤ちゃんの頭に密着させて赤ちゃんを引きだします。鉗子分娩は、金属製の２枚のへらを合わせたような形の器具で、赤ちゃんのあごから頭にかけての部分を両側からはさみ、産道を広げるようにしながら赤ちゃんを誘導し引きだします。**

急なトラブルに備え血管を確保

### 点滴（全員）

**出産中に大出血など、万が一のトラブルに備えて、点滴によって血管を確保**しておきます。陣痛促進剤を投与することもあります。

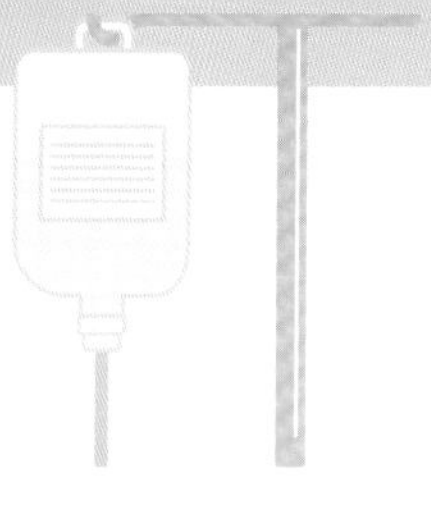

# 出産中のトラブル

（監修／佐藤病院　院長　佐藤雄一先生）

## 出産中は予測できないトラブルも

**妊娠経過が順調でも突発的にトラブルが起こることはあります。**合併症妊娠や、身長が低め、高年妊娠など、リスクが高い場合はトラブルが予測できますが、いずれにしても、**起きたときは状況を判断しながら最善の処置が施されます。**

どんなトラブルの可能性があるのか、頭に入れておきましょう。

### 軟産道強靭《なんさんどうきょうじん》

**軟産道がかたくて伸びが悪いこと**

子宮下部、子宮頸部、膣、外陰部の一部にかけての産道を軟産道といいます。軟産道強靭は、高年妊娠で起こりやすい傾向があります。**吸引分娩や帝王切開になるケースも。**

### 微弱陣痛《びじゃくじんつう》

**ママの疲労などで陣痛が弱くなること**

微弱陣痛が続いて、なかなかお産がすすまないときは**陣痛促進剤《じんつうそくしんざい》などを使用することがあります。**

体験談

**健診に行ったつもりが出産に**

健診に行くと、胎盤機能不全といわれました。胎盤から赤ちゃんに栄養が届かず、赤ちゃんの心拍が弱くなっているため緊急帝王切開とのこと。本当にびっくりしましたが、1時間後くらいには無事に赤ちゃんが生まれました。（なつきママ・かのんちゃん）

体験談

**陣痛が強くならず帝王切開に**

破水から始まったものの、微弱陣痛のまま2日間が経過。陣痛促進剤も使いましたが全然効果がなく、子宮口は2㎝から開きませんでした。モニターで赤ちゃんの様子が悪くなったこともあり、帝王切開となりました。（まゆこママ・りょうくん）

### 100％安全な出産はありません！

日本は「赤ちゃんがもっとも安全に生まれる国」といわれます。しかし、それでも出産時のトラブルで、大変少ない確率ではありますが、ママ、もしくは赤ちゃんが亡くなってしまうことがあります＊。予測不可能な子宮内での大量出血や、常位胎盤早期剥離など、出産時のトラブルはだれにでも起こる可能性があるのです。100％安全な出産はないということも覚えておきましょう。

＊妊産婦死亡：出産10万人対3.3人、周産期死亡率（22週以降の死産と早期新生児死亡を合わせたもの）：出産1000人対3.3人／厚生労働省（2018年）

## 回旋《かいせん》異常《いじょう》

**なんらかの原因で赤ちゃんが**
**うまく回旋（→p171）できない状態**

お産が長引いたり停止してしまうこともあり、狭い産道で圧迫され続けると危険なので、**吸引や鉗子《かんし》分娩、緊急帝王切開になるケースもあります**。

## 胎盤《たいばん》機能《きのう》不全《ふぜん》

**胎盤の働きが悪くなり赤ちゃんに**
**栄養や酸素が行きわたらなくなること**

予定日超過や妊娠高血圧症候群、40歳過ぎの高年妊娠、持病がある場合は起こりやすいといわれ、**赤ちゃんが危険な状態と判断されれば、帝王切開に切り替えます**。

## 児頭《じとう》骨盤《こつばん》不均衡《ふきんこう》

**ママの骨盤と赤ちゃんの**
**頭の大きさが合わないこと**

ママの骨盤が平均値よりも狭い場合、このケースに当たることが多く、**予定帝王切開で出産します**。出産が始まってから、出産がなかなかすすまず、このケースがわかることもあります。

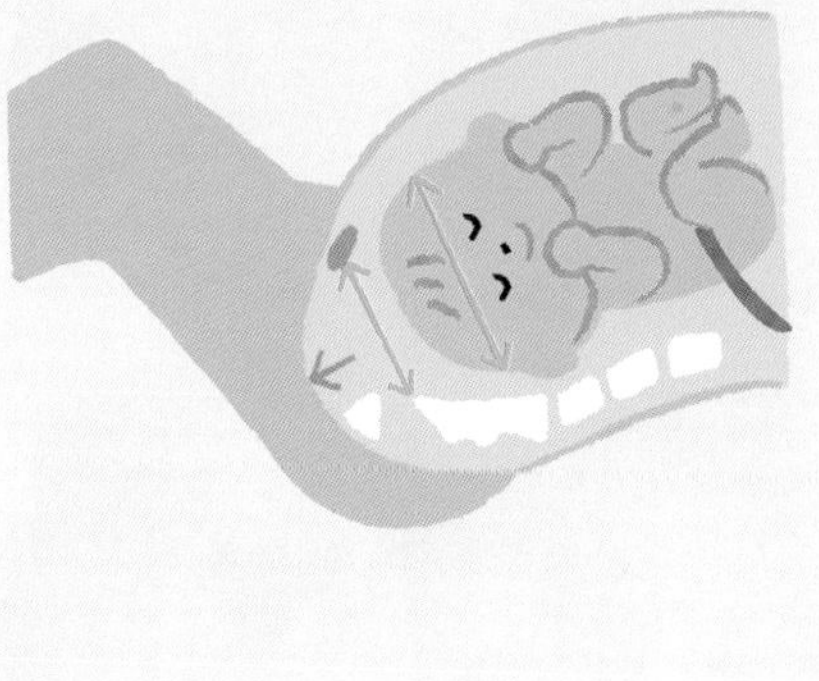

## 遷延《せんえん》分娩《ぶんべん》

**お産が長びくこと**

陣痛が強くならなかったり、子宮口が開かなかったりの遷延分娩の場合、**陣痛促進剤や子宮口を開く処置などを行い経過をみます**。ママや赤ちゃんに影響がある場合には帝王切開になることもあります。

## 臍帯《さいたい》下垂《かすい》・臍帯《さいたい》脱出《だっしゅつ》

**赤ちゃんよりも先にへその緒が**
**下がってくることが臍帯下垂、**
**赤ちゃんより先にへその緒が**
**出てしまうことが臍帯脱出**

どちらも赤ちゃんに酸素が届かなくなり危険な状態になるため、その時点で子宮口が全開大になっていないときは、**帝王切開に切り替えます**。

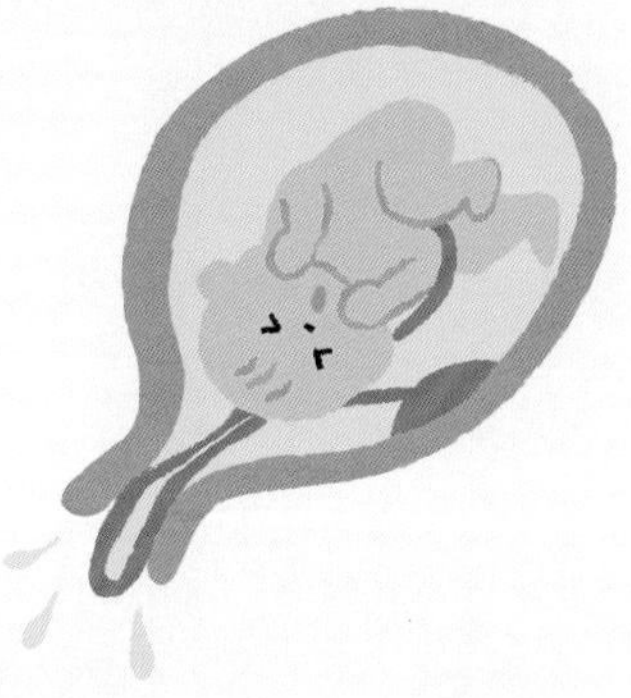

## 過強《かきょう》陣痛《じんつう》

**強過ぎる陣痛が続くこと**

ママの緊張が強過ぎたり、陣痛促進剤が効き過ぎたりしていることで、陣痛が頻回になり、強くなることをいいます。**痛みをうまく逃せるように助産師が誘導**したり、**陣痛促進剤を減量、または中止**にしたりします。

## 常位《じょうい》胎盤《たいばん》早期《そうき》剥離《はくり》

**赤ちゃんが生まれる前に
胎盤がはがれてしまうこと**

妊娠高血圧症候群を発症している場合などは起こりやすいといわれていますが、突発的に起こることもあります。母子ともに危険な状態になるため、**帝王切開に切り替えます。**

## 胎児《たいじ》機能《きのう》不全《ふぜん》

**酸素が行き届かずに、
赤ちゃんの具合が悪くなること**

原因は胎盤や臍帯《さいたい》に異常がある場合(胎盤機能不全、常位胎盤早期剥離、臍帯脱出など)、過強陣痛、子宮内感染などです。短時間で赤ちゃんをだす必要があるときは、**吸引や鉗子《かんし》分娩、もしくは帝王切開になるケースもあります。**

## 子宮頸管裂傷《しきゅうけいかんれっしょう》・会陰裂傷《えいんれっしょう》

**赤ちゃんが出てくるときに、
子宮頸管や会陰部が切れること**

体に力が入っていたり、急速に分娩が進行したりしたとき、また吸引・鉗子分娩処置時に起こることもあります。**陣痛がないときは、体の力を抜いてリラックスする**ことを心がけましょう。会陰の伸びが悪いときなど**必要に応じて会陰切開などの医療処置**を行います。そのほうが傷の治りが早いです。

## 子宮《しきゅう》破裂《はれつ》

**子宮が破裂すること**

陣痛が強くなり過ぎたり、胎児が大きかったり、また、帝王切開や子宮筋腫など子宮の手術経験がある場合、出産のときに、赤ちゃんをだすためにおなかを押したことにより起こることもあります。**リスクが高い場合は、予定帝王切開**となり、**出産中に起こった場合は、緊急帝王切開**に切り替えます。

## 弛緩《しかん》出血《しゅっけつ》

**赤ちゃんと胎盤が出たあと、
出血が止まらないこと**

原因としては、分娩が長引き子宮が疲れている、多胎の出産で子宮が伸びきっている、子宮筋腫があるなどが考えられます。**子宮収縮を促す薬を使用**したり、**場合によっては輸血**をしたりすることもあります。

## 癒着《ゆちゃく》胎盤《たいばん》

**胎盤が子宮にくい込み、
はがれない状態のこと**

無理やりはがそうとすると大出血を起こす可能性があるため、**慎重に胎盤をはがします。手術して子宮摘出をすることもあります。**帝王切開など、手術の傷がある場所などに胎盤がつくとリスクが高くなります。

# 帝王切開

（監修／佐藤病院 院長 佐藤雄一先生）

## ママと赤ちゃんの安全を考えて行われる

帝王切開は経腟《けいちつ》分娩が難しいと判断された場合に行う手術で**おなかを切開して赤ちゃんを取りだす出産方法**です。ママと赤ちゃんの健康と安全を重視した出産方法で、予想外のトラブルにより**緊急で行われる場合と、予定して行われる場合があります。**いずれにしても、だれにでもあり得ることなので、帝王切開になるケースや手術の流れ、産後の経過を頭に入れておきましょう。

## 帝王切開となるケース

### 緊急帝王切開

**トラブルが起きた場合に行う**

出産前や出産中に、赤ちゃんの状態が急に悪くなったり、母体になんらかの異常が起きたりして、**早急に赤ちゃんを取りだす必要がある場合に行われます。**

**考えられる原因**

- □ 赤ちゃんの心拍数が低下
- □ 遷延分娩《せんえんぶんべん》
- □ 軟産道強靭《なんさんどうきょうじん》
- □ 分娩停止
- □ 回旋異常による分娩停止
- □ 母体急変（血圧上昇など）
- □ 常位胎盤早期剥離
- □ 臍帯下垂、臍帯脱出
- □ 重症の子宮内感染　など

### 予定帝王切開

**事前に手術日を決めて行う**

健診でママや赤ちゃんの状態をみて**経腟分娩が難しいと予測される場合に行われます。**正期産に入る37週以降に手術日を決めます。

**考えられる原因**

- □ さかご（骨盤位《こつばんい》）
- □ 多胎妊娠
- □ 過去の出産が帝王切開
- □ 前置胎盤・低置胎盤
- □ 児頭骨盤不均衡《じとうこつばんふきんこう》
- □ 重度の妊娠高血圧症候群
- □ 持病がある　など

### 帝王切開も立派な出産です！

帝王切開は赤ちゃんやママの安全を最優先に考えて選ばれる、立派な出産方法です。経腟分娩では困難な場合でも、現代はこの手段があるから、多くの新しい命と出会うことができます。急に帝王切開になってしまったとしても、大切なのは「どのような方法で産むかよりも、どのような気持ちで出産に臨むか、赤ちゃんをどのように育てていくか」です。それをけっして忘れないようにしましょう。

# 帝王切開の流れ

## 不安や疑問は早めに確認を

基本的に**予定帝王切開と緊急帝王切開の流れは同じです。**予定帝王切開の場合は心の準備もできますが、緊急帝王切開の場合は、決定から手術まで短時間ですすむので、とまどうこともあるかもしれません。どんな状況になっても受けとめられるようにしておくことが大切です。不安や疑問などは事前に確認しておきましょう。

### ❶ 術前検査や説明

病院によって多少違いますが、予定帝王切開の場合、**前日に入院し、検査や手術、麻酔の詳しい説明を聞き、本人が同意書にサイン**します。緊急の場合は、**説明だけですぐに手術というケース**もあります。

### ❷ 検査

予定帝王切開の場合、**血液検査、心電図、胸部のレントゲンなどの検査は前日までに、超音波検査やノンストレステストは当日にも行われることがあります。**

## 入院

### 麻酔の種類

基本的には胸のあたりから足まで麻酔がかかる**腰椎《ようつい》麻酔や硬膜外《こうまくがい》麻酔を使います。**ママの意識はあり、赤ちゃんの産声を聞くことも、すぐに顔を見ることもできます。ただし、**一刻を争う緊急の場合は全身麻酔になることも**あります。赤ちゃんも寝てしまった状態で生まれることもあり、ママも産声は聞けません。

体験談

### 産声も聞けたし、顔も見られました

持病のため予定帝王切開でした。麻酔中は、痛みはないものの、おなかをつつかれる感覚があり気持ち悪かったです。でも産声が聞こえてきて、その後、私の顔のほうに赤ちゃんを連れてきてくれました。産後は傷の痛みと後陣痛《こうじんつう》がひどくて、痛み止めを何度ももらいました。（かおりママ・りほちゃん）

体験談

### 陣痛も来ていたけれど緊急帝王切開に

陣痛もあり子宮口も6cm開いたところで異変が。急に胎動が激しくなったと思ったら、赤ちゃんは下がってなくて、でも心拍が落ちているということで緊急帝王切開に。へその緒が巻きついて下りてこられなかったようでした。（みくママ・じゅんくん）

## 赤ちゃんのお世話は無理しないで

帝王切開はおなかを切開しているわけですから、やはり体へのダメージは経膣《けいちつ》分娩よりも大きいです。そのため赤ちゃんのお世話がなかなか思うようにできないこともあります。あせらず、無理をしないで、**入院中は遠慮なく助産師に、産後は家族にサポートをお願いしましょう。**

### 帝王切開の流れを動画でチェック

帝王切開の出産ドキュメンタリー動画。
実際の帝王切開での出産の流れがわかる。

### ❸ 前処置

必要に応じておなかを**剃毛《ていもう》**したり、手術の前に血管確保のための**点滴、尿道カテーテルを入れ**たりします。術後の下半身の血流をよくするために弾性ストッキングを着用することも。

### ❹ 出産

麻酔をしておなかを切り、赤ちゃんを取りだします。へその緒を切り、胎盤や卵膜を取り除き、子宮とおなかを縫合すれば手術は終了です。麻酔から縫合までは**30分〜1時間**です。

### ❺ 回復室や病室へ移動

術後は麻酔から覚めていく状態を確認し、血圧、脈拍、出血などの異常がないかを**経過観察。問題がなければ回復室や病室へ移動**します。麻酔が切れたあと痛みが強い場合、痛み止めが処方されます。

**出産**

## おなかの切り方

下腹部を縦か横に切ります。施設や医師の考え方によります。最近多いのは**横に切る場合で、傷跡が残りにくいのがメリット**です。**縦に切る場合、手術がしやすく短時間で赤ちゃんを取りだせるというメリット**があり、緊急の場合は縦のことが多いようです。

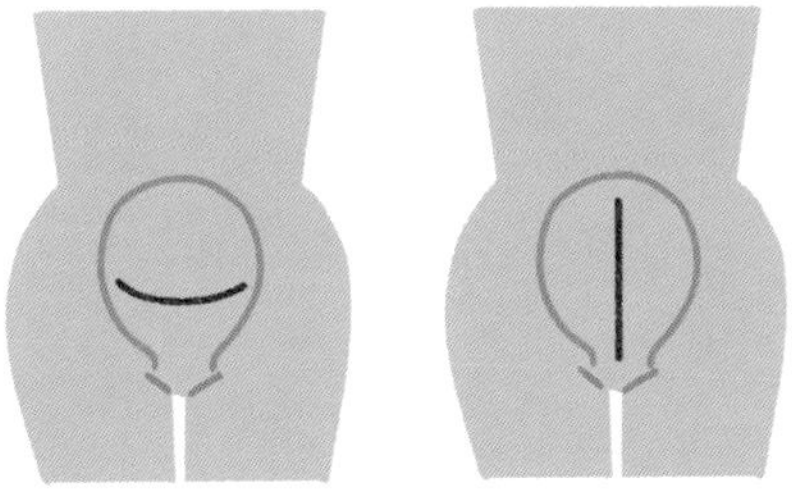

横切り　縦切り

## 縫合のしかた

子宮の縫合には溶ける糸を使います。おなかの縫合には、ホチキスのような**医療用の「ステープラー」か、糸を使います**。後日、針を抜く処置や抜糸が行われます。抜糸がいらない、表皮より下を溶ける糸で縫い、表皮をテープでとめる真皮埋没縫合《しんぴまいぼつほうごう》の場合もあります。

# 帝王切開後の入院スケジュール

帝王切開の場合の入院期間は病院によって違いますが1週間～10日程度です。２～３日目から経膣《けいちつ》分娩の場合と同じように、ママ自身で赤ちゃんのお世話をスタートしていきます。退院するころには、傷の痛みがなくなっている人が多いようです。入院スケジュールの一例を紹介します。

| | 検査・処置 | ママの過ごし方 |
|---|---|---|
| 出産日 | 帝王切開<br>点滴<br>心電図モニター・血圧計の装着<br>尿道カテーテルを入れる | 産後はゆっくり休む。<br>ナプキンの交換なども看護師がしてくれる。 |
| 1日目 | 回診<br>点滴・血圧測定<br>血液検査 | 血栓症予防のため、足のマッサージをしてもらったり、自分で足を動かしたりする。<br>尿道カテーテルを抜いたら、トイレに歩いて行く。<br>必要に応じて子宮収縮剤や鎮痛剤がだされる。 |
| 2日目 | 回診<br>点滴・血圧測定<br>傷の消毒 | シャワー・シャンプーができるように。 |
| 3日目 | 回診<br>点滴・血圧測定 | 母子同室に。<br>乳頭ケアや母乳指導を受ける。<br>助産師に聞きながらおむつ替えや抱っこ、母乳のあげ方を練習する。 |
| 4日目 | 回診・レントゲン検査<br>血液検査・傷の消毒 | 赤ちゃんのお世話。<br>お祝い膳が出る病院も。 |
| 5日目 | 回診 | 赤ちゃんのお世話、<br>退院についての指導、<br>調乳と栄養についての指導、<br>沐浴の見学・練習などをする。 |
| 6日目 | 回診 | 赤ちゃんのお世話。 |
| 7日目 | 回診、血液検査 | 赤ちゃんのお世話。 |
| 8日目 | 回診 | 赤ちゃんのお世話。 |
| 9日目 | 退院前の診察 | 赤ちゃんのお世話。 |
| 退院日 | | 問題がなければ退院！ |

8万件のママの声

# 帝王切開Q&A

（監修／佐藤病院 院長 佐藤雄一先生）

## Q 予定帝王切開日の前に陣痛が来たらどうするの？

**A 手術予定日前に帝王切開します。**

陣痛が規則的に来て、赤ちゃんが下りてきているようなら**手術日前でも帝王切開を行います。赤ちゃんが危険な状態であれば緊急帝王切開に**なります。

## Q 帝王切開で何人まで産めるの？

**A 3回までは大丈夫。**

3回までは大丈夫といわれています。**それ以上になると子宮の筋肉は薄くなるため負担が大きくなります。**内臓の癒着なども心配され、かなりリスクの高い状況になります。

## Q 手術後はいつから歩けるの？

**A 翌日から歩けます。**

**血栓《けっせん》症予防のためにも翌日から歩くことを促されます。**最初は看護師などが付き添ってトイレに行くところから始めます。血液の循環をよくするため足のマッサージを行うところもあります。

## Q 赤ちゃんのお世話はいつから？

**A 手術後、2～3日目からが多いです。**

傷の治り具合を含め、**ママの体の状態をみながら、だんだんとお世話をするようにします。**病院によって違いますが、手術後**2～3日目から**スタートするところが多いようです。ただし、体の回復は個人差があります。無理はしないで、つらいようなら助産師にサポートをお願いしましょう。

## Q 入院中に痛み止めはもらえる？

**A もらえます。**

痛みは、我慢する必要はありません。希望があればすぐに処方してもらえます。**遠慮せずに伝えましょう。**

## Q 産後、後陣痛《こうじんつう》や悪露《おろ》（→p193）はあるの？

**A あります。**

子宮が元の大きさに戻るための収縮から来る後陣痛や悪露も、**経腟分娩と同じようにあります。**

## Q 次の妊娠までどれくらいあければいいの？

**A 1年はあけて。**

帝王切開では子宮を切っているため、**切開部分の組織が弱い**ことが考えられます。そのため、**最低でも1年**はあけたほうがよいでしょう。

8万件のママの声

# 出産Q&A

**Q 立ち会い出産ではパパはどこに立つの？**

**A ママの頭の近くが一般的。**

一般的にパパは**妊婦さんの頭のほうに立ち、上のほうから赤ちゃんを見るように**なります。気になるようなら事前に病院に確認しておきましょう。（産婦人科医　天神尚子先生）

**Q 前回のお産が回旋異常。次も回旋異常になりやすい？**

**A 次も起こるとはかぎりません。**

回旋異常が起こる**確率は全分娩の1～5％**です。産道の広さに対して胎児の頭が小さい場合に、起こりやすいといわれています。そして、回旋異常はだれにでも起こる可能性があり、次のお産で起こるかどうかは、なんともいえません。予防法もありません。（産婦人科医　天神尚子先生）

**Q 経験しているので余計にお産が怖いです。**

**A リラックスして臨んで。**

一度経験をしているからこそ、痛みがよみがえり怖く感じることはあるでしょう。ただし、**2人目はすでに通り道がある**ので、1人目より短時間でお産はすすむことが多いもの。リラックスをして臨みましょう。（助産師　宮川めぐみさん）

**Q おしるしから出産まで何日くらいかかるの？**

**A 1週間以上かかる場合も。**

**おしるしは赤ちゃんを包んでいる膜と子宮の間にある血管が破れて起こる**といわれています。このため、子宮収縮などで起こるとされていますが、すぐに陣痛につながるとはいえません。おしるしがあっても1週間以上陣痛が来ない場合もあります。（産婦人科医　太田篤之先生）

**Q 「子宮が極端に前屈している」といわれました。出産のリスクは？**

**A 出産への影響はありません。**

「前屈」とは子宮が体の前方に傾いていることをいい、傾き加減には個人差があります。**前屈が強くてもとくに心配な症状は出ません**し、出産への影響もほぼありません。（産婦人科医　天神尚子先生）

**Q 体質によって出産の時期の早め、遅めはあるの？**

**A 多少はあるかもしれません。**

子宮口の開きやすさについては、多少体質によるものがあるかもしれません。**筋力が低下している人は子宮口が開きやすく、早産になりやすいケースがあります。**（産婦人科医　天神尚子先生）

## Q 高齢出産の場合難産になりやすい？

## A リスクは高いですが個人差があります。

年齢が高くなるほど、筋力の低下のほか、軟産道（子宮頸《けい》管から外陰部への通り道）の開きにくさなどがあり、**分娩時間が長くなる傾向はあります。**ただし、個人差があるので必ずしも難産になるとは限りません。（産婦人科医　天神尚子先生）

## Q 帝王切開で麻酔の効きが悪いことはある？

## A 痛みを感じることはありません。

**触感はあっても、痛みを感じることはありません。**ただし、まれに麻酔の効きが浅いこともあります。そのときは局所麻酔を追加して痛みを感じないようにしてくれるはずです。（産婦人科医　天神尚子先生）

## Q 出産前に痔になってしまいました。

## A 主治医に相談を。

痔は、出産時のいきみによって肛門に負担がかかるため、**産後重症になりやすい**です。せめて出産までに症状が落ち着いているほうがよいので、主治医に相談してみましょう。（助産師　宮川めぐみさん）

## Q 子宮の手術経験があると帝王切開になりますか？

## A 帝王切開になります。

一度でも子宮を切開した経験がある場合、縫合した場所が薄くなり子宮破裂のリスクがあるので分娩方法は帝王切開になります。（産婦人科医　太田篤之先生）

## Q 「羊水が少なめなので安静に」といわれました。張りもあって心配です。

## A 安静にしてお産の日を待ちましょう。

**胎盤機能不全（→p181）や胎児の腎臓機能が弱いことが原因**で羊水が少なくなることがあります。羊水が少ないと外からの刺激が赤ちゃんに伝わりやすいです。たとえると中のお水が少ない状態の水風船。その中にいたら、風船部分が縮んだりすると体にすぐに圧力がかかるということです。安静でも張りがあるのならお産に向けての準備はすすんでいます。落ち着いてその日を待ちましょう。（助産師　宮川めぐみさん）

## Q 前回の出産で弛《し》緩《かん》出血をしました。

## A 医療体制を整えて臨むことに。

弛緩出血は、子宮収縮が不良で、胎盤がはがれた部分の血管が閉じずに大出血が起こること。**経産婦はさらに起こりやすくなる傾向がある**ため、病院側は準備を整えて臨むことになります。（産婦人科医　天神尚子先生）

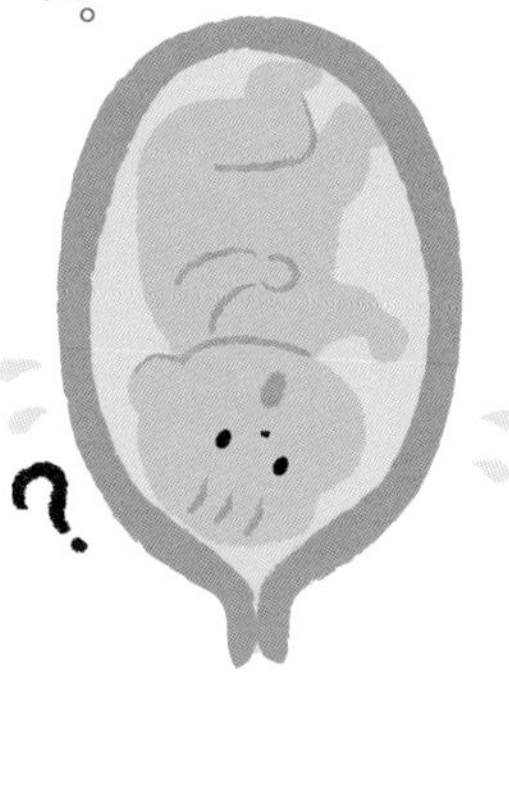

**Q 産後1カ月を過ぎても薄い黄緑のおりものが。**

**A 悪露《おろ》(→p193)が続いている状態です。**

通常、産褥《さんじょく》期(→p194)は分娩後6〜8週間を指します。**産後1カ月はまだ産褥期。悪露が続いていても心配ありません。**

(産婦人科医　太田篤之先生)

**Q 帝王切開で出産。傷の上あたりの筋肉が痛みます。**

**A 次第に気にならなくなります。**

帝王切開の際には、**おなかの傷だけではなく、その周りの神経や血管も損傷を受けています。**赤ちゃんが生まれるときには、器具でおなかを少し広げたり、押さえたりすることもあるので、その影響で筋肉痛のような痛みを感じているのだと思われます。痛みやしびれなどの症状が長く続くようなら、受診しましょう。(助産師　髙塚あきこさん)

**Q トイレでいきんでも会《え》陰《いん》切開の傷は開かない?**

**A 開くことはまずありません。**

最初の排便は怖いかもしれませんが、我慢せずトイレに行きましょう。**力を抜いて、フーッと息を吐く感じで排便する**のがおすすめです。(産婦人科医　天神尚子先生)

**Q 産後、はじめて立ち上がったらフラフラしました。**

**A 一気に立ち上がらないようにしましょう。**

長時間、横になっていた状態から急に立ち上がったことが原因と思われます。産後、ベッドから立つときは、まずは上半身を起こした状態でしばらく時間をおいてから立つようにしましょう。(産婦人科医　天神尚子先生)

**Q 産後1カ月ですが、まだ会陰裂傷《えいんれっしょう》の痛みがあり、においも気になります。**

**A 産後2〜3カ月には改善。**

会陰裂傷や切開部の傷の痛みや違和感は、**産後2〜3カ月くらいには改善する**でしょう。ただし、激しい痛みや、悪臭を伴う黄緑色の膿《うみ》のようなおりものが出る場合には、細菌感染の可能性があります。早めに受診して相談を。(産婦人科医　天神尚子先生)

**Q 尿意が鈍くなったようで心配です。**

**A 尿意を感じなくてもトイレには行って。**

出産直後は、**下半身の感覚が鈍くなり、尿意を感じにくくなる**ことはよくあります。ただし、膀胱に尿はたまるので、あまり時間をあけずにトイレへ行くようにしましょう。(産婦人科医　天神尚子先生)

part6

# 産後のママの体と赤ちゃんのお世話

産後のママの体の変化や
新生児の体の特徴、
お世話のしかたなどを知って
赤ちゃんとの新生活に
備えましょう。

# 出産後から退院まで

（監修／杏林大学 保健学部 看護学科 准教授 加藤千晶先生）

## 赤ちゃんのお世話がスタート

経腟《けいちつ》分娩での入院期間は、病院によって多少違いますが5日前後が多いようです。その間、ママの体を休めながら、基本的には出産当日から赤ちゃんのお世話をスタート。**2〜3時間おきの授乳やおむつ替え、沐浴など、助産師の指導やサポートを受けながら行います。**入院中は意外と忙しいので、体調がすぐれないときは、遠慮せずに医師や助産師に相談しましょう。

## 入院中の指導

**退院後に困らないように、入院中に赤ちゃんのお世話のしかたや産後の生活についての指導を受けます。不安なことは、そのときに助産師に相談しましょう。**

### 退院（産後）指導

退院後の**悪露《おろ》の経過やお手入れ、ママの体の変化、食生活の注意、今後のママと赤ちゃんの健診の予定や、トラブル時の受診の目安などの説明があります**。わからないことや不安なことは、きちんと聞いておきましょう。

### 沐浴指導

病院によりますが、沐浴指導では**最初は見学し、１回は自分で体験することが多い**でしょう。沐浴の手順や着替えのしかたを学んでいきます。また、おへそなどのお手入れ法も聞きます。

### 調乳指導

調乳指導は**粉ミルク会社の人が病院に来て指導してくれることが多い**ようです。ミルクのつくり方や量、あげ方を教えてくれます。産後のママの食事指導があることも。

### （母子）同室指導

母子同室の場合は赤ちゃんと同室になったときに、入院中の**生活の注意点や、おむつの替え方など、赤ちゃんの基本的なお世話のしかたなどを教えてもらいます**。赤ちゃんの体調の確認方法（体温測定など）も一緒に教えてもらいます。

### 抱き方＆授乳（母乳）指導

授乳のときの、**抱き上げ方、下ろし方、抱き方のパターンやママの姿勢、乳首のくわえさせ方などを教えてもらいます**。母乳は１回の授乳で左右両方あげます。向きの替え方も教えてもらいましょう。

# 入院スケジュール

**出産後の入院では、ママの体調をみながら、赤ちゃんのお世話をスタートします。入院期間は病院によって多少違いますが5日前後です。さまざま指導があり意外と忙しい毎日です。**

| | ママの体の変化と過ごし方 | 赤ちゃんの様子 |
|---|---|---|
| 出産日 | 悪露《おろ》が出る。後陣痛《こうじんつう》があることも。<br>出産後から赤ちゃんと一緒に過ごし、母乳をあげる。<br>抱き方や授乳、おむつ替えなどは助産師のサポートを受けながら、体調に合わせて無理をせずに行う。 | ほとんど眠って過ごす。 |
| 1日目 | 子宮は収縮し、どんどん小さくなる。 | 母乳やミルクを飲み、おしっこ・うんちをして、眠る生活が始まる。 |
| 2日目 | 悪露もだんだん減っていく。<br>お産のときの様子を振り返り、頑張った自分をほめてあげて。 | 2～3日目に体重が少し減ること、肌が黄色くなる（黄疸《おうだん》）こともあるが、普通の変化。 |
| 3日目 | 赤ちゃんのお世話をしながら、退院後の生活をイメージして、心配なことは助産師に相談し解決しておく。乳房が張ったり、熱をもったりすることがある。<br>沐浴や退院指導がある。 | 黄疸が強くなってくる。 |
| 4日目 | 子宮の戻り具合や会陰切開《えいんせっかい》の傷の診察がある（抜糸がある場合も）。 | 母乳やミルクの量が徐々に増えていく。体重も増えていく。 |
| 5日目<br>退院日 | ママの体に異常がなければ退院。2週間後健診や1カ月健診の予約、母乳外来（母乳相談）の予約をしておくことがある。 | 黄疸や体重の増え方などにより退院が決定する。 |

## Q 悪露ってなに？

### A 産後、子宮から出る分泌物のこと。

産後の、子宮壁からの出血や粘膜、卵膜などが混ざった分泌物を悪露といいます。産後直後から2日ぐらいまで多く出る場合もありますが、**徐々に量は減っていきます。産後2週間過ぎても赤い悪露が続くようなら受診しましょう。**

## Q 後陣痛ってなに？

### A 子宮が元に戻ろうとする痛み。

**産後、子宮は急激に収縮して妊娠前の大きさに戻ろうとします。これを子宮復古といい、そのときの痛みをいいます。**痛みの強さには個人差があり、**経産婦のほうが強く感じることが多い**ようです。

# ママの体の変化

## ママの体は日に日に変化

出産後のママの体が、**妊娠前の状態に戻るまでの期間を「産褥期《さんじょくき》」**といいます。個人差もありますが完全に戻るまでは**6〜8週かかります。**大きな体の変化がある期間で、子宮が元の大きさに戻っていき、ホルモンバランスなどもかわっていきます。それに伴う痛みや不快症状が出ることもあります。

### 産褥期に起こる変化とトラブル

#### ●悪露《おろ》が出る（→p193）

**日に日に量が減り色も薄くなる**

退院時には生理の終わりごろの量になり、色も茶色になってくることが多いようです。その後、**茶色→黄色→白色へと変化し、量も減っていきます。**ただし、激しく動いたあとに少し出血したりするなど、多少増えたり減ったりを繰り返すこともあります。**多めの鮮血がみられたらすぐに受診しましょう。**

#### ●骨盤がゆるむ

**骨盤ベルトなどで締めよう**

骨盤は妊娠中に赤ちゃんが出やすいように少しゆるみます。そして出産時には赤ちゃんが通るので広がります。そのため、産後は骨盤ベルトなどを巻いて元に戻しましょう。**気持ちよいと思える強さでしばらく締めてみて。**

#### ●会陰切開《えいんせっかい》の傷の痛み

**１カ月くらい違和感があることも**

入院中は痛み止め（鎮痛薬）が投与されることがあります。**退院までには痛みが引くことが多い**でしょう。退院後は、**前日よりも強い痛みを感じることがあれば受診を。**１カ月くらいはすれるような違和感があることもありますが、次第にそれもなくなります。

#### ●乳房が張る

**赤ちゃんにどんどん吸ってもらおう**

産後２〜３日目から乳房が張ったり熱をもったり、痛みを感じることがあります。**赤ちゃんにどんどん吸ってもらうことで、張りも緩和し、母乳が出るようになります。**それでも痛みや熱が引かなくてつらいようなら、母乳外来などに相談を。

### そのほかのトラブル

**貧血**　出産時に出血が多めだったりすると、貧血になりやすくなります。その場合、入院中に食事指導があったり、鉄剤などを処方されたりすることもあります。退院後は鉄をはじめ、たんぱく質やビタミンCの多い食事を心がけ、疲れたら赤ちゃんと一緒に寝るようにします。起き上がるときは急に体を起こさず、ゆっくり動くように。

**産褥熱《さんじょくねつ》**　近年はあまりみられませんが、産後10日くらいまでに38度以上の熱が出る症状のこと。子宮や産道、会陰の傷に細菌感染することで起こります。予防として、悪露のナプキンをこまめに替え、シャワーなどで清潔を保つよう心がけます。

# 退院後の過ごし方

## 無理は禁物 時間をかけて元の生活に

退院後は、ママは体の回復を第一に考え、無理をせず、できるだけ体を休めます。**産後1カ月ごろまでは、授乳とおむつ替えなどの赤ちゃんのお世話と自分の身の周りのことを中心に行い、赤ちゃんが寝ているときはママも横になる**のがおすすめ。家事は家族などに協力してもらいながら少しずつ行います。

1カ月健診を目安に出産前の日常に戻るようにします。

### 産後1週目

退院後も出産の疲れ、会陰切開の傷の痛み、悪露などがあるので、赤ちゃんのお世話以外はなるべく休み**入院中と同じような生活を。体はシャワーで清潔を保ちます。**家事は可能な限りパパや家族にお願いしましょう。

### 産後2週目

夜中の授乳で疲れもたまるころ。**赤ちゃんと一緒に寝て起きて、授乳と赤ちゃんのお世話を中心に。**体に負担の少ない家事は行いましょう。パパや家族と家事育児を一緒に行う感覚で。2週間後健診を行う病院もあります。湯船はまだNG。

### 産後3週目

**悪露が減り、体調がよければサポートの家族と一緒に家事や買いものもOK。**ただし、無理は禁物。疲れたら横になりましょう。

### 産後4週目

1カ月健診の受診を。医師の許可が出たら湯船もOKに。**普段の生活に戻していきましょう。**

## 産後を乗り切るポイント

**Point1**

### サポートを使う

パパや家族のサポートが難しい場合は、**産後のサポート（→p212）を使ってみても。**ほかにも市販の総菜やレトルト、冷凍食品、デリバリーを使うなど、気軽に取り入れられそうなものを妊娠中からよく調べておきましょう。

**Point2**

### 自分のペースでゆっくり

産後の体調の戻りには個人差があります。**体に負担をかけないように、自分のペースで赤ちゃんのお世話や家事に慣れていくようにします。**

# 生まれたての赤ちゃんの様子

（監修／神奈川県立こども医療センター　総合診療科　部長　松井 潔先生）

## 小さい体からあふれる生命力

**生後1カ月（生後28日未満）の赤ちゃんを新生児と呼びます。** 赤ちゃんは、ママのおなかから出ると、肺に空気が入り産声が上がり、自分で呼吸を始めます。そしておっぱいから直接栄養をとり、排せつもします。

また新生児には生きていくために生まれつき備わった運動反応である**原始反射が見られます。** 把握《はあく》反射（↓p197）や吸啜《きゅうてつ》反射（↓p197）などがあり、これらは体の機能が発育・発達していくうちに消えていきます。

## 新生児の五感

赤ちゃんの五感のうち聴覚、触覚、嗅覚はかなり発達した状態で生まれてきます。これが生きていくための力なのです。

### 視覚

**20〜30cm先のものがぼんやり見える程度。視力は0.01〜0.05**くらいといわれています。

### 味覚

**おっぱいのような甘味が好き**で、苦味や酸味は苦手なようです。母乳の味の変化もわかるといわれています。

### 触覚

触れられると安心するので、**抱っこされると泣きやみます**。触覚の刺激でさまざまな感覚や能力が発達していくので、積極的にスキンシップを。

### 聴覚

おなかにいるときから発達するため、ずっと聞いてきた**ママやパパの声を早くから認識します**。大きな音にびくっとすることもあります。

### 嗅覚

においはよくわかります。**肌や母乳のにおいで最初にママの存在を認識します**。

0〜1カ月
新生児の微笑

0カ月
特徴&しぐさ

# 新生児の体の特徴

**新生児の体には、未熟な部分や、大人とは違う特徴があります。知っておくとお世話もしやすくなります。**

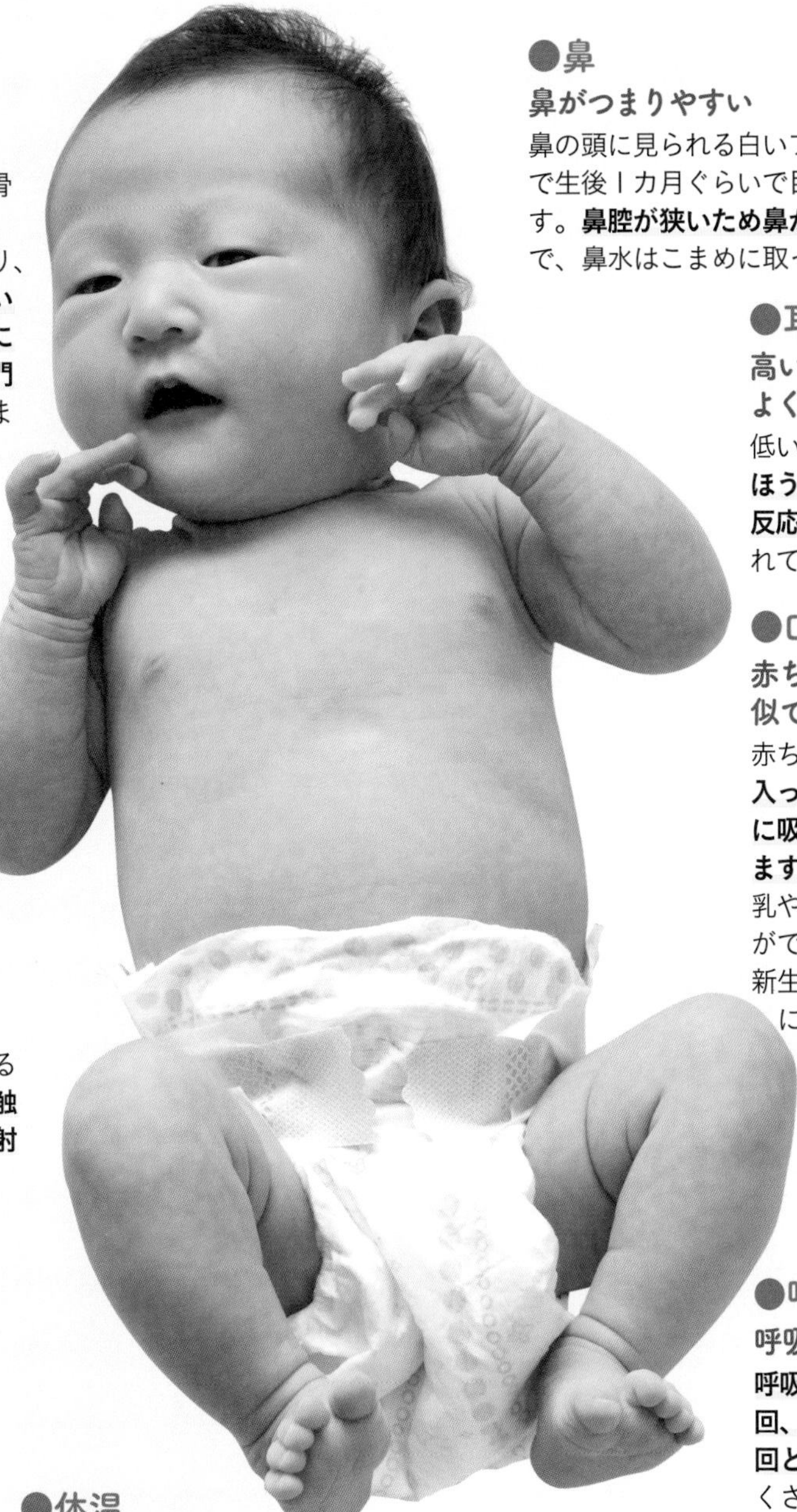

## ●頭

**骨はやわらかくすきまもある**

骨がやわらかく、複数の骨と骨が合わさっています。骨と骨の間にすきまがあり、**頭のてっぺんにある大きいすきまを大泉門、後頭部にある小さいすきまを小泉門といいます。**１歳半ごろまでには自然に閉じますが、時期は個人差も。

## ●目

**はっきりとした色がわかる**

**明るい、暗いはわかります。赤や青のはっきりした色は認識しやすい**といわれています。

## ●手

**触れると握る**

指は軽く曲げた状態でいることが多く、**手のひらに触れると握ってくる把握反射を見せます。**

## ●背中・おしり

**蒙古斑《もうこはん》があることも**

**産毛や蒙古斑（青いあざ）が見られることもあります**が、成長とともになくなってきます。仙骨部《せんこつぶ》（おしりの割れ目の少し上）にくぼみや出っ張りがある、体毛が多いときは、早めに小児科を受診しましょう。

## ●体温

**体温調節機能が未熟**

新陳代謝が活発ですが**汗はかきにくく体温調節機能は未熟**です。そのため室温や服装で体温が高くなったり低くなったりしやすいので、こまめに調節をしてあげて。脱水にもなりやすく、熱がこもるため体温が上がります。

## ●鼻

**鼻がつまりやすい**

鼻の頭に見られる白いブツブツは皮脂腺で生後１カ月ぐらいで目立たなくなります。**鼻腔が狭いため鼻がつまりやすい**ので、鼻水はこまめに取ってあげて。

## ●耳

**高い声がよく聞こえる**

低い声より**高い声のほうがよく聞こえて、反応しやすい**といわれています。

## ●口（声）

**赤ちゃんの声は似ている**

赤ちゃんには**口の中に入ってきたものを自然に吸う吸啜反射があります。**このおかげで母乳やミルクを飲むことができるのです。また、新生児の声帯は乳幼児に比べて高い位置にあるため、声は個人差が少なく似ているといわれています。

## ●呼吸・脈拍

**呼吸も脈拍も多め**

**呼吸は１分間に30-60回、脈拍は120-160回と多め。**そうしてたくさんの酸素を取り入れ全身に送っています。

## ●足

**ひざを曲げている**

ひざを曲げた状態でいることが多いです。**足の裏をつつくと、手と同様に指を曲げる把握反射が見られます。**

# 赤ちゃんのお世話

（監修／東京衛生アドベンチスト病院　小児科　保田典子先生）

## 抱っこのしかた

**お世話の基本です。親子のスキンシップにもなります。赤ちゃんの体を引き寄せて腕全体で支えるようにすると、手首の負担が少なくなります。**

### 横抱き

こんな抱き方も！

首が座っていない赤ちゃんでも安心できる、安定感のある抱き方です。

1　前かがみになり、赤ちゃんに顔を近づけ頭とおしりの下に手を差し入れます。

2　頭を支えながらゆっくり抱き上げて、胸に引き寄せます。

3

**point**
赤ちゃんの頭をひじの内側で支える
**point**
赤ちゃんの背中とおしりを支える

頭を支えていた手をずらして、ひじの内側で支えるようにします。背中とおしりを腕で包むように抱きましょう。

### 下ろし方

1　抱き上げるときの逆の手順で。ひじで支えていた頭を手で、背中を支えていた手をおしりの下にずらします。

2　赤ちゃんの体を自分の体からあまり離さず、自分の体ごと前かがみになるように布団に近づけ、赤ちゃんのおしりのほうからゆっくり下ろします。

3　頭を布団にそっと下ろしたら、そっと手を抜きましょう。

## 抱き替え

腕や手首に負担がかからないよう、ときどき抱き替えを行いましょう。

**1**

横抱きの状態で、赤ちゃんの足の間に手を差し入れ、おしりを支えていた腕を、手のひらが首と頭の後ろあたりに行くまでずらします。

**2**

差し入れた腕で、頭が反対側になるようにまわします。

**3**

赤ちゃんの頭が、ひじの内側に来るようにずらして完了です。

## 縦抱き

こんな抱き方も!

げっぷをさせるときや、赤ちゃんの気分転換にもなる抱き方です。

**1**

前かがみになり、赤ちゃんに顔を近づけ、頭とおしりの下に手を差し入れます。

**2**

自分の体ごと起き上がり、赤ちゃんの顔と向き合うように頭と首を支えながら、胸に引き寄せます。

**3**

赤ちゃんの体を自分の体にもたれかからせるようにして、おしりを支えていた手をずらして腕全体で支えます。

point
自分の体にもたれかからせるように
point
腕全体で赤ちゃんを支える

# おむつ替え

**汚れのついたおむつを当てたままにしておくと、おむつかぶれを引き起こす原因に。こまめにチェックし、おしりを清潔に保ちましょう。**

## 1

つけているおむつを開く前に新しいおむつを下に敷きます。

## 2

つけているおむつを開き、おむつの汚れていない部分でおしり全体をざっとふきます。

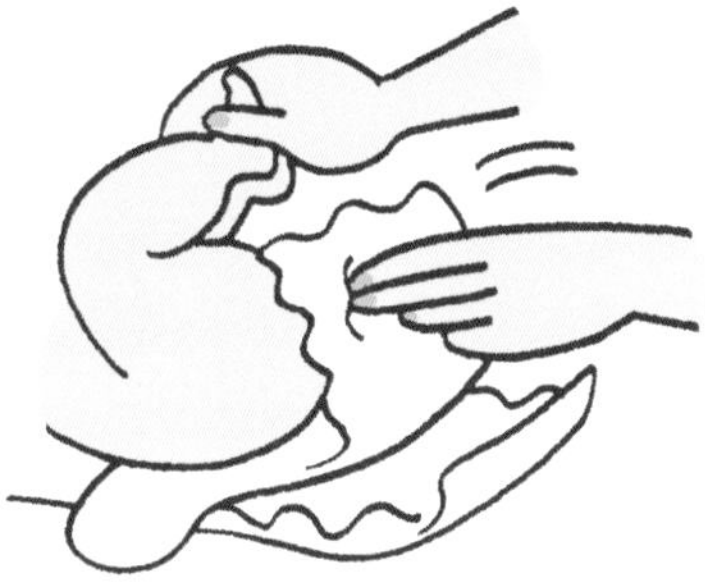

## 3

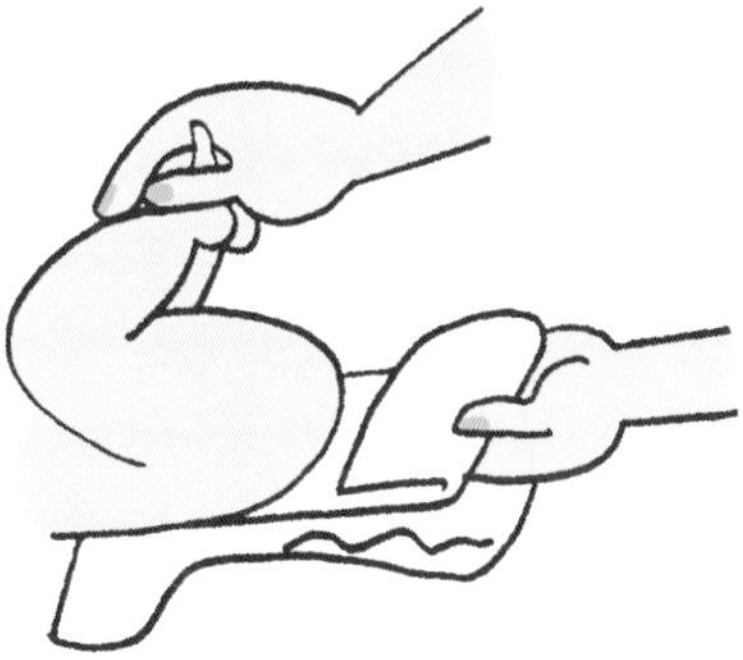

おしりをそっと持ち上げ、おしりふきか脱脂綿で汚れをふき取ります。使ったおしりふきや脱脂綿は、別に準備したゴミ袋に入れるか、汚れたおむつの中に置いて包み、おしりを持ち上げたまま、汚れたおむつを抜き取ります。

## 4

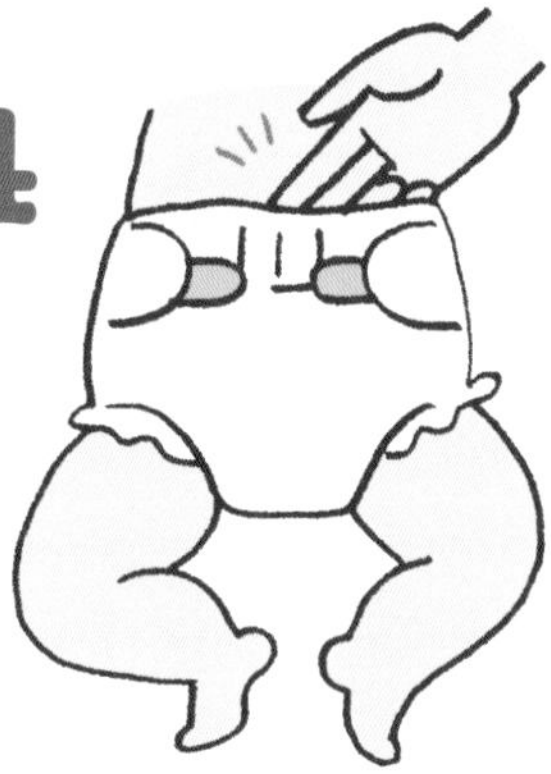

おなかのテープを左右対称に、指1～2本分くらいの余裕をもたせて留めます。

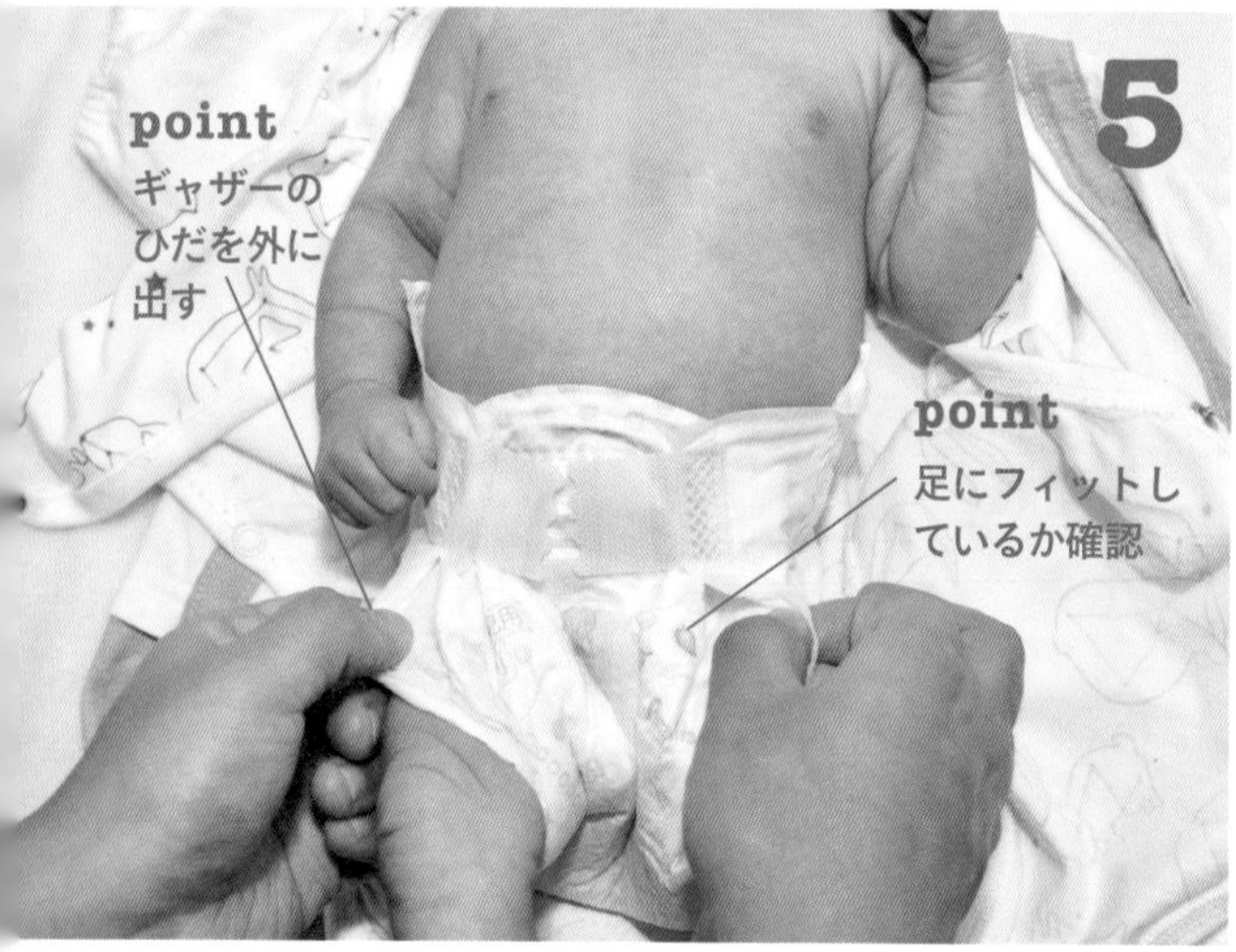

5
point
ギャザーのひだを外に出す
point
足にフィットしているか確認

紙おむつの股ぐりが、足のつけ根にすきまなくフィットしているか確認します。ギャザーのひだも外に出るようにします。

### ふき方ポイント

**男の子**

まず、おちんちんの周りの全体の汚れを落とします。シワやひだ、くびれ、陰嚢の裏側や両わき、肛門もふきましょう。

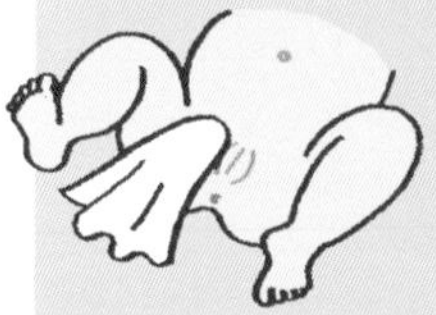

**女の子**

足のつけ根も含め全体の汚れを落とします。外陰部の割れ目を広げ、前から後ろ（会陰から肛門）へやさしくふきます。

ゆるゆるうんちのときは、背中まで汚れがないかチェックを。

# 寝かしつけ

新生児のうちから、布団やベビーベッドで入眠できるよう習慣づけておくと、その後の育児が楽になります。完全に眠る前に布団やベビーベッドに寝かせるのがポイントです。

背中スイッチが
発動しない寝かせ方

1

赤ちゃんがうとうとするまで抱っこします。

2

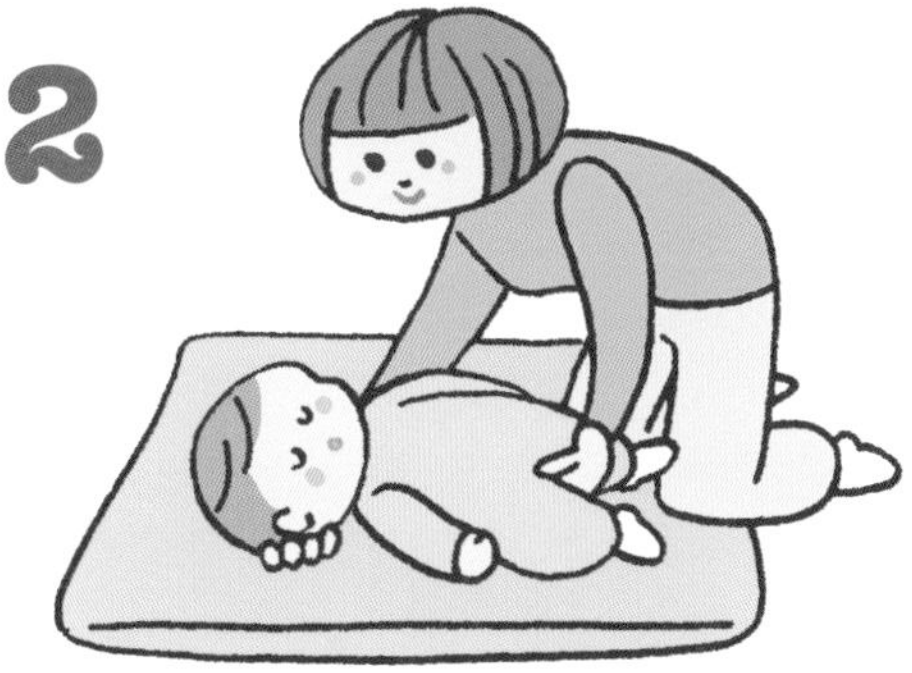

うとうとしてきたら、完全に眠る前に布団やベビーベッドに寝かせます。

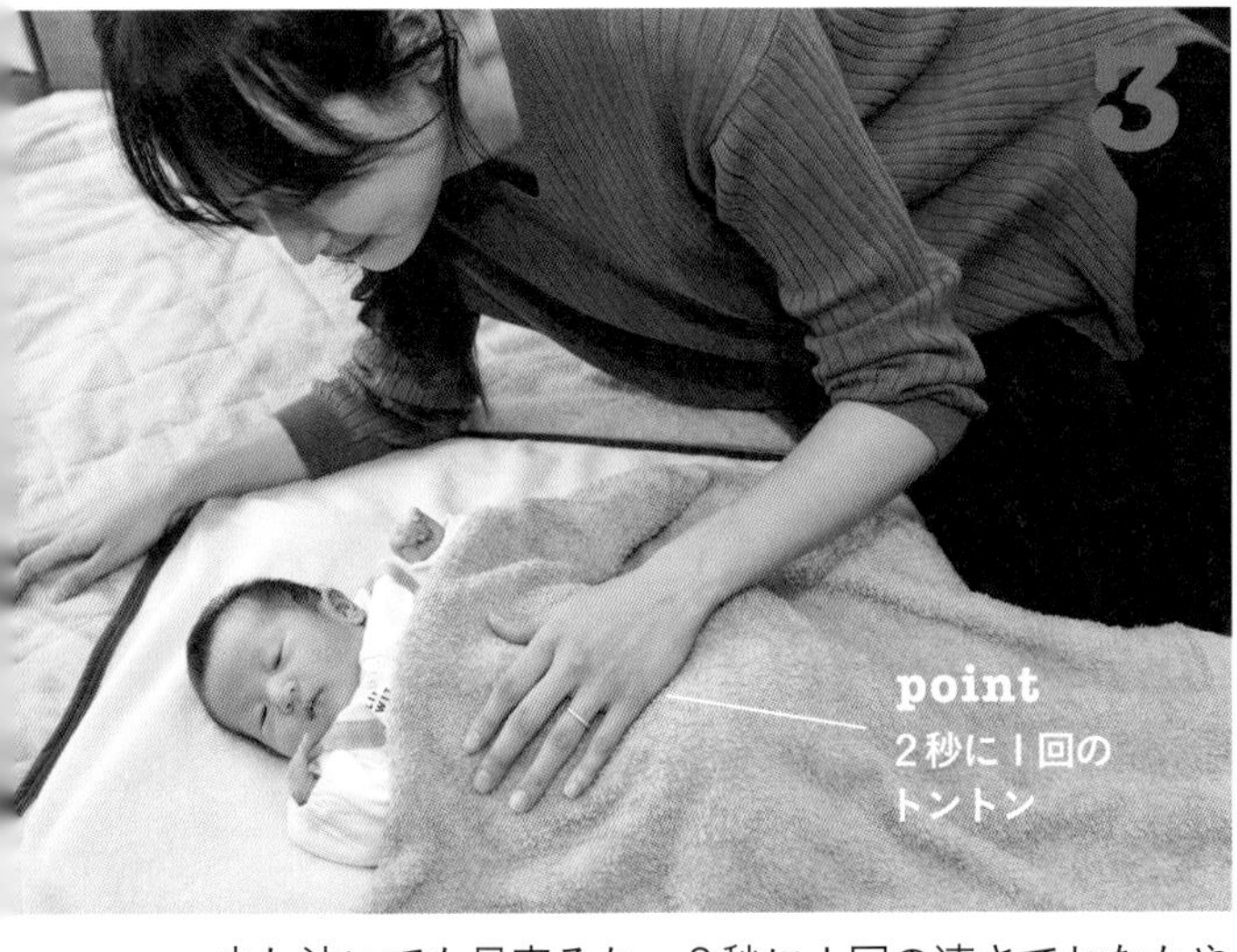


少し泣いても見守るか、２秒に１回の速さでおなかや腰のあたりを少し強めにトントンしてあげます。

## 寝かしつけの環境を整える

寝かせる前にしておきたいことや寝かせるスペースをチェックし環境を整えましょう。

- 寝る前に授乳し、げっぷをさせておく
- かための布団を準備する
- 周りに枕やぬいぐるみを置かない
- お昼寝は自然光の中で、無理に静かにしなくてもOK
- 寝つきが悪いときは部屋を暗くする

## ！注意

赤ちゃんと同じ布団やベッドでの添い寝は、窒息の心配や乳幼児突然死症候群*の予防の観点から避けたほうがよいでしょう。ただし、別々の布団ならOKとされており、絶対にNGはソファでの添い寝です。また添い寝でおっぱいをあげると、それで赤ちゃんが眠ってくれることもありますが、ママの体の負担になり、産後の体が回復しにくくなるので行わないほうがよいです。

＊乳幼児突然死症候群（SIDS）：なんの予兆や病歴もなく、寝ている間に乳幼児が突然死亡してしまう病気。

4

飲み終わったらげっぷをさせます。肩にかついだり、縦抱きで背中を軽くトントンします。座らせたり、寝かせたりして行う方法（→p203）もあります。

げっぷのさせ方

### 授乳するときの抱き方のパターン

**横抱き**　ママのひじの内側で赤ちゃんの頭を支え、赤ちゃんとママの体が密着するように抱きかかえます。赤ちゃんの高さはクッションで調節を。

**縦抱き**　ママと赤ちゃんが向き合うスタイル。赤ちゃんの背中はまっすぐに、ママの太ももにまたがらせるような姿勢で座らせ、正面からくわえさせます。

**ラグビー（フットボール）抱き**　ラグビーボールのように、赤ちゃんをわきの下に抱えるスタイル。クッションなどで赤ちゃんの高さを調節します。

## 授乳・ミルク

**産後すぐは母乳の出が少なかったり赤ちゃんも上手に飲めなかったりすることがあります。たくさん吸ってもらうと、母乳の出がよくなり、赤ちゃんも吸うのがうまくなっていきます。母乳だけでは足りないようならミルクを足しましょう。**

### 母乳のあげ方

1

**横抱き**

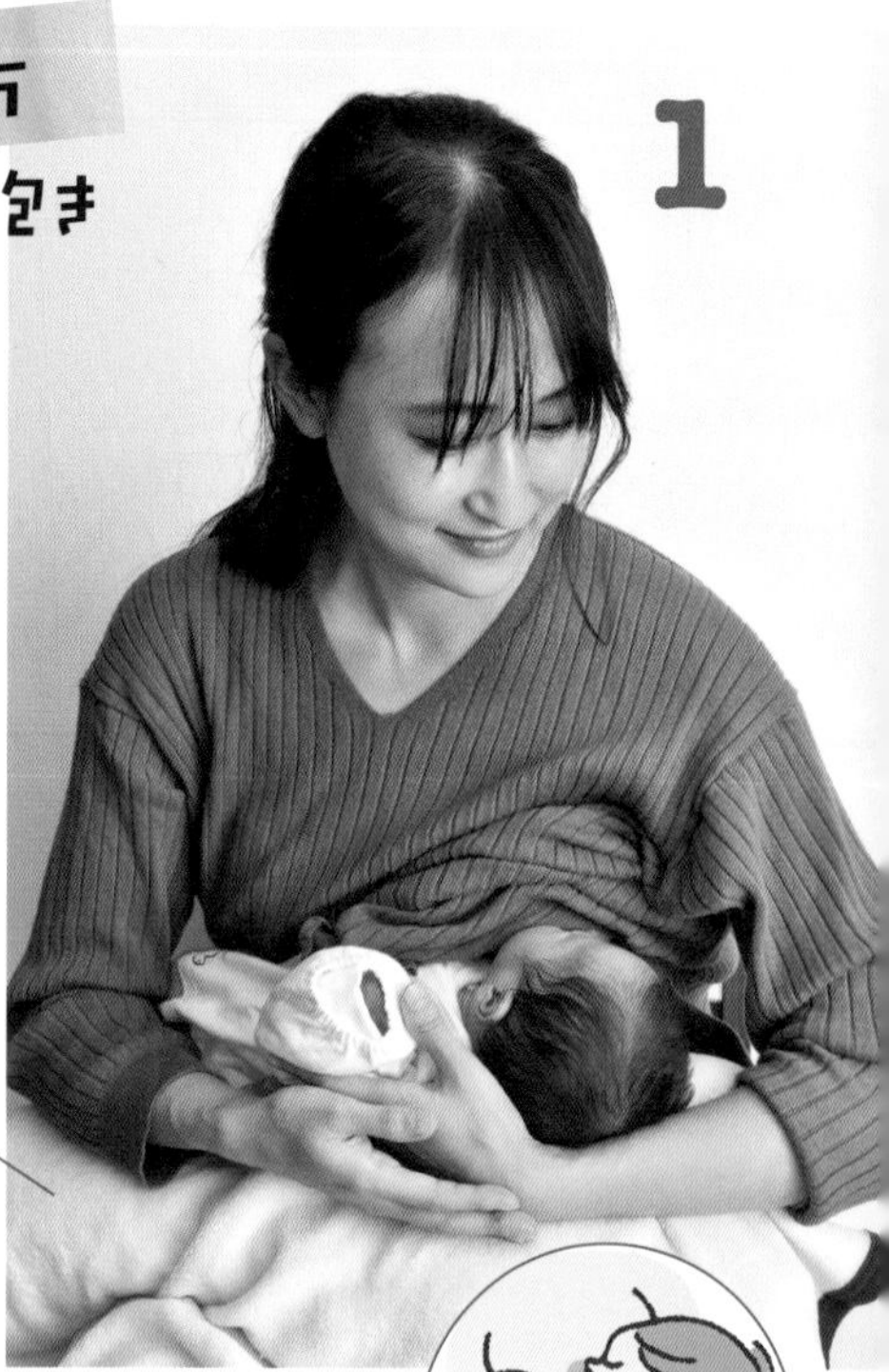

赤ちゃんの頭がママの胸のあたりに来るように横抱きします。抱き方は3つのパターンがあります。

**point**

授乳クッションなどを使い、ママが楽な姿勢であげられるように高さを調節を。

**point**

乳輪部までしっかりくわえさせましょう。くわえ方が浅いと乳首をかまれたり、乳首が切れたりすることがあります。

2　ママの指で赤ちゃんの口を刺激して開かせ、赤ちゃんの舌の上にママの乳首が来るようにして口に含ませます。

3

母乳は左右均等にあげるのが望ましいので、毎回、片方5～10分くらいを目安に交代しましょう。替えるときは、赤ちゃんの口の端に少しだけママの指を入れて口を離します。赤ちゃんの体の向きを替え、同様に飲ませます。

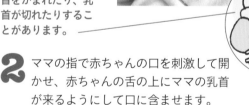

## 調乳のしかた

ミルクは表示通りにつくりましょう。

1 付属の計量スプーンで粉ミルクを正確に量り、哺乳びんに入れます。

2 いったん沸騰させ70度以上に保った湯を適量哺乳びんに入れます。

3 哺乳びんのふたをしめ、ゆらして粉ミルクを溶かします。

4 粉ミルクが溶けたら、流水を当てて人肌くらいまで冷まします。

5 腕の内側に垂らし温度を確認。ふたをきつく締めてから少しゆるめてミルクをだしやすくします。

## 洗浄・消毒

1 使い終わった哺乳びんと乳首は、洗浄ブラシを使って洗剤をつけてきれいに洗い、洗剤をよく落とします。

2 洗った哺乳びんと乳首は消毒します。消毒方法は①煮沸消毒、②電子レンジ加熱消毒、③薬液につけ置き消毒があります。

## ミルクのあげ方

1
point
乳首は先だけでなく深く
入れるようにしましょう。

ミルクを準備し、クッションなどを使い、ママやパパが楽な姿勢で赤ちゃんを抱っこします。ひじで赤ちゃんの頭を支え、哺乳びんの乳首をくわえさせます。

2

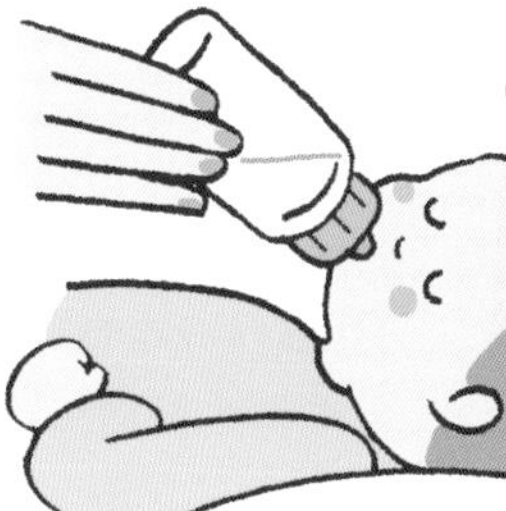

空気が入らないように哺乳びんの底が上向きになるように傾けて、最後まで飲ませます。乳首の部分に空気が入るとむせる原因に。

3

母乳のときと同様（→p202）、げっぷをさせます。

### げっぷのさせ方のパターン

頭を少し上げ、巻いたタオルで背中を支え右側を下にして斜めに寝かせてげっぷを促す方法です。

赤ちゃんをママのひざの上に座らせて背中を軽くトントンします。

赤ちゃんにもママにもメリットが！

# Column 母乳育児

（監修／葛飾赤十字産院 院長 三石知左子先生）

## 母乳とミルクの特長

**母乳はたんぱく質や脂質、乳糖、ビタミンなど多くの栄養素を含み、消化・吸収にもすぐれ、さらに病気にかかりにくくなる免疫力も豊富。**調乳の手間もなく、**乳首を吸わせることでママの体を妊娠前の状態に戻すのを促す作用**もあります。**ミルクも母乳と同様、栄養面にすぐれ、ママだけでなく、だれでも授乳ができることから、ママの負担を軽減**できるメリットが。新生児のころは授乳も頻回なので、どちらかにこだわり過ぎないことが大切です。

### Q 母乳をたくさんだすためにできることは？

### A 乳首を吸わせることとエクササイズ、バランスのよい食事。

繰り返し**乳首を吸わせることがいちばんです。母乳外来で相談したり、エクササイズを取り入れたり、食生活も見直してみましょう。**

**エクササイズ・マッサージ**

肩甲骨周囲や大胸筋*1や肋間筋《ろっかんきん》*2の周囲を動かし、血流をよくしましょう。胸を張って軽く握った手を胸の前まで上げ、ひじを床と平行に持ち上げます。その姿勢でひじの上げ下げを行います。パパに肩をもんでもらうのもおすすめです。

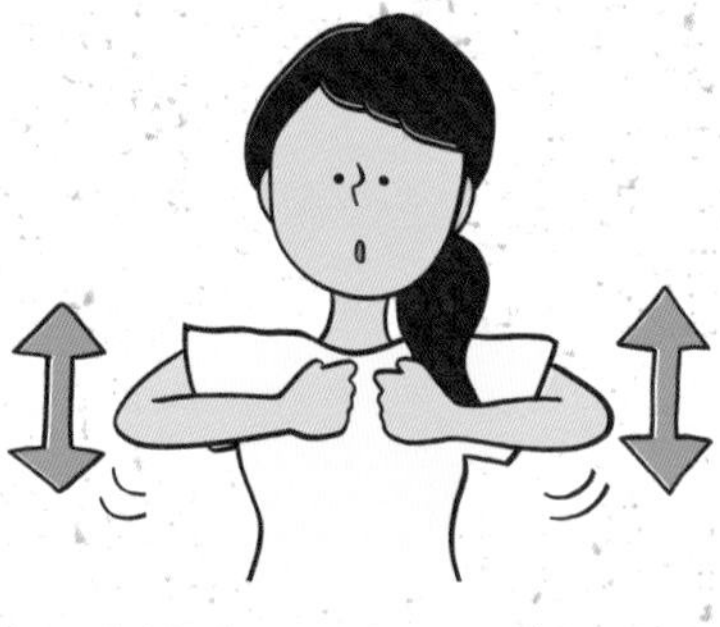

**食生活**

水分を十分とり、３食しっかりバランスよく食べるようにします。おすすめは必須脂肪酸を含む青魚、ビタミンDを含む鮭や干ししいたけ、ビタミンKを含む納豆など。エネルギーになるごはんなどの炭水化物もしっかりとりましょう。また、辛いもの、ニンニクなどにおいの強いものは母乳の味がややかわるので控えて。コーヒーや緑茶はとり過ぎなければOKです。

### Q 母乳がなかなか出ないときは？

### A ミルクを足して。

母乳の出には個人差があり、なかなか出ないときもあります。母乳が足りないときはミルクを足しましょう。母乳が出ないことを、ストレスに感じ過ぎないで。**母乳を続けたい場合は、赤ちゃんにくわえてもらうのを続けてみて。**睡眠を十分にとり、体調を整え体力もつけましょう。

やってみよう！
おっぱい
マッサージ

＊1 大胸筋：胸の部分のいちばん大きい筋肉。
＊2 肋間筋：肋骨と肋骨の間の筋肉のこと。

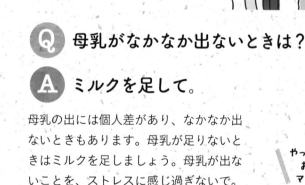

# あやし方

はじめての育児では、泣いた赤ちゃんに対して、どう接すればよいかわからないときも。いろいろ試して、赤ちゃんが落ち着く方法を探しましょう。

（監修／東京衛生アドベンチスト病院 小児科 保田典子先生）

困ったらチェック！
泣きやませ方

### 体を包む

**おくるみや大きめのバスタオルで赤ちゃんの体を包むと安心感やリラックス効果が高くなります**。横抱っこしてやさしくゆらします。

### 風に当てる

赤ちゃんを抱っこして窓際に立ち、**少しだけ風を当ててみましょう**。

### 左右にゆらす

赤ちゃんを横抱っこし、上半身を使って、**左右にやさしくゆっくりゆらします**。

### 袋のカサカサ音を聞かせる

ポリ袋をこすり、**カサカサと音をたててみましょう**。新聞紙でも同じようにできます。

### 心臓の音に近い音を聞かせる

ママの心臓の音に近い音が出る**市販のおもちゃもあります**。試してみても。

### 上下にゆらす

赤ちゃんを縦抱っこし、ひざを曲げたり伸ばしたりしながら、**ゆっくり上下に動きます**。

### 様子をみる

うとうとしてきて眠そうな様子があったら、**なにもしないで様子をみてみましょう**。そのうち自然に眠ることもあります。

### 手足やおなかをさする

横になっている赤ちゃんに話しかけながら、**赤ちゃんの手足やおなかをやさしくさすりましょう**。

# 沐浴

**赤ちゃんは抵抗力が弱いため、生後1カ月は赤ちゃん専用のベビーバスを使って沐浴させましょう。暖かい時期などは、シャワー沐浴でもOKです。1カ月健診で問題がなければ、大人と同じお風呂に入って大丈夫です。**

## 準備

### お湯と浴室の温度

湯温は、**夏は38度、冬は40度くらいが適温。浴室は24〜26度くらいを保って。**

### 石けん

**赤ちゃん専用の石けんや低刺激のボディソープを準備**します。**押して泡が出るタイプは片手でも使いやすくておすすめ。**

### 着替え

沐浴後に着る服は、**スナップやひもを外して広げ、すべての服の袖を重ねて通しておきます。その上におむつも広げておき、さらにその上にバスタオルを広げておけば準備完了。**バスタオルの下にビニールシートを敷いておくと、万が一赤ちゃんがおしっこをしてしまった場合も安心です。

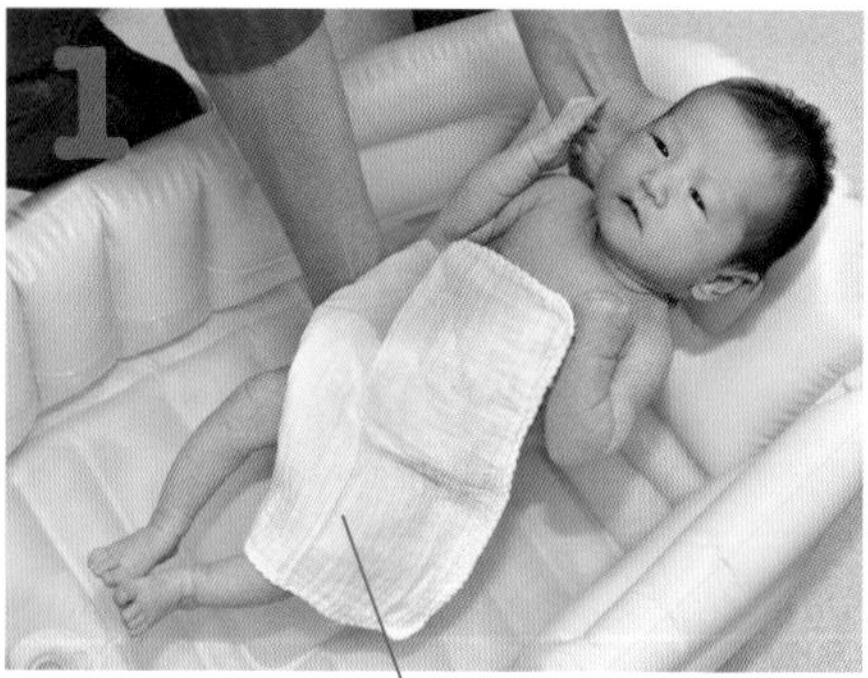


ベビーバスにお湯がたまったら、左手で赤ちゃんの後頭部を支え、もう片方の手で赤ちゃんのおしりを支えます。湯の中に足からゆっくり入れます。

**point** 泣いたり嫌がる場合はガーゼなどを胸にかけてあげましょう。

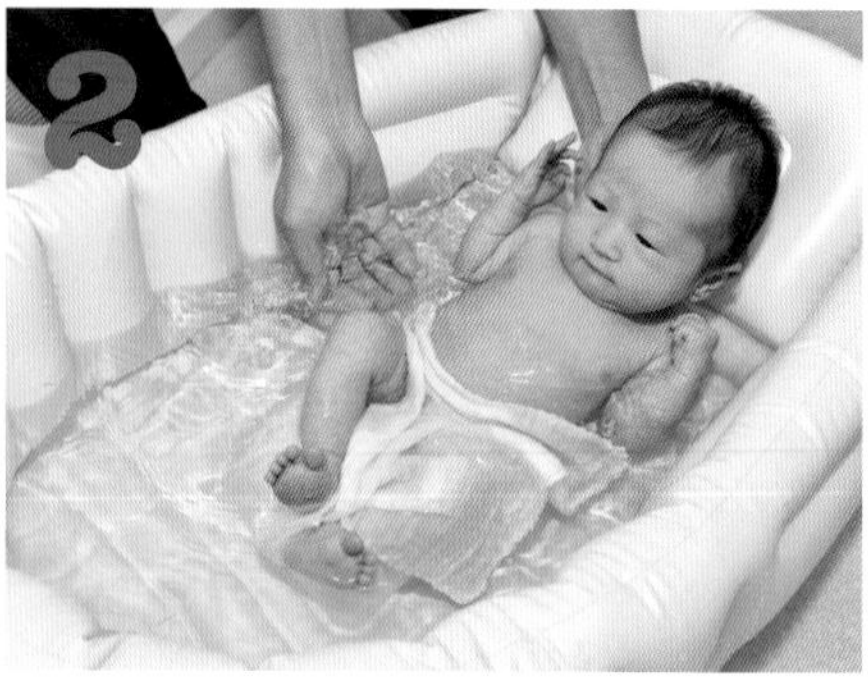


おしりを支えているほうの手を外し、体にお湯をかけます。

3

泡立てた石けんで顔を洗います。そのあと泡をきれいに流します。しぼったガーゼで軽く顔をふいてあげましょう。

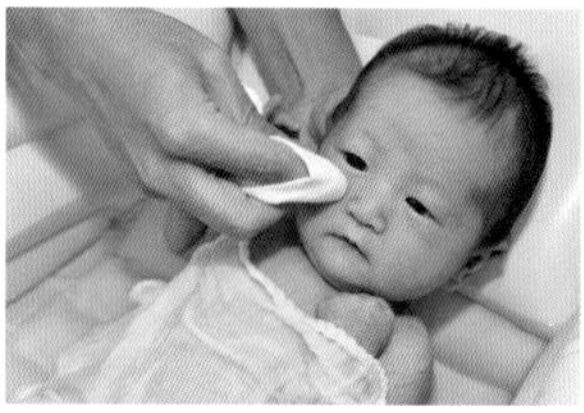

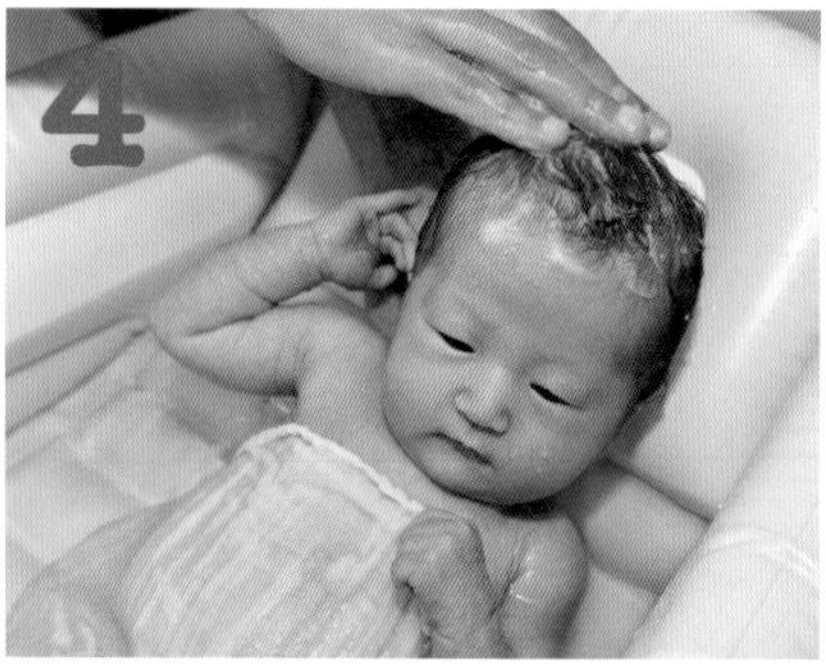


次に頭を洗います。髪にやさしくお湯をかけて、シャンプーを泡立て、指の腹を使って生え際、後頭部を洗います。耳をたたんで裏側と耳たぶを洗います。髪を洗ったら泡をきれいに流し、絞ったガーゼでサッと髪の毛の水分をふきます。

とってもカンタン

## シャワー沐浴

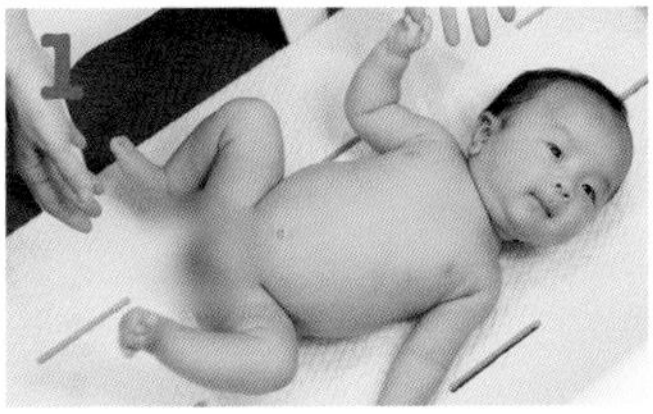


洗い場にマットを敷いて、その上に赤ちゃんを寝かせます。シャワーの温度は38～39度くらいに設定を。赤ちゃんにかける前には、必ず適温か確認して。

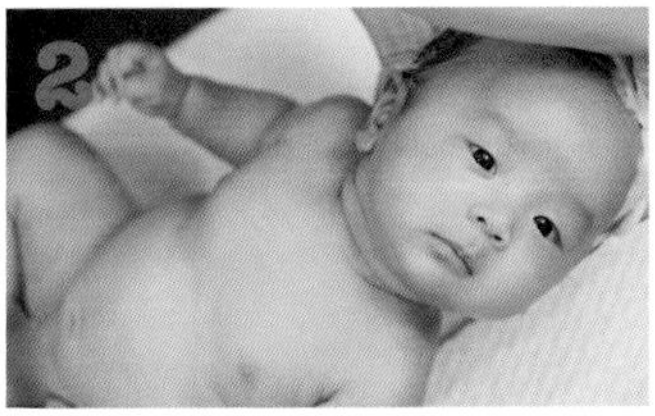


顔と頭を洗います。顔は泡立てた石けんで洗い、シャワーで流します。頭はシャワーをかけたあと、泡立てたシャンプーで生え際、後頭部、耳の裏側と耳たぶを洗い、シャワーで流します。

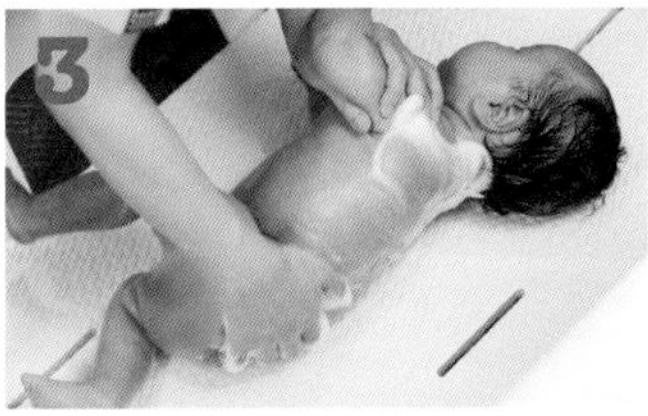


右写真の**5～7**の手順で体を洗います。背中を洗う場合は、上になるわきの下とおしりの横を支え横向きにします。わきの下を片手で支えながら、もう片方の手で洗っても。

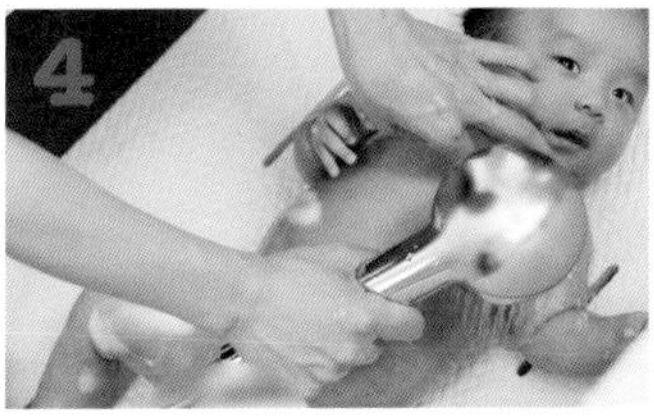


最後に首から下へシャワーをかけ、全身をよくすすぎましょう。

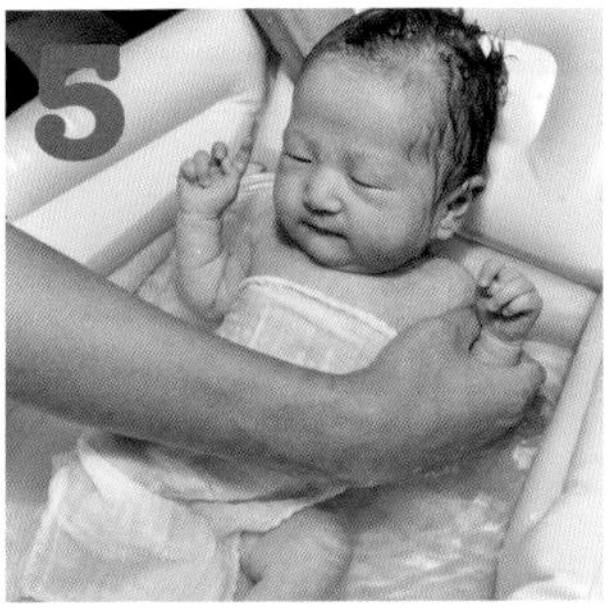


石けんを泡立て上半身から下半身へと手でやさしく洗っていきます。腕や足は軽く握るようにしてクルクルクルッとなでるように洗います。首やわき、足のつけ根、ひじやひざの裏、手のひらなどを洗います。皮膚と皮膚が重なっている部分は、汚れがたまりやすいのでシワを伸ばしながら洗います。

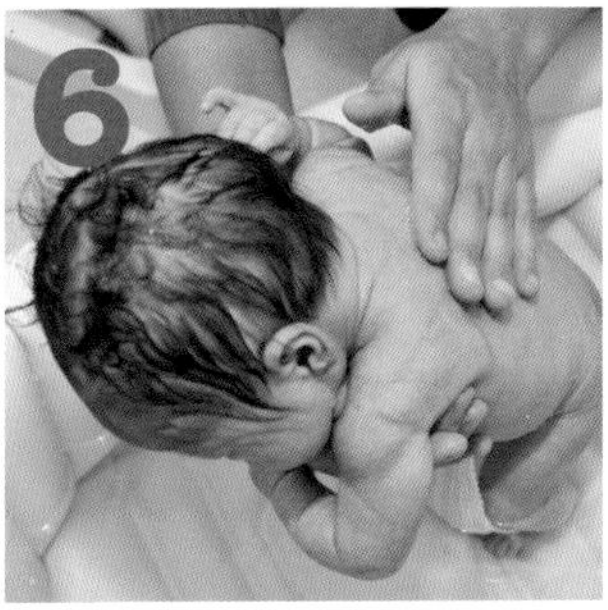


赤ちゃんの胸のあたりを手でしっかり支え少し前かがみにして、泡立てた石けんで、背中を洗います。

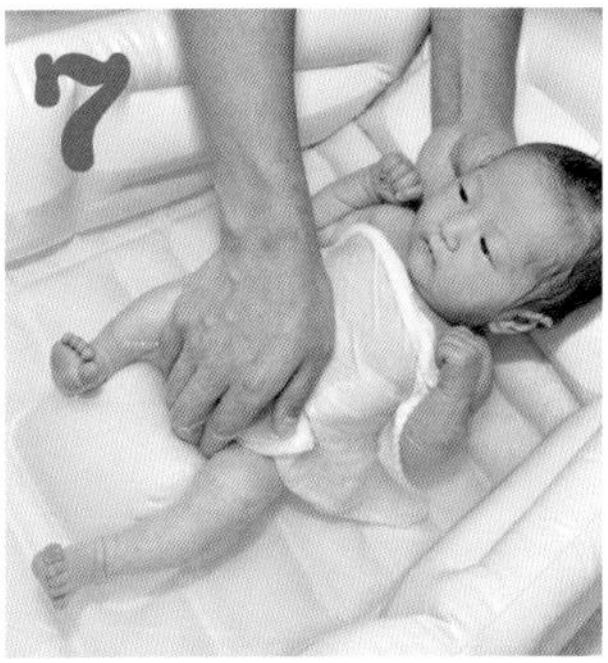


最後に陰部（性器）を洗います。
女の子　性器の周り、性器、肛門の順番で洗います。割れ目の内側の粘膜の部分は石けんで洗わずにやさしく流すのみに。その後、肛門、おしりを洗います。
男の子　陰茎（おちんちん）の表面を洗い、陰茎を持ち上げて陰嚢（玉）のシワの間を伸ばしながら洗います。その後、肛門、おしりを洗います。

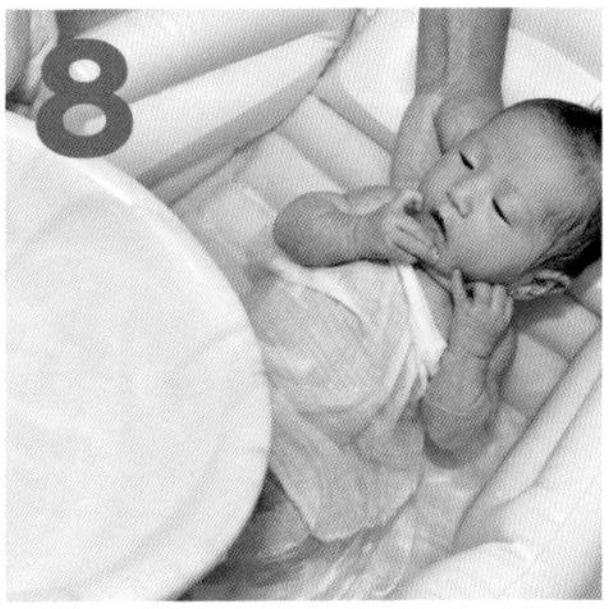


石けんの泡はベビーバスのお湯で流し、最後に上がり湯で全身を流したら終了です。

**9** お湯から上がったら、バスタオルで赤ちゃんをくるみ、やさしく押さえるように水分をふき取ります。

### 新米ママも怖くない！ 最新シャワー沐浴

▲ 顔の洗い方

▲ 体の洗い方

▲ 性器の洗い方

# 体のお手入れ

**お風呂上がりには体のケアを行います。赤ちゃんの肌はとてもデリケートなので、やさしく行うのが基本です。**

**（監修／神奈川県立こども医療センター 皮膚科 部長、横浜市立大学 皮膚科 臨床教授 馬場直子先生）**

## 保湿 入浴後、15分以内に保湿を

お風呂上がりの皮膚は、皮脂が洗い流されその分、水分が蒸発しやすくなり乾燥しやすくなっています。**入浴後15分以内に、水分と脂《あぶら》分を補う必要があります。**ローションやクリームは、水分と油分の両方含まれていますが、クリームのほうが油分は多め。オイルは油分だけです。**乾燥しやすい冬は、クリームかローションで水分を補ってから、オイルを重ね塗りするのがおすすめ**です。

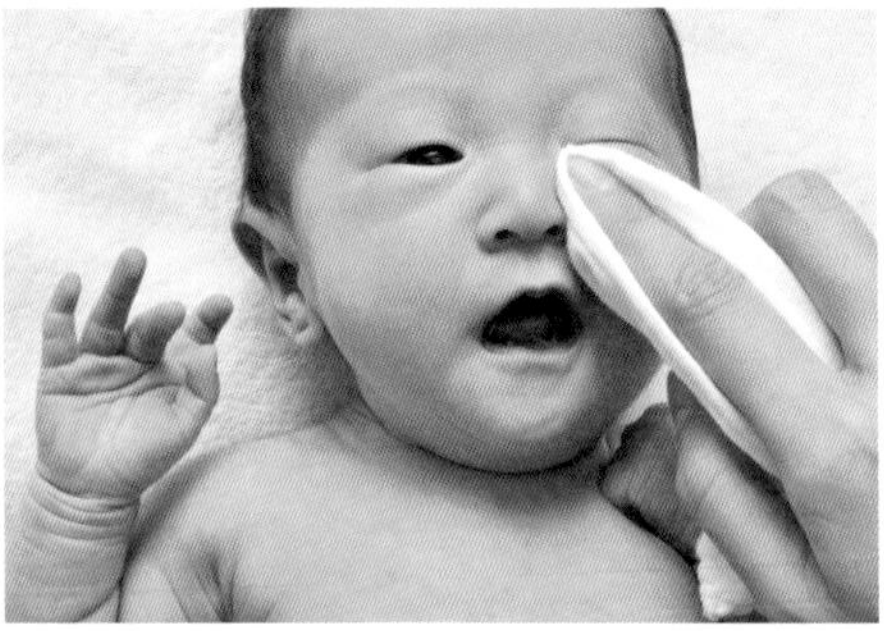

## 目 こすらずに、やさしくぬぐう

目じりやまぶたは非常に薄くて弱い皮膚なので、**ふくときは決してこすらないようにしましょう。**ガーゼでふくときも水分を吸い取るように、やさしくぬぐうようにして。

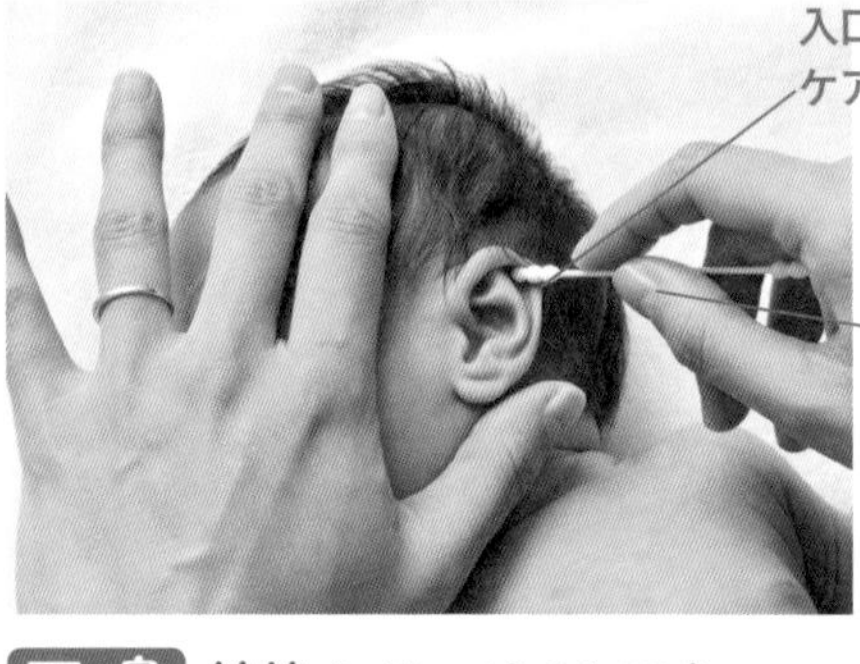
point
入口周辺のケアを
point
綿棒は短く持つ

## 耳・鼻 綿棒やガーゼでケアを

鼻の穴の周りに**鼻くそや汚れがあるときは綿棒で取り**ます。**耳の裏やくぼみの汚れが気になるときはガーゼや綿棒でふきます。耳あかなどは入口周辺に見えるときだけ綿棒で取りましょう。**綿棒を使うときは、奥に入り過ぎないよう**短く持って行います。**

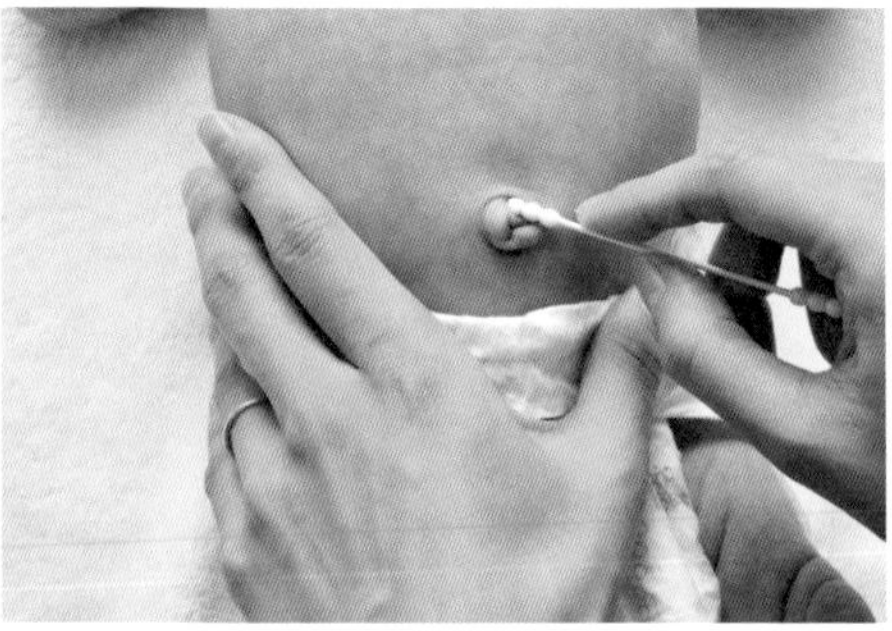

## おへそ 毎日少しずつケアを

**入浴の30分くらい前に、綿棒などでおへそにベビーオイルをたっぷりしみ込ませてふやけさせます。**お風呂で体を洗うときに、やさしく泡立てた石けんで洗い、アカや汚れを落とします。ガーゼや綿棒などでこするのはNG。毎日少しずつケアしておきましょう。

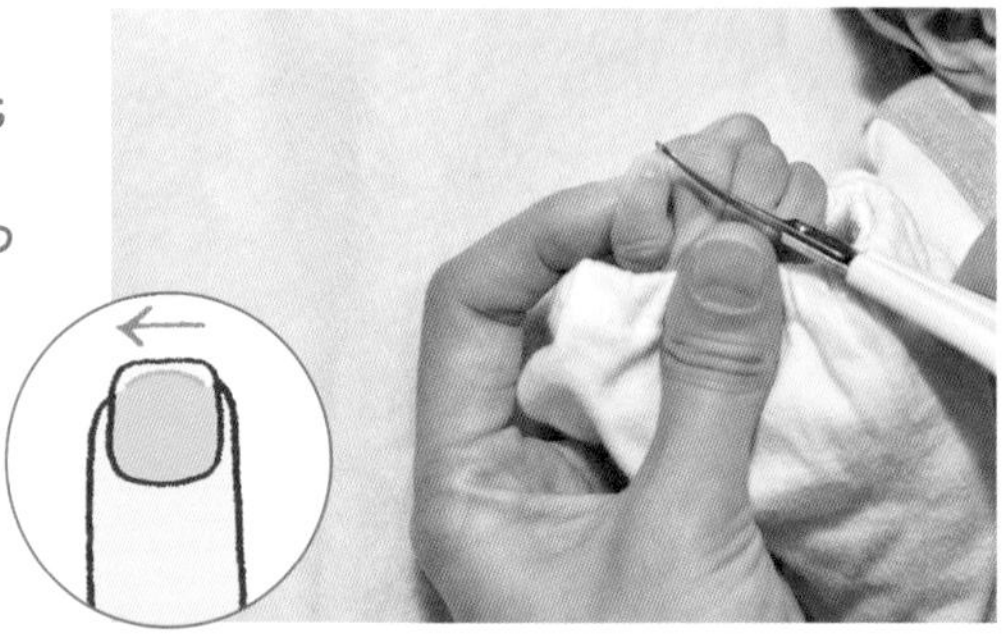

## つめ 四角く切る

**つめは横にまっすぐに近い切り方で、つめの両サイドの角が外に出るように四角く切ります。**角のとがりはつめやすりでなめらかにします。つめのサイドを丸く切ると、サイドを巻き込んでしまって、陥入爪《かんにゅうそう》*や巻きづめの原因になるからです。

＊陥入爪：つめのふちが周囲の皮膚に食い込んだ状態。

8万件のママの声

# 赤ちゃんのお世話Q&A

**Q　おでこ・眉頭・頬に赤い湿疹ができました。**

**A　新生児にきび（ざ瘡《そう》）の可能性があります。**

皮脂の分泌が多いことが原因です。**1〜3カ月でよくなります**が、気になるようなら受診して。ステロイドの軟膏等を処方されることもあります。（小児科医　松井潔先生）

**Q　鼻掃除を嫌がります。**

**A　鼻の入り口の鼻汁を取ってあげるだけで大丈夫。**

お風呂に入ったあとに、綿棒で鼻汁を取ってあげるだけでも鼻づまりはよくなることが多いです。（小児科医　松井潔先生）

**Q　寝ている赤ちゃんが息をしているか心配。**

**A　ときどきチェックしましょう。**

**気づいたタイミングで赤ちゃんの顔色はよいか、呼吸は落ち着いているか、汗をかいていないか、うつぶせ寝をしていないかなどをチェックしましょう。**顔色が悪かったり、呼吸が荒かったりなど気になることがあれば、声をかけて起こしてもよいでしょう。（保育士　中田馨さん）

**Q　便の出が悪く、大きな声で唸《うな》っています。**

**A　ガスや便をだしきれないことが原因です。**

赤ちゃんを横からながめて、**胸の高さよりおなかが出ている、あるいはおへそが飛びだしているときはガスや便がだしきれていないことが多い**です。綿棒浣腸をしてみましょう。（小児科医　松井潔先生）

**綿棒浣腸のしかた**

必要なもの…大人用綿棒・ワセリン（ベビーオイルやオリーブオイルでも代用可）・新聞紙かおむつ替えシート

❶赤ちゃんの下に新聞紙かおむつ替えシートを敷く。❷綿棒の先から２cmの位置にしるしをつけ、綿棒の先にワセリンを塗る。❸赤ちゃんの両足を上げて、肛門に綿棒を1～2cm（深くてもしるしまで）挿入する。❹10秒程度、内部をやさしくなぞるようにゆっくり回して刺激する。❺しばらく様子をみる。便やガスが出ない場合、２～３回行う。

**Q　母乳を飲むのを途中でやめてしまいます。**

**A　短時間にして、回数を増やしましょう。**

姿勢が落ち着かない、または**うまく飲めずに疲れたのかもしれません。**短時間であげて、その分、回数を増やしましょう。（助産師　宮川めぐみさん）

**Q　生後1カ月たったら、外に出ても大丈夫？**

**A　時間や距離を少しずつ増やしてOK。**

**ママの体に無理のない程度に**、赤ちゃんとのお出かけの時間や距離を伸ばしてもよいでしょう。（助産師　宮川めぐみさん）

8万件のママの声

# ママの産後の体Q&A

（監修／よしかた産婦人科分院　綱島女性クリニック　院長　粒来 拓先生）

## Q 髪の毛がたくさん抜けます。

## A 自然に落ち着きます。

妊娠中はホルモンの影響で、髪の毛が抜けにくくなっています。産後は、ホルモンバランスがかわり、今度は妊娠中に**抜けるはずだった髪の毛も含め、通常に戻っていくため、たくさん抜けていると感じます。産後2～3カ月がピーク**で、個人差はありますが半年か1年ぐらいで自然に落ち着いてきます。一過性のものなので心配し過ぎないで。

## Q 産後、骨折しやすいってホント？

## A 一時的に骨密度が低下しています。

授乳によって分泌が増える**プロラクチンというホルモンの影響**で、一時的に骨密度が低下するため骨折しやすくなります。ただし、そのために授乳を控える必要はなく、**授乳を続けていれば、自然と体が骨を強くしようと働き、産後1年後には骨密度が戻り、骨も強くなっていきます。**産後も積極的にカルシウムをとるようにしましょう。

## Q 腰痛や腱鞘炎《けんしょうえん》がつらい。

## A パパや周りにもサポートしてもらいましょう。

赤ちゃんのお世話で、腰や手首に負担がかかっていることに加え、産後、ホルモンバランスがかわり、関節などに痛みが出やすくなっています。解消するためには**負担を減らすことがいちばんです。**また、整形外科でステロイド注射を受けたり、痛み止めを処方してもらったりもできます。

## Q 生理の再開はいつごろ？

## A 授乳をしない場合は、産後1～2カ月で再開します。

授乳によってたくさん分泌されるプロラクチンというホルモンは、排卵を抑える働きがあるため、**授乳をしている期間は生理が再開しない人もいます。**ただし、授乳をしていても、悪露《おろ》が終わったあたりから生理が再開する人もいるので、**個人差が大きい**です。

## Q PMS*や生理痛、生理の長さは妊娠前とかわる？

## A かわる人が多いです。

産後は慣れない育児が加わってママの体や心の負担が大きくなっているため、**PMSの症状は悪化する人が多い**ようです。生理痛は軽くなる人、重くなる人と個人差があります。生理の長さや量も変化する場合が多く、**経腟《けいちつ》分娩だった人は生理初日にどっと出ることが多くなり、帝王切開だった人は生理が長くなる傾向がある**ようです。

＊PMS：月経前症候群と呼ばれるもので、月経が始まる3～10日前から体や心に不快な症状が出ること。

# マタニティブルーと産後うつ

（監修／よしかた産婦人科分院 綱島女性クリニック 院長 粒来 拓先生）

## Q マタニティブルーと産後うつの違いは？

## A 症状の出る時期が違います。

マタニティブルーと産後うつのいちばんの違いは、症状の出る時期です。**マタニティブルーは症状のあらわれ方に差はあるもののだれにでも起こります。**そのうちの**10〜15％の人が産後うつになることがあります。**それぞれの症状や対処法を知っておきましょう。

### マタニティブルー

#### 症状が出る時期

産後2日目以降5日目ぐらいがピークで、10日前後には治まってきます。

#### 原因と症状

産後のホルモンバランスがかわることが原因といわれ、大なり小なりだれにでも起こることです。**情緒不安定になり、急に涙が出たり、自信がなくなったりします。**

#### 対処法

一時的なものなので、無理に前向きになろうとしないで、**「これがマタニティブルーなんだな」と客観的に受けとめることが大切です。**なにもしなくても、自然に気持ちは落ち着いてきます。

### 産後うつ

#### 症状が出る時期

産後1カ月以降。数カ月から1年くらい続くことも。

#### 原因と症状

原因としてはホルモンバランスがかわることのほか、はじめての育児で、さまざまな判断をせまられることや、頑張り過ぎて体も心もパンクしてしまうことで起こります。**産婦の10〜15％にみられ、不安になる、悲しくなって涙が出る、やる気が出ない、なにもできない、笑顔になれない、疲れていても眠れない、途方にくれるなどの症状がでます。**

#### 対処法

症状が出たら、まずは**パパや家族、地域の育児サポートなどに相談**し、心の充電ができるよう、**赤ちゃんと離れる時間をつくってみましょう。**精神科医に相談して、薬をもらうのもおすすめです。周りや専門家の手を借りながら環境を整えていくことが大切です。

上手に利用しよう！

# Column 産後のサポート

（監修／杏林大学 保健学部 看護学科 准教授 加藤千晶先生）

## 産前・産後ヘルパー派遣事業って？

　妊娠中や産後の家事、赤ちゃん、上の子のお世話を、パパや家族に協力してもらうのが難しい場合には、自治体で行っている産前・産後ヘルパー派遣事業の利用を検討してみましょう。手ごろな料金で、妊娠中や産後のママのサポートをしてくれます。ただし、内容や利用条件、利用回数に制限などがある場合が多いので事前に確認を。また、民間の産後ヘルパーなどもあります。チェックしてみても。

## 産前・産後ヘルパー派遣事業

**民間の産後ヘルパー**

民間の産後ヘルパーの場合、自治体よりは割高ですが、対象者、利用回数に制限はありません。内容も赤ちゃんや上の子のお世話、家事代行のほか、育児グッズのレンタルもできるなど、サービスの範囲が広くなります。
料金の目安：**1時間3000円**前後〜

※料金は会社によって違います。

**●内容**

妊娠中から産後の家事代行と育児支援。産後、家事代行のみ限定の自治体もあります。

**●料金**

**1時間300〜1000円**前後
（対象者[*1]や利用回数[*2]に制限がある場合が多い）

＊1　対象者：家族の家事協力が難しい場合、
　　生後6カ月未満の赤ちゃんがいる家庭など
＊2　利用回数：最大20回までなど

**●探し方**

母子健康手帳をもらったときに**産前・産後ヘルパー派遣事業のチラシ**などが入っていることも。また**自治体のホームページなどもチェック**してみましょう。産後ヘルパーで検索すると、民間の情報もチェックできます。

## 産後ケア事業って？

パパや家族の協力が難しく、産後の体を休めたい、赤ちゃんのお世話に不安がある場合は、自治体の産後ケア事業を利用するのもよいでしょう。基本的に産科医療機関や助産院が業務委託で行い、①短期入所型（宿泊）②通所型（デイサービス）③居宅訪問型の３種類の利用のしかたがあります。赤ちゃんのお世話のしかたや育児相談、トラブルケア、ママの体調管理などのサポートをしてくれます。産後ケア事業とは別に、産後のママのための民間のケア施設もあります。

## 産後ケア事業

### 民間のケア施設

産後のママのための民間の宿泊施設もあります。助産師や看護師、また認定講習を受けた産後ケアリストなどのスタッフがケアにあたることが多いようです。内容は赤ちゃんのお世話のサポート、母乳指導、育児相談のほか、ママの骨盤ケアやアロママッサージなど、施設によってさまざまです。

料金の目安：**１日３万円**前後（**１泊２日６万円**）～

※料金は施設や地域によって違います。

体験談

### 退院せずにそのまま利用

自宅へ帰る予定でしたが、ちょうどパパが出張になってしまったため、退院せずに出産した産婦人科病棟内にある産後ケアセンターをそのまま利用。母乳もなかなか出なかったので気分も落ち込んでいましたが、助産師さんが話を聞いてくれて心強かったです。市の助成もあり助かりました。(ともママ・じゅんくん)

**●施設**

病院内や助産院内にある施設です。①短期入所型（宿泊）、②通所型（デイサービス）での利用、もしくは助産師の③居宅訪問型での利用ができます。

**●内容**

授乳や沐浴についての相談や指導、乳房ケア・トラブルケア、赤ちゃんのお世話のしかたや育児相談・支援、ママの体調管理など。

**●料金**

短期入所型：**１泊２日6000円**程度～

通所型・居宅訪問型：**2000円**程度～

※料金は自治体によって違います。

**●探し方**

お住まいの自治体の産後ケア事業や産後ケア施設で検索を。下記のサイトも参考に。

ベビーカレンダーの
産後ケア施設検索

# INDEX

MILK
MILK
MILK

BABY
LOTION

BABY SOAP

# 株式会社ベビーカレンダーってどんな会社？

## ベビーカレンダーサイト・アプリを運営

ベビーカレンダーは2015年からスタートした、妊娠・出産・育児に役立つ記事を1万以上掲載する、日めくり型妊娠・出産・育児サイト・アプリです。

すべての記事が専門家の監修となっており、日めくりの形式で提供しています。また、ネット上で現役助産師や管理栄養士に相談できるコーナーも大人気！

また、妊娠・出産・育児メディア事業のほか、全国460院以上の産婦人科に育児情報の提供や予約システムなど産婦人科向けの事業もおこなっています。

編集部一同、魂を込めて作っており、過去の記事の見直しも常に行うなど最新情報をお届けしています。

ぜひご覧ください！

いつでも・どこからでも専門家に無料で相談できる！

質問に答えてもらいたい専門家を指名できる

8万件以上の質問数！

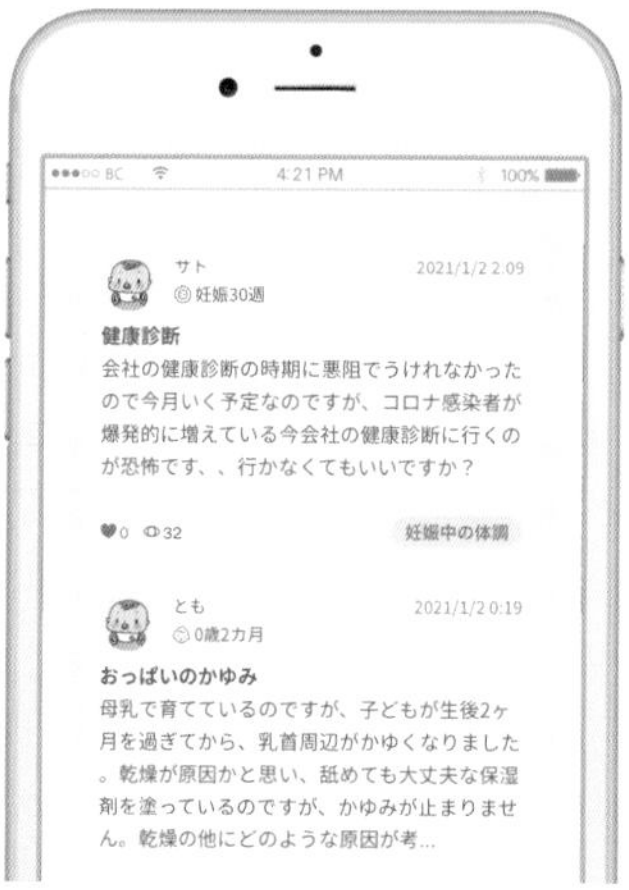


### 専門家相談コーナー

ベビーカレンダーで人気のコーナー。妊娠・育児中の悩みを助産師・管理栄養士などその道の専門家に、ネットで相談できます。

ベビーカレンダー

公式サイトはこちら

アプリダウンロードはこちら

Download on the App Store

GET IT ON Google Play

## ニュース

「赤ちゃんと毎日の暮らしをもっとラクに、もっと楽しく」をテーマに、妊娠・出産・育児に関する話題のニュースを毎日配信。出産体験まんがや失敗談、お世話のヒントなど盛りだくさんです。

## 日めくりTOPページ

「今日知ってよかった！」と思える情報をお届け。医療専門家による妊娠・出産・育児のQ＆A、医療専門家が監修する基礎知識のほか、先輩ママの体験談、知っておきたいニュースなどを、出産予定日やお子様のお誕生日に合わせて日替わりでお届けします。

## ベビカレアワード

4500人以上のママたちの使ってよかったグッズをランキングで紹介！小児科医・助産師のグッズ選びのアドバイスも。必要なかったグッズのリアルコメントもあるから、無駄買いも防げます。

## 基礎知識

すべての記事は専門家の監修によるもの。妊娠中や出産で注意すべきことや、やっておきたいことなど、ママたちが知りたい情報を的確にお伝えします。育児に関する情報も満載です。

## そのほかこんなことにも取り組んでいます

妊娠・出産・育児メディアの運営だけでなく、全国460院以上の産婦人科様向け育児指導動画、院内でのiPadによる情報提供サービス、予約システムなどのサービスを提供しています。また、多くの産院で使われている出産に必要なグッズをまとめたdaccoの「お産セット」にも、大人気の写真入り絵本サービス（無料）を提供しています。

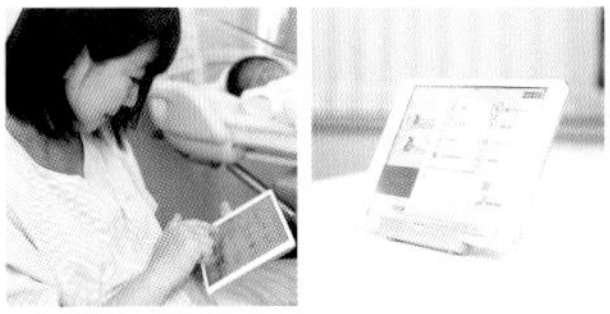

iPadによる病院内での情報提供サービス。沐浴や授乳指導動画などの情報が満載

多くの産院で配られる、出産に必要なグッズをまとめたdaccoの「お産セット」

赤ちゃんの写真を入れた世界で1つだけのオリジナル絵本

## 妊娠食・離乳食

### 妊娠食

おなかの中の赤ちゃんのため、またママになるカラダづくりのために管理栄養士が監修した食事を紹介。妊娠中の女性にとって欲しい栄養はもちろん、つわりや貧血、体重管理など症状別レシピがわかります。

### 離乳食

厚生労働省の「授乳・離乳の支援ガイド」に基づき管理栄養士が監修したレシピのみを掲載。離乳食レシピ数は日本最大級の1000品以上！　その時期のすすめ方や食べてよいもの・ダメなものなどもわかります！

シリーズ第1弾の『離乳食オールガイド』も大好評

7回目の重版！

「授乳・離乳の支援ガイド」に完全対応！

## この本の刊行にあたり

ベビーカレンダーは妊娠・出産・育児中のママ・パパが、安心して笑顔で育児ができるよう、専門家が監修したさまざまな情報をお届けしているメディアです。

その中に、育児に関する専門家にスマホ一つで、「いつでも」「何度でも」「無料で」ご相談できる「専門家相談」コーナーがあります。2021年2月現在、寄せられた相談件数が8万件を超えるほどの人気のコーナーに成長しました。皆様から日々寄せられる悩みはこれから妊娠生活を送ったり、出産・育児するママたちにとって貴重な財産でもあると思っております。また、ベビーカレンダーには第一線で活躍されている医師や助産師・管理栄養士などに、最新の情報をもって記事のご監修をいただいております。

そこで、同じように悩む妊婦さんたちのお役に立てれば！と思い、本書を制作することにいたしました。編集するにあたって、ベビーカレンダーで日頃より監修をしてくださっている専門家の皆様をはじめ、実に多くの方々にご協力いただき、大変感謝しております。

本書がこれからママやパパになる皆様の毎日を笑顔にできたらと願っています。

ベビーカレンダー編集長
二階堂美和

●2001年4月
ベネッセコーポレーション発行
「ひよこクラブ」編集部入社
●2013年7月
「ひよこクラブ」編集長に就任
●2018年9月
ベビーカレンダー メディア事業部編集長に就任

「ママたちに寄り添い、本当に役に立つ情報をお届けしたい！」という思いから、実際にママに会ってリアルを追求することがモットー。今まで出会ったママ＆赤ちゃんの数は、実に1000組以上！ 離乳食も自宅で作って試すほどの徹底ぶり。出産への立ち会いや、ママたちとの座談会開催などで妊娠・出産・育児事情を理解することだけでなく、医師や管理栄養士、保育士など専門家との交流も幅広く行う。
知りたいことがあれば迷わず専門家のところを訪れる、フットワークの軽さは超一流。
育児がラクに楽しくなり、ママが笑顔になり、そしてママの笑顔を見た赤ちゃんが笑顔になる。そんな社会を目指し、日々メディア作りに奔走中。

# 本書にご協力いただいた監修者の方々

（50音順）

## 産婦人科医

### 浅川恭行 先生

医療法人 晧慈会 浅川産婦人科 理事長／東邦大学大学院医学研究科博士課程修了。浅川産婦人科の院長を務めるほか、日本産婦人科医会 幹事、日本産科婦人科内視鏡学会理事して活躍中。

### 池谷美樹 先生

横浜市立みなと赤十字病院 産婦人科 副部長／岐阜大学卒業。日本赤十字社医療センターにて初期研修後、常勤医師として勤務。東京慈恵医科大学 産婦人科講座へ入局し、博士号取得。国立成育医療研究センター、日本赤十字社医療センター勤務を経て、現在に至る。

### 太田篤之 先生

おおたレディースクリニック 院長／順天堂大学卒後、派遣病院勤務を経て、2010年に順天堂静岡病院周産期センター 准教授就任。退職後、2012年８月に祖父の代から続いている おおたレディースクリニック 院長に就任。

### 岡田《おかだ》恭芳《たかよし》 先生

医療法人愛育会 愛育病院 院長／大阪大学卒業。同大学付属病院、箕面市立病院にて研修後、一祐会藤本病院産婦人科部長を経て、1999年に愛育病院へ入職。2017年、院長ならびに医療法人愛育会理事長に就任。麻酔科標榜医資格を有し、日本産科麻酔学会理事も務める。

### 川島正久 先生

あんずクリニック産婦人科 院長／神戸大学医学部卒業。神戸市立中央市民病院、淀川キリスト教病院、磐田市立病院 勤務を経て、2011年にあんずクリニック 産婦人科を開院。「お産を通して人に喜びを与える」をモットーに、地域の人々に寄り添う医療を提供している。

### 黒田勇二 先生

医療法人社団 清虹会 なないろレディースクリニック 院長／愛媛大学卒業後、同大学附属病院 産婦人科助手として勤務。オーククリニックフォーミズ 副院長、国際医療福祉大学 講師、山王病院リプロダクションセンター勤務を経て、2007年になないろレディースクリニックを開院。

### 佐藤雄一 先生

産科婦人科舘出張 佐藤病院 院長／順天堂大学卒業後、同大学附属病院 産婦人科に勤務。主に不妊治療と内視鏡手術を中心に診療に携わる。医学博士、日本産婦人科学会専門医、日本生殖医学会生殖医療専門医。女性の心身の健康を支援するための診療を日々心がけている。

### 茆原《ちはら》弘光 先生

医療法人社団愛弘会みらいウィメンズクリニック 院長・理事長／1995年日本医科大学産婦人科学教室に入局。1999年米国ロマリンダ大学 胎児生理学教室へ留学。2011年にみらいウィメンズクリニック、2016年にみらい助産院を開院。医師、助産師、看護師、管理栄養士、臨床検査技師、理学療法士、臨床心理士を交えたチーム医療の構築に取り組んでいる。

### 粒来《つぶらい》 拓《たく》 先生

よしかた産婦人科分院 綱島女性クリニック 院長／浜松医科大学卒業。横浜市立大学附属市民総合医療センターにて初期研修後、同大学附属病院およびセンターの女性ヘルスケア外来を担当。2018年に綱島女性クリニック 院長に就任。2020年より横浜市立大学産婦人科 非常勤講師も務める。

### 天神尚子 先生

三鷹レディースクリニック 院長／日本医科大学 産婦人科 入局後、派遣病院を経て、米国 ローレンスリバモア国立研究所へ留学。日本医科大学付属病院 講師を経て、三楽病院に勤務。日本医科大学付属病院 客員講師、三楽病院産婦人科科長を務めた後、退職。2004年に三鷹レディースクリニックを開院。

## 助産師

### 在本祐子さん

医療法人つばさ会 上大岡こどもクリニック看護師長／同クリニック育児相談室長／杏林大学医学部付属病院、三楽病院、横浜市嘱託助産師などを経て、現在に至る。助産師として周産期医療、小児医療を中心に従事し、大学での看護・助産教育にも携わる。東邦大学大学院医学研究科修了、アドバンス助産師。

### 榎本美紀さん

国際ラクテーションコンサルタント／おむつなし育児アドバイザー／杏林大学医学部付属病院、さいたま市立病院、順天堂大学練馬病院の勤務を経て、2013年に訪問型の助産院「みき母乳相談室」を開業。病院勤務での経験を元に、地域の母乳育児を支援。訪問相談も実施している。

### 加藤千晶 先生

杏林大学 保健学部 看護学科 助産師課程 准教授／名古屋市立大学看護学校第1科卒業。東京大学医学部附属助産婦学校修了。助産師として大学病院で約10年勤務。その後、横浜市立大学、東邦大学等で看護師・助産師教育に携わる。医療法人 産育会 堀病院 看護部長を経て、現在に至る。

### 高杉絵理さん

看護師、助産師、保健師の資格を取得。国際ラクテーションコンサルタント。総合周産期母子医療センターの産科やNICU、産科クリニックで経験を積む。世田谷区の保健センターで相談業務に携わる。助産師にオンラインで相談できる「助産師サロン」も運営。自身も1児の母として育児に奮闘中。

### 高塚あきこさん

看護師、助産師、保健師の資格を取得。アドバンス助産師。大学附属病院の総合周産期母子医療センターにて、助産師として妊娠期から産後のケア、新生児のケアに携わる。約9年勤務した後、出産を機に、横浜市内の総合病院に勤務。現在、自身も4人の子どもの育児に日々奮闘中。

### 宮川めぐみさん

ベビーウェアリングコンシェルジュ／国立病院東京医療センター附属東が丘看護助産学校 助産学科 卒業。産科病棟にて約12年助産師として勤務後、パリで数カ月過ごしたことを機に「lier」を立ち上げ、個人の活動を始める。現在は、新生児訪問、母乳育児相談などを行う。自身も一児の母として、育児に奮闘中。

### 善方裕美 先生

よしかた産婦人科 院長 / 横浜市立大学産婦人科客員准教授。高知医科大学（現・高知大学）卒業。年間約800件の分娩を取り扱う産婦人科医院を営むほか、大学では女性医学・骨粗鬆症の専門外来を担当。自然分娩・母乳育児を推奨し、本来女性に備わるホルモンの力を引き出せるよう、寄り添うケアを実践。

## 小児科医

### 松井潔 先生

神奈川県立こども医療センター総合診療科 部長／愛媛大学卒業。神奈川県立こども医療センタージュニアレジデント、国立精神・神経センター小児神経科レジデント、神奈川県立こども医療センター周産期医療部・新生児科等を経て、現在に至る。小児科専門医、小児神経専門医。

### 三石知左子 先生

日本赤十字社葛飾赤十字産院 院長／東京女子医科大学小児科入局後、東京女子医科大学母子総合医療センター 小児保健部門 講師などを経て、現在に至る。

### 保田典子 先生

高円寺こどもクリニック 院長医師／筑波大学卒業。国立国際医療センター、大阪市立総合医療センター 小児循環器内科勤務を経て、東京女子医科大学大学院 博士課程修了、現在に至る。一般診療、小児循環器診療に加えて、漢方治療や発達相談にも対応。

## 皮膚科医

### 馬場直子 先生

神奈川県立こども医療センター皮膚科 部長／横浜市立大学 皮膚科 臨床教授／滋賀医科大学卒業。横浜市立大学皮膚科講師を経て、現在に至る。2015年より横浜市立大学 皮膚科 臨床教授も務める。日本皮膚科学会専門医。専門分野は小児アトピー性皮膚炎、母斑、血管腫、皮膚感染症など小児皮膚科学全般。

## ファイナンシャルプランナー

**大野高志さん**
独立系FP事務所 株式会社とし生活設計 取締役／1級ファイナンシャル・プランニング技能士、CFP®（日本FP協会認定）資格を所有するファイナンシャルプランナー。予備校チューター、地方公務員、金融機関勤務を経て2010年に独立。多角的にライフプランの個別相談を行うほか、セミナー講師として活動。

## 保育士／離乳食インストラクター

**中田馨さん**
一般社団法人 離乳食インストラクター協会 代表理事／中田家庭保育所施設長／保育士として、0～2歳対象の家庭保育所での低年齢児保育に20年以上携わる。自身の子育ての経験から離乳食インストラクター協会を設立。現在は、ママや保育士、栄養士まで幅広く指導し、離乳食インストラクターの養成をしている。著書『いっぺんに作る赤ちゃんと大人のごはん』(誠文堂新光社)

## 柔道整復師

**湯川優さん**
株式会社サクラム 代表取締役／一般社団法人 日本妊産婦骨盤矯正協会 代表理事／累計5万5000件施術する柔道整復師。妊産婦は年間3000件施術。資格取得後、大学院にて研究を行い、整形外科勤務を経て整体院を開院。施術したアスリートが日本一や世界一に輝く。現在は妊産婦中心に施術を行い、アスリートやオーケストラ演奏者、一般の方の施術で海外出張も行う。

## 管理栄養士

**一藁暁子さん**
管理栄養士／糖尿病療養指導士／女子栄養大学実践栄養学科卒業。クリニックや病院にて多様な病態における栄養ケアマネジメントや治療食の提供に携わる。臨床での経験を得て、保健指導に尽力する。現在は都内のクリニックにて栄養相談に従事するほか、栄養に関する記事執筆やレシピ考案などを手掛けている。

**岡安香織さん**
東京家政大学卒業。管理栄養士、調理師。給食委託会社にて調理、厨房管理業務、産婦人科病院にて入院患者管理と栄養指導や相談、食育活動も。現在は保育園にて園児の給食調理、食育の企画等。一男一女の母としても、奮闘中。

**久野多恵さん**
管理栄養士の資格取得後、小児科に勤務。エビデンスに基づいた栄養指導の知識を深め、保健指導に尽力する。自身の出産・育児経験を経て、現在は、行政における乳幼児健診時の離乳食・幼児食相談、妊娠期相談を担当。離乳食教室や母親教室の講義のほか、成人期・高齢期の栄養相談、講話なども行う。

**小林亜希さん**
女子栄養大学実践栄養学科卒業後、健診機関にて特定検診・特定保健指導を担当。脂肪細胞の増加が将来太る理由に関連すること、一度増えてしまった脂肪細胞は減らないことを学び、もっと幅広い世代に食の重要性を広めたいという想いで、保健指導に尽力する。自身も二児の母として、育児に奮闘中。

**堤ちはる先生**
相模女子大学 栄養科学部 教授／保健学博士。管理栄養士。青葉学園短期大学専任講師、助教授、日本子ども家庭総合研究所 母子保健研究部 栄養担当部長を経て、現在に至る。母子栄養学、調理学、食育関連分野を専門とし、妊産婦・乳幼児期の食育に関する研究を行ったり、講演会等の講師を務めたりしている。

**矢部まり子さん**
ONP認定栄養カウンセラー／ファスティングマイスター／管理栄養士、調理師。主に、妊娠前～妊娠中から、授乳食、離乳食、幼児食までを専門とした管理栄養士。免許取得後、6年間総合病院に勤務し、栄養科長を務める。現在は保育園で園児の栄養・給食管理を行うほか、不妊治療の専門医院において食事療法の指導を行う。

## 著者

## 株式会社ベビーカレンダー

月間1000万人が利用する、妊娠・出産・育児情報メディア「ベビーカレンダー」を運営。専門家監修の記事や動画、離乳食レシピを多数掲載。助産師・管理栄養士に無料で相談できるサービスが人気。2018年9月、第12回キッズデザイン賞「子どもたちを産み育てやすいデザイン個人・家庭部門」の「優秀賞　少子化対策担当大臣賞」を受賞する。また、妊娠中の通院期、入院期、産後の患者様に向けたiPadを利用した情報発信サービスを、全国460院以上の産院に提供。沐浴・授乳指導動画など役に立つ情報が満載。

●ベビーカレンダー公式サイト
https://baby-calendar.jp/

## staff

デザイン・DTP…中山詳子（松本中山事務所）
本文イラスト…青山京子、アトリエ・ハンナ、
石山綾子、うつみちはる、古賀ようこ、坂本直子、
舩附麻衣、松山絢菜、もり谷ゆみ（50音順）
カバーイラスト…カモ
調理…山口真弓（スマイル☆キッチン）
撮影…村尾香織
校正…夢の本棚社
執筆・編集…秋元 薫
編集…株式会社 童夢

撮影協力…田中 碧《あおい》ちゃん、さなえさん、直樹さん
（p.197～208）　大川直己《なおみ》くん（p.207左）

本書の内容に関するお問い合わせは、**書名、発行年月日、該当ページを明記**の上、書面、FAX、お問い合わせフォームにて、当社編集部宛にお送りください。**電話によるお問い合わせはお受けしておりません。**
また、本書の範囲を超えるご質問等にもお答えできませんので、あらかじめご了承ください。
FAX：03-3831-0902　　お問い合わせフォーム：http://www.shin-sei.co.jp/np/contact-form3.html
落丁・乱丁のあった場合は、送料当社負担でお取替えいたします。当社営業部宛にお送りください。



あんしん、やさしい 最新 妊娠・出産オールガイド

2021年 3 月25日　初版発行
2023年 9 月25日　第3刷発行

著　者　株式会社ベビーカレンダー
発行者　富　永　靖　弘
印刷所　株式会社新藤慶昌堂

発行所　東京都台東区 台東2丁目24　株式会社　新星出版社
〒110-0016　☎03（3831）0743



ISBN978-4-405-04591-0